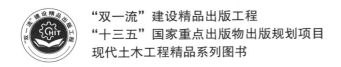

"双一流"建设精品出版工程
"十三五"国家重点出版物出版规划项目
现代土木工程精品系列图书

交通工程设施设计

（第4版）

DESIGN OF TRAFFIC ENGINEERING FACILITIES

孟祥海　章锡俏　郑　来　主编　李洪萍　主审

内 容 简 介

本书是面向高等院校交通工程专业和交通运输工程专业本科生编写的教材,在吸收、总结国内外交通工程设施研究成果的基础上,系统地介绍了交通工程设施设计的基本理论和基本方法。本书主要内容包括交通特性与总体设计、交通标志、道路交通标线、交通信号灯及控制设备、交通安全与防护设施、静态交通设施、道路收费系统及设施、道路服务设施、道路照明设施、城市道路无障碍设施、道路绿化及景观等。另外,本书给出了交通工程设施名词的中英文对照。

本书可作为高等院校道路桥梁与渡河工程专业本科教学的参考书,也可供交通、城建、公安等部门的技术人员和管理人员参考使用。

图书在版编目(CIP)数据

交通工程设施设计/孟祥海,章锡俏,郑来主编.4版.—哈尔滨:哈尔滨工业大学出版社,2020.8
ISBN 978-7-5603-9003-1

Ⅰ.①交… Ⅱ.①孟… ②章… ③郑… Ⅲ.①交通设施-设计-高等学校-教材 Ⅳ.①U491

中国版本图书馆 CIP 数据核字(2020)第 151338 号

策划编辑　王桂芝
责任编辑　张　荣　陈雪巍
出版发行　哈尔滨工业大学出版社
社　　址　哈尔滨市南岗区复华四道街 10 号　邮编 150006
传　　真　0451-86414749
网　　址　http://hitpress.hit.edu.cn
印　　刷　黑龙江艺德印刷有限责任公司
开　　本　787mm×1092mm　1/16　印张 20.5　字数 518 千字
版　　次　2008 年 2 月第 1 版　2020 年 8 月第 4 版
　　　　　2020 年 8 月第 1 次印刷
书　　号　ISBN 978-7-5603-9003-1
定　　价　48.00 元

(如因印装质量问题影响阅读,我社负责调换)

第4版前言

　　交通工程设施是道路工程的重要组成部分之一,对提高行车安全性、提高道路通行能力和运行效率、保证车辆连续运行、降低能耗、提高出行的舒适和方便程度具有重要意义。随着我国道路交通运输基础设施的建设和道路交通运输事业的蓬勃发展,交通工程设施的设计,越来越受到人们的重视。为此,很多高等院校纷纷开设了"交通工程设施设计"这门课程。笔者在该课程教学实践的基础上,编写了本书。

　　通过总结国内外交通工程设施设计的研究成果,本书重点介绍了交通特性与总体设计、交通标志、道路交通标线、交通信号灯及控制设备、交通安全与防护设施、静态交通设施、道路收费系统及设施、道路服务设施、道路照明设施、城市道路无障碍设施、道路绿化及景观等11个方面的内容。为了方便读者使用,每章均设置了相应的思考题。另外,本书给出了交通工程设施名词的中英文对照。相对于第3版,本版修订了以下几个方面的内容:优化了全书的章节结构;充分引入了行业最新规范、标准中的有关规定和技术要求;增加了交通特性与总体设计一章,作为交通工程设施设计的前提和基础;在交通安全与防护设施中,增加了防落网设施,以及路侧危险、路侧净区等安全护栏设置的依据条件;在静态交通设施中,补充了加油加气站与充电设施;在道路服务设施中增加了人行过街与导向设施;在道路照明设计中,补充了道路照明分类与需求、道路照明地点、道路照明区域等内容。

　　本书第1、2、6、10、11、12章由哈尔滨工业大学交通科学与工程学院孟祥海编写,第3、4、5章由哈尔滨工业大学交通科学与工程学院章锡俏编写,第7、8、9章由哈尔滨工业大学交通科学与工程学院郑来编写。全书由孟祥海、章锡俏、郑来任主编并统稿,由大连市市政设计研究院有限责任公司李洪萍正高级工程师主审。

　　哈尔滨工业大学交通科学与工程学院博士研究生梁心雨、吴佩洁参与了中英文对照表的编写工作,硕士研究生杜泽华、毛伟参加了第3、4、5章插图描绘和校稿工作。在此,向他们表示感谢。

　　由于交通工程设施设计的理论和技术在不断地发展、更新,加之编者水平所限,书中疏漏及不足之处在所难免,敬请读者批评指正。本书参阅了大量的专业文献和相关教材,但因各种条件所限,未能与有关作者取得联系,引用与理解不当之处,敬请谅解。

编　者

2020 年 5 月

目 录

第 1 章 绪论 ··· 1
　1.1 交通工程设施及其功能 ··· 1
　1.2 交通工程设施种类与发展状况 ··· 2
　思考题 ·· 6

第 2 章 交通特性与总体设计 ·· 7
　2.1 交通特性 ·· 7
　2.2 交通安全设施总体设计 ··· 20
　思考题 ··· 24

第 3 章 交通标志 ·· 25
　3.1 概述 ··· 25
　3.2 交通标志板面及符号尺寸 ··· 28
　3.3 交通标志布设 ·· 33
　3.4 交通标志结构分析 ·· 41
　3.5 交通标志的反光和照明 ·· 47
　3.6 交通标志设计 ·· 48
　思考题 ··· 49

第 4 章 道路交通标线 ·· 50
　4.1 交通标线的分类 ··· 50
　4.2 交通标线的设计原则 ··· 52
　4.3 交通标线的设置原则与标准 ·· 55
　4.4 交通标线材料 ·· 58
　4.5 交通标线的施工 ··· 62
　4.6 突起路标 ·· 62
　4.7 标线综合应用 ·· 64
　思考题 ··· 69

第 5 章 交通信号灯及控制设备 ·· 70
　5.1 概述 ··· 70
　5.2 信号灯的安装位置与要求 ··· 74
　5.3 交通信号控制设备简介 ·· 84
　思考题 ··· 86

· 1 ·

第6章 交通安全与防护设施 ·· 87
6.1 护栏 ·· 87
6.2 防眩设施 ·· 103
6.3 隔离封闭设施 ·· 110
6.4 视线诱导设施 ·· 116
思考题 ··· 120

第7章 静态交通设施 ·· 122
7.1 概述 ·· 122
7.2 机动车停车场设计 ·· 125
7.3 汽车库设计简介 ·· 139
7.4 加油加气站与充电设施 ···································· 155
思考题 ··· 161

第8章 道路收费系统及设施 ······································ 162
8.1 概述 ·· 162
8.2 收费制式与收费方式 ······································ 163
8.3 道路使用效益分析 ·· 167
8.4 收费模式与收费标准 ······································ 171
8.5 收费站总体设计 ·· 178
8.6 收费站设施设计 ·· 181
思考题 ··· 192

第9章 道路服务设施 ·· 193
9.1 高速公路服务区 ·· 193
9.2 普通干线公路服务区 ······································ 210
9.3 人行过街与导向设施 ······································ 212
思考题 ··· 216

第10章 道路照明设施 ··· 217
10.1 概述 ··· 217
10.2 道路照明评价指标与标准 ································· 226
10.3 照明设备 ··· 233
10.4 照明系统布局 ··· 241
10.5 照明设计与照明计算 ····································· 247
10.6 道路照明控制与节能 ····································· 257
10.7 隧道照明 ··· 262
思考题 ··· 267
计算题 ··· 267

第11章 城市道路无障碍设施 ·· 268
11.1 无障碍环境概述 ·· 268
11.2 城市道路无障碍实施范围 ·· 270
11.3 城市道路无障碍设计 ··· 271
思考题 ·· 277

第12章 道路绿化及景观 ·· 278
12.1 道路绿化 ··· 278
12.2 道路景观 ··· 304
思考题 ·· 311

附录 交通工程设施名词中英文对照 ··· 312
参考文献 ·· 319

第1章 绪 论

1.1 交通工程设施及其功能

1. 交通工程设施

交通工程设施是指为使道路通行能力最大、经济效益最高、交通事故最少、公害程度最低,而沿道路用地范围及其周边设置的系统、设施或给人、车配备的装备,即为使车辆高速、高效、安全、舒适地行驶而设置的各类设施的总称。

交通工程设施设计的基础是交通工程学。这是一门专门研究道路交通的发生、构成和运动规律的科学,是由道路工程科学衍生而逐渐发展起来的较年轻的学科。其研究对象是人、车、路及其与土地使用、房屋建筑、环境之间的相互关系,主要研究内容包括:人和车辆特性、交通流理论、交通调查、交通规划、道路通行能力、道路几何设计、道路交叉设计、交通事故与交通安全、交通信号、交通公害、电子信息系统和交通控制、公共交通和交通节能等。由于研究内容涉及工程(engineering)、法规(enforcement)、教育(education)、环境(environment)和能源(energy)等领域,因此可称之为5E科学。

2. 交通工程设施的功能

道路不仅应满足交通出行容量方面的要求,还应能有效地解决交通出行的安全性、舒适性以及交通运行和环境等方面的问题。因此,在道路及其沿线设置交通工程设施对提高行车安全性、提高道路通行能力和运行效率、保证车辆连续运行、降低能耗、保护交通环境、提高出行的舒适程度和方便程度具有重要意义。

(1)提高行车安全性

提高行车安全性主要体现在减少交通事故与伤亡人数,减轻事故严重程度及出行人员的疲劳程度等方面。为了有效地提高行车安全性,只重视道路本身构造上的设计是不够的,还必须有完善的交通安全设施、交通管理设施、交通监控设施等。交通安全设施的合理设置具有减少交通事故的功能,其中护栏除了具有减少交通事故的作用之外,还有降低事故严重程度的功能。标志、标线和防眩设施可提高驾驶人员的舒适感,从而降低他们的疲劳程度。监控系统的可变情报板和限速标志等设施,可使驾驶员在事故前方做好准备,避免二次事故发生。

(2)提高道路通行能力和运行效率

提高道路通行能力和运行效率主要体现在提高道路的车公里运量和车辆行程速度,减少延误和行程时间,增加车辆利用率和出行时间的可预知性。健全的交通法规、完善的交通管理设施、先进的交通监控系统等交通工程设施,可极大地提高道路通行能力。一条具有先进监控系统和完善交通管理设施的高速公路,其通行能力和行车速度可达到一般公路的2.5~3.0倍。利用监控系统掌握的实时交通信息,如交通量、行车速度、车辆密度、阻塞时间等,可以预测任何出行起讫点之间的最佳出行线路和出行时间。当这些预测信息被预先告知给出行者时,对提高交通运行效率无疑是大有帮助的。

(3)保证车辆连续运行

驾驶人员因驾驶作业会引起生理和心理上的变化,长时间开车会引起疲劳,这时感觉、知觉、判断能力、意志决定、运动等都受到影响,使视力下降、作业粗糙、注意力不集中,对环境判断发生错误。休息服务设施能消除驾驶人员的疲劳与紧张,给长途行驶的汽车加油、加水及提供必要的维修检查,可保证长途行车的连续运行。

(4)降低交通能耗、保护交通环境

交通工程设施的合理设置具有提高行车速度、减少停车次数的功能,同时也提高了汽车燃油的使用效率,减少了燃料耗量,降低了汽车尾气和噪声对环境的污染。

(5)提高出行的舒适程度和方便程度

高速公路监控系统和通信系统减少了司乘人员因停车延误引起的烦躁情绪,完善的标志与标线使驾驶人员不致迷失方向,也减少了行车困惑,使其运行自如。先进的监控系统还可预报出行时间,从而方便出行者事先安排出行计划。

1.2 交通工程设施种类与发展状况

1. 交通工程设施种类

交通工程设施主要包括交通安全设施、交通管理设施、静态交通设施、交通服务设施、道路景观环境与绿化设施、道路照明系统、收费系统以及监控系统等,另外,也包括道路通信系统、道路供配电系统以及沿线建筑设施。

(1)交通安全设施

交通安全设施主要包括护栏、护柱、防眩设施、隔离封闭设施、视线诱导设施和施工安全设施等。交通安全设施对避免交通事故的发生、减轻事故严重程度、排除多种纵向和横向交通干扰、诱导驾驶人员行车、保证养护与维修作业安全等具有重要作用。设计中,应以交通工程学的观点对安全设施的数量、位置、形式、安装工艺等进行认真的分析和研究,使之真正起到安全保障的作用。

(2)交通管理设施

交通管理设施,即交通管理的硬件设施,主要包括道路交通标志、交通标线和交通信号灯等。交通管理设施设计的重点是正确选择设施种类、形式和材料,合理、科学地确定设置地点。道路交通管理的主要任务是制定交通管理的方针与政策、研究道路交通管理的规律和特点,最终运用各种设施控制、掌握并有效地指挥交通。

(3)静态交通设施

静态(止)交通设施指为静止交通使用及服务的设施的总称,主要包括停车场、汽车站、加油站、公共汽车停靠站等。设计中,应以服务需求为依据,确定设施的规模、数量、构成和空间分布。

(4)交通服务设施

交通服务设施主要指设置在道路及其沿线,为使用者提供服务的服务区。服务区热情周到的服务,使旅客得到卫生的食品和安静的休息场所,使车辆加油和维修更迅速、方便,增加了道路使用者的安全感和舒适感。设计中,应因地制宜地研究服务区的规模、构成、布置方式,并搞好园区设计。

(5) 道路景观环境与绿化设施

道路景观是指用路者在道路上以一定速度运动时视野中的道路及环境的四维空间形象，也包含路外人视觉中对道路及其环境配合的宏观印象。道路景观设施主要包括道路线形本身、道路范围内的各种建筑，广义上也包括道路周围的自然和人文景观环境。

道路绿化是指在道路用地范围内主要利用植物及其他材料构造出的一个具有光、形、色、体等可被人感知的，具有一定社会文化内涵及审美价值的，并能满足道路交通功能要求的景物过程。

道路景观环境与绿化对实现道路建设可持续发展、环境保护，实现绿色交通具有重要意义。

(6) 道路照明系统

道路照明的主要作用是使车辆在不使用前照灯的条件下，能够看清前方道路路况、交通情况，并能够及时认清前方障碍及各类标志等。当然，城市道路照明亦具有美化城市夜景，方便城市居民夜间活动的功能。良好的道路照明不但可以提高行车速度、提高道路的利用率，而且还可减轻或消除驾驶员的紧张与不安全感。作为道路建设重要组成部分的道路照明，也综合体现了一个国家科学技术、经济实力与能源工业发展水平。

(7) 收费系统

收费系统包括收费车道、收费站和收费中心三大部分。收费车道是具体进行收费操作的场所，收费站对收费车道的系统设施和收费业务进行管理，而收费中心则是一个路段或整条收费道路收费管理的核心机构。收费设施的设置往往会对交通产生较大的负面影响，如何既保证交通畅通，又保证通行费的正常收取，都需要从交通工程学的观点出发，对收费制式、收费方式、站点布设、系统结构和系统运行管理进行认真的分析和研究，结合工程实际做出决定。

(8) 监控系统

监控系统包括信息采集系统、信息提供系统和监控中心三大部分。信息采集系统收集道路上的实时交通信息，从而判断交通运行状态是否正常；信息提供系统把交通运行状态或控制指令告知驾驶人员，以便驾驶人员参考或遵循；监控中心则是监控系统中实时信息的分析处理和指令发布的中枢部分。根据交通需求和道路路况的不同，交通监控系统又分为多种类型。

如果把交通安全设施作为车辆高速、安全、舒适行驶的静态保障系统，监控系统则是其动态保障系统。交通事故、车辆抛锚、货物散落等交通事件虽然是偶然的，但却是不可避免的，一旦发生，必然对道路交通产生干扰。在交通量不大的情况下，这些交通事件可能不会造成交通阻塞，但也需要及时组织救援；在交通量增长到一定程度时，偶发的交通事件将会造成交通阻塞，此时要尽快发现交通事件并及时组织救援、清理路障；在交通量达到高峰时，某些路段即使不发生偶然性事件也会发生交通阻塞，此时应该有相应的措施去避免、减少或缓解这种交通异常情况。这一切都是交通监控系统的任务。

2. 交通工程设施发展概况

护栏作为主要的交通安全设施，在世界范围内很早就受到了人们的广泛重视。美国从1920年起就开始了护栏的研究与使用，在理论分析和模拟试验的基础上，通过实车足尺护栏碰撞验证试验和公路上的应用实践，积累了大量的资料和丰富的经验。在1970年和1986年，先后组织了高速公路护栏结构及各种安全设施的一系列研究工作，并编写了各种设计规范。法国、英国、德国等国家也在很早就开始了护栏结构的研究工作,建立健全了一整套的试验设施和相应的试验规程,从理论和实践上研究了多种类型的护栏结构。日本于 20 世纪 50 年代开始了这方面的研究工作,在短短十几年中,日本的众多研究机构对各种护栏结构进行了广泛深入的开发研究,并于 1965 年制定了护栏设置纲要,对护栏的适用范围、结构设计、功能要求、施工安装等方面做出了明确的规定。至此形成了美、日两种典型的护栏形式。

我国在"七五"期间开始在高速公路护栏的设计、生产与施工等方面开展研究工作,提出了适合我国国情的护栏结构形式,从 1989 年起在全国推广"Z"形柱波形梁护栏,1992 年年底,交通部公路科学研究所在总结全国护栏实际应用的基础上,推出了新型的变截面波形梁护栏结构形式,2007 年交通部编写发布了《公路波形梁钢护栏》(JT/T 281—2007)行业标准并推广应用,主要用于重型车、大型车比例高的路段和山区高速公路等地形不利之处。

我国在 1934 年开始在道路上使用交通标志,1950 年政务院第一次颁布了道路交通标志,1955 年由国务院批准、公安部颁布的《城市交通管理规则》中有 28 种交通标志。1972 年,公安部和交通部联合颁布的《城市和公路交通管理规则》中有 34 种图案和符号。1986 年,编制完成了中华人民共和国强制性国家标准《道路交通标志和标线》(GB 5768—1986),该标准中共规定了 148 个交通标志,其中警告标志 32 个,采用国际标准 23 个;禁令标志 35 个,采用国际标准 27 个;指示标志 25 个,采用国际标准 24 个;指路标志 56 个,基本上按国际标准制订。1999 年,对该标准进行了第一次修订(修订后为 GB 5768—1999)并于当年下了第 1 号修改单,将道路交通标志分为主标志和辅助标志两大类共计 320 个,其中主标志 304 个,辅助标志 16 个。2005 年 10 月下发第 2 号修改单(国标委工交函[2005]57 号——关于批准国家标准《道路交通标志和标线》(GB 5768—1999)第 2 号修改单的函),修改 15 条,增加 5 条。此外,还陆续颁布了一些相关技术标准与规程。2009 年 7 月 1 日,GB 5768.3—2009《道路交通标志和标线》部分代替了 GB 5768—1999,主要变化如下:突出了标线的服务功能,增加了橙色虚、实线类型,增加了蓝色虚、实线类型,增加了潮汐车道线、导向车道线、可变导向车道线、减速丘标线、路面图形标记、多乘员专用车道线、公交专用车道线、车行道横向减速标线、车行道纵向减速标线、实体标记等标线形式,调整了部分标线设置参数及形式。

世界上一些发达国家很重视道路服务设施的配套建设,千方百计地为远距离的出行者提供良好的服务。美国的高速公路网一般都设置服务区。有些服务区还设有公路气象站,通过可变情报板准确地向过往车辆通报高速公路沿线的天气变化情况,以利于行车安全并方便出行。日本高速公路服务区的设施最为完善,每个管理所管辖的区段均设有一个以上的服务区。服务区还根据当地的自然环境和具体条件,建设成为该地区的一个景观,供来往人员休息。联邦德国高速公路的服务设施一般是与高速公路网同时进行规划设计的,并同时建设实施,然后再出租给私人经营。为了吸引旅客,有的服务区设计新颖,赏心悦目。如不来梅附近一个服务区飞架在公路上,远看如造型别致的钢索斜拉桥,在"桥"上可以尽情地浏览公路内外的景色,还能享受到热情周到的服务和精美食品。法国在 1976 年把文化生活带进了高速公路网,利用沿线的服务设施开展各种文化娱乐活动。

我国高速公路建设起步较晚,初期完成的几条高速公路里程都较短,沿线设施主要侧重于交通安全、通信和监控等,对于服务设施考虑较少。近年来,随着高速公路通车里程的迅速增长,高速公路服务区建设得到了迅速发展,服务区的设计、建设与运营管理日趋成熟。

国外对公路沿线生态环境的保护与公路绿化工作是非常重视的,已由以往的普通绿化进一步发展到目前的生态公路或景观生态绿化。美国、加拿大等国家在公路建设中十分重视人与自然的和谐统一,如在公路建设中碰到生态环境中的湿地问题,经常采取公路建设占多少数量的湿地面积,就在附近补偿同样面积或大于所占面积的湿地,使湿地的生态功能不受影响,以保护沿线湿地的整体资源价值。法国在20世纪90年代中期,就注意到公路建设与生态保护的关系,在修建高速公路时,利用取土场地创建了两个生物栖息场所,成为尊重自然环境和生态学的典范,备受重视,获得1995年创设的"RUBAN VERT"(绿带)奖章。瑞士在修建高速公路时实施了防止动物移动离群,建设替代栖息地的措施,在修建穿越有动物经常出没地区的公路时,尽可能地保护公路沿线所有的植物,并根据动物出没路线,给动物修建专门的跨线桥,且在桥上覆土种植与周围环境中相似的乔灌树木和草类,以利于动物通过,保证动物应具备的活动领地。德国公路的绿化在管理和养护方面所采取的灌溉手段也是可供借鉴的,在具备条件的路段,把公路建设中的弃土沿公路两侧堆筑成与公路走向一致的土堤,在土堤上进行绿化美化工程建设。日本公路绿化工作搞的也非常好,国家设立了"全国SF绿化法协会",在高等级公路方面,编制有"园林设计"的专章内容。

我国交通部历来都十分重视公路绿化,始终把公路绿化列为公路管理工作的一部分。在颁布的《公路工程技术标准》(JTG B01—2014)、《公路养护技术规范》(JTG H10—2009)、《公路路基设计规范》(JTG D30—2015)、《公路路基施工技术规范》(JTG/T 3610—2019)、《公路环境保护设计规范》(JTG B04—2010)中均对绿化提出了要求,并进一步发展到专门制定的绿化规范,如《公路绿化设计规范》(DB33/T 2062—2017)。随着高速公路在我国的大量兴建,公路绿化的模式和建设规模都发生了巨大的变化。从最初的种植行道树,到公路边坡绿化,直到高等级公路的中央分隔带、边坡和互通、服务区等全方位、立体式绿化;绿化的设计思想也从单纯的见绿,到GBM绿化工程要求(即"一路两沟四行树"),直到进行景观生态公路绿化模式的设计和营建;绿化的功能也从较单纯的环保和水保功能,到要求兼具交通视线诱导功能,直至发展为追求一种融科学、艺术、园林、生态、环保、美学等多功能集成的绿化美化景观工程,达到"四季常绿、三季有花",实现了畅、洁、绿、美。

国际上对道路照明的研究,从1930年起到今天已有90多年的历史。由于交通运输及高速公路的发展,世界各国先后都投入了较大的人力和物力,对一般道路和高速公路照明问题进行了大量的研究工作,研究成果反映在1976年修订的《机动车道路照明的建议》(简称CIE国际建议,CIE为国际照明委员会的缩写)等文件中。其中1972年出版的第23号文件(TC—4—6)《高速公路照明的国际建议》,为世界各国制定自己的高速公路照明标准奠定了重要基础。我国无论是公路还是高速公路的照明水平和国外先进国家相比,均有相当大的差距。

1992年2月1日,我国第一部《城市道路照明设计标准》(CJJ 45—91)颁布实施,首次系统地给出了我国城市道路照明标准、光源和灯具的选择原则、照明设计方法与步骤、照明供电和控制要求等。2007年7月1日,《城市道路照明设计标准》(CJJ 45—2006)颁布实施,相对于CJJ 45—91,此次修订适当提高了照明标准值,增加了交会区照明规定、人行道路照明规定以及节能标准等。2016年6月1日,《城市道路照明设计标准》(CJJ 45—2015)颁布实施,适当调整了次干路和人行道路照明标准值,调整了部分节能标准和措施,增加了光源和灯具选择规定,调整了与道路相关场所照明要求中的部分内容等。

20世纪末受经济水平的制约,我国公路照明基本上处于空白状态,即便是在一些夜间行车条件恶劣的场所,也未能设置道路照明设施。除称为"国门第一路"的首都机场路及广深珠高速公路上设置了全线照明外,大多数已建成的高速公路只是在沿线的重要场所及重要枢纽才设置照明设施,而机场路的照明也只是在重要的外事活动中才使用。近十几年来,随着我国高速公路运输的快速发展和国家经济水平的迅速提高,高速公路照明需求日益增大,除了西部个别机场的高速公路外,全国绝大多数机场高速公路均全线设置了照明设施。靠近城区的环城高速公路,由于夜间交通量较大,建成的项目基本上参照城市道路照明标准及要求也都设置了照明设施。一、二级公路两侧是城镇的路段,因存在横向干扰,事故隐患较大,设置照明的必要及需求也非常大。鉴于我国公路尚无相关规范、标准的实际情况,根据交通运输部交公便字[2012]12号《关于做好2012年度公路工程行业标准规范制修订项目准备工作的通知》的要求,由交通运输部公路科学研究院牵头并会同北京交科公路勘察设计研究院、中交第二公路勘察设计研究院有限公司、公安部交通管理科学研究所、哈尔滨工业大学等单位,编制完成了报批稿《公路管理设施设计规范》。其中,第9章就是公路照明的规范规定,该章由哈尔滨工业大学编写。

意大利是世界上较早修建汽车收费道路的国家,早在20世纪20年代初就确立了修建汽车收费道路的构想,并修建了第一条80多千米的高等级收费道路。法国政府在1955年颁布法令,将高速公路的建设、管理工作由国家委托某些特许公司或者私营道路投资公司负责,目前法国的收费道路占全国高速公路的80%以上。日本1956年颁布了《日本道路公团法》,重新修订了《道路建设特别措施法》,此后收费道路得以迅速发展。美国早在19世纪20年代就修建了一批供马车使用的收费道路,后来由于经济的发展及其他运输方式的竞争,到19世纪30年代末,逐渐废除了道路收费制。随着高速公路的发展,1925年美国开始修建可供汽车通行的收费道路,到今天已有很多收费道路。近年来,一向不收费的英国、德国、比利时、加拿大、荷兰和奥地利等国家也出现了一定数量的收费道路。

我国公路收费制度在经过20世纪70年代规划论证后,于1984年年底在广东省中山市出现了第一条收费公路。我国从20世纪80年代开始进行高等级公路投资机制改革和收费方式的尝试,并于1984年12月在国务院第54次办公会议上将"贷款修建、收费还贷"作为促进公路事业发展的四项优惠政策之一。1988年5月,交通部、财政部和国家物价局联合发布了《贷款修建高等级公路和大型公路桥梁、隧道收取车辆通行费规定》,使我国高等级收费公路的建设和使用有了法规依据。该规定明确了收费目的、收费公路的范围和条件、收费项目的审批、费率制定的原则、收费标准和收费的期限等内容,标志着我国公路建设投资体制的改革迈上了新的台阶。

思 考 题

1. 交通工程设施的功能是什么?
2. 交通工程设施的种类有哪些?发展情况如何?

第 2 章 交通特性与总体设计

车辆特性、交通参与者交通特性、交通量特性、车速特性、交通流参数特性等交通特性,以及道路通行能力和服务水平分析,是进行交通设施设计的前提和基础。同时,交通工程设施必须进行总体设计。

2.1 交通特性

2.1.1 车辆特性

1. 车辆静态特性及其用途

(1)车辆外廓尺寸

车辆的长度、宽度、高度、轴距、前悬、后悬等外廓尺寸是道路几何设计的重要依据,一条车道的宽度、平曲线路段路面的加宽值、道路建筑限界等均取决于设计车辆的外廓尺寸。我国《汽车、挂车及汽车列车外廓尺寸、轴荷及质量限值》(GB 1589—2016)规定的汽车、挂车、汽车列车的外廓尺寸见表 2.1,我国《公路路线设计规范》(JTG D20—2017)给出的公路设计车辆外廓尺寸见表 2.2。

表 2.1 汽车、挂车及汽车列车外廓尺寸　　　　　　　　　　　　　　mm

车辆类型			长度	宽度	高度
仓栅式货车 栏板式货车 平板式货车 自卸式货车	二轴	最大设计总质量≤3 500kg	6 000	2 550	4 000
		最大设计总质量>3 500kg,且≤8 000kg	7 000		
		最大设计总质量>8 000kg,且≤12 000kg	8 000		
		最大设计总质量>12 000kg	9 000		
	三轴	最大设计总质量≤20 000kg	11 000		
		最大设计总质量>20 000kg	12 000		
仓栅式、栏板式、平板式及自卸式半挂车		一轴/二轴/三轴	8 600/10 000/13 000		

续表2.1   mm

车辆类型			长度	宽度	高度
汽车	三轮汽车		4 600	1 600	2 000
	低速货车		6 000	2 000	2 500
	货车及半挂牵引车		12 000	2 550	4 000
	乘用车及客车	乘用车及二轴客车	12 000	2 550	4 000
		三轴客车	13 700		
		单铰接客车	18 000		
挂车	半挂车		13 750	2 550	4 000
	中置轴、牵引杆挂车		12 000		
汽车列车	乘用列车/铰接列车/货车列车		14 500/17 100/20 000	2 550	4 000

表2.2 设计车辆外廓尺寸   m

车辆类型	总长	总宽	总高	前悬	轴距	后悬
小客车	6	1.8	2	0.8	3.8	1.4
大型客车	13.7	2.55	4	2.6	6.5+1.5	3.1
铰接客车	18	2.5	4	1.7	5.8+6.7	3.8
载重汽车	12	2.5	4	1.5	6.5	4
铰接列车	18.1	2.55	4	1.5	3.3+11	2.3

（2）汽车质量和轴荷

汽车质量和轴荷是道路路基工程、道路路面工程及桥梁工程的重要设计依据。我国GB 1589—2016规定的汽车及挂车单轴、二轴组及三轴组的最大允许轴荷限值，见表2.3。

表2.3 汽车及挂车单轴、二轴组及三轴组的最大允许轴荷限值   kg

类型			最大允许轴荷限值
单轴	每侧单轮胎		7 000
	每侧双轮胎	非驱动轴	10 000
		驱动轴	11 500
二轴组	轴距<1 000 mm		11 500
	轴距≥1 000 mm，且<1 300 mm		16 000
	轴距≥1 300 mm，且<1 800 mm		18 000
	轴距≥1 800 mm（仅挂车）		18 000
三轴组	相邻两轴之间距离≤1 300 mm		21 000
	相邻两轴之间距离>1 300 mm，且≤1 400 mm		24 000

2. 车辆动态特性及其用途

车辆的动态特性包括车速特性、制动性能、爬坡能力、行驶稳定性、燃料经济性等,这些特性影响着道路交通的方方面面,如道路设计、交通效率、道路交通安全、交通环境保护以及交通经济性等。

(1) 车速特性

车速特性中两个主要的指标是汽车的最高速度和最小稳定速度。汽车的最高速度是指油门全开、汽车满载,在路面平整坚实的平直路段上,稳定行驶时所能达到的最大速度。汽车的最小稳定速度是指汽车满载,在路面平整坚实的平直路段上,以最低档行驶时的临界速度。汽车的最高速度和最小稳定速度是评价汽车动力性能的主要指标。两者的差值越大,表明汽车对道路阻力的适应性能越强。因此,在进行道路设计时,应对行驶在道路上的主要车型的这两项指标加以了解,以便在设计时控制道路阻力的变化范围。

(2) 制动性能

汽车的制动性能是指汽车行驶过程中强制降低车速以致停车,或在下坡时保持一定速度行驶的能力。汽车的制动性能直接关系到汽车的行驶安全,与路线设计中的行车视距、山区公路中陡坡坡长及缓和坡段的设施等有关。

制动距离是衡量汽车制动性能的关键性参数之一,是指汽车在一定的初速度下,从驾驶员急踩制动踏板开始,到汽车完全停住为止所驶过的距离,包括反应距离和制动距离两个部分。制动距离越小,汽车的制动性能就越好。正确掌握汽车制动距离对保障行车安全起着十分重要的作用。

(3) 爬坡能力

汽车的爬坡能力是指汽车克服坡度的能力,通常用汽车最大爬坡度来评定。汽车最大爬坡度是指汽车在坚硬的路面上,用最低档位作稳定行驶时所能克服的最大坡度。在实际行驶时,汽车通常在上坡之前加速,让汽车得到较高的车速,然后利用上坡时的减速惯性力来提高爬坡能力,这种用惯性力克服坡度的方法称为动力上坡。分析汽车动力上坡时的坡度与坡长的关系,是道路纵断面设计中对陡坡坡长进行限制的主要依据。

(4) 行驶稳定性

汽车行驶的稳定性是指汽车在行驶过程中,在外力作用下不至于发生纵向滑移、横向滑移、纵向倾覆、横向倾覆的能力,这种能力除了与车辆的重心高度、轮距、轴距等车辆参数有关外,还与道路的纵坡大小、平曲线半径的大小以及车速等有关。汽车行驶的稳定性是确定道路最大纵坡、最小平曲线半径、超高横坡度及平曲线路段限速标准的依据。

(5) 燃料经济性

汽车燃料经济性是指汽车消耗单位燃料所完成的运输工作量,或完成单位运输工作量所消耗的燃料数量,通常用每 100 km 行程的燃料消耗量或每公斤燃料的行驶里程来评价。燃料经济性是汽车的重要使用性能之一。汽车的燃料费用在运输成本中占有很大比重,一般为 20% ~ 30%。由于汽车行驶时燃料的消耗与汽车发动机的形式,以及汽车的行驶条件(如车速、公路阻力等)有关,所以一条公路的行程燃料消耗量亦是评定公路质量的重要指标之一。

2.1.2 交通参与者交通特性

交通参与者交通特性主要包括驾驶人的交通特性、乘客的交通特性以及行人交通特性。

(1) 驾驶人的交通特性

在道路交通要素中,驾驶人具有特别重要的作用。驾驶人既要保证将旅客和货物迅速、顺利、准时送到目的地,又要保证旅客安全、舒适及货物的完好。因此,要求驾驶人具有高度的社会责任感,良好的职业道德、身体素质、心理素质,熟练的驾驶技术。充分认识和掌握驾驶人的交通特性对于保证交通运输的正常运行、人民生命财产的安全是十分重要的。

驾驶人在驾驶车辆过程中,首先通过自己的感官(主要是眼、耳)从外界环境接受信息,产生感觉(视觉和听觉),然后通过大脑一系列的综合反应产生知觉。知觉是对事物的综合认识。在知觉的基础上,形成所谓的"深度知觉",如目测距离、估计车速和时间等。最后,驾驶人凭借这种"深度知觉"形成判断,从而指挥操作。在汽车驾驶控制系统中,起控制作用的是驾驶人的生理、心理素质。此外还涉及视力、视野、色觉等视觉特性,以及听觉特性、触觉特性、反应特性等。

(2) 乘客交通特性

人们总是抱着某种目的(如上班、上学、购物、公务、社交、娱乐等)才去乘车的,为乘车而乘车的旅客几乎是没有的。乘车过程本身意味着时间、体力、金钱的消耗。因此,人们在乘车过程中总是希望省时、省钱、省力,同时希望安全、方便、舒适。道路设计、车辆制造、汽车驾驶、交通管理等都应考虑到乘客的这些交通心理要求。不同的道路等级、线形、路面质量、汽车行驶平稳性、车厢内气氛、载客量、车外景观、地形等对旅客乘车的生理、心理反应都有一定的影响。乘车安全性、舒适性、满意度不仅对乘客个人的生理、心理有影响,同时也可能对社会产生预想不到的影响。上下班时间过长,多次换乘,过分的拥挤给乘客造成旅途疲劳、心理压力、情绪烦躁,从而产生过激行为、对公交服务系统不满、对政府工作不满,甚至影响家庭和睦。在世界范围内,现代大城市的交通拥堵日益成为一个令人关注的社会问题。

(3) 行人交通特性

行人交通特性表现在行人的速度、对个人空间的要求、步行时的注意力等方面。这些与行人的年龄、性别、教养、心境、体质及出行目的等因素有关,也与行人所处的区域、周围的环境、街景、交通状况等有关。为了满足步行者的生理、心理和社会需要,并保证他们不消耗过多的体力、不受车辆或其他行人的干扰、不发生交通事故,就必须提供必要的设施。这些设施的规划、设计、实施需要对行人交通的特性有很好的理解和认识。

2.1.3 交通量特性

1. 交通量的分类及用途

交通量又称流量,是指特定时间段内,通过道路上某一地点、某一车道或某一断面上的交通实体数。调查交通量或分析交通量的变化规律,对进行交通规划、交通管理与控制、交通设施规划与设计、交通经济分析等,均具有重要意义。常用的交通量有年平均日交通量、平均日交通量、高峰小时交通量、分车型的交通量及车辆里程数等。

(1) 年平均日交通量(AADT)

将全年统计的日交通量总和除以全年总天数所得到的平均日交通量,即为年平均日交通量。它是确定道路等级(主要是确定公路的技术等级)、评价道路项目的经济可行性、确定收费标准、评估道路收费收益、确定项目改建及养护管理方案、计算交通事故事故率的依据和基础。

(2) 平均日交通量(ADT)

平均日交通量是指多于1天少于1年的一些天的日交通量的平均值,通常有月平均日交通量(MADT)和周平均日交通量(WADT)两种平均日交通量。平均日交通量可以用来规划道路交通活动、测算当前交通需求或评价现状交通流量。

(3) 高峰小时交通量(PHV)

高峰小时交通量是指一天中通过某一断面的连续60 min的最大车辆数(或其他交通实体数)。高峰小时流量是道路功能分级的依据、道路几何设计(如车道数的确定、交叉口信号配时或渠化方案)的依据,可用于分析道路通行能力、制定交通运行管理方案(如单行道系统或交通路径规划),同时也是停车规划的依据。

(4) 分车型的交通量(VC)

分车型的交通量是指小客车、双轴卡车或三轴卡车等不同车型的交通量。分车型的交通量是道路几何设计的依据,尤其是转弯半径、最大纵坡、车道宽度等指标取值的依据,同时也是路面、桥梁等结构设计的依据。另外,在道路通行能力分析中,也涉及将货车交通量等价换算为小客车交通量。

(5) 车辆里程数(VMT)

车辆里程数是平均日交通量和道路长度的乘积,主要用来分配公路养护资金和公路改扩建资源等。

2. 交通量的时空分布特性

交通量是一个随机数,不同时间、不同地点的交通量都是变化的。交通量随时间和空间而变化的现象称为交通量的时空分布特性。

(1) 交通量的时间分布特性

由于社会经济活动对交通的需求以及当地季节与气候的影响,同一道路同一年中各月的交通量并不相同,呈现出逐月变化的规律,这称之为月变化(图2.1(a)),通常用月变系数来描述。同理,交通量在一周中的每一天以及一天中的每个小时也是不同的,呈现出周变化(图2.1(b))和时变化(图2.1(c))。

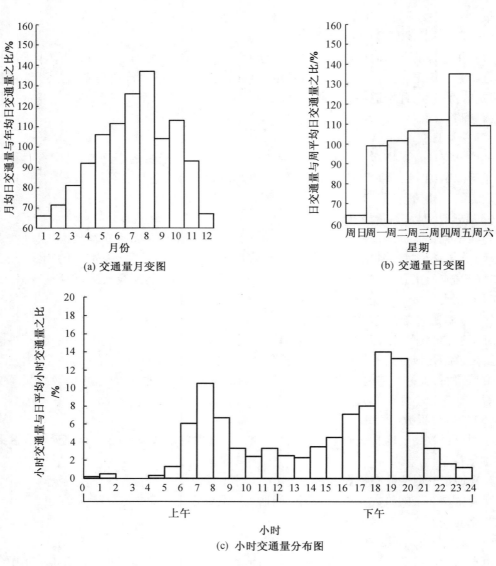

图 2.1 城市道路上的交通量

(2) 交通量的空间分布特性

由于道路功能、等级的不同以及每段道路周边土地利用性质的不同,在道路网中每条道路以及同一条道路上的不同时段,交通量均有较大差异的,如图 2.2 所示。在具体的某个平面交叉口上,不同流向的转向流量也不尽相同,如图 2.3 所示。

一条道路往返两个方向上的交通量,在很长时间内,可能是平衡的,但在某一时段内如一天中的某几个小时,两个方向的交通量也会有较大的不同,这种不同可用方向分布系数来描述。另外,对于单向有多条车道的道路上,各个车道上的交通量也会有所不同。

第 2 章 交通特性与总体设计

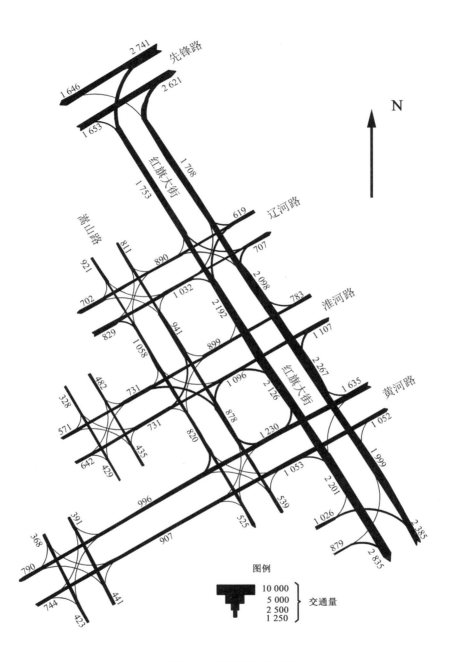

图 2.2 路网流量分布图

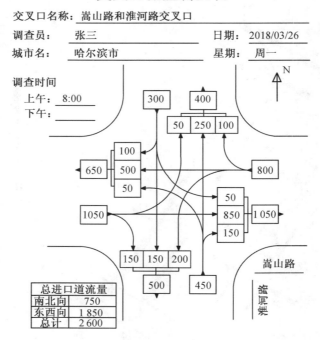

图 2.3 交叉口转向流量分布图

2.1.4 车速特性

不论是对于道路交通主管部门、道路交通规划设计人员、交通执法者,还是交通出行者,速度都是一个十分重要的指标。它不仅涉及出行时间节约、燃油消耗、尾气排放、交通噪声污染等问题,更是与交通安全密切相关。因此,速度经常被用来评估不同交通方式的交通运行效果、机动化程度和交通安全水平。道路交通中常用的速度有行程速度、平均行程速度、平均速度、设计速度、运行速度、指定设计速度、推断设计速度、法定限速值、标牌限速值、推荐限速值以及超速值等,这些速度指标在道路交通中均有着不同的用途。

1. 行程速度和平均行程速度

行程速度是指个体车辆驶过一段道路时的速度,是道路长度与行驶时间之比,可用来描述某段道路的行驶难易程度。

平均行程速度是指在特定的一段时间内,如交通早高峰、晚高峰、平峰等,在道路路段上所有车辆的行驶距离之和与所有车辆的行驶时间之和的比值,可用来评价特定时间段内该路段上的交通服务水平和使用成本。

2. 平均速度和速度分布

平均速度是指在道路的特定位置上,所有车辆的地点车速或瞬时车速之和与观测到的车辆数之比值,通常用来度量车速的总体趋势。车速的大小主要是由驾驶员来决定的,而不同的驾驶员也会针对具体的道路交通条件来选择不同的车速,因此,没有哪一个速度值能准确地描述道路上的所有车速。但是,车速分布会提供一些有用的信息。道路上的车速一般都会服从正态分布,也就是钟形分布,如图 2.4 所示。在图 2.4 中,虽然 A 类车和 B 类车的速度分布都是正态分布,但有理由相信 B 类车的速度要普遍高于 A 类车。在图 2.5 所示的车速分布中,虽然道路 A 和道路 B 上车辆的平均速度大体相当,但道路 B 上车速的离散程度要大于道路 A。一般而言,在同时存在上限、下限限速控制的高等级道路上,车速会趋于集中;而在仅有上限限速控制或无限速控制的低等级道路上,车速会趋于离散。

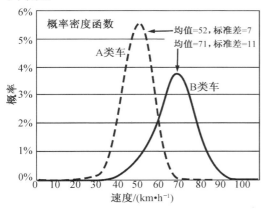 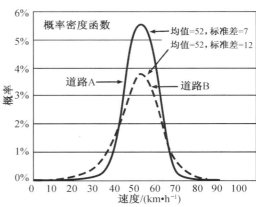

图 2.4　速度的正态分布　　　　　图 2.5　均值相同而标准差不同的速度分布

3. 85%位车速和 15%位车速

85%位车速(可用 v_{85} 表示)表示全部车辆的 85%是在该车速及以下行驶的,而 15%位车速则表示全部车辆的 15%是在该车速及以下行驶的,如图 2.6 所示。85%位车速是确定运行速度和最高限速值的依据,在高速公路上 15%位车速可用来作为确定最低限速值的依据。

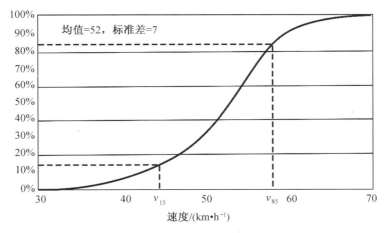

图 2.6　85%位车速和 15%位车速

4. 设计速度

设计速度是道路几何设计中的一项重要控制性指标,最早于 1936 年提出,当时的定义是"设计速度是车速较快的驾驶员群体可接受的最大合理车速",1938 年美国的 AASH-

TO 将设计速度修改为"车速较快的驾驶员群体可能采用的最大车速",1954 年的公路几何设计政策又将设计速度的定义修订为"道路交通条件良好时,在道路几何受限地点上,车辆可安全行驶的最高车速,即最大安全车速"。从 1997 年的 NCHRP Report 之后,设计速度最终被定义为"设计速度是道路几何设计的控制性指标",此时,"最大安全车速"的概念已不再被使用。

5. 运行速度

运行速度是指在良好的气候和天气条件下,中等技术水平的驾驶员根据实际的道路条件和交通条件所采取的行车速度。通常采用在道路特定地点上实测出的自由流条件下的 85% 位车速作为运行速度,即运行速度就是自由流下的 85% 位车速。运行速度能很好地反映出驾驶员个体对道路几何线形的理解,也能真实地描述出驾驶员实际的速度选择结果。

6. 指定设计速度与推断设计速度

为了更明晰设计速度的用途,近些年来美国及其他部分西方国家更倾向于使用指定设计速度来代替设计速度。指定设计速度就是用来确定道路几何设计中的一些临界值或控制性指标的,如最小视距长度、最小平曲线半径、最大纵坡坡度、最小竖曲线半径、最小车道宽度、最短加减速车道长度等。

当道路几何设计中实际采用的设计指标值不同于规范或指南等给定的临界指标(如最大值或最小值)时,此时的速度可用推断设计速度来描述。比如,当平曲线半径大于设计速度或指定设计速度所给定的最小值时,推断设计速度可由曲线内侧驾驶员行车位置距曲线内侧障碍物的横向距离来确定。再比如,竖曲线上的推断设计速度就是在竖曲线上通过可获得的停车视距来确定出的最大车速。推断设计速度可大于、等于甚至是小于设计速度。

7. 限速

限速是指在一条道路或道路的局部特殊路段上,法律或交通法规所允许的交通个体的最高车速,高速公路上还包括最低车速。限速值主要有标牌限速值、法定限速值和推荐限速值三种。

标牌限速值是指在一条道路或路段上,根据道路交通条件并通过交通工程研究所确定出的限速值,如图 2.7 所示。该限速值适用于整条道路或较长的一段道路,并通过多次重复设置的限速标志来提示驾驶员要按规定的车速行车。

当道路上没有设置限速标志来规定车速时,即在无标牌限速的情况下,道路上默认的限速值就是法定限速值。比如,我国高速公路上的法定限速值是,最低车速不得低于 60 km/h,最高车速不得超过 120 km/h。

当道路前方为急弯曲线路段、连续转弯曲线路段、长大下坡路段或存在窄路窄桥等设施时,对这样的特殊路段,在标牌限速的基础上,还可能设置推荐限速,此时车辆应按推荐限速要求行车,过了这样的路段之后再按标牌限速行车。在限速标志设置上,推荐限速与标牌限速的不同之处在于,推荐限速的限速标志上必须明确告之限速的原因,如图 2.8 所示。

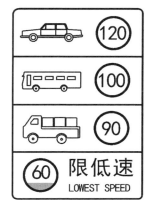
图 2.7 标牌限速

图 2.8 推荐限速

8. 超速

当驾驶员的个体车速超过了限速值时,称之为超速。在道路交通管理中,超速比例以及超速者的平均车速是两个比较有用的指标,如图 2.9 所示。

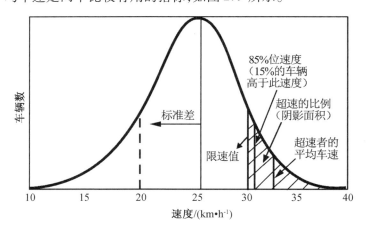

图 2.9 超速比例及超速者的平均车速

9. 各种速度的关系

设计速度、推断设计速度、平均速度、85% 位速度、15% 位速度、限速等速度指标有着各自不同的用途,但又是相互关联的,这些速度的关系如图 2.10 所示。

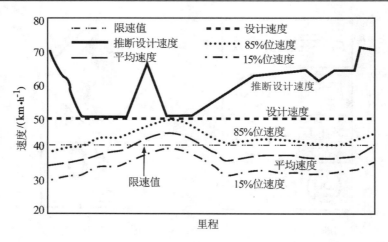

图 2.10 各种速度之间的关系

2.1.5 交通流参数特性

1. 时间距离图

交通流在道路上的运行是不断变化的,其演化过程是车辆随着时间的变化,不断在空间上发生位移变化。用来表示交通流变化的传统图就是时间距离图(即时空图),如图 2.11 所示。

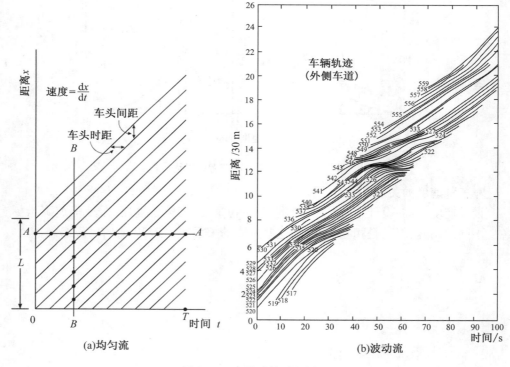

图 2.11 交通流的时空图

2. 交通流三参数的关系

交通流的 3 个宏观参数是交通流流量、交通流速度和交通流密度,三者的关系如图 2.12 所示。研究交通流三参数的关系能更好地解析交通现象及其本质,使道路发挥最大功效。

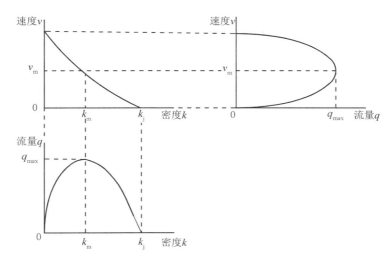

图 2.12 交通流参数的关系图

交通流三个参数之间的关系是:交通流量为交通流速度和交通流密度的乘积。道路上车辆很少时,驾驶员可选择较高速度,这时交通流速度较大,但因交通流密度小,所以交通流量也比较小。随着路上的车辆增多,交通流密度增大,车辆的行驶速度虽受到前后车辆的约束而有所下降,流速降低,但交通流量还是增加,直到某一种条件下,流速和密度的乘积达到最大值,即交通流量为最大时为止。这时的流速称为最佳速度,密度称为最佳密度。如果路上车辆再增加,密度继续增大,流速继续下降,尽管密度较大,但因流速较小,所以流量反而下降,直到密度为最大值(这时称之为拥堵密度),造成道路阻塞,车辆无法行驶,流速等于零,交通流量也等于零为止。

3. 车辆跟驰理论及其用途

车辆跟驰理论是运用动力学方法,探究在无法超车的单一车道上车辆列队行驶时,后车跟随前车的行驶状态,并且借助数学模式表达并加以分析阐明的一种理论。跟驰模型就是基于这种理论通过仿真得到的数学模型,分为线性跟驰模型和非线性跟驰模型两种。研究车辆跟驰模型对于了解和认识交通流的特性,进而把这些了解和认识应用于交通规划、交通管理与控制,充分发挥交通设施的功效,解决交通问题有着极其重要的意义。

4. 交通波理论及其应用

运用流体力学的基本原理,模拟流体的连续性方程,建立车流的连续性方程。把密度很大的交通流看作流体,把车流密度的变化抽象为车流波,通过分析车流波的传播速度,寻求交通流流量和速度、密度之间的关系,描述车流的拥挤—消散过程。波动理论假定车流中各单个车辆的行驶状态完全一样,所以有远离实际的缺点。尽管如此,这种理论在"流"的状态较为明显的场合,例如在分析瓶颈路段的车辆拥塞等问题中,还是有其独特的用途。

2.2　交通安全设施总体设计

2.2.1　一般规定

①交通安全设施应进行总体设计,且必须与道路土建工程同时设计、同时施工、同时投入生产和使用。

②交通安全设施的总体设计应在充分收集项目及所在路网规划、技术规定、设计图纸和交通安全评价结论,以及现场调研的基础上进行。

③总体设计的内容应包括项目和路网特征分析、设计目标、设置规模、结构设计标准、设计协调与界面划分等内容。

2.2.2　项目分析和设计目标

1. 项目和路网特征分析

与项目相关资料的分析应包括下列内容:项目在路网中的功能和定位,项目的直接和间接服务范围,项目沿线交通枢纽、旅游景区、饮用水源地保护区等重要设施的分布,项目的技术标准、地形条件、交通条件和环境条件。

项目与所在路网之间关系的分析应包括下列内容:起、终点里程传递的桩号信息,重合路段的起终点信息,穿城路段的起终点信息,构成多路径的路线信息,相关路线的命名和编号信息,被交道路、铁路和航道的相关信息。

从道路使用者的角度对项目进行的交通安全综合分析应包括下列内容:道路运行中可能存在的安全风险和隐患路段(点),交通安全设施的安全设计重点。

2. 设计目标

应结合项目和路网特征分析结果,从服务、安全、管理、环境、成本等方面提出交通安全设施的设计目标。道路改扩建项目应提出既有交通安全设施再利用、临时交通安全设施设置的设计目标。

2.2.3　设置规模

①交通安全设施的设置规模,应根据确定的设计目标,综合考虑路网规划、道路功能、技术等级、交通量、车型组成和环境等因素合理确定。

②主要干线公路应设置系统、完善的交通标志、标线、视线诱导设施、隔离栅、必需的防落网和防眩设施;桥梁与高路堤路段必须设置路侧护栏;整体式断面中间带宽度小于或等于12 m时,必须连续设置中央分隔带护栏;不同形式的护栏连接时,应进行过渡设计;中央分隔带开口处必须设置开口护栏;出口分流三角端应设置防撞垫。

③次要干线公路应设置完善的交通标志、标线、视线诱导设施及必需的隔离栅、防落网;桥梁与高路堤路段必须设置路侧护栏;一级公路整体式断面中间带宽度小于或等于12 m时,必须连续设置中央分隔带护栏;不同形式的护栏连接时,应进行过渡设计;高速公路中央分隔带开口处必须设置开口护栏;一级公路应根据需要设置防眩设施。

④主要集散公路应设置较完善的交通标志、标线及必需的视线诱导设施、隔离栅;桥

梁与高路堤路段必须设置路侧护栏；一级公路整体式断面中间带应设置保障行车安全的隔离设施。

⑤次要集散公路应设置较完善的交通标志、标线及必需的视线诱导设施；桥梁与高路堤路段应设置路侧护栏。

⑥支线公路应设置交通标志，在视距不良、急弯、陡坡等路段应设置交通标线及必需的视线诱导设施；路侧有不满足计算净区宽度要求的悬崖、深谷、深沟、江河湖海等路段应设置路侧护栏。

⑦公路连续长、陡下坡路段，应结合交通安全综合分析的结果论证是否设置避险车道。设置避险车道时，应设置配套的交通标志、标线及隔离、防护、缓冲等设施。

⑧风、雪等危及公路行车安全的路段，应设置防风栅、防雪栅、积雪标杆等交通安全设施；根据运营管理和交通管理需求，可设置限高架、减速丘、凸面镜等交通安全设施。

2.2.4 结构设计标准

1. 结构设计中的作用

公路交通安全设施结构设计采用的作用应符合表2.4的规定。除桥梁护栏所承受的汽车碰撞荷载外，其他作用的标准值、代表值和组合效应设计值应参照现行《公路桥涵设计通用规范》(JTG D60—2015)的规定计算。当结构中出现其他不可忽略的作用时，其标准值、代表值和组合效应设计值的计算应符合相关规范的规定。

表 2.4　公路交通安全设施结构设计采用的作用

设施类型	作用名称	作用分类
护栏	结构重力（包括结构附加重力）	永久作用
	土的重力（路基护栏）	
	土侧压力（缆索护栏）	
	预压力（缆索护栏）	
	风荷载	可变作用
	人行道或自行车道栏杆荷载	
	汽车碰撞荷载	偶然作用
交通标志、防落物网、隔离栅、防眩设施、防风栅、防雪栅、警示限高架	结构重力（包括结构附加重力）	永久作用
	土的重力（设置于土基处）	
	土侧压力（设置于土基处）	
	风荷载	可变作用
	温度作用	
防撞限高架	结构重力（包括结构附加重力）	永久作用
	土的重力（设置于土基处）	

续表 2.4

设 施 类 型	作 用 名 称	作 用 分 类
防撞限高架	土侧压力(设置于土基处)	永久作用
	风荷载	可变作用
	温度作用	
	汽车碰撞荷载	偶然作用
突起路标	汽车轮载	可变作用

2. 结构设计安全等级

公路交通安全设施的结构设计安全等级应符合现行《公路工程结构可靠度设计统一标准》(GB/T 50283—1999)的规定。根据交通安全设施所处位置的具体情况,可调整结构设计安全等级,但不得低于表2.5规定的等级。

表 2.5 公路交通安全设施的结构设计安全等级

结构设计安全等级	设 施 类 型
二级	特大桥上设置的护栏、防落物网、防风栅、防雪栅;位于高速公路、一级公路上的悬臂式、门架式交通标志
三级	其他交通安全设施结构

3. 永久作用

永久作用应符合下列规定:结构重力的标准值可按结构构件的设计尺寸与材料的重度计算确定,预加力、土的重力和土侧压力应根据现行《公路桥涵设计通用规范》(JTG D60—2015)的规定计算,混凝土护栏和钢-混凝土组合式护栏设计宜考虑混凝土的收缩及徐变作用。

4. 可变作用

可变作用应符合下列规定:

①风荷载标准值应根据现行《公路桥梁抗风设计规范》(JTG/T 3360-01—2018)的规定计算,基本风压重现期应采用 50 年。

②突起路标的汽车轮载标准值应采用 70 kN,车轮着地长度及宽度为 0.6 m×0.2 m。

③温度作用标准值应根据现行《公路桥涵设计通用规范》(JTG D60—2015)的规定计算。

④作用在人行道或自行车道栏杆立柱顶上的水平推力标准值应采用 0.75 kN/m,作用在栏杆扶手上的竖向力标准值应采用 1.0 kN/m。

5. 偶然作用

偶然作用应符合下列规定:

①护栏结构设计和安全性能评价采用的碰撞车型、碰撞速度和碰撞角度应满足现行《公路护栏安全性能评价标准》(JTG B05-01—2013)的规定。当公路具体路段的车辆构成不包括规定的某种碰撞车型时,护栏结构设计和安全性能评价可不考虑该车型。

②设计桥梁护栏试件时,其所承受的汽车横向碰撞荷载标准值应符合表 2.6 的规定。在综合分析公路线形、路侧危险度、运行速度、交通量和车辆构成等因素的基础上,采用的护栏防护等级低于一(C)级时,汽车横向碰撞荷载应按一(C)级计算;采用的护栏防护等级高于八(HA)级时,汽车横向碰撞荷载应根据实际的碰撞条件确定。

③防撞限高架的汽车碰撞荷载可按式(2.1)计算,作用方向与行车方向一致,作用点位于横梁几何中心。

$$F' = \frac{m \mid v_1 - v_0 \mid}{T} \tag{2.1}$$

式中 F'——限高架的汽车碰撞荷载,kN;
m——设计车辆总质量,t,应结合设置路段交通流实际调查结果确定;
v_0——碰撞前车辆运行速度,m/s,应结合设置路段交通流实际调查结果确定;
v_1——碰撞后车辆运行速度,m/s,应满足紧急制动情况下车辆在限高桥梁或隧道之前停车的要求;
T——车辆碰撞限高架的时间,s,可在 0.1 ~ 1 s 范围内取值,柔性限高架取值 1 s,刚性限高架取值 0.1 s。

表 2.6 桥梁护栏的汽车横向碰撞荷载标准值

防护等级	代码	标准值/kN		分布长度/m
		$D = 0$ m	$D = 0.3 \sim 0.6$ m	
一	C	70	55 ~ 45	1.2
二	B	95	75 ~ 60	1.2
三	A	170	140 ~ 120	1.2
四	SB	350	285 ~ 240	2.4
五	SA	410	345 ~ 295	2.4
六	SS	520	435 ~ 375	2.4
七	HB	650	550 ~ 500	2.4
八	HA	720	620 ~ 550	2.4

注:D 为桥梁护栏的最大横向动态变形值。

公路交通安全设施结构设计应根据使用过程中可能同时出现的作用,按承载能力极限状态和正常使用极限状态分别进行作用组合,并应取各自的最不利组合进行设计。公路交通安全设施结构设计应同时满足构造和工艺方面的要求。

2.2.5 设计协调与界面划分

①交通安全设施应加强与道路土建工程和服务设施、管理设施之间的协调,从运行安全的角度优化土建工程和服务设施、管理设施的设置,避免缺项、漏项和出现安全隐患。

②在交通安全设施平面布设图上,应标示出沿线道路监控外场设备、照明灯柱等管理设施和服务设施的设置位置。各类设施相互遮挡时,应予以调整,或同杆设置。

③应根据现行《公路交通工程及沿线设施设计通用规范》(JTG D80—2006)的规定,明确交通安全设施与公路土建工程和服务设施、管理设施之间的设计界面。

思 考 题

1. 与交通有关的车辆特性包括哪些方面，这些特性在道路工程、桥梁工程、交通工程中的用途是什么？
2. 试述年平均日交通量、平均日交通量、高峰小时交通量、车辆里程数的定义，并举例说明这些交通量的用途。
3. 道路交通中常用的速度指标有哪些，它们在交通管理、交通规划设计、交通执法及交通出行中都有哪些用途？
4. 交通流的三个参数是什么，它们之间的基本关系是什么？
5. 各类公路应设置的交通安全设施有哪些？

第 3 章 交通标志

道路交通标志是用颜色、形状、字符、图形等向道路使用者传递特定信息,用于管理交通的设施;道路交通标志设计是交通工程在道路设计、施工和运营管理中的一个最重要的组成部分。它不仅体现了如何实现对道路交通流的控制与管理,同时也体现了交通法规和交通路权的执行手段。正确完善地设置道路交通标志,不仅能够体现道路交通法规和相应控制管理措施的落实,同时能更大程度地提高道路交通通行率和有效增强交通安全性。随着我国道路建设的飞速发展,合理地实施和设置道路交通标志在道路系统中的作用已经越来越明显。

3.1 概 述

3.1.1 交通标志的分类

①交通标志依据功能可分为主标志和辅助标志两大类。主标志包括警告车辆、行人注意道路交通的警告标志;禁止或限制车辆、行人交通行为的禁令标志;指示车辆、行人应遵循的指示标志;传递道路方向、地点、距离信息的指路标志;提供旅游景点方向、距离的旅游区标志;告知道路作业区通行的作业区标志;告知路外设施、安全行驶信息以及其他信息的告示标志。辅助标志是附设在主标志下,对其进行辅助说明的标志,不单独使用。

②交通标志按显示位置分类,分为路侧和车行道上方两种,对应的支承结构形式为柱式、路侧附着式,悬臂式、门架式、车行道上方附着式。

③交通标志按光学特性分类,分为逆反射式、照明式和发光式三种,其中照明式又分为内部照明式和外部照明式。

④交通标志按版面内容显示方式分类,分为静态标志和可变信息标志。

⑤交通标志按设置的时效分类,分为永久性标志和临时性标志。

⑥按标志传递信息的强制性程度分类,分为必须遵守标志和非必须遵守标志。禁令标志和指示标志为道路使用者必须遵守标志;其他标志仅提供信息,如指路标志、旅游区标志;禁令、指示标志套用于无边框的白色底板上,为必须遵守标志;停车让行、减速让行标志不得套用于无边框的白色底板上;禁令、指示标志套用于指路标志上,仅表示提供相关禁止、限制和遵行信息,只能作为补充说明或预告方式,并应在必要位置设置相应的禁令、指示标志。

3.1.2 交通标志三要素

为了获得较理想的标志设计,世界各国的交通工程师、工程心理学家长期以来进行了大量的试验研究,包括对标志的颜色、形状、字符等编码成分的研究,对标志的可见性、易读性、亮度、设置位置的研究以及对标志效能的评价和测试方法的研究等。所有这些研究工作,为标志设计提供了充分的理论依据。

1. 颜色

人眼可以看见的色光波长范围在 380～780 nm 之间。不同的波长引起不同的颜色感觉,如短波范围 470 nm 产生蓝色感觉,中波范围 530 nm 产生绿色感觉,长波范围 700 nm 产生红色感觉。此外,在各波长间还有各种中间色,如橙黄色、黄绿色等。

颜色是标志的重要构成因素,因为颜色可以使标志从它所处的背景中显现出来,增加驾驶员对标志的注意,并可帮助驾驶员迅速识别标志的种类和含义。标志的视觉清晰度与它的颜色和背景的对比度有很大关系,为了在标志板和符号之间获得最大的对比度,一般采用亮色与暗色搭配,在这种情况下标志的视认清晰度最佳。人眼对不同颜色的感受性是不同的,这种差异可以通过在一定的观察距离下,不同颜色获得等效视觉清晰度所需要的面积来表示,表 3.1 是在观察距离为 230 m 时,可以探测出不同颜色的最小面积。

表 3.1 人眼对颜色的探测能力

颜色	观察距离/m	可探测的最小面积/m²
黄	230	1.3
白	230	1.5
红	230	1.7
蓝	230	1.9
绿	230	2.0
黑	230	3.3

辨别颜色的正确性还依赖于染色面积的大小。一般说来,表面积越大,颜色辨认得越准确。根据英国的研究,在郊外背景条件下,每 30 m 观察距离最小需要约 0.3 m² 的白板面积。

根据颜色的视觉规律,道路交通标志多用红、黄、绿、蓝、黑等颜色,不用中间色。但是,道路交通标志不仅考虑上述因素对视认性的影响,还要考虑颜色所能表达的抽象含义。色彩具有直观和联想作用,红色可以产生一种具有危险感的强刺激,因此将其作为"禁止""停车"的信号;黄色具有警戒的感觉,作为"注意危险"等警告信号;黑色和白色出现在大部分标志中,主要是利用其较好的对比度;绿色使人产生和平、安全的联想,作为"安全""行进"的信号;蓝色使人产生沉静、安宁的感觉,作为"指示"的信号。

一般情况下交通标志颜色的基本含义如下:

①红色:表示禁止、停止、危险,用于禁令标志的边框、底色、斜杠,也用于叉形符号和斜杠符号、警告性线性诱导标的底色等。

②黄色或荧光黄色:表示警告,用于警告标志的底色。

③蓝色:表示指令、遵循,用于指示标志的底色;表示地名、路线、方向等行车信息,用于一般道路指路标志的底色。

④绿色:表示地名、路线、方向等行车信息,用于高速公路和城市快速路指路标志的底色。

⑤棕色:表示旅游区及景点项目的指示,用于旅游区标志的底色。
⑥黑色:用于标志的文字、图形符号和部分标志的边框。
⑦白色:用于标志的底色、文字和图形符号以及部分标志的边框。
⑧橙色或荧光橙色:用于道路作业区的警告、指路标志。
⑨荧光黄绿色:表示警告,用于注意行人、注意儿童警告标志。

2. 形状

驾驶员在道路上认读标志是从它的形状、颜色判别开始的,因此交通标志的设计赋予其形状和颜色以一定的意义,增加了传递信息的内容。驾驶员发现标志后,首先可根据其形状和颜色判别出其属于哪一类,可以提前做些准备。

根据对交通标志形状视认性的研究成果,在同等面积条件下,三角形的视认效果最好,其次是菱形、正方形、圆形、六角形、八角形等。这说明具有同等面积的不同形状的标志,其视认性是不同的。不过在决定道路交通标志的形状时,除考虑其形状对可辨性的影响外,还要考虑标志牌的可利用面积的大小(即可容纳的信息量的多少),以及过去使用的习惯等因素。根据国际标准 ISO 3864.3—2012《图形符号 安全色和安全标志》中关于几何图形的规定,正三角形表示"警告",圆形表示"禁止"和"限制",正方形和矩形表示"提示"。参考联合国及很多国家的交通标志标准,除美国、日本、澳大利亚、加拿大、墨西哥等少数国家的警告标志的形状为菱形外,绝大多数国家的警告标志采用正三角形。

交通标志的形状一般使用规则如下:
①正等边三角形:用于警告标志。
②圆形:用于禁令和指示标志。
③倒等边三角形:用于"减速让行"禁令标志。
④八角形:用于"停车让行"禁令标志。
⑤叉形:用于"铁路平交道口叉形符号"警告标志。
⑥方形:用于指路标志,部分警告、禁令和指示标志,旅游区标志,辅助标志,告示标志等。

3. 符号

在低亮度、快速行进等困难的视觉条件下,图符信息无论在辨认速度还是在辨认距离上均比文字信息要优越。此外,用图形来表征信息还不受语言和文字的限制,只要设计的图案形象、直观,不同国家、民族和不同语言文字的驾驶员都可理解、认读。因此,以符号为主的标志受到联合国的推荐,并被世界上绝大多数国家采用。

工程心理学中采用视角来表示图形的大小,视角的大小由图形尺寸和观察距离决定。同样尺寸的图形,观察距离近,则视角大,反之则视角小。视角大者看得清楚,视角小者则看得模糊,视角低于一定的阈值者,则看不清楚。

人借助于视觉器官完成一定视觉任务的能力通常称为视觉功能,反映视觉功能的基本指标包括视敏度(区分对象细节的能力)和分辨力(辨别对比的能力),其中观察距离、细节尺寸及细节间的间隔等对分辨力影响较大。

3.2 交通标志板面及符号尺寸

3.2.1 警告标志

警告标志用来向道路使用者提供道路沿线存在的危险或应该注意的路段,提高警觉并准备防范措施。

警告标志的内容大多与道路的几何线形、构造物有关,如道路交叉、急弯、陡坡、窄路、隧道、渡口、驼峰桥等;其余的警告标志多与道路沿线的环境有关,如行人、儿童、信号灯、村庄、牲畜等。

警告标志的颜色为黄底、黑边、黑图案;形状为顶角朝上的正三角形,其尺寸代号如图3.1所示,三角形边长、黄色边框宽度的最小值及其他细部尺寸应视道路的设计速度而定,可按表3.2选取。可考虑所设置路段的运行速度(v_{85})进行调整。设置在胡同、隔离带的警告标志,当设置空间受限制时,如果采用柱式标志可采用最小值,三角形的边长最小值不应小于60 cm。

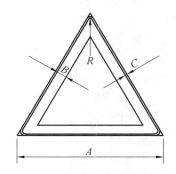

图3.1 警告标志尺寸代号

表3.2 警告标志尺寸与设计速度的关系

设计速度/(km·h^{-1})	100~120	71~99	40~70	<40
三角形边长 A/cm	130	110	90	70
黑边宽度 B/cm	9	8	6.5	5
黑边圆角半径 R/cm	6	5	4	3
衬底边宽度 C/cm	1.0	0.8	0.6	0.4

警告标志与危险地点之间的距离,应根据设计速度确定,可参见表3.3。若受实际地形条件限制,可适当调整,但其设置位置必须明显,且不能小于停车视距。

表3.3 警告标志到危险地点的距离

设计速度/(km·h^{-1})	100~120	71~99	40~70	<40
标志到危险地点的距离/m	200~250	100~200	50~100	20~50

3.2.2 指示标志

指示标志是用来指示道路使用者行进的信息,常设于行车道的入口处。指示标志主要用来指示准许行驶的方向,如向左(或右)转弯、靠右(或左)侧道路行驶等;也可用来表示机动车道或非机动车道、步行街等。

指示标志的颜色为蓝底、白图案,其形状分为圆形、长方形和正方形,指示标志的尺寸代号如图 3.2 所示,其各部尺寸的最小值应视道路设计速度而定,可按表 3.4 选取。可考虑所设置路段的运行速度(v_{85})进行调整。设置在胡同、隔离带的指示标志,当设置空间受限制时,如果采用柱式标志可采用最小值,指示标志的直径(或短边边长)最小不应小于 50 cm。

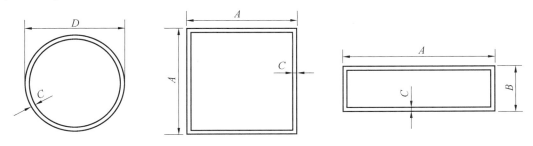

图 3.2　指示标志各部尺寸代号

表 3.4　指示标志的尺寸与设计速度的关系

设计速度/(km·h⁻¹)	100~120	71~99	40~70	<40
圆形(直径)D/cm	120	100	80	60
正方形(边长)A/cm	120	100	80	60
长方形(边长)A×B/cm	190×140	160×120	140×100	—
单行线标志(长方形)A×B/cm	120×60	100×50	80×40	60×30
会车先行标志(正方形)A/cm	—	—	80	60
衬底边宽度C/cm	1.0	0.8	0.6	0.4

3.2.3　禁令标志

禁令标志用来向道路使用者表示交通之"禁行""禁止""限制"等规定,必须严格遵守。禁令标志有对行驶路线的限制,如禁止驶入、禁止通行等;有对行驶方向的限制,如禁止左转、禁止直行等;有对某种车辆行驶的限制,如禁止机动车通行、禁止大型客车通行等;有对某种驾驶行为的限制,如禁止超车、禁止调头、禁止停车等;有对交叉口控制方式的限制,如停车让行标志、减速让行标志;有对行人的限制,如禁止行人通行等。

禁令标志设于禁止事项前的适当地点,一般需设置在最醒目的地方,并随标志设置目的而改变标志内容。

禁令标志的颜色,除个别标志外,为白底、红圈、红杠、黑图案,图案压杠。禁令标志的形状为圆形、八角形、顶角向下的等边三角形,其尺寸代号如图 3.3 所示,各部尺寸的最小值应视道路设计速度而定,可按表 3.5 选取。可考虑所设置路段的运行速度(v_{85})进行调整。设置在胡同、隔离带的禁令标志,当设置空间受限制时,如果采用柱式标志可采用最小值。圆形禁令标志的直径最小不应小于 50 cm,三角形禁令标志的边长最小不应小于 60 cm,八角形对角线长度最小不应小于 50 cm。

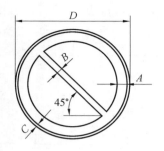 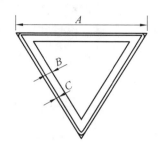 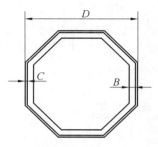

图 3.3 禁令标志各部尺寸代号

表 3.5 禁令标志尺寸与设计速度的关系

设计速度/(km·h^{-1})		100~120	71~99	40~70	<40
圆形标志	标志外径 D/cm	120	100	80	60
	红边宽度 A/cm	12	10	8	6
	红杠宽度 B/cm	9	7.5	6	4.5
	衬边宽度 C/cm	1.0	0.8	0.6	0.4
三角形标志	三角形边长 A/cm	—	—	90	70
	红杠宽度 B/cm	—	—	9	7
	衬边宽度 C/cm	—	—	0.6	0.4
八角形标志	标志外径 D/cm	—	—	80	60
	白边宽度 B/cm	—	—	3.0	2.0
	衬边宽度 C/cm	—	—	0.6	0.4

3.2.4 指路标志

指路标志用来向道路使用者提供沿线道路经由的地名、方向和距离,或与之相交道路的编号、名胜古迹、游乐休息或服务区等。

指路标志的颜色,一般道路为蓝底、白图案,高速公路为绿底、白图案。指路标志的形状,除地点识别标志、里程碑、分合流标志外,为长方形和正方形。

指路标志根据需要,可并用汉字和其他文字。标志上的汉字应使用规范汉字,除有特殊规定之外,汉字应排在其他文字上方。汉字采用标准黑体(简体)。汉字高度一般应根据设计速度进行设计,应符合表 3.6 的规定,字宽与字高相等。如果标志上使用英文,地名用汉语拼音,相关规定按照《地名 标志》(GB 17733—2008),第一个字母大写,其余小写;专用名词用英文,第一个字母大写,其余小写,根据需要也可全部大写。指路标志的阿拉伯数字和拼音字、拉丁字或少数民族文字的高度应根据汉字高度确定,与汉字高度的关系应符合表 3.7 的规定。指路标志的汉字或其他文字的间隔、行距等应符合表 3.8 的规定。指路标志外边框和衬底边的尺寸如图 3.4 所示。

表3.6 汉字高度与设计速度的关系

设计速度/(km·h⁻¹)	100~120	71~99	40~70	<40
汉字高度/cm	60~70	50~60	40~50	25~30

表3.7 其他文字与汉字高度的关系

其他文字		与汉字高度(h)的关系
拼音字、拉丁字或少数民族文字	大写	$1/2h$
	小写	$1/3h$
阿拉伯数字	字高	h
	字宽	$0.6h$
	笔画粗	$1/6h$
公里符号	k	$1/2h$
	m	$1/3h$

表3.8 文字的间隔与行距等的规定

文字设置	与汉字高度(h)的关系
字间隔	$1/10h$ 以上
笔画粗	$1/10h$
字行距	$1/3h$
距标志边缘最小距离	$2/5h$

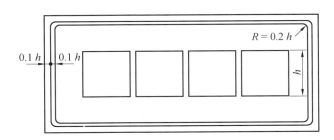

图3.4 外边框和衬底边尺寸

3.2.5 旅游区标志

为吸引和指示人们从高速公路或其他道路上前往邻近的旅游区,应在通往旅游景点的交叉口设置一系列旅游标志,使旅游者能方便地识别通往旅游区的方向和距离,了解旅游项目的类别。

旅游区标志分为指引标志和旅游符号两大类。其中,指引标志提供旅游区的名称、有代表性的图案及前往旅游区的方向和距离,设在高速公路出口附近及通往旅游区各连接道路的交叉口附近；旅游符号提供旅游项目类别、具代表性的符号及前往各旅游景点的指引，设在高速公路或其他道路通往旅游景点的交叉口附近，或在大型服务区内通往各旅游景点的路口。也可在指路标志上附具代表性的旅游符号，让旅游者了解景点的旅游项目。旅游符号下可附加辅助标志以指示前进方向或距离。

旅游区标志的颜色为棕色底、白色字符。旅游指引标志为矩形，其尺寸应根据速度确定字高，再根据字数和图案确定版面大小。旅游符号为正方形，尺寸一般采用 60 cm× 60 cm，也可根据需要放大或缩小。

3.2.6 道路施工安全标志

道路施工安全标志包括阻挡车辆及行人前进或指示改道的路栏；与路栏配合，用以阻挡或分离交通流的锥形交通路标；设于夜间施工路段附近，用以警告车辆驾驶人前方道路施工，应减速慢行的施工警告灯；设在公路沿线较小交叉路口两侧，用来提醒主线车辆提高警觉，防范小路口车辆突然出现的道口标志；设在道路施工、养护等路段前适当位置，用以通告高速公路及一般道路交通阻断、绕行等情况的施工区标志；以及悬挂于工程车辆及机械之后部，用以警告前方道路有作业车正在施工，车辆驾驶人应减速或变换车道行驶的移动性施工标志。

3.2.7 辅助标志

在主标志无法完整表达或指示其规定时，为维护行车安全与交通畅通之需要，应设置辅助标志。辅助标志安装在主标志下面，紧靠主标志下缘，颜色为白底、黑字、黑边框，形状为长方形。其尺寸由字高、字数确定，按字高 10 cm 为下限值；字的间隔、行距等按表 3.7 的规定执行，如有需要可增加辅助标志板的尺寸。内容包括时间、车辆种类、区域或距离、警告、禁令理由或上述内容的组合，但组合的图案不宜多于三种。

3.2.8 可变信息标志

可变信息标志是一种因交通、道路、气候等状况的变化而改变显示内容的标志。一般可用作速度限制、车道控制、道路状况、气象状况及其他内容的显示，主要用于高速公路、城市快速路的信息显示。

可变信息标志不宜显示和交通无关的信息。

可变信息标志的显示方式有多种，如高亮度发光二极管、灯泡矩阵、磁翻板、字幕式、光纤式等，可根据标志的功能要求、显示内容、控制方式等进行选择。

可变信息标志显示的警告、禁令、指示等标志的图形、字符、形状等应符合《道路交通标志和标线》(GB 5768—2009)的有关规定，显示的文字的字体、字高、间距等按照清晰、易辨、安全的原则确定。主动发光可变信息标志的颜色可按交通标志颜色的规定执行，也可按表 3.9 的规定执行。可变信息标志各部分颜色的色品坐标应符合相关国家标准的规定。

符合下列情况之一者，可设置可变信息标志：

①结合路网交通管理需求，高速公路或城市快速路出入口前合适路段。

②长隧道入口前。

③潮汐车道起始路段和可变导向车道进入路口前。
④有其他特殊要求的路段。

表3.9 主动发光可变信息标志的颜色

类别	显示内容	底色	边框	图形、符号、文字
文字标志	道路一般信息	黑色	—	绿色
	道路警告信息		—	黄色
	道路禁令信息		—	红色
图形标志	警告标志	黑色	黄色	黄色
	禁令标志	黑色	红色	黄色
	指示标志	黑色	蓝色	绿色
	指路标志	黑色	绿色	绿色
	作业区标志	黑色	随类型	黄色
	辅助标志	黑色	—	绿色
	潮汐车道标志	黑色	—	红色×、绿色↓
	可变导向车道	蓝色a	—	绿色或黄色
	交通状况	蓝色或绿色a	—	红、黄、绿等色
	其他信息	视需要		

a 为不可变部分的颜色

3.3 交通标志布设

3.3.1 交通标志的设置原则

交通标志的设置原则是:

1. 应统筹考虑、整体布局

做到连贯性、一致性,给道路使用者提供全面的资讯,满足各种道路交通信息的需要。标志设置除应满足当前区域、道路或工程范围内交通管理要求外,还应统筹考虑相关道路、路网上的交通管理要求。发布信息应具有连续性、系统性。对于城市快速路,指路标志应着重反映出口名称、方向和距离,并应连续、可追溯。对于一般城市道路,指路标志应着重反映道路名称、地点名称、路网结构和行驶方向,告知道路使用者当前位置和到达目的地的合理、连续路径。对于高等级道路亦可采用对骨干道路逐级指引达到连续。对于重要的信息应给予连续、重复显示,多级预告,如指路标志中的重要地点、重要相交道路等,又如城市快速路的出口预告、入口诱导等。

2. 应确保车辆行驶的安全、快捷、通畅

应以完全不熟悉周围路网体系的外地驾驶员为设计对象,通过标志的引导,能顺利、快捷地抵达目的地,不允许发生错向行驶。

3. 应给使用者提供正确、及时的信息

防止出现信息不足或过载的现象,对于重要的信息应给予重复显示的机会。

4. 应根据标志的类别计算确定标志设置位置

应充分考虑道路使用者对标志感知、识别、理解、行动的特性,根据速度和反应时间确定合适的设置地点。对前置距离的确定,应根据管理行车速度、标志作用、交通量大小、环境条件等因素综合确定。并不应妨碍交通安全和损坏道路结构;不应紧靠在建筑物的门前、窗前及车辆出入口前;与建筑物保持 1.0 m 以上的侧向距离。如不能满足时,可在道路另一侧设置或适当超出该种标志规定的前置距离设置。

5. 注意标志的视认性

交通标志应设置在不同道路使用者的前进方向,在动态条件下最易于发现、识认的地点和部位。可根据具体情况设置在车行道右侧的人行道、路肩、交叉路口内的交通岛、分隔带(宽度大于等于 100 cm)部位或车行道上方。遇特殊情况,如上述位置存在障碍物遮挡或因其他原因时,以不引起误解为原则,可在道路左侧设置,或道路两侧同时设置。道路附属设施(如上跨桥、照明设施、监控设施等)及路上构造物(如电杆、电话、消防栓、广告牌、门架等)对标志视认性的影响要给予高度重视,在布设标志时要随时注意上述设施对标志板面的遮挡,以免影响标志的视认性。对行道树及中央带绿篱,在枝叶生长茂密的季节,必须注意枝叶对标志视认性的影响。

6. 静态的交通标志应该与动态的可变标志相配合

静态的与动态的交通标志应相辅相成,互相配合,统一布局,形成整体。

7. 应避免在交叉路口标志林立,妨碍驾驶员视野

交叉口处一般以设置指路标志和禁令标志为多,对于指路标志,可采用前置预告的方法,把位置错开。驾驶员通过交叉口后,可以看到确认标志,使驾驶员知道他现在行驶的方向是否正确。禁令标志可采用组合方式或采用加辅助标志的办法,以减少标志数量。

8. 正确设计与设置标志

路上的标志具有法律效力,设置标志是一件严肃、认真的工作,必须尽力避免由于标志设置不当对交通流造成不利影响或给管理上带来麻烦。为此,应根据交通管理法规及有关标准,正确地设计与设置标志。

9. 标志不得侵占道路建筑限界

标志牌不应侵占路肩或人行道,应确保侧向余宽和净空高度。

10. 多块标志在同一地点组合设置时应注意信息量及排布顺序

同一地点需要设置两种以上标志时,可以安装在一根标志柱上,但最多不应超过四种,且应避免出现互相矛盾的标志内容。解除限制速度标志、解除禁止超车标志、干路先行标志、停车让行标志、减速让行标志、会车先行标志、会车让行标志应单独设置。多个标志牌在一根支柱上并设时,应按警告、禁令、指示的顺序,先上后下,先左后右的顺序排列。

3.3.2 设置方式及其选择

1. 柱式

柱式一般有单柱式、多柱式。柱式标志内边缘不应侵入道路建筑限界,一般距车行道或人行道的外侧边缘或土路肩不小于 25 cm。

标志板下缘距路面的高度一般为 150~250 cm。设置在小型车比例较大的城市道路时,下缘距地面的高度可根据实际情况减小,但不宜小于 120 cm。设置在有行人、非机动车的路侧时,设置高度应大于 180 cm。

中、小型尺寸的"警告""禁令""指示"标志和小型指路标志安装在一根立柱上,即采用单柱式,如图 3.5(a)所示。长方形的指示标志或内容单一、信息量少的指路标志安装在两根及两根以上立柱上,即采用双柱式,如图 3.5(b)所示。

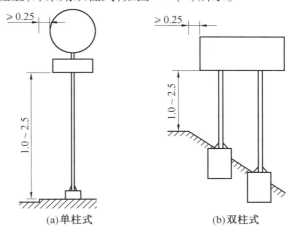

图 3.5　柱式标志(单位:m)

2. 悬臂式

标志牌安装于悬臂上,如图 3.6 所示。标志下缘离地面的高度,至少按该道路规定的净空高度设置。悬臂式适用于柱式安装有困难、道路较宽、交通量较大、外侧车道大型车辆阻挡内侧车道小型车辆视线、视距受限制及景观上有要求的场合。另外,信息量多、导向沿线重要地点的指路标志也应采用悬臂式。

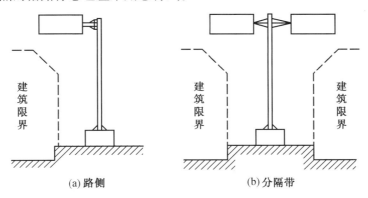

图 3.6　悬臂式标志

3. 门式

标志牌安装在门架上,如图 3.7 所示。标志下缘距路面的高度,至少按该道路规定的净空高度设置。

门式标志适用于:

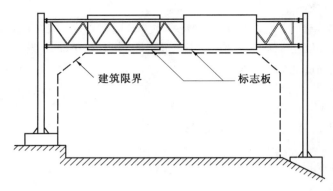

图 3.7　门式标志

① 多车道道路(同向三车道以上)需要分别指示各车道去向时。
② 道路较宽、交通量较大、外侧车道大型车辆阻挡内侧车道小型车辆视线时。
③ 互通式立交间隔距离较近、标志设置密集之处。
④ 受空间限制,柱式、悬臂式安装有困难时。
⑤ 车道变换频繁,出口匝道为多车道时。
⑥ 景观上有要求时。
⑦ 信息量多、导向沿线重要地点的多车道道路。

4. 附着式

附着式标志将标志板安装在上跨桥和附近构造物上,如图3.8所示。

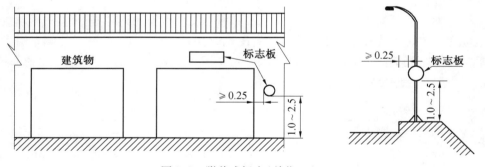

图 3.8　附着式标志(单位:m)

3.3.3　设置位置

在选择交通标志的设置地点时,首先应保证所设交通标志的信息有足够的可辨性、可识别性和易读性,以便顺利完整地向道路使用者传递信息。在交通标志设置时,应尽可能达到高度醒目。

1. 横向与竖向位置

交通标志一般设置在道路上方和道路右侧,标志的横向设置位置有以下要求:
① 交通标志设置在道路使用者容易看到的位置,一般设置在道路右侧容易看到的地方,特殊情况也可以设置在导流岛和分隔带上,右侧道路行驶标志不得设置在道路右侧。
② 在视线受限时,在道路左侧可以设置一块同样的标志,如多车道高速公路,为了防

止路侧标志视认性不好,在公路左侧设置同样的标志,以确保交通标志醒目。

③道路上方和道路两侧的标志设置都不应该侵入道路建筑限界内。

④路侧的交通标志也是行车安全的障碍物,应对路侧的交通标志进行防护处理。

⑤交通标志横向位置均要高度醒目,防止遮挡,使交通标志失去应有的作用。

对路侧安装的标志,在人行道、分隔带、安全岛设置标志时,应遵守不得侵入建筑净空的规定。路侧安装的标志一般均设在道路的土路肩以外,标志板内缘距路肩边缘不得小于 0.25 m。一般情况下,标志牌下缘距路面的高度为 1.0～1.25 m,当人行道的宽度对行人交通量显得十分紧张的地方,或人行道宽度小于 1.5 m、自行车道小于 2.0 m 时,为了减少设置标志对人、自行车通行的阻碍,标志的设置高度应大于 2.5 m。

一般道路,悬臂式安装标志下缘到路面的净空高度必须确保 4.5 m,高速公路的净空高度必须确保 5.0 m 以上。考虑到施工误差,标志板变形下垂,路面加罩面等因素,一般需留一定余量。

2. 纵向位置

驾驶员在读取标志信息时,要经历标志的发现、认读、理解和行动等过程,在判断标志并采取相应行动的过程中需要花费一定的时间,行驶一定的距离。因此,在确定标志的纵向设置位置时,应当考虑驾驶员的行动特性。

如图 3.9 所示,标志 BZ 为路侧安装,设置在高速公路出口匝道的起点附近。通常,在驾驶过程中,驾驶员在视认点 A 处已发现标志 BZ,在点 B 开始读取标志的信息,到点 C 可以把标志内容完全读完,点 B 到点 C 这段距离称为读标志距离 l。读完标志后,应做出采取行动的判断,这段距离称为判断距离 j。然后开始行动,这时,车辆已行驶到点 G,从开始行动点 G 到行动完成点 F(该点一般在出口匝道的分岔部、交叉路口或危险点等)的距离称为行动距离 L。驾驶员在这段距离内必须安全顺畅地完成必要的动作,如变换车道、改变方向、减速或停车等。

从点 B 到标志 BZ 的距离,称为视认距离 S;从点 C 到标志 BZ 的距离称为读完后到标志的距离 K,如果 K 比消失距离 m 短,就意味着不能从容读完标志,点 C 在消失距离范围内,驾驶员不能准确判读标志内容。因此,标志的设置地点必须满足 $K > m$ 的要求。

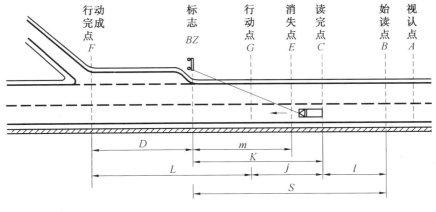

图 3.9　标志的认读过程

根据上述分析,有

$$L = K + D - j \geq (n-1)L' + \frac{1}{2a(v_1^2 - v_2^2)} \tag{3.1}$$

$$L \geq m = \frac{d}{\tan\theta} \tag{3.2}$$

式中 D——标志的前置距离,m;

         n——车道数;

         L'——变换一次车道所需的距离,m,则$(n-1)L'$为变换车道所需的距离;

         a——减速度,m/s²,一般为 0.75 ~ 1.5 m/s²,85% 位车速时 $a = 1.0$ m/s²;

         v_1——驶入匝道处的车速,m/s,可使用 85% 位车速或速度限制值;

         v_2——到达匝道处的车速,m/s,则$\frac{1}{2a(v_1^2-v_2^2)}$为减速所需的距离;

         j——判断距离,m,数值上等于驶入匝道处的车速与判断时间(t')的乘积,判断时间 t' 一般为 2 ~ 2.5 s;

         d——驾驶员视高(1.2 m)到标志的侧距(路侧安装标志)或到标志上方的高度(标志安装在道路上方),如图 3.10 所示,m;

         θ——消失点与路侧标志或与道路上方标志的夹角(一般路侧标志 $\theta = 15°$,道路上方标志 $\theta = 7°$)。

整理式(3.1)和式(3.2)可得

$$D \geq (n-1)L' + \frac{1}{2a(v_1^2 - v_2^2)} + t'v_1 - K \tag{3.3}$$

$$d \leq L\tan\theta \tag{3.4}$$

因此,标志的设置地点必须满足式(3.3)和式(3.4)的要求。

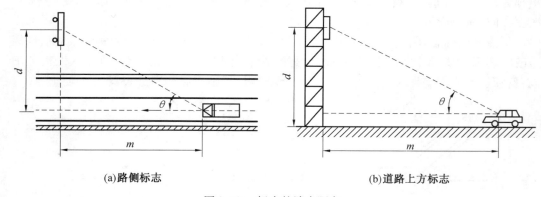

图 3.10   标志的消失距离

读完点 C 到标志 BZ 的距离 K,可根据指路标志的设置条件和文字大小按下式求得

$$K = f(h^*) \tag{3.5}$$

$$h^* = K_1 K_2 K_3 h \tag{3.6}$$

$$f(h^*) = 5.67h^* \tag{3.7}$$

式中 h^*——有效文字高度;

         h——实际文字高度;

         K_1——文种修正系数,对于 9 画以内的汉字,$K_1 = 0.6$,对于拉丁字母,$K_1 = 1.2$;

K_2——汉字复杂性修正系数,汉字的笔画少于 10 时,$K_2 = 1$,10~15 画时,$K_2 = 0.9$,超过 15 画时,$K_2 = 0.85$;

K_3——行车速度修正系数,按表 3.10 选取。

表 3.10 行车速度修正系数(K_3)值

速度/(km·h^{-1})	徒步	20	30	40	50	60	70	80	90	100
K_3	1	0.96	0.94	0.91	0.89	0.87	0.85	0.82	0.79	0.77

警告标志前置距离一般根据道路的设计速度按表 3.11 选取。也可考虑所处路段的最高限制速度或运行速度等按表 3.11 进行适当的调整。

表 3.11 警告标志前置距离一般值 m

速度/(km·h^{-1})	减速到下列速度/(km·h^{-1})										
	条件 A	条件 B									
	0	10	20	30	40	50	60	70	80	90	100	110
40	*	*	*	*								
50	*	*	*	*	*							
60	30	*	*	*	*							
70	50	40	30	*	*	*	*					
80	80	60	55	50	40	30	*	*				
90	110	90	80	70	60	40	*	*	*			
100	130	120	115	110	100	90	70	60	40	*		
110	170	160	150	140	130	120	110	90	70	50	*	
120	200	190	185	180	170	160	140	130	110	90	60	40

注:条件 A——道路使用者有可能停车后通过警告地点,典型的标志如注意信号灯标志、交叉口警告标志、铁路道口标志等;条件 B——道路使用者应减速后通过警告地点,典型的标志如急弯路标志、连续弯路标志、陡坡标志、注意行人标志、注意儿童标志、注意非机动车和注意残疾人标志、慢行标志、注意障碍物标志、施工标志等。*——不提供具体建议值,视当地具体条件确定。

禁令、指示标志应设置在禁止、限制或遵循路段开始的位置。部分禁令、指示标志开始路段的路口前适当位置应设置相应的指路标志提示,使被限制车辆能够提前绕道行驶。

3.3.4 安装角度

路侧式标志应尽量减少标志板面对驾驶员的眩光,板面应尽可能与道路中线垂直或成一定角度,一般禁令或指示标志为 0~45°,指路和警告标志为 0~10°,如图 3.11 所示。

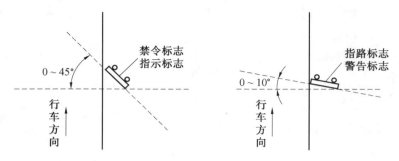

图 3.11　标志的安装角度

3.3.5　标志板并设

驾驶员在驾驶过程中读取标志信息,在极短的时间内理解含义、作出判断、并采取行动,在正常情况下应该能够顺利完成这个过程。但是,多块标志并设在一起会增加驾驶员的负担,如果信息过载,有可能导致有的标志不能发挥应有的效用,因此,交通标志要避免并设。同种类型的标志,特别是警告标志,原则上不应并设。但在下述两种情况下可考虑标志的并设:

① 原有道路标志附近需要增设新的标志,或需新增设两块以上标志时。

② 由于道路构造上的原因,需要进行交通限制,必须把警告标志和禁令标志并设时。

路侧式标志并设时,采用上下安装时,不宜超过两层,如果在一根立柱上并设三块标志时,应采用"品"字形布置,且按标志重要程度,由上到下、由左到右布置。对于悬臂式或门式标志,若是指路标志,则按标志的重要性自道路的内侧向外侧依次布置;若是专指某车道的去向或指明为专用车道,则各标志应设在与其对应的车道的上方,如果与其他种类标志并设,则其他标志应设在最右端。

3.3.6　标志间的匹配设置

标志间的匹配设置应符合交通法规要求,保障交通畅达和道路使用者交通安全,还应体现协调、合理、适当的原则。

禁令标志与警告标志的匹配设置中,禁令标志为必须设置标志,警告标志应根据实际情况与管理需要设置。指示标志与警告标志的匹配设置中,指示标志与警告标志均为必须设置标志。禁令标志与指示标志的匹配设置应符合下列要求:

① 含义和作用相同时,如直行和向右转弯指示标志与禁止向左转弯禁令标志等,指示标志为必须设置标志,相同含义的禁令标志可根据实际情况与管理需要设置。

② 含义和作用互为对应时,如路口优先通行指示标志与停车让行、减速让行禁令标志等,禁令标志为必须设置标志,对应含义的指示标志和配合指示行车方向标志,可根据实际情况与管理需要设置。

③ 禁令标志套用于指示标志上时,套用的禁令标志仅表示提供相应的禁止、限制和遵行的补充说明或预告信息,并应在必要位置另行设置相应的禁令标志。

指示标志与指路标志的匹配设置中,当指示标志套用于指路标志版面上时,套用的指示标志仅表示提供相应的遵行预告信息,并应在必要位置另行设置相应指示标志。

3.4 交通标志结构分析

标志由标志底板、反光材料、支承件、基础和紧固件组成,在一些特殊的场所根据需要可采用照明标志。标志的外形应美观,并采用统一的形式,各组成部件应牢固、耐用,紧固件应通用。

3.4.1 交通标志的构造

1. 标志底板

标志底板可用铝合金板、合成树脂类板材材料制作。铝合金板材的抗拉强度应不小于289.3 MPa,屈服点不小于241.2 MPa,延伸率不小于4% ~ 10%。应采用牌号为2024,T4状态的硬铝合金板。大型标志的板面结构,宜采用挤压成型的铝合金板拼装而成,推荐的挤压成型标志底板断面如图3.12所示。

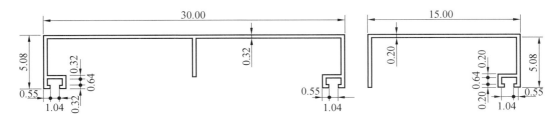

图3.12 挤压成型标志底板断面图(单位:cm)

标志板背面可选用美观大方的颜色,铝合金板可采用原色。挤压成型铝合金板的厚度按图3.12的规定执行,其他材料的标志板厚度可参照《道路交通标志和标线》(GB 5768—2009)相关规定采用。一般结构的标志板,应采用滑动槽钢加固,以方便与立柱连接。

2. 标志立柱

交通标志立柱可选用H型钢、槽钢、钢管及钢筋混凝土管等材料制作,临时性标志立柱可用木柱。钢柱应进行防腐处理,钢管顶端应加柱帽。标志柱应考虑与基础的连接方式。

钢制立柱、横梁、法兰盘及各种连接件,可采用热浸镀锌。立柱、横梁、法兰盘的镀锌量为550 g/m²,紧固件为350 g/m²。

各种标志立柱的断面尺寸、连续方式、基础大小等,应根据设置地点的风力、板面大小及支承方式由计算确定。

3. 标志板和立柱的连接

标志板和立柱的连接方式应根据板面大小确定,在设计连接部件时,应考虑安装方便、连接牢固、板面平整。

标志板和支承件的连接可采用不锈钢万能夹,它由不锈钢扎带、扎扣和夹座三部分组成,其材料牌号见表3.12,扎带的技术参数见表3.13。

表 3.12　连接件材料牌号

连接件名称	AISI 牌号	中国牌号
扎带和扎扣	SS201	1Cr17Mn6Ni5N
夹座	SS304	0Cr18Ni9

扎带的边缘应平滑,以防损坏支承件的镀层;扎扣和夹座上应分别有四个尖锐触角,在紧固时能切入构件中防止标志板松动。扎带的技术参数见表 3.13。

表 3.13　扎带的技术参数

扎带宽 /mm	扎带厚 /mm	最低屈服强度 /N	最低断裂强度 /N	伸长率 /%	线胀系数 K (在 0 ~ 100℃)
19 ±3%	0.76 ±2%	6 000	10 000	40	15.7×10^{-6}/℃

4. 立柱埋设深度

标志支承件的基础宜采用刚性扩大基础,当刚性基础过大或基础设置处土质不良时,可采用桩基础。基础的金属预埋件必须进行除锈处理,水泥混凝土的强度等级应为 $C25$。

交通标志的结构设计,要充分考虑在外界荷载作用下的强度、刚度和稳定性。另外,交通标志作为道路景观的重要组成部分,还需要考虑其美学特性。

3.4.2　交通标志的结构设计

交通标志的结构设计,要充分考虑在外界荷载作用下的强度、刚度和稳定性。另外,交通标志作为道路景观的重要组成部分,还需要考虑其美学特性。

交通标志的结构设计主要包括下述 5 方面内容:
① 荷载的计算与组合。
② 立柱与横梁的设计和强度验算。
③ 立柱与横梁的变形验算。
④ 立柱与横梁的连接螺栓、立柱与基础的地脚螺栓的设计与强度验算。
⑤ 基础的设计与验算。

1. 基本假设

① 风载方向。交通标志所受外荷载主要为风载,假设仅考虑风载方向与标志板平面垂直的情况。
② 双柱式标志。假设两立柱分别承受一半的风载,据此,双柱式标志的计算可简化为单柱式形式。
③ 悬臂式标志。横梁多于一根时,假设风载由各横梁平均承担,对于双悬臂标志,假设两标志板板面相同。
④ 门架式标志。假设门架式标志结构所受荷载关于其中心线对称。
⑤ 标志基础。标志的混凝土基础埋深较小(一般小于 3 m),假设基础四周土的摩阻力和弹性抗力忽略不计。

2. 荷载的计算与组合

交通标志所受的荷载包括永久荷载和可变荷载两部分,其中,永久荷载即交通标志结构的自重,可变荷载主要为风载。

(1) 标志板所受的风载

$$F_{wb} = \gamma_0 \gamma_q \left[\left(\frac{1}{2} \rho C v^2 \right) \sum_{i=1}^{n} (W_{bi} \times H_{bi}) \right] / 1\,000 \tag{3.8}$$

式中 F_{wb}——标志板所受的风载,kN;

γ_0——结构重要性系数,取 1.0;

γ_q——可变荷载(主要为风载)分项系数,采用 1.4;

ρ——空气密度,一般取 $1.225\,8\ \text{N} \cdot \text{s}^2/\text{m}^4$;

C——风力系数,对于标志板 $C = 1.2$;

v——风速,应选用当地比较空旷平坦的地面上离地 10 m 高处统计所得的 30 年一遇 10 min 平均最大风速,v 值不得小于 20 m/s,当无风速记录时,可查阅《全国基本风压分布图》(2012) 的基本风压 $\omega_0(\text{kPa})$ 来代替式中的 $\frac{1}{2} \rho C v^2 / 1\,000$;

n——标志板的数量;

W_{bi}——第 i 块标志板的宽度,m;

H_{bi}——第 i 块标志板的高度,m。

(2) 立柱与横梁所受的风载

$$F_{wp} = \gamma_0 \gamma_q \left[\left(\frac{1}{2} \rho C v^2 \right) \sum_{i=1}^{n} (W_p \times H_{pn}) \right] / 1\,000 \tag{3.9}$$

式中 F_{wp}——单根立柱(横梁)所受的风载,kN;

C——风力系数,圆管形立柱 $C = 0.8$,薄壁矩形立柱 $C = 1.4$,其他型钢及组合型立柱 $C = 1.3$;

n——标志板的数量;

W_p——立柱或横梁的迎风面宽度,m;

H_{pn}——立柱或横梁的迎风面高度,应扣除被标志板遮挡的部分,m。

3. 立柱与横梁的设计和强度验算

(1) 柱式、双悬臂式标志的立柱设计与验算

立柱在这类结构中承受横向力作用,在其横截面上将产生正应力和剪应力,应分别进行验算。另外,还应对处于复杂应力状态下的危险点进行验算,然后根据形状改变比能理论(亦称为第四强度理论),建立强度条件。

(2) 悬臂式标志的横梁设计与验算

与立柱相比,横梁在设计与验算时,还应考虑其自重(永久荷载)的影响,由于重力与风力的作用方向不同,因此应对其进行组合或叠加。

相应的,横梁根部所承受的剪应力也有两个,一个是由风载引起的($\boldsymbol{Q}_w$),一个是由自重引起的($\boldsymbol{Q}_G$),由于不同方向、不同力产生的最大剪应力值或同一位置由不同力产生的剪应力值有一定差距,因此在进行验算时,应取其最大值。

横梁根部危险点的位置与立柱相同,在计算危险点的正应力和剪应力时,应注意作用力的组合或叠加,最后根据第四强度理论建立强度条件。

(3) 单悬臂式标志的立柱设计与验算

单悬臂式标志的立柱根部受到两个力和三个力矩的作用,如图 3.13 所示。

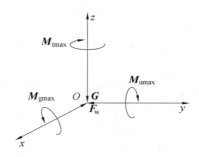

图 3.13　单悬臂标志立柱根部受力图

风力为

$$F_w = F_{wb} + F_{wp} + F_{whp} \times n_{beam} \tag{3.10}$$

重力为

$$G = \gamma_0 \gamma_G \left[\sum_{i=1}^{n_w} (W_{bi} \times H_{bi} \times T_{bi} \times u_{bi}) + H_{hp} \times n_{beam} \times u_h + H_p \times u_p \right] \tag{3.11}$$

由风载引起的弯矩为

$$M_{umax} = F_{wb} \times \left[H_p - (\sum_{i=1}^{n_h} H_{bi})/2 \right] + F_{wp} \times H_p/2 \tag{3.12}$$

由风载引起的扭矩(大小等于所有横梁根部承受的弯矩)为

$$M_{tmax} = F_{wb} \times \left[H_{hp} - (\sum_{i=1}^{n_w} W_{bi})/2 \right] + F_{whp} \times \left[H_{hp} - (\sum_{i=1}^{n_w} W_{bi})/2 \right] \tag{3.13}$$

由横梁和标志板自重引起的弯矩为

$$M_{gmax} = \gamma_0 \gamma_G \left\{ \sum_{i=1}^{n_w} \left[W_{bi} \times H_{bi} \times T_{bi} \times u_{bi} \times (H_{hp} - H_{bi})/2 \right] + H_{hp} \times u_h \times (H_{hp}/2) \times n_{beam} \right\} \tag{3.14}$$

式中　F_{whp}——单根横梁所受的风载,kN;

n_{beam}——横梁的数目;

n_w——沿横梁长度方向的标志板数量;

T_{bi}——第 i 块标志板的厚度,m;

u_{bi}——第 i 块标志板的比重,kN/m³;

H_{hp}——单根横梁的长度,m;

H_p——立柱的高度,m;

u_h, u_p——横梁、立柱单位长度的重量,kN/m;

n_h——沿立柱高度方向的标志板数量;

γ_G——永久荷载(结构重量)分项系数,$\gamma_G = 1.2$。

一般情况下,标志立柱属于薄壁杆件。由于单悬臂标志所受外力不通过截面的剪力中心,因此它将同时受到弯曲和扭转的共同作用,并且,除圆管形立柱外,其他形式的立柱受扭后,其横截面在纵轴方向不能自由地凸凹翘曲,纵向纤维有了轴向变形,这种扭转称为约束扭转。此时,薄壁截面除了有弯曲应力外,还将产生可以与基本应力达到相同数量级的扭转正应力和扭转剪应力。

因此,单悬臂型标志结构立柱的强度验算分为两部分,一部分按横力弯曲的方法进行计算,另一部分按照约束扭转的薄壁杆理论进行计算(圆管型立柱除外),然后将结果进行叠加。

(4)门架式标志的立柱与横梁的设计与验算

由于门架的各杆轴线均在同一平面内并根据有关假设,风载垂直于该平面。因此,平面刚架将承受垂直于门架平面的剪力和扭矩。由于该结构为三次超静定,采用力法进行计算。内力求出后,即可按叠加法求得各横梁和立柱的弯矩、扭矩和剪力等内力,然后再根据前述方法进行横梁和立柱的设计和验算。

门架式标志的结构形式较多,以图3.7所示双横梁双立柱形式的门架为例,在永久荷载作用下,门架的任一截面上将只产生绕门架法线方向的弯矩和门架平面内的轴力、剪力;在风载作用下,门架的任一截面上只有三种内力:绕位于门架平面内的主轴的弯矩、垂直于门架平面的剪力和扭矩。根据结构的对称性,选择图3.14为基本结构,采用力法进行计算。

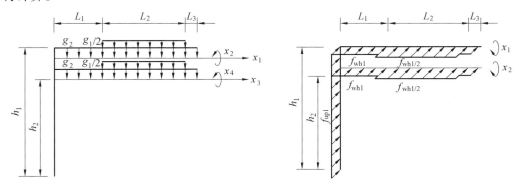

图3.14 双横梁双立柱形式的门架标志立柱与横梁受力分析

4. 立柱与横梁的变形验算

根据经验,按照强度条件设计的标志立柱或横梁截面往往过于单薄,此时,刚度条件可能起控制作用。因此,对于各类交通标志的结构,构件的变形验算是必不可少的,这也是其有别于其他土建结构物的一个显著特点。对于悬臂式和门架式标志,由于在自重作用下,横梁会自然下垂,因此变形的验算也可为横梁预拱度的设计提供依据。

在工程实践中,立柱或横梁的挠度容许值通常用容许的挠度与其跨长的比值(v/H_p)作为标准。

土建工程方面,v/H_p的值常限制在1/1 000～1/100范围内。根据标志结构的具体特点,v/H_p的值在1/150～1/100范围内选择,既能满足基本使用要求,又不至于造价过高。

立柱或横梁的变形验算,可分别求得每项荷载单独作用下梁的挠度v和转角θ,然后按照叠加原理进行叠加。

5. 连接螺栓与地脚螺栓的设计和强度验算

作为连接件的普通连接螺栓和地脚螺栓均将承受拉力的作用,应使其所承受的最大拉力满足承载力设计值的要求。

(1) 柱式、双悬臂式标志立柱与基础的连接

立柱根部承受轴心力(自重)和力矩(由风载引起的弯矩)的作用,应使

$$N_{\max} \leqslant N_t^b \tag{3.15}$$

式中　$N_{\max}$——单个地脚螺栓所承受的最大拉力值;

　　　N_t^b——单个地脚螺栓的承载力设计值。

(2) 悬臂式标志立柱与横梁的连接

横梁根部承受由水平方向风载引起的剪力和弯矩,以及由垂直方向重力引起的剪力和弯矩。不同方向的剪力和弯矩经组合后,应满足

$$\sqrt{\left(\frac{N_v}{N_v^b}\right)^2 + \left(\frac{N_{\max}}{N_t^b}\right)^2} \leqslant 1 \tag{3.16}$$

$$N_v \leqslant N_c^b \tag{3.17}$$

式中　N_v——每个普通螺栓所承受的剪力平均值;

　　　N_v^b——每个普通螺栓按受剪计算的承载力设计值;

　　　N_c^b——每个普通螺栓按承压计算的承载力设计值。

(3) 单悬臂式标志立柱与基础、门架式标志立柱与横梁和立柱与基础的连接

单悬臂式标志立柱与基础连接处、门架式标志立柱与横梁连接处及立柱与基础连接处将承受分别由水平方向风载引起的剪力、弯矩及扭矩和由垂直方向重力引起的轴心力、弯矩,应满足的强度条件同式(3.16)和式(3.17),但 N_v 值应计入扭矩的影响。

6. 基础的设计与验算

(1) 基础的设置位置

交通标志的基础,一般设置在压实度良好的土路堤或三角地带,当所处位置不宜设基础时,也可以设置在挖方路段的碎落台或大型桥梁上。

(2) 基础设计

交通标志的基础,埋深一般小于 3 m,属于浅基础,可以设计成不必配置受力钢筋的刚性基础;位于桥梁上的标志,应通过计算配置必要的受力钢筋;当刚性基础过于庞大或标志位置处于土质不良地段时,可以考虑设计桩基础。

(3) 基础的验算

① 基底应力计算。确定基础的埋置深度和构造尺寸后,先根据最不利情况下的荷载组合计算基底的应力,应尽量避免基底出现负应力(基底负应力面积不大于全部面积的 1/4),否则应考虑基底应力的重分布。基底发生的应力不超过地基持力层的强度,即地基容许承载力。

② 基底合力偏心距验算。基底合力偏心距应不超过基底的核心半径,使基底应力尽可能分布比较均匀,以免基底两侧应力相差过大,基础产生较大的不均匀沉降。

③ 基底倾覆稳定性验算。应使抗倾覆稳定系数大于 1.3。

④ 基础滑动稳定性验算。应使抗滑动稳定系数大于 1.3。

3.5 交通标志的反光和照明

3.5.1 交通标志的反光

1. 反光材料的种类及性能

用于标志面的反光材料按其结构的不同可以分为透镜埋入型、密封胶囊型、微棱镜型等几种。其反光原理为：射向标志面的光线应沿入射光线的反方向反射回光源。由于标志位置和车辆行驶条件的不同，用于标志面的反光材料应具有优良的广角性和逆反射性能。在不同入射角（汽车前照灯光线与标志表面法线之间的夹角）、不同观测角（汽车前照灯光线与标志反射回驾驶者眼睛的光线间的夹角）的条件下，用于标志面的反光膜的逆反射系数值应符合《道路交通标志板及支撑件》（GB/T 23827—2009）的规定。

2. 反光材料的应用与选择

反光膜按其逆反射性能的不同，分为一级至七级反光膜。其具体分类见表3.14。

表3.14 反光膜分级表

等级 （国标 GB/T 18833—2012）	类型	习惯称谓	寿命/a
Ⅰ类	透镜埋入式	工程级反光膜	7
Ⅱ类	透镜埋入式	超工程级反光膜	10
Ⅲ类	密封胶囊式	高强级反光膜	
Ⅳ类	微棱镜型	超强级反光膜	
Ⅴ类	微棱镜型	大角度反光膜	
Ⅵ类	微棱镜型	—	3
Ⅶ类	微棱镜型	—	3

①各级道路的交通标志原则上均应采用反光材料制作标志面。

②高速公路、一级公路及城市主干路的交通标志宜采用一到三级反光膜；二、三级公路及一般城市道路的交通标志宜采用四级以上的反光膜。四、五级反光膜可用于四级公路和交通量很小的其他道路。

③高速公路、一级公路、城市快速路上的曲线段标志，及城市地区的多路交叉路口标志，宜采用三级以上反光材料。

④高速公路、城市快速路上的门架标志和悬臂标志，为获得与路侧标志相当的反光效果，宜选用比路侧标志所用反光膜等级高的反光材料，或把门架标志和悬臂标志上的字符改用反射器，以改善其夜间视认性。在有条件的重要路段，也可采用照明标志。

3.5.2 交通标志的照明

交通标志的照明应采用白色光源，安装于标志板结构内部或上方或其他适当位置。

1. 内部照明标志

内部照明为将光源安装于标志板结构内部的照明方式,分单面显示和两面显示两种,其要求如下:

①内部照明标志应根据板面大小、所受风力等进行结构设计。

②确保标志面照度均匀,在夜间具有 150 m 以上的视认距离。

③金属构件应经防腐处理,防雨防尘,电器元件耐久可靠,检修方便。

2. 外部照明标志

外部照明为将光源安装于标志板上部,照亮标志面的照明方式,其要求如下:

①所选用的外部照明光源的显色指数 Ra 一般不应低于 80,光源应进行专门设计,照明灯具及其阴影不应影响标志认读。

②光源在标志面上的照度应均匀,最大照度与最小照度之比应小于 4,在夜间具有 150 m 以上的视认距离。

③外部照明光源不应造成眩目。

④支承灯具的构件应经防锈处理,照明器件耐久可靠,性能优良,检修方便。

3. 主动发光

主动发光标志的主动发光部分可采用高亮度发光二极管(LED)等器件或材料。主动发光标志的非主动发光的标志面部分宜采用逆反射材料制作,要求标志面的逆反射材料相同。

主动发光标志应确保在夜间具有 150 m 以上的视认距离。

主动发光标志的频闪应同步。

3.6 交通标志设计

1. 标志设计说明

标志设计说明一般应包括设计目的、依据、要求、分类汇总表等。

2. 平面图设计

标志平面图设计应包括下列内容:

①标志种类的选择与内容的确定。

②标志在道路平面图中的位置。

③标志的支承方式。

3. 版面设计

标志的版面设计应符合《道路交通标志和标线》(GB 5768—2009)现行版本的有关规定,特别是指路标志的版面,应着重确定以下内容:

①标志的排版,包括图案和文字的字体、高度、宽度、间隔、行距等。

②标志的外边框和衬底边的尺寸。

4. 结构设计

标志的结构设计应包括下列内容:

①标志板、支承件、连接件、反光材料的选择。

②标志板、支承件、连接件的各种断面尺寸的确定及强度、稳定性验算。

③基础尺寸的确定及强度、稳定性验算。

思 考 题

1. 交通标志版面不同颜色的含义。
2. 交通标志的分类及作用。
3. 禁令标志与指示标志的匹配设置满足哪些要求?
4. 交通标志照明分为哪几类?
5. 交通标志设计包括哪些内容?
6. 标志的结构设计应包括哪些内容?
7. 随着新兴技术的发展,目前有哪些更加智能的标志设施?
8. 交通标志伴随不同道路功能具体功能会有所差异,请举例说明。

第4章 道路交通标线

道路交通标线是交通安全设施的重要组成部分,由标划于路面上的各种线条、箭头、文字、立面标记、突起路标和轮廓标等构成,是引导驾驶员视线、管制驾驶员驾驶行为的重要设施。因此,对标线的可见性、耐久性、施工性等有严格的要求。车辆行驶时,无论是白天或黑夜,都能由于光泽和色彩的反衬而清晰地识别和辨认路面标线。无论是沥青路面还是水泥混凝土路面,标线涂料必须保持与路面之间的紧密结合,在一定时期内,不会因为车辆和行人来往通行而剥落。标线涂料应具有优良的耐久性,能经受车轮长久的磨耗且不会产生明显的裂缝。标线涂料应具有很好的防滑性能,车辆驶过标线时产生的噪声和振动较小。标线涂料的原料容易获得,价格便宜,涂敷作业要安全、无毒、无污染。反光标线的回归反射性能在相当长的使用期内不应显著下降。标线应颜色均匀,不会因气候、路面材料等作用而变色。标线涂料应具有快干性,涂敷作业应尽量减少对交通的干扰。标线涂料应具有良好的施工性能,画出的标线边缘整齐,表面平整,不会产生涂料流淌、表面产生沟槽和气泡等缺陷。

4.1 交通标线的分类

1. 按功能分类

交通标线按功能可分为指示标线、禁止标线和警告标线三类。

(1)指示标线

指示标线是用于指示车行道、行车方向、路面边缘、人行道位置等的标线。指示标线的种类及形式见表4.1。

表4.1 指示标线种类及其形式

序号	标线名称	标线形式	所属类别	序号	标线名称	标线形式	所属类别
1	双向两车道路面中心线	黄色虚线	纵向	8	港湾或停靠站标线	白色斑马线	其他
2	车行道分界线	白色虚线	纵向	9	收费岛标线	黄黑相间斜线	其他
3	车行道边缘线	白色实线或虚线	纵向	10	导向箭头	白色箭头	其他
4	人行横道线	白色平行实线	横向	11	路面文字标记	黄色、白色文字	其他
5	距离确认线	白色平行实线	横向	12	左弯待转区线	两弧形白色虚线	其他
6	高速公路出入口标线	直接式、平行式	其他	13	左转弯导向线	白色弧形虚线	其他
7	停车位标线	白色实线	其他				

（2）禁止标线

禁止标线是用于告示道路交通的遵行、禁止、限制等特殊规定，车辆驾驶人及行人需严格遵守的标线。禁止标线的种类及形式见表4.2。

表4.2 禁止标线种类及其形式

序号	标线名称	标线形式	所属类别	序号	标线名称	标线形式	所属类别
1	禁止超车线	黄色双实线、黄色虚实线或黄色单实线	纵向	8	非机动车禁驶区标线	黄色虚线	其他
2	禁止变换车道线	白色实线	纵向	9	导流线	白色单实线、V型线、斜纹线	其他
3	禁止路边临时或长时停车线	黄色实线	纵向	10	中心圈	白色实线	其他
4	禁止路边长时停车线	黄色虚线	纵向	11	网状线	黄色网格线	其他
5	停止线	白色实线	横向	12	专用车道线	黄色虚线、文字	其他
6	停车让行线	白色平行实线	横向	13	禁止掉头线	黄色实线	其他
7	减速让行线	白色平行虚线	横向				

（3）警告标线

警告标线是用于促使车辆驾驶人及行人了解道路上的特殊情况，提高警觉，准备防范应变措施的标线。禁止标线的种类及形式见表4.3。

表4.3 警告标线种类及其形式

序号	标线名称	标线形式	所属类别	序号	标线名称	标线形式	所属类别
1	车行道宽度渐变段标线	白色实线或黄色斑马线	纵向	4	减速标线	白色虚线	横向
2	路面障碍物标线	颜色同中心线，V型线、斜纹线	纵向	5	立面标线	黄黑相间倾斜线条	其他
3	近铁路平交道口标线	白色交叉线、文字	纵向				

各种标线的形式、施划位置与尺寸详见《道路交通标志和标线》（GB 5768—2009）。

2. 按设置方式分类

交通标线按设置方式可分为以下三类：

① 纵向标线。沿道路行车方向设置的标线。
② 横向标线。与道路行车方向成角度设置的标线。
③ 其他标线。字符标记或其他形式标线。

3. 按标线形态分类

交通标线按形态可分为以下四类：

① 线条。标划于路面、缘石或立面上的实线或虚线。
② 字符标记。标划于路面上的文字、数字及各种图形符号。
③ 突起路标。安装于路面上用于标示车道分界、边缘、分合流、弯道、危险路段、路宽变化、路面障碍物位置的反光或不反光体。
④ 路边轮廓标。安装于道路两侧,用以指示道路的方向、车行道边界轮廓的反光柱或反光片。

4.2 交通标线的设计原则

1. 颜色选择

道路交通标线的颜色为白色、黄色、蓝色或橙色,路面图形标记中可出现红色或黑色的图案或文字。路面标线一般为白色或黄色,以白色为主,特殊需要也可采用红色。白色表示指示、控制意义;黄色表示禁止、警告意义。缘石标线一般用黄色,也有用红色、白色的;立面标线采用黑白、黑黄或红白相间的条纹。为提高标线的夜间视认性,可根据需要采用反光标线、路钮,立面标线可增设照明、闪光灯等设备。道路交通标线的形式、颜色及含义见表4.4。

表4.4 道路交通标线的形式、颜色及含义

编号	名称	图例	含义
1	白色虚线		划于路段中时,用以分隔同向行驶的交通流;划于路口时,用以引导车辆行进
2	白色实线		划于路段中时,用以分隔同向行驶的机动车、机动车和非机动车,或指示车行道的边缘;划于路口时,用作导向车道线或停止线,或用以引导车辆行驶轨迹;划为停车位标线时,指示收费停车位
3	黄色虚线		划于路段中时,用以分隔对向行驶的交通流或作为公交专用车道线;划于交叉口时,用以告示非机动车禁止驶入的范围或用于连接相邻道路中心线的路口导向线;划于路侧或缘石上时,表示禁止路边长时停放车辆
4	黄色实线		划于路段中时,用以分隔对向行驶的交通流或作为公交车、校车专用停靠站标线;划于路侧或缘石上时,表示禁止路边停放车辆;划为网格线时,标示禁止停车的区域;划为停车位标线时,表示专属停车位
5	双白虚线		划于路口,作为减速让行线

续表 4.4

编号	名称	图例	含义
6	双白实线		划于路口,作为停车让行线
7	白色虚实线		用于指示车辆可临时跨线行驶的车行道边缘,虚线侧允许车辆临时跨越,实线侧禁止车辆跨越
8	双黄实线		划于路段中,用以分隔对向行驶的交通流
9	双黄虚线		划于城市道路路段中,用于指示潮汐车道
10	黄色虚实线		划于路段中时,用以分隔对向行驶的交通流,实线侧禁止车辆越线,虚线侧准许车辆临时越线
11	橙色虚、实线		用于作业区标线
12	蓝色虚、实线		作为非机动车专用道标线;划为停车位标线时,指示免费停车位
13	本部分规定的其他路面线条、图形、图案、文字、符号、突起路标、轮廓标等		

白色标线的反射性要比黄色标线高 53%。在有雾的情况下,与白色标线相比,黄色标线可见性要降低 20%;黎明和黄昏时,也会明显地降低可见性。因此,白色标线的适用性比黄色广泛。

2. 宽度选择

国外大量研究表明，纵向标线的宽度对交通状况和驾驶员心理影响不大。一般认为宽的标线具有强调作用，但标线过宽，会增加标线的费用以及车轮在标线上打滑的危险，因此，对标线宽度范围进行了规定。GB 5768—2009 规定纵向标线的宽度为 10~15 cm，高速公路边缘线宽度为 15~20 cm，一般采用下限值，在需要强调的地方可采用上限值。

横向标线宽度应比纵向标线宽。驾驶员在行车中发现横向标线往往是由远及近，尤其在距横向标线较远的时候其视角范围很小，加上远小近大的原理，因此加宽横向标线是很有必要的。一般横向标线宽度为 20~40 cm，斑马线为 40~45 cm。

3. 虚线的短线与间隔长度比例选择

根据心理学家的研究，虚线中的实线段与间隔长度比例和车辆的行驶速度直接相关。实线段与间隔距离太近，会造成闪现率过高而使虚线出现连续感，对驾驶员产生过分的刺激；但若实线段与间隔距离太远，闪现率太低，使驾驶员在行驶中获得的信息量太少，起不到标线应有的作用。

确定虚线的短线与间隔长度比例时，既要考虑驾驶员的心理、生理因素，也要考虑尽量减少每公里标线的面积。在郊外公路上的闪现率不大于 4 次/s 被认为是可以接受的，闪现率为 2.5~3.0 次/s 时效果最佳；在城市道路上的闪现率不大于 8 次/s 被认为是可以接受的。根据透视原理，规定纵向标线的最小宽度为 10 cm，纵向标线虚线的短线最小长度为 2 m。

主要标线的颜色、宽度和虚线的短线与间隔长度见表 4.5。

表 4.5　标线的颜色、尺寸规定

	标线名称		颜色	线宽/cm	短线长/cm	间隔长/cm
纵向标线	车行道中心线	中心虚线	白	10~15	400	400
		中心实线	黄	10~15	—	—
		中心双实线	黄	10~15 或 15~30	—	—
		中心虚实线	白	10~15 或 15~30	200 或 600	400 或 900
	车道分界线	一般道路虚线	白	10~15	200	400
		高速公路、快速路虚线	白	10~15	600	900
	车行道边缘线	虚线	白	10~15	200	400
		实线	白	10~15	—	—
	导向车道线	实线	黄	10~15	—	—
横向标线	停止线		白	20、30、40	—	—
	减速让行线		白	20、30、40	60	30
	人行横道线		白	40	≥300	60

4. 导向箭头形式选择

驾驶员在驾驶过程中需要辨认路面上的导向箭头，由于受视线高度的限制，箭头平面形状应与观察距离成正比例拉长。所以,施划在路面上的箭头形状同正常的箭头形状有很大的不同。

为寻求导向箭头的最佳形式,需要对各种直行、转弯、直行与转弯组合的箭头进行比较。其形式是根据认读速度和错误率试验的统计分析结果的平均值来确定的,如图4.1所示。最好的直行箭头的宽度约为箭杆宽度的3倍,箭头长度要比箭杆短;转弯箭头用来在不对称的行驶过程中显示方向,要求保持箭头的转弯部分清晰。

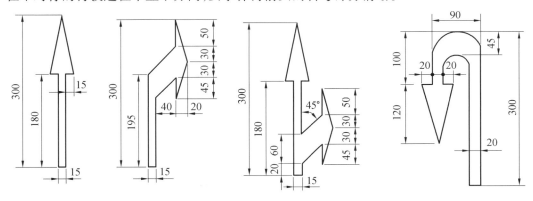

图4.1 设计速度小于或等于40 km/h时的导向箭头尺寸(单位:cm)

4.3 交通标线的设置原则与标准

1. 标线设置的一般要求

① 应以道路设计、交通特性、交通组织及其他交通设施的情况为依据,合理利用道路有效面积;

② 应确保线形流畅、规则,符合车辆行驶轨迹要求,路段和交叉口标线的衔接应科学、合理;

③ 色彩鲜明,在照明条件较差、能见度较低的情况下,也能有较好的视认性;

④ 强度性能好,有较强的附着力,耐磨、耐腐蚀、耐高温、耐严寒,使用寿命长;

⑤ 防滑性好,有一定的粗糙度,车轮压上时不致打滑,尤其是在雨雪天气和冰霜路面条件下,能保持一定的附着系数;

⑥ 经济实用,用料来源充足,价格低廉,施工简单,实用和维修方便,无毒、无污染。

2. 标线设计

(1)标线设计说明

标线设计说明一般应包括以下内容:

① 标线设计的依据、原则;

② 标线材料技术要求及施工工序;

③ 标线数量汇总。

(2)标线平面设计图

标线平面设计图应包括下列内容:

① 标线类型及内容;

② 标线在道路平面图中的设置位置、宽度。

③ 平面交叉路口、出入口、导流岛等处复杂标线大样图。

(3)车道宽度标划

① 城市快速干道的路段上每条机动车道的宽度一般为 3.75~4 m；城市主干路、城市次干路、支路的路段上每条机动车道宽度一般为 3.25~3.5 m。

② 平面交叉路口进口道受现有道路宽度限制时，每条机动车道宽度可采用 2.75~3.5 m，当大型车辆混入率小于 15% 时可取下限，特殊情况其宽度不应小于 2.5 m。

③ 平面交叉路口出口道每条机动车道宽度不应小于 3 m，但出口道只有一条车道时不应小于 3.25 m。

④ 标划的非机动车道最小宽度不低于 2.5 m。

《城市道路交通标志标线设置指南》(2005) 规定车道宽度的计算界限为车行道中心双实线以一侧单实线线宽的中心计，中心单实线、车行道分界线和车行道边缘线均以线宽的中心计，如图 4.2 所示。

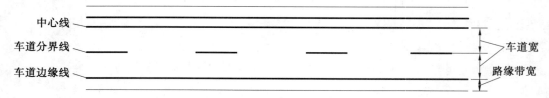

图 4.2 车道宽度计算界限

(4)车道数

车道数应根据道路横断面设计、平面交叉路口设计、现有道路宽度以及道路宽度变化情况确定。

(5)平面交叉口标线

根据平面交叉路口的形状、交通量、车行道宽度、转弯车辆的比率及交通组织等情况，应合理设置路口标线，具体包括车行道中心线、人行横道线、停止线、导向箭头、禁止变换车道线等，如图 4.3 所示。

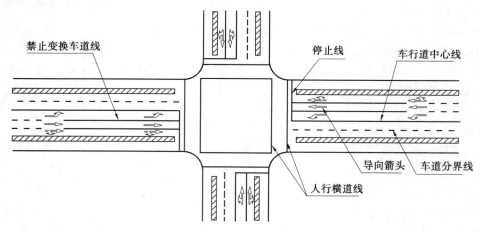

图 4.3 平面交叉路口标线设置示例

根据路口交通流量、流向等情况,可增设附加专用车道,使路口进口道的机动车道数尽可能大于其相连路段上的机动车道数。一般出口道的机动车道数不应少于任何一个信号相位进口道与其对应方向的机动车道数,无专用右转信号控制的右转车流不计。

附加专用车道的长度是停止线前等候车辆排队长度与减速变换车道渐变段长度之和,如图 4.4 所示,其计算方法如下:

$$L = L_s + L_t \tag{4.1}$$

式中　L——附加专用车道的长度,m;

　　　L_s——停止线前等候车辆排队长度,m,$L_s \geqslant 2MS$,其中 M 为平均一个周期的红灯和黄灯时间内到达等候车道的车辆数,S 为等候车辆平均车头间距(一般小型车 6 m、大型车 12 m、铰接式公交车辆 17 m);

　　　L_t——渐变段长度,$L_t \geqslant VB/3$,V 为进口道行车速度,km/h,B 为附加车道宽度,m。

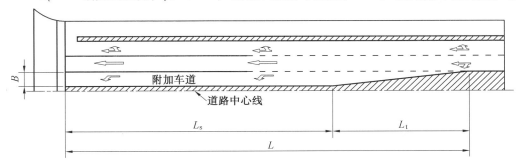

图 4.4　路口附加专用车道长度设计图

进口道应设置禁止变换车道线,其长度应以等候信号放行车辆排队的平均长度为依据,也可按表 4.6 选取。

进口道的车道内应设置导向箭头。导向箭头应重复设置,重复设置的次数及间距可按表 4.6 的规定选取,导向箭头的间距一般采用禁止变换车道线的长度。第一组导向箭头应设在距停止线 3～5 m 处,第二组导向箭头应设置在禁止变换车道线的末尾,其后各组导向箭头应等距离依次设置,如图 4.5 所示。

表 4.6　禁止变换车道线长度 L 与箭头重复次数

设计速度/(km·h^{-1})	≥60	<60
禁止变换车道线长度/m	50～100	30～50
箭头重复次数	≥3	≥2

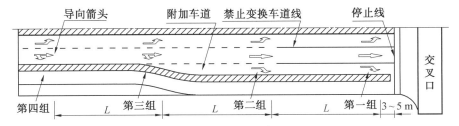

图 4.5　平面交叉路口导向箭头设置示例

进口道的车行道中心线、禁止变换车道线、机动车道边缘线等均应设置到停止线为止;出口道的车行道分界线和机动车道边缘线应设置到停止线的延长线为止;T型路口无横向交叉道路的一侧,其车行道边缘线应连续设置。

有人看守的铁路道口应设中心实线、实线边缘线和停止线;无人看守的铁路道口,应设置铁路平交道口标线,其标线由交叉线、停止线、禁止超车线、横向虚线及铁路文字标记组成。

4.4 交通标线材料

1. 标线材料的分类

路面标线涂料可分为常温溶剂型、加热溶剂型和熔融型三类。常温型和加热型(50~80 ℃)属于溶剂型涂料,呈液态供应。加热型涂料固体成分略多一些,黏度也高。熔融型涂料呈粉末状供应,需加高温(180~220 ℃)使其熔融才可涂敷于路面。

除涂料用作标线材料外,还有各种粘贴材料,如贴附成型标带、突起路标、分离器等。

预成型标带材料是在合成橡胶或合成树脂中,加上颜料制成薄膜,在背面涂上黏结剂。施工时,通过其背面预涂胶层或在路面另涂胶结剂,使成型标带贴附于沥青或水泥路面上。在正常路面温度条件下,借助车辆行驶的压力,可使该标带与路面紧密结合。预成型标带的厚度除胶层外不应低于1.5 mm;对于有突起断面的成型标带,其未突起部分厚度应不小于0.5 mm。路面标线材料的分类见表4.7。

表4.7 路面标线材料的分类

序号	分 类			施工条件
1	标线涂料	溶剂型	常温涂料	常温施工
			加热涂料	加热施工
		熔融型	热熔涂料	熔融施工
2	贴附材料		贴附成型标带	粘贴施工
			热融成型标带	加热施工
			铝箔标带	粘贴施工
3	标线器		突起路标	粘贴或埋入施工
			分离器	螺栓固定施工

2. 涂料原料及作用

常温溶剂油漆由合成树脂(15%~20%)构成涂膜,并黏合其他各种原料成分,包括15%~20%的颜料、15%~38%的体质颜料、2%~5%的添加剂和30%~40%的溶剂。其中,颜料主要作用是着色及遮盖;体质颜料是充填料,用来增加机械强度和耐磨耗性能;添加剂的作用是促进快干,防止沉降、结皮、分散,增加稳定性;溶剂赋予油漆流动性,调整黏度。

热熔型涂料中的树脂必须是热塑性的,要求与各物质相溶性好,酸性低,色泽浅,耐热性和耐候性好。热溶涂料添加剂有增塑剂、防沉降剂、抗污染剂和抗紫外线变色剂等。为增加标线夜间反光性,还预混玻璃微珠和面撒玻璃珠。

3. 标线涂料的特性

标线涂料的特性见表4.8。其中贴附材料、标线器(包括突起路标、分离器)均属于标线的范畴,它们是标线的派生物,由于具有独特性能而受到重视,应用范围逐步扩大。但由于它们是一种新型材料,尚缺乏相关标准,故未作为比较对象列于表4.8中。

表4.8 标线涂料的特性

特 征	常 温 型	加 热 型	熔 融 型
主要成分	合成树脂、清漆、体质颜料、骨材	着色颜料、添加剂、溶剂	合成树脂、着色颜料、体质颜料、骨材、添加剂、玻璃珠
树脂组成的代表物	醇酸系、丙烯酸系、乙烯基系、氯化橡胶系	醇酸系、丙烯酸系、聚酯系	石油树脂系、松香醇系、聚酯系
涂料状态	液状	液状	粉块状
相对密度	1.3~1.6	1.4~1.7	1.8~2.3
加热后剩余物	>60%	>65%	>99%
涂敷时底漆	不需要	不需要	需要
涂料温度	常温	加温(50~80 ℃)	加热熔融(180~220 ℃)
涂敷方法	辊筒、刷子、喷射	空气喷射、无气喷射	料斗(槽)划线(人工标记)、自动式机械、无气法、离心法
操作熟练程度	无特殊要求	必须经培训合格	必须经培训合格
夜间反射性	由于玻璃珠的撒布和混入的多少而影响反射性的大小		
白色	良	优	良~优
黄色	良	优	良~优
黏结力(稳定度)	强	中;黏结度高、在水泥混凝土路面上有时黏结不良	中;不宜在龟裂多的水泥混凝土路面上施工
干燥速度（开放交通）	慢 一般为3~20 min	中 3~15 min	快 1~3 min
白色程度	强	中;玻璃珠撒布量过大时,昼夜均呈黑色	中
夜间反射(玻璃珠的效果)	中	好	好
尘土污染度	中	大	中

续表 4.8

特 征	常 温 型	加 热 型	熔 融 型
湿润时的防滑阻力	中	中	中
耐磨耗性	弱	中	强
对清除积雪作业的影响	无	无	几乎没有影响(总的来看,施工后有些突起)
耐气候性(含变色)	强	强	中
有效寿命	4~8 个月	8~15 个月	10~20 个月
对各种标线的适应性	大;适用于各种路面标线	小;适用于路面纵向标线	中;适用于斑马线、文字符号,也适用于横向、纵向标线
施工中对轮胎和尘土的附着度	有	有	少
施工性	好	差	中
厚度的调整范围(一次施工)	小 0.12~0.2 mm	小 0.2~0.3 mm	大 1~2.5 mm
施工速度	中;用涂敷机进行纵向标线施工速度快,其他标线速度较慢	快;仅指路面纵向标线施工速度快	快;纵向标线施工速度较快,斑马线、文字符号等速度慢
妨碍交通的程度	大	中	小;有的施工机械影响较大

4. 标线涂料适用范围

由于各种标线涂料的特性不同,因而导致各自的耐久性和养护时间也各不相同。所以,在标线施工时,最重要的是根据道路条件、交通条件、气象等环境条件,尤其是冬季汽车使用钉齿轮胎、轮胎防滑链的情况以及考虑施工性和经济性,选择高效的施工方法。根据不同的道路交通条件,标线涂料的选择可参照表 4.9 执行。需要指出的是,表 4.9 中所列为一般情况,在选择标线涂料时,要认真考虑现场的实际情况,根据涂料来源、设备情况、施工技术力量等因素做出选择。

5. 标线涂膜的主要缺陷及对策

(1)涂膜纵向有长的起筋或拉槽

原因:烧焦的涂料或小石子等粒状物堵在画线机斗槽出口处,画线时出现拉槽;涂料的熔融温度不够,流动性差,或划线车斗加热不够,也会造成涂料流动性差,画线时出现起筋。

对策:清除堵在划线机斗槽出口处的粒状物;提高涂料熔融温度,增加流动性;或对斗槽继续加热,不致使熔融涂料通过斗槽而降温太多;彻底清理斗槽口。

(2)涂膜表面有气泡或小孔

原因:路面微小空隙内空气的膨胀冲破未硬化涂膜成孔;由于水泥混凝土路面表层的游离水分汽化膨胀;由于底漆未干,致使挥发造成汽化、膨胀。

对策:待路面充分干燥;在不影响黏结力的情况下,适当降低涂料温度,使底漆充分干燥。

表4.9 标线涂料的适用性

道路分类	路面状况及路面标线的划分		温暖地带		寒冷地带	
			交通量大	交通量小	交通量大	交通量小
一般道路	一般路面	纵向标线	M	M,H	M,H	H
		横向标线、文字记号	M	M	M	M
	临时路面	纵向标线	C	C	C	C
	龟裂多的路面	纵向标线	H,C	H,C	H,C	H,C
	石、砖路面	纵向标线	C	C	C	C
高速公路	一般路面	纵向标线、横向标线、文字记号	H,M	H	H	H
		立面标记	C	C	C	C

注:C—常温型;H—加热型;M—熔融型。

(3)沥青渗入涂膜使线变色

原因:在简易沥青路面上涂敷标线后,软化并溶解下部沥青,造成沥青与涂料交融;当底漆过剩且未干时,底漆中溶解有大量沥青,待涂上涂料时就渗入沥青。

对策:使用不侵害沥青的稀释剂,其用量不超过制造商的规定;严格执行有关涂料加温控制的规定。

(4)裂纹

原因:路面产生裂纹致使涂膜产生裂纹;在简易沥青路面上画标线时,路面比涂膜软,则涂膜显出脆性,出现龟裂;新修沥青路面大多产生裂纹,涂膜也产生相应的裂纹;路面收缩而涂膜不能应变时亦产生裂纹;漆膜厚度不均匀时,固化速度不同产生温度应力而开裂;涂料和玻璃珠撒布不当,涂膜表面再现细微裂纹。

对策:由于路面裂纹致使涂膜产生裂纹,宜选择能适合环境和条件的涂料。新浇筑沥青路面,保养时间需2周以上;注意不使用长期库存的原料;涂料一定要搅拌均匀,控制好温度;涂敷时厚度要均匀,保持规定的涂敷量;玻璃珠撒布适当,要均匀且不过量。

(5)涂膜上出现凹坑

原因:涂料黏度与划线机不匹配造成凹坑;不连续进行涂敷作业造成涂膜局部凸起;在凹凸不平的路面上也容易产生凹坑。

对策:涂料黏度与划线机不匹配时,应控制涂料温度,使黏度符合要求;检查涂敷机械,修整斗槽口;路面不平的道路可使用较柔软的涂料,避免使涂膜过硬、过厚,尽量做到涂膜均匀,适当控制施工温度。

(6)条痕

原因:涂料流动性不好;画线机斗槽口有涂料屑;斗槽口边缘不平,有碰伤、毛刺等;在粗糙路面上划线机上下跳动所致。

对策:调整涂料黏度;清除斗槽口的涂料屑;修整斗槽口。

(7)夜间反光不良

原因:玻璃珠撒布不均或撒布量不足,局部重涂标线玻璃珠反光不良;涂料熔融温度过高,玻璃珠下沉于涂膜内。

对策:玻璃珠撒布应均匀、量足;控制涂料熔融温度及玻璃珠撒布时间。

(8)剥落

原因:底部处理不好,路面不清洁,路面上有水,低温时施工;残余防冻材料和浮浆没有清除干净;在已丧失黏合力的旧标线上重涂;车轮对标线材料的破坏。

对策:彻底清洁路面,去除混凝土路面灰浆皮及养护膜;待路面干燥后再涂标线;很好地清除旧标线后再重划新线;避免在气温5℃以下施工;寒冷地区防止履带车、防滑链车压标线。

4.5 交通标线的施工

①新铺沥青混凝土路面在路面施工完成一周后开始标线施工;新建水泥混凝土路面应在混凝土养护膜老化起皮并清除后开始。

②施工单位应熟悉施工图,确定施工交通组织方案。在道路施工区域内,按规定设置相应的施工安全设施。

③雨、雪、沙尘暴、强风、气温低于规定温度的天气,应暂停施工。

④应彻底清扫标线施工范围内的路面,确保路面的清洁干燥,不得存在松散颗粒、灰尘、沥青渣、油污或其他有害材料。

⑤应根据道路横断面的具体尺寸和设计文件的要求确定标线位置和标线宽度、长度,在路面上划出标线位置。

⑥在正式施划前,应按设计要求进行试划,检验划线车的行驶速度、线宽、标线厚度、玻璃珠撒布量等是否满足要求。经过调试后,方能正式施工。

⑦施工时,应按设计文件要求留出排水孔,位于禁止超车线处的突起路标应空出其位置。

⑧标线或底漆施划后,放置锥型路标等护线物体,加强护线措施,不应有车轮压漆、带出涂料现象。

⑨检查施划后标线的线型、色泽、厚度、宽度、玻璃珠撒布的质量和数量以及线型等,对不符合要求的进行修整,并将残留物清除干净。

⑩突起路标应在交通标线施工完成、清扫干净路面后方可施工。路面和突起路标底部应清洁干燥并涂加黏结剂,在其顶部施压,排除空气,调整就位。在黏合剂固化前应避免车辆冲压。突起路标的反射体方向应面向行车方向。

⑪成型标线带和防滑彩色路面标线的施工应符合产品使用说明书的规定。

4.6 突起路标

突起路标是固定于路面上起标线作用的突起标记块,可在高速公路或其他道路上用来标记中心线、车道分界线、边缘线,也可用来标记弯道、进出口匝道、导流标线、道路变窄、路面障碍物等危险路段。除特殊要求外,突起路标高度不应小于 10 mm,也不应超过 25 mm。

1. 突起路标分类

突起路标可分为反光型、不反光型以及内在照明型三大类;反光突起路标根据不同反光原理有棱镜型、透镜型等结构;不反光的可用瓷片、塑钢等多种材料制作;内在照明型是在突起路标的内部,设置照明装置。突起路标有多种形状,较典型的如图 4.6 所示。

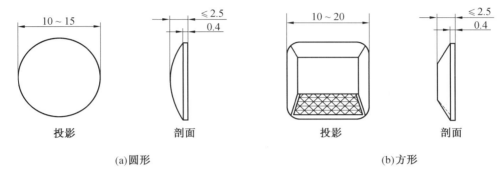

图 4.6 突起路标的形状(单位:cm)

2. 突起路标布设

突起路标与涂料标线配合使用时,应选用定向反光型突起路标,其颜色与标线颜色一致。其布设间隔为 6~15 m,可根据标线情况选定。一般突起路标应设置在标线的空当中。边缘线和中心单实线的突起路标应设置在标线的一侧,其间隔应与在车道分界线设置的间隔相同,设置示例如图 4.7、图 4.8 所示。突起路标与进出口匝道标线、导流标线、道路变窄标线、路面障碍物标线等配合使用时,应根据实际线形进行布设,力求夜间轮廓明显,清晰可见。

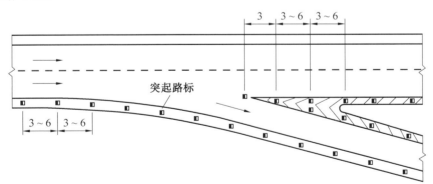

图 4.7 出口匝道突起路标布设(单位:m)

突起路标单独用作车道分界线时,可用反光和不反光的突起路标组成标线。不反光突起路标可采用瓷片或其他材料制作,其布设间距原则为 1~1.2 m,设置示例如图 4.9(a)所示;突起路标单独用作实线时,可用反光和不反光的突起路标组成,突起路标壳体颜色应与涂料标线颜色一致,其单实线设置示例如图 4.9(b)所示,双实线设置示例如图 4.9(c)所示。

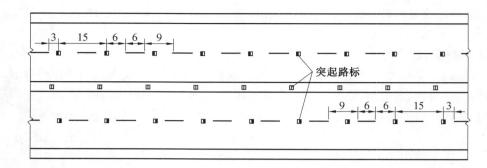

图 4.8 突起路标与涂料标线配合设置(单位:m)

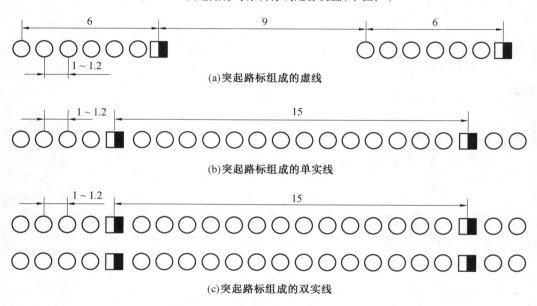

图 4.9 突起路标组成的标线(单位:m)

4.7 标线综合应用

4.7.1 平面交叉标线

1.设置原则

①应充分体现平面交叉的形式、交通流特点,合理分配主、次公路,明确优先通行权,使主要公路或主要交通流畅通、冲突点少、冲突区小且分散。

②应减少驾驶人在平面交叉处操作的复杂程度,尽量减小平面交叉的通过距离。

③应使车辆较平稳地到达平面交叉处,减少车辆之间的速度差。

④应充分考虑弱势群体的需求,使其安全通过平面交叉。人行横道线的设置应充分考虑行人流量、公路等级和交通管理方式等因素。

⑤应与交通标志紧密配合,不应相互冲突或矛盾。

2. 平面交叉标线分类

①平面交叉出入部分的路面标线包括：车行道分界线、导向车道线、车行道导向箭头等。

②平面交叉内的路面标线包括：停止线、停车让行线、减速让行线、人行横道线、非机动车禁驶区标线、中心圈、左弯待转区线、左(右)转弯导向线、导流线等。

3. 平面交叉出入部分的路面标线

(1) 左转弯专用车道标线

应积极设置左转弯专用车道。四车道公路除左转交通量很小者外，均应设置左转弯专用车道；二级公路符合下列情况之一者，应设置左转弯专用车道：

①与高速公路或一级公路互通式立体交叉连接线相交的平面交叉。

②非机动车较多且设置慢车道的平面交叉。

③左转弯交通会引发交通拥堵或交通事故时。

当设置左转弯专用车道时，应首先考虑适当加宽路口或缩减车道宽度。当受条件限制无法实施时，可按下列顺序选择合理的左转弯专用车道线设置方法：

①缩减中央分隔带宽度设置左转弯专用车道，如图 4.10(a) 所示。当中央分隔带剩余部分宽度不足 50cm 且本身未加高时，可仅设置路面标线。

②当中央分隔带宽度较小，仅靠缩减中央分隔带宽度不足以设置左转弯专用车道时，可采用缩减中央分隔带宽度和缩减车行道宽度相结合的方法开辟左转弯专用车道，如图 4.10(b) 所示。

③当无法利用缩减中央分离带宽度确保左转弯专用车道宽度时，可偏移道路中心线并缩减平面交叉驶入处的车行道宽度，以设置左转弯专用车道，如图 4.10(c) 所示。

④缩减硬路肩或非机动车道的宽度设置左转弯专用车道：在设置了硬路肩或非机动车道的道路，可在平面交叉附近缩减硬路肩或非机动车道的宽度，以设置左转弯专用车道。如仍不能确保左转弯专用车道的宽度，则平面交叉处其他车行道的宽度可适当缩减。

⑤当双车道道路条件受限制时，可通过对向车行道分界线向左适当偏移的方式设置简易鱼肚皮标线，形成左转弯专用车道，如图 4.10(d) 所示。

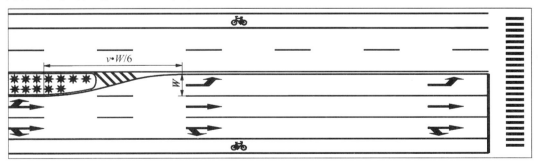

(a)

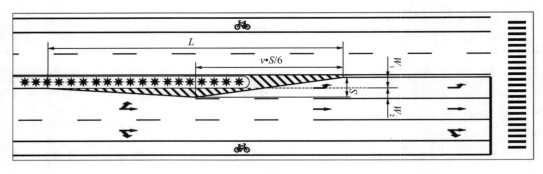

(b)

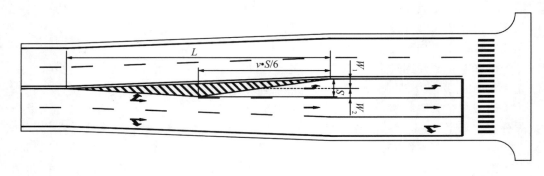

(c)

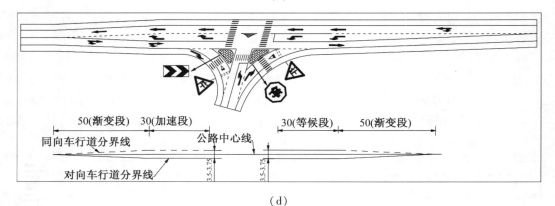

(d)

图 4.10　左转弯专用车道标线设置示例

左转弯专用车道长度计算由以下 3 部分组成：
①左转弯车辆引导到左转弯专用车道上的渐变段长度。
②转弯车辆减速时必需的长度。
③转弯车辆等候所必需的长度。
（2）右转弯专用车道标线
道路平面交叉中，符合下列情况之一时应设置右转弯专用车道：
①斜交角接近于 70°的锐角象限。
②当交通量较大，右转弯交通会引起不合理的交通延误时。
③当右转弯交通量中重车比例较大时。

④当右转弯行驶速度大于30 km/h时。
⑤当互通式立体交叉连接线中的平面交叉右转弯交通盘较大时。
右转弯专用车道的长度确定方法可参照左转弯专用车道,但应考虑行人对右转弯车辆的影响,对长度进行适当调整。右转弯专用车道设置示例如图4.11所示。

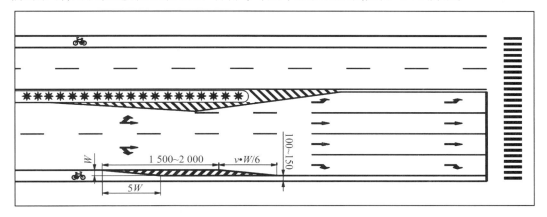

图4.11 右转弯专用车道设置示例

(3)出入口导向车道线及导向箭头

出入口导向车道线的长度应根据平面交叉的几何线形确定,最短长度应为30 m。导向车道线为单白实线,禁止车辆变换车行道。

平面交叉驶入段的车行道内,除可变导向车道外,应有导向箭头标明各车行道的行驶方向。

4. 平面交叉内的路面标线

(1)人行横道线

①行人一次横穿道路的距离应控制在30 m以下,否则应在合适位置设置安全岛。

②人行横道的最小宽度应为3 m,可根据实际情况以1 m为一级加宽。

③当需要预告前方有人行横道时,应在人行横道前的车行道中央设置人行横道线预告标识。设置位置应综合考虑车辆的停车视距和夜间行驶时的可视性,一般在距离人行横道前30~50 m处设置一个,在其前10~20 m间隔处增设一个。根据具体情况,可再重复设置一个。当人行横道位于公路曲线转弯路段的前方或其他视距不足处时,应设置"注意行人"警告标志。

(2)停止线

①停止线宜与公路中心线垂直。

②当有人行横道时,停止线应设置在人行横道前1~3 m的位置。

③设置位置应能够被平面交叉周边行驶的车辆明确认知。

④停止线的设置不应妨碍平面交叉内左、右转弯车辆的运行。

(3)让行线

①公路功能、等级、交通量有明显差别的两条公路相交,或交通量较大的T形交叉,当两相交公路的通视三角区能得到保证,次要公路与主要公路汇合处应设置减速让行线;否则次要公路应设置停车让行线或设置强制停车或减速设施。当主要公路受条件限制而

难以设置应有长度的减速车道时,在其入口附近宜设置减速让行线。

②当相交两条公路的技术等级均低且交通量较小时,行政等级低的被交公路应设置减速让行线;当两条公路的行政等级相同时,相交公路所有方向均宜设置停车让行线。

③进入环形交叉的车辆应让行环形交叉内正在绕行的车辆。

(4)导向线和导流线

①左转弯导向线:当条件允许时,应积极设置左弯待转区,并可根据左转弯交通流的需要设置左转弯导向线。

②当交通流在平面交叉内需要曲线行驶或相对路口有一定错位时,应设置路口导向线。

③右转弯导流线:在有导流岛的右转弯专用车道上,可设置右转弯导流线。

(5)非机动车禁驶区标线

①平面交叉内非机动车专用道的宽度宜根据非机动车交通量确定,不宜小于1.5 m。

②当设置有人行横道时,非机动车禁驶区标线应与人行横道线平行。

4.7.2　互通式立体交叉标线

1. 设置原则

①应充分体现互通式立体交叉的形式和交通流特点,使交通流的转换平滑、顺畅。

②应使驾驶人充分体会到公路等级的差异,能充分预测到交通环境的变化。

2. 相交公路主线的交通标线设置

①相交公路主线路段的车行道边缘线、车行道分界线的设置标准、规格应与标准路段相同。

②当主线路段设置辅助车道时,应根据其车行道、硬路肩的宽度设置车行道边缘线和车行道分界线,并应与其他路段的线形相协调。

3. 相交公路匝道的交通标线设置

①应根据匝道的横断面类型设置对向车行道分界线、同向车行道分界线和车行道边缘线。

②交通标线的设置位置应考虑匝道圆曲线加宽值的影响。

③当汇流前的匝道仅为超车之需而采用双车道时,宜通过交通标线将汇流前的匝道并流为单车道,并施相应的路面标记,如图4.12所示。

④当匝道之间分、合流或双向匝道分离为两条异向匝道时,由匝道车行道边缘线构成的连接部应设置斜向行车方向的斑马线。

⑤集散车道与主线连接处的交通标线应按匝道出入口端部的交通标线设置的规定设置。

4. 匝道出入口端部的交通标线设置

①匝道出入口的交通标线应根据变速车道的形式、匝道的横断面来确定。主线右侧车行道边缘线和匝道左侧车行道边缘线之间,应设置斜向行车方向的斑马线。斑马线及其设置范围两侧的车行道边缘线均应为白色。

②互通式立体交叉路段主线的分流、合流段和匝道间的分流、合流段,应设置分流、合流部标线。主线右侧车行道边缘线和主线或匝道的左侧车行道边缘线之间,应设置体现

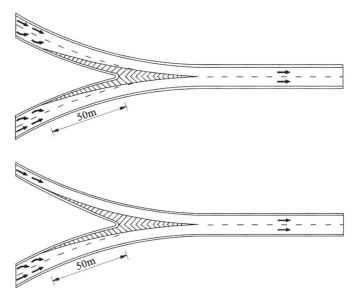

图 4.12 匝道汇流前交通标线的设置

行车方向的斑马线。

③对应的主线相应位置处宜设置导向箭头。出口导向箭头的规格、重复设置次数和设置位置,应符合表 4.6 的规定。

思 考 题

1. 道路交通标志依据功能可分为哪些类型?各类标志的颜色和形状是如何规定的?
2. 交通标志的安装方式有哪几种,如何进行选择?
3. 在进行交通标志结构设计时,一般要进行哪些验算?
4. 如何确定交通标志在分流点、交叉口等处的前置距离?
5. 路段与平面交叉口一般要施划哪些标线?
6. 路面标线材料分成哪几种类型?各自有什么特点,适用于哪些类型标线的施划?

第5章 交通信号灯及控制设备

在道路上，凡是用来传送具有法定意义、指挥车辆通行或停止的灯光、声响、手势，都是交通信号。道路上常用的交通信号有灯光信号和手势信号，灯光信号借交通信号灯的灯色来指挥交通；手势信号由交通管理人员用法定的手臂动作或指挥棒指向来指挥交通。手势信号现在仅在交通信号灯出现故障时或在无交通信号灯的地方起临时指挥交通的作用。本节对交通信号控制的硬件设备进行论述，不讨论交通信号的设置条件与配时方法。

5.1 概 述

5.1.1 交通信号灯的分类

1. 按用途分类

可分为车辆交通信号灯、行人交通信号灯和特种交通信号灯三种。其中，特种交通信号灯包括方向交通信号灯，吊桥、窄桥、隧道信号灯，道路、铁路平交道口信号灯和闪光警告信号灯。

2. 按操作方式分类

可分为定周期控制信号灯和感应式控制信号灯。其中，感应式控制信号灯又可细分为半感应式和全感应式两种。

3. 按控制范围分类

可分为单个交叉口控制信号灯(简称点控)、干道联动控制信号灯(简称线控)和区域交通控制信号灯(简称面控)。其中，干道联动控制信号灯又可分为有电缆线控制信号灯和无电缆线控制信号灯两类。

4. 按色光分类

可分为红色信号灯、黄色信号灯、绿色信号灯、箭头信号灯、闪烁灯和及时信号灯。

5.1.2 灯色规定

早期的交通信号灯只有红、绿两种灯色，绿色表示"允许"，红色表示"禁止"。后来随着车辆的增多和驾驶员争道现象的日益严重，又出现了黄色灯，对驾驶员争道起预警作用，黄灯亮表示红灯即将亮，车辆需停止。为了应对日益突出的交叉口交通冲突问题，信号配时技术不断进步，相继出现了各种时间分离方法，产生了符合多种时间分离方法的多样化的现代信号灯。除了红、黄、绿三色灯以外，还出现了指示方向的箭头灯、闪烁灯以及倒计时指示灯等。各国使用这些信号灯的方法差别也越来越大，赋予信号灯的含义也有一些差异。后来，经过各国协商，基本上认同了1974年的《欧洲道路交通标志相信号协定》，其信号灯含义见表5.1。我国对信号灯含义的规定基本上与国际规定一致。

表 5.1　信号灯灯色及其交通含义

类型	灯色	交通含义
非闪灯	绿灯	面对绿灯的车辆可通行
非闪灯	红灯	面对红灯的车辆禁止通行
非闪灯	黄灯	即将亮红灯,车辆需停止
闪烁灯	红灯闪	警告车辆不许通行
闪烁灯	黄灯闪	车辆可通行,但要特别小心
箭头灯	绿色箭头灯	车辆只允许沿箭头所指的方向通行
箭头灯	红色或黄色箭头灯	只对箭头所指方向起红灯或黄灯的作用
专用于自行车的信号灯	应在信号灯的基础上加有自行车的图案	
专用于行人的信号灯	应在信号灯的基础上加有人形图案	

5.1.3　信号灯的形式与灯色排列

各种信号灯的安装次序有统一的规定,以便于驾驶员分辨;信号灯次序安排的原则是将重要的灯色放在重要的位置。

(1)机动车信号灯排列顺序

竖向安装时,信号灯灯色排列顺序由上向下应为红、黄、绿,如图 5.1(a)。

横向安装时,信号灯灯色排列顺序由左至右应为红、黄、绿,如图 5.1(b)。

(a)竖式信号灯排列顺序

(b)横式信号灯排列顺序

图 5.1　信号灯排列顺序

(2)方向指示信号灯排列顺序

路口方向指示信号灯各种排列顺序、说明和图示见表 5.2。

表 5.2 应用方向指示信号灯排列顺序、说明和图示

序号	排列顺序	说明	图示	备注
1	竖向安装,分为两组,左边一组从上至下为红、黄、绿,右边一组由上向下为左、直、右	在两相位控制时,左边一组灯单独使用,此时三个方向指示信号灯不亮;作多相位控制时左边一组机动车信号灯中的绿灯不亮,红灯基本常亮(相位过渡时黄色亮、红色熄灭),作方向指示的绿色方向指示信号灯同时亮,表示除该方向外其他方向禁行;但红色机动车信号灯与三个绿色方向指示信号灯不得同亮	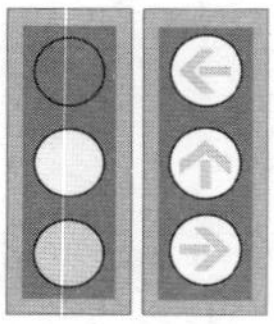	
2	竖向安装,信号灯排列顺序由上向下为红、黄、绿、左、直、右	与1的意义相同,安装形式略有不同,不分为两组	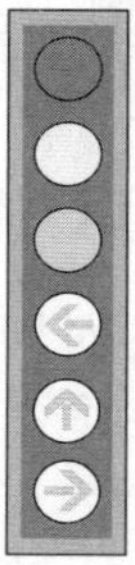	可将绿、左复合在一个发光单元内
3	横向安装,信号灯排列顺序由左至右为红、黄、绿、左、直、右	与2的意义相同,安装形式略有不同,为横向安装	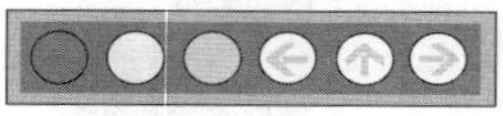	同上
4	采用左、直、右三组方向指示信号灯,竖向安装,信号灯排列顺序由上向下为红、黄、绿			
5	竖向安装,信号灯排列顺序由上向下为红、黄、绿、左、直	与2的安装形式基本相同,路口有右转专用道,故取消右方向指示信号灯	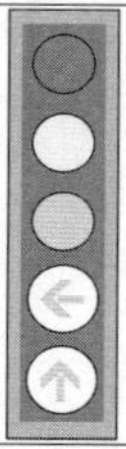	可将绿、左复合在一个发光单元内
6	横向安装,信号灯排列顺序由左至右为红、黄、绿、左、直	与3的安装形式基本相同,因路口不对右转车辆进行信号控制,故取消右方向指示信号灯	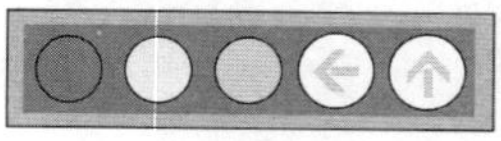	同上

续表 5.2

序号	排列顺序	说明	图示	备注
7	竖向安装,信号灯排列顺序由上向下为红、黄、左、直、右	与 2 的安装形式基本相同,不考虑两相位控制情况,故取消绿色机动车信号灯	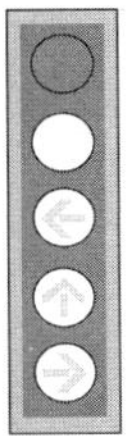	
8	横向安装,信号灯排列顺序由左至右为红、黄、左、直、右	与 3 的安装形式基本相同,不考虑两相位控制情况,故取消绿色机动车信号灯	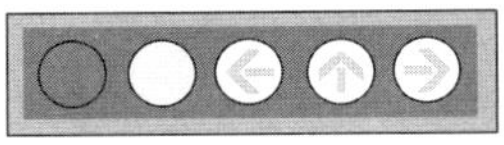	
9	竖向安装,信号灯排列顺序由上向下为红、黄、左、直	与 6 的安装形式基本相同,不考虑两相位控制情况,故取消绿色机动车信号灯	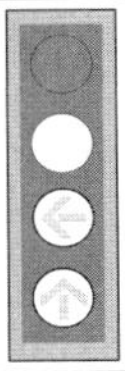	
10	横向安装,信号灯排列顺序由左至右为红、黄、左、直	与 7 的安装形式基本相同,不考虑两相位控制情况,故取消绿色机动车信号灯	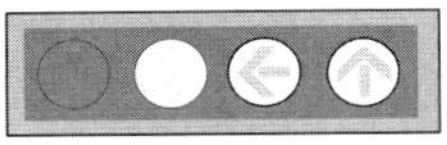	
11	竖向安装,分为两组,左边一组为左转方向指示信号灯,从上向下为红、黄、绿,右边一组为机动车信号灯,从上向下为红、黄、绿	单独控制左转	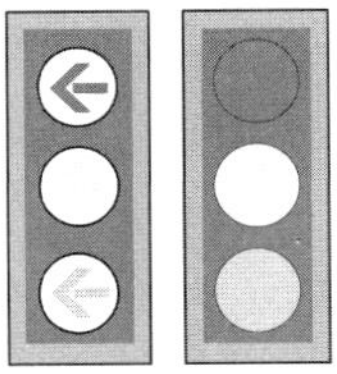	
12	竖向安装,从上向下为红色机动车信号灯、红色右转方向指示信号灯、黄色机动车信号灯、绿色机动车信号灯	用于红灯时禁止右转的路口		

续表 5.2

序号	排列顺序	说明	图示	备注
13	横向安装,由左至右为红色机动车信号灯、红色右转方向指示信号灯、黄色机动车信号灯、绿色机动车信号灯	与 13 意义相同,安装形式略有不同,为横向安装		

(3)非机动车信号灯的灯色排列顺序

不与方向指示信号灯配合使用时,竖向安装,信号灯灯色排列顺序由上向下应为红、黄、绿。与方向指示信号灯配合使用时,竖向安装,信号灯分为两组,左边一组由上向下为红、黄、绿,右边一组由上向下应为左、直、右。

(4)人行横道信号灯的灯色排列顺序

人行横道信号灯应采用竖向安装。信号灯灯色排列顺序为上红、下绿。

(5)车道信号灯的排列顺序

车道信号灯排列顺序应与车道实际位置顺序一致。

竖向安装,信号灯灯色排列顺序由上向下应为红色叉形、绿色箭头。

横向安装,信号灯灯色排列顺序由左至右应为红色叉形、绿色箭头。

5.2 信号灯的安装位置与要求

交通信号灯的安装,应按其各自的功能和不同的用途以及设置地点的环境条件进行合理的安排。特别是各种功能信号灯的灯色要严格按规定使用,如交通控制信号灯的红色和绿色不能与车辆引导灯的红色和绿色混同,应在浓淡和亮度甚至色调上有所区别。其他如施工、事故现场警示灯等更应与交通控制信号灯的颜色保持较大差别,以免出现灯色混淆的情况。不同种类的信号灯绝对不能在一个平面中出现,应尽量保持一定距离。

交通信号灯的安装,要求最严的是交通控制信号灯和人行横道灯两种。交通信号灯中最主要的就是交通控制信号灯,故一般就将其称为交通信号灯,其安装要求可分以下几部分内容。

5.2.1 信号灯安装位置的基本原则

①信号灯前方基准轴左右 20°的范围内不得有影响信号显示的遮挡物。信号灯前 50 m 不得有影响信号显示的树木或其他高于信号灯下沿的遮挡物。

②信号灯背面不得有彩灯、广告牌等易与信号灯灯色产生混淆的物体。

③机动车信号灯安装位置应确保驾驶员在 100 m 外能清晰观察到信号灯显示状态,若此信号灯的视距得不到保证时,应设置相应的警告标志提示观察者。

④悬臂式机动车灯杆的基础位置(尤其悬臂背后)应尽量远离电力浅沟、窨井等,同时与路灯杆、电杆、行道树等相协调。

5.2.2 机动车信号灯和方向指示信号灯

①没有机动车道和非机动车道隔离带的道路,对向信号灯灯杆宜安装在路缘线切点附近。当道路较宽时,可采用悬臂式安装在道路右侧路肩上(参见图5.2),也可根据需要在左侧路肩上设置辅灯;当道路较窄时(机非道路总宽12 m以下)时,可采用柱式在道路两侧路肩上设置(参见图5.3),此时主灯和辅灯的灯色和排列顺序应完全一致。当进口停车线与对向信号灯的距离大于50 m时,宜在进口停车线附近增设一组辅灯。

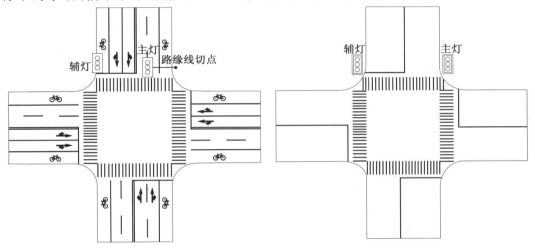

图5.2 道路右侧路肩悬臂式安装　　　图5.3 道路两侧路肩上柱式设置

②设有机动车道和非机动车道隔离带的道路,在隔离带的宽度允许情况下,对向信号灯灯杆宜位于机非隔离带缘头切点向后2 m以内。当道路较宽时,一般采用悬臂式安装在右侧隔离带(参见图5.4),也可根据需要在左侧机非隔离带内设置辅灯;当道路较窄时(机动车道路宽10 m以下)时,可采用柱式在两侧隔离带内设置(参见图5.5),此时主灯和辅灯的灯色和排列顺序应完全一致。当停车线与对向信号灯的距离大于50 m时,宜在进口右侧隔离带内增设一组辅灯。

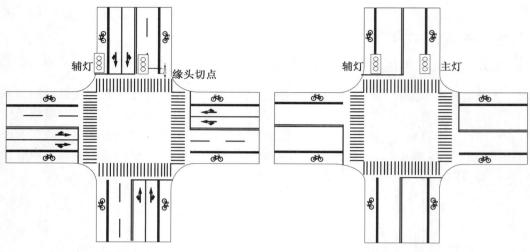

图 5.4　右侧隔离带悬臂式安装　　　图 5.5　两侧隔离带内柱式设置

③有中心隔离带的路口,除在对向位置采用悬臂式或柱式设置主灯外,在隔离带的宽度允许情况下,宜在中心隔离带上设置辅灯(参见图 5.6 和图 5.7)。

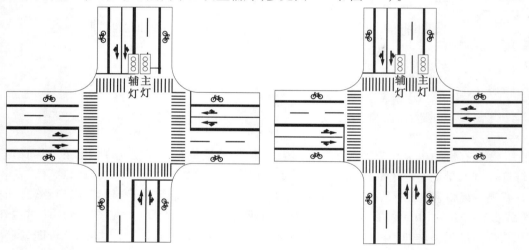

图 5.6　悬臂式设置主灯中心隔离带设置辅灯　　　图 5.7　柱式设置主灯中心隔离带设置辅灯

④立交桥下的豁口处机动车信号灯安装于桥体上或进口车道右侧。如立交桥下有两次停车线的,宜在立交桥另一侧设置信号灯(参见图 5.8)。

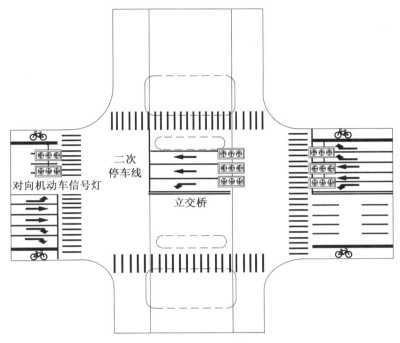

图 5.8 立交桥下交叉口信号灯设置

⑤环形路口设置信号灯对进出环岛的车辆进行控制,在环岛内设置四组信号灯分别指示进入环岛的机动车,在环岛外层设置四组信号灯分别指示出环岛的机动车。(参见图 5.9 和图 5.10)。

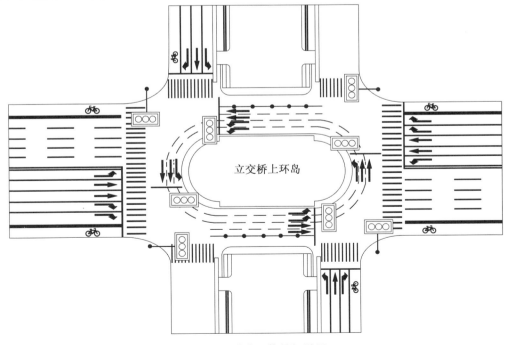

图 5.9 环形路口信号灯设置一

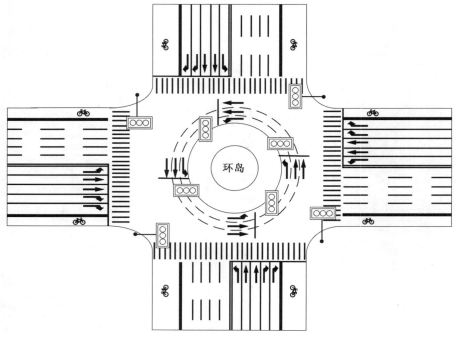

图 5.10 环形路口信号灯设置二

⑥左转弯待转区二次信号灯的设置。

较大的路口划有左转弯待转区时,如果进入左转弯待转区的车辆不容易观察到本方位的对向信号灯的变化时,宜在另一方位的对向增加左转弯二次信号灯(参见图 5.11)。

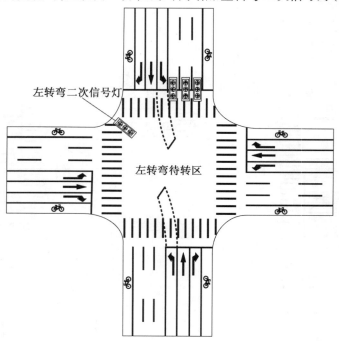

图 5.11 左转弯待转区二次信号灯设置

⑦有机动车右转导流岛的右转方向指示信号灯的设置,可在右转导流岛上安装右转方向指示信号灯(参见图5.12)。

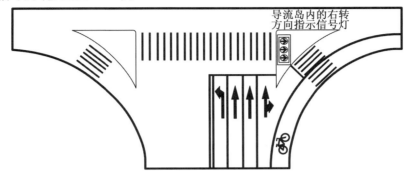

图5.12 导流岛内右转方向指示信号灯设置

⑧当受到视距限制、安装条件等限制时,可视情况在进口道的右侧和左侧增加辅灯。

5.2.3 非机动车信号灯

①没有机动车道和非机动车道隔离带的道路,非机动车信号灯可附着安装在机动车道路信号灯灯杆上(参见图5.13)。

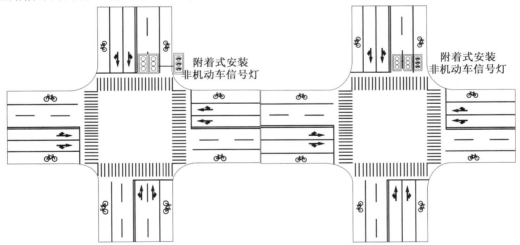

图5.13 无隔离带附着式非机动车信号灯安装　图5.14 有隔离带附着式非机动车信号灯安装

②设有机动车道和非机动车道隔离带的道路,机动车信号灯灯杆设在右侧隔离带上,当隔离带宽度小于2 m时,非机动车道信号可附着在机动车信号灯灯杆上(参见图5.14);隔离带宽度大于2 m、小于4 m时,可借用机动车信号灯灯杆采用悬臂式安装非机动车信号灯(参见图5.15),此时安装高度与机动车信号灯保持一致;隔离带宽度大于4 m时,应单独立非机动车信号灯灯杆。该灯杆应设置在对向右侧距路缘的距离为0.8~2 m的路肩上,采用柱式安装(参见图5.16)。

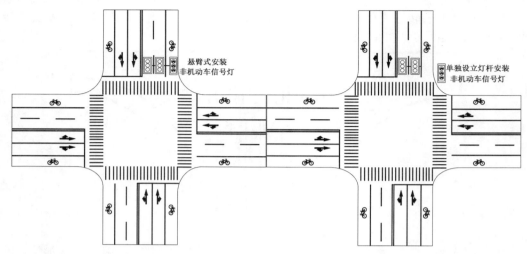

图 5.15 非机动车信号灯悬臂式安装　　图 5.16 非机动车信号灯柱式安装

③在交叉的道路车行道宽度超过 30 m 时,除在对向设置非机动车信号灯主灯外,还应在进口设置一组非机动车信号灯,可设在进口停车线前 0.8~2 m 处右侧距路缘的距离为 0.8~2 m 的路肩上或非机动车道左侧的机非隔离带内(参见图 5.17 和图 5.18)。

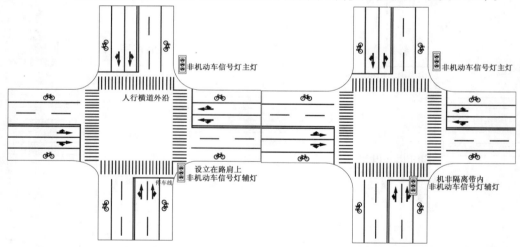

图 5.17 非机动车信号灯辅灯路肩设置　　图 5.18 非机动车信号灯辅灯机非隔离带设置

④在设置有物理导流岛的路口,可将非机动车信号灯设置在导流岛上(参见图5.19)。

第 5 章 交通信号灯及控制设备

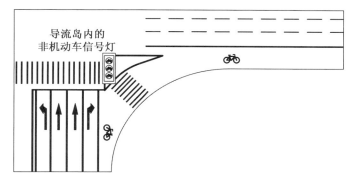

图 5.19 非机动车信号灯导流岛设置

⑤立交桥下非机动车信号灯安装于桥体上，立交桥另一侧应设置对向非机动车信号灯（参见图 5.20）。

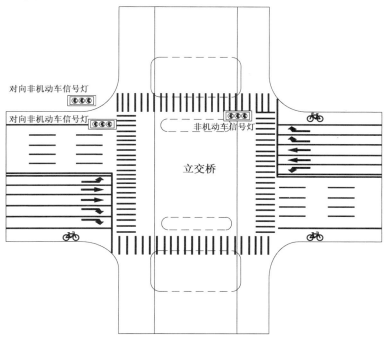

图 5.20 立交桥下非机动车信号灯设置

5.2.4 人行横道信号灯

①人行横道信号灯灯杆应设置在人行横道两端内沿或外沿线的延长线、距路缘的距离为 0.8~2 m 的路肩上，采取对向灯安装（参见图 5.21）。

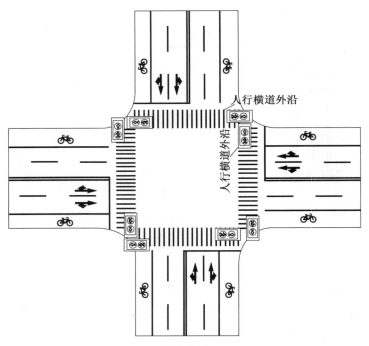

图 5.21　人行横道信号灯设置

②具有中心隔离带(含立交桥下)的路口,当人行横道长度超过 40 m 时,应在隔离带上加设人行横道信号灯(参见图 5.22)。

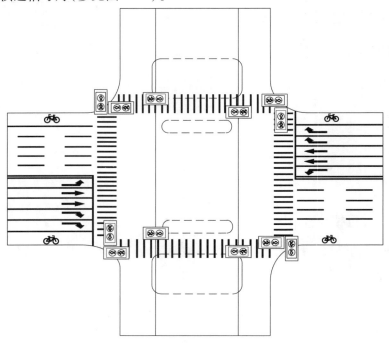

图 5.22　中心隔离带人行横道信号灯设置

③路口有行人二次过街安全岛或渠化岛时,应在二次过街安全岛或渠化岛上加设人

行横道信号灯。

④在盲人通行较为集中的路段,人行横道信号灯应当设置声响提示装置。

5.2.5 信号灯安装高度

信号灯安装位置和安装高度参见表5.3。

表5.3 信号灯安装位置和安装高度表

信号灯类型	安装方式	安装高度
机动车信号灯	悬臂式	5.5~7 m
	柱式	≥3 m
非机动车道信号灯	—	2.5~3 m
人行横道信号灯	—	2~2.5 m
车道信号灯	—	5.5~7 m
道路与铁路平面交叉道口信号灯	悬臂式	5.5~7 m
	柱式	≥2.5 m

5.2.6 信号灯杆件

1. 机动车信号灯灯杆

机动车信号灯灯杆,宜采用钢质灯杆。钢管灯杆一般可采用外径或外接圆直径不小于 100 mm、壁厚不小于 4 mm 的圆形或多棱形经热镀锌处理钢管。杆体距地面 0.2~1.4 m 处应留有穿线孔。孔的上方应焊接防水檐。使用不小于 3 mm 厚的钢板作盖板,用螺钉固定在杆体上。安装灯具处应留有出线孔。出线孔应配有橡胶护套,出线孔下方应焊接电缆线回水弯挂钩。灯杆顶部应安装塑料或铸铁防水管帽。灯杆底部应焊接固定法兰盘,法兰盘与杆体之间应均匀焊接加强筋。灯杆的强度、法兰盘直径和厚度应根据信号灯安装方式及悬臂长度确定,并应适当考虑交通意外情况,应由有相关资质单位或注册人员进行设计。

非机动车道信号灯灯杆宜采用钢管;人行横道信号灯灯杆宜采用热镀锌钢管制作。信号灯灯杆主体应为灰色。

信号灯灯杆的安装采用地锚混凝土式基础。机动车道信号灯灯杆混凝土基础体积、地脚螺栓和紧固件等安装材料的强度视信号灯安装方式及悬臂长度等确定,并应考虑交通意外情况,应由有相关资质单位或注册人员进行设计。地脚螺栓上端为螺纹,下端为夹角小于 60°的折弯。地脚螺栓应焊接在下法兰盘上。

人行横道信号灯灯杆混凝土基础体积应大于 500 mm×500 mm×500 mm。地脚螺栓尺寸根据基础的体积确定,上端为螺纹,并焊接在下法兰盘上。

预埋穿线管内径应大于 Φ50 mm,弯曲角度应大于 120°。应做好每个杆接地,保护接地电阻应小于 10 Ω。信号灯灯杆安装时应保证杆体垂直,倾斜度不得超过杆体长度的 1%。

2. 悬臂、支撑臂、拉杆及固定件

悬臂杆与支撑杆可使用圆形或多棱形的变截面型材制作,悬臂与灯杆连接端可焊接固定角钢。悬臂下应留有进线孔和出线孔。拉杆宜使用圆钢制作,一端配有可调距离的螺旋扣,直径和长度等根据悬臂长度等确定。下支撑臂和上拉杆的使用视悬臂使用型材及长度等确定。

悬臂、支撑臂可使用抱箍、抱箍座与灯杆连接固定。拉杆与灯杆、拉杆与悬臂、支撑臂与悬臂可使用夹板连接固定。安装时使用的固定螺栓、螺母、垫圈应使用镀锌件并用弹簧垫圈压紧。悬臂、支撑臂、拉杆、抱箍座、夹板等附件应镀锌或涂以与灯杆颜色相同的灰漆。

5.3 交通信号控制设备简介

现代交通信号控制系统由软件和硬件两大部分设施所组成。信号配时方案、信号控制的总体设计方案、系统的交通仿真与优化及其有关的系统程序、控制程序、操作程序,包括数据管理系统、系统维护运行手册、程序说明与框图等软性设施,都属软件设施。现代交通控制系统中的装备,如信号灯、交通检测器、信号控制机、中央控制计算机、信息传输设施、情报设施、显示装置、电视监视设施等实际装备,叫作硬件设施。下面对车辆检测器和信号控制机作简要介绍。

5.3.1 车辆检测器

车辆检测器用于了解各路口的交通量情况,它一方面提供给本地信号控制机,对各相位进行切换;另一方面,传输给指挥中心,以便发布诱导信息,对阻塞路段进行交通流量调节。通过车辆检测器对路口每个车道的车流数据进行自动采集、处理和存储,可为改善城市交通控制和城市规划提供决策依据。

车辆检测器主要有环形线圈、超声波、雷达、视频识别器等。在交通控制系统中,环行线圈是目前得到最广泛使用的车辆检测器,一般被埋设在停车线上游 60 m 处,当车辆通过时,检测器的电气特性发生变化,从而可测定相应的交通信息。

5.3.2 交通信号控制机

交通信号控制机的用途有以下两个方面:一是操纵一个或几个交叉口的信号灯;二是把几个交叉口的控制机连接到一个主控制机或主控计算机上,从而形成干道线控制或区域控制系统。

1. 现代交通信号控制机的基本功能

① 根据预先设定的配时方案或感应控制方案操纵信号灯色的变换;
② 处理接收检测器送来的脉冲信号,并根据这些信息按预先设定的方案操纵信号灯;
③ 接收从主控制机或主控计算机发来的指令,并根据指令按预先设定的方案操纵信号;
④ 用小型计算机或微处理机的信号控制机,还可以收集检测器的交通信息,处理并

存储这些数据,或根据命令把这些数据传送给主控计算机。

2. 信号控制机分类

信号控制机按其不同控制方式主要可分为定时信号控制机、半感应信号控制机和全感应信号控制机三类。

(1) 定时信号控制机

定时信号控制机是最简单、最经济的一种控制机。把定时信号配时方案在这种控制机内设定之后,这种控制机即以设定的配时方案操纵信号灯,以固定的周期及各灯色时间轮流启闭各向信号灯。定时信号控制机又可分为机电型和电子型两类。

机电型控制机由同步电动机、定时刻度盘、定时键、控制周期时长的齿轮、凸轮轴、凸轮、凸轮启动装置等部件组成。周期时长设定在周期齿轮上,由电动机带动周期齿轮,周期齿轮又带动定时刻度盘转动。定时键分布在刻度盘的槽内,刻度盘槽上以百分数刻度,定时键在槽内标定各相位各灯色时间的起始点;绿时差键在度盘的内圆上,标定各交叉口间的绿时差。定时键带动凸轮轴转动,改换信号灯色。这种控制机一般装有 1~3 个刻度盘,每个刻度盘上设置一套配时方案,故最多可设置 3 套配时方案,通常用于上午高峰期、下午高峰期和非高峰期。这种类型的信号控制机使用可靠、易于维护。

电子型控制机把各功能部分都做成集成电路板插入板座内,总机运行时实现各项操作功能。定时信号的配时方案做成线路板,并使用插销式、数字键盘式或字轮式等各种配时盘来设置配时方案,把销钉插入选定配时的槽内,按不同编码的数字键盘或用拇指旋转字轮,都可设定所要的配时方案,从而使设定配时更精确、更方便。集成电路信号控制机一般都做成多功能控制机,使控制机的设计更为灵活,只要增、减线路板,即可设计不同类型的控制机。这种类型的信号控制机维护十分方便,发生故障时,只要把故障线路板换下即可。

(2) 半感应信号控制机

半感应信号控制机有机电式和集成电路式两种,但大都采用后者。半感应信号控制机随检测器设置的位置提供感应控制。一种是对主要道路之外的所有信号相位提供感应控制,对次要道路不执行感应控制,因为次要道路没有车辆或已经达到次要道路的最大配时时间时,道路通行权总要转给主要道路这一方。另一种半感应信号控制机,使用对次要道路有感应作用的定时信号控制机,次要道路方向来车的信号,在车辆通过后通行权归还主要道路。这种信号控制机包括了定时信号控制机的一切特点,还增加了几个继电器以提供相位跳过功能。

(3) 全感应信号控制机

全感应信号控制机对所有信号相位都执行感应控制,可以对一个简单的十字交叉口进行控制,也可以对四个进口均有左转专用车道的十字交叉口或有四个以上入口的复杂交叉口进行控制。全感应信号控制机有多种形式,但其工作原理是相似的,即对交叉口所有进口道的检测器进行交通检测,并根据各个进口道的车辆要求安排道路通行权。

(4) 微处理器信号控制机

微处理器信号控制机是第三代的智能信号机,具有交通量检测、环境监测、多时段多相位、自适应协调、通信联网功能与路况信息发布功能的综合系统。其大部分功能由软件来完成,通常用键盘输入编制的程序,配时程序储存在随机存取存储器内,其他编程数据和控制机本身的操作程序储存在可编程序只读存储器(EPROM)内。所以这些软件修改十分方便,即使有些固化在只读存储器内的专用软件,也易于通过更换只读存储器芯片来改变,使得其灵活性和扩展性大为提高,所以多做成多功能的通用控制机。此外,这种控制机都具有信号冲突与设施故障自检与显示功能,可靠性高、体积小,性能价格比超过集成电路控制机。

(5) 主控制机

主控制机也称为中心控制机,在线控或面控系统、用于操纵其他交叉口控制机。为此,在主控制机同其操纵的控制机之间必须有通信联系,把各交叉口的交通数据传送到主控制机,主控制机接收到数据做出控制决定后把控制指令再下达到各交叉口控制机。所以也把这种控制机称为上位机,而把受它操纵的控制机称为下位机。

前述多功能集成线路控制机及微处理控制机大多可用作主控制机。

思 考 题

1. 交通信号灯的具体内涵有哪些,主要作用。
2. 交通信号灯的设置类别有哪些,具体按照什么条件选择?
3. 交通信号灯灯色设置有哪些注意事项?
4. 交通信号控制系统由哪些部分组成?
5. 半感信号控制机与全感信号控制机有哪些区别和联系?
6. 信号灯安装位置的基本原则?
7. 信号控制机分类有哪些?
8. 对各类车辆检测器的优缺点进行描述。

第6章 交通安全与防护设施

交通安全与防护设施主要包括护栏、防眩设施、隔离封闭设施、视线诱导设施等。交通安全与防护设施对避免交通事故的发生、减轻事故的严重度、排除各种纵向和横向干扰、促使车辆平滑运行等起着非常重要的作用，进而能够提高道路的服务水平。此外，交通安全与防护设施也是道路景观的重要构成要素。当前，交通事故成为我国第一大非正常死亡原因，设置合理的交通安全与防护设施，在设施上对交通事故进行充分防控，具有重要的社会意义与经济价值。

6.1 护 栏

护栏(barrier)是一种纵向吸能结构，通过自身变形或车辆爬高来吸收碰撞能量，从而改变车辆行驶方向、阻止车辆越出路外或进入对向车道、最大限度地减少事故中乘员的伤害程度。

6.1.1 路侧危险

1. 路侧危险类型

路侧危险(roadside hazard)有危险点和危险路段两类。

危险点(point hazards)属于路侧单点危险，是指能够被驶出路外车辆撞到的、长度较短的路侧刚性物体。一般包括直径10 cm以上的单个树木、桥墩或桥台、有潜在碰撞危险的邮箱或地标物体、不能解体的交通标志柱、突出的基座、不能穿越的道路上的端墙、不能穿越的涵洞端墙、纵向排水线上的单个固定物体、公用设施柱、建筑物的墙体或墙角、10 cm以上的消防栓基座等。

对于路侧危险点，由于长度较短或是单体物体，最好的处理方式是将其移出路侧净区。当不能移出时，需要采用护栏来防护。

危险路段(continuous hazards)属于路侧连续危险，是指具有一定长度的、不能被轻易移走或重新安置的位于路侧净区内的连续型障碍物。一般包括密林、成行的大树、填土较高且边坡较陡的路堤、裸露的岩石或与树木混杂的裸露岩石、岩石路堑、悬崖或陡峻的山谷、范围较大的水体(江、河、湖、海等)、挡土墙、能够刺穿车体的栏杆或栅栏等。

2. 路侧危险严重程度指数

路侧障碍物的尺寸和刚性程度影响着该物体被车辆碰撞的可能性大小以及车辆碰撞后交通事故的严重程度。车辆碰撞路侧障碍物时的事故严重程度可用严重程度指数(severity index, SI)来定量描述。美国国家公路与运输协会标准(AASHTO)将路侧危险严重程度指数划分为从0级到10级的11个级别，0级代表车辆碰撞到障碍物后几乎不会发生人员伤亡甚至是财产损失的事故，10级代表百分之百地会发生人员死亡事故。严重程度指数既适用于自然的路侧障碍物，也适用于人工设置的路侧护栏等。表6.1给出了在不同速度下部分路侧障碍物的严重程度指数。显然，护栏本身也是一种障碍物，只有当驶出路外车辆碰撞障碍物和碰撞护栏相比，后果更严重时，才考虑设置护栏。

表6.1 严重程度指数一览表

路侧特征		设计速度/(km·h⁻¹) ≤70	80~90	≥100
安全护栏	缆索护栏	1.5	2.0	2.5
	波形梁护栏	2.0	2.5	3.0
	F型混凝土护栏	2.0	2.5	3.5
	VCB型混凝土护栏	2.0	2.5	3.5
路堤高度	$x=1.5$（低限值—，上限值2.5）	2.0~5.0	2.5~6.0	3.0~7.0
	$x=2.0$（低限值1.0，上限值4.0）	2.0~5.0	2.5~6.0	3.0~7.0
	$x=3.0$（低限值2.0，上限值7.5）	2.0~5.0	2.5~6.0	3.0~7.0
	$x=4.0$（低限值4.5，上限值14.0）	1.5~4.0	2.0~5.5	2.5~7.0
	$x=5.0$（低限值10.0，上限值—）	1.0	1.5	2.0
	$x=10.0$（低限值—，上限值—）	0.5	1.0	1.5

路侧特征			设计速度/(km·h⁻¹) ≤70	80~90	≥100
路侧垂直落差	水深/m	落差高度/m			
	≤1.0	0~6	3.0~7.0	3.0~7.0	3.5~8.0
	2.0	0~4	5.5~7.5	5.5~8.0	6.0~8.5
	4.0	0~2	6.5~8.0	7.0~8.5	7.5~8.5
	≥6.0	—	9.0	9.5	9.5
	—	6~10	7.0~9.5	7.0~9.5	8.0~9.5
	—	≥10	10	10	10
排水沟 V型排水沟（边沟） 1:y ＼＿／ 1:x	x	y			
	>10.0	3	1.0	1.5	2.5
	10.0	4	1.5	2.0	3.0
	5.0	5	2.0	2.5	3.0
	4.0	10	1.5	2.0	2.5
	3.0	>10	0.5	1.0	2.0

续表 6.1

路侧特征	设计速度/(km·h⁻¹) ≤70	80~90	≥100	路侧特征	设计速度/(km·h⁻¹) ≤70	80~90	≥100
路堑				浅碟型排水沟（边沟）			
表面光滑、密实　x≤1.0	2.5	3.5	4.5	1:y　　1:x　　y　　x			
2.0	2.0	2.5	3.5	>10.0　　3	0.5	1.0	2.0
3.0	1.0	2.0	2.5	10.0　　4	1.0	1.5	2.5
≥4.0	0.5	1.5	2.0	5.0　　5	1.5	2.0	2.5
表面粗糙　　　x≤1.0	4.5	5.5	6.5	4.0　　10	1.0	1.5	2.0
2.0	3.0	5.0	6.5	3.0　　>10	0.0	0.5	1.0
≥3.0	3.5	5.0	6.0				
不能穿越的障碍物 桥梁墩台	5.0	6.0	8.0	挡土墙底或岩石边坡坡底	5.0	6.0	8.0
柱、杆、树木				涵洞			
100 mm 直径	1.0	1.5	2.0	正面　≤450 mm 直径	4.0	5.0	7.0
200 mm 直径	3.5	4.5	5.5	≥900 mm 直径	4.5	5.5	7.5
300 mm 直径	4.0	5.0	7.0	侧面	3.5	4.0	5.0
				600 mm 直径	4.5	5.0	6.0
				1 200 mm 直径	5.5	6.0	6.5
				2 400 mm 直径			

6.1.2 路侧净区

路侧净区(side clearance)是指行车道边缘以外,地面平坦且无障碍物、车辆驶出行车道后可以停车或重新返回正常行驶车道的路侧带状区域。影响路侧净区宽度的因素包括速度(多采用运行速度)、交通量、边坡坡度和平面线形条件(主要是平曲线半径)。

由于各国土地利用条件和道路设计政策上的不同,路侧净区宽度差异较大,欧美等国的路侧净区宽度多在4～10 m之间。有野外实验表明,当设计速度为100 km/h时,理想的路侧净区宽度为9 m。因为,此时驶出路外的车辆中,有80%～85%的车辆最终停在纵向为170 m、横向为9 m的路侧三角形区域内。

路侧净区宽度可分为计算净区(CZ)宽度和有效净区(ECZ)宽度两种。计算净区宽度是根据交通量大小、运行速度、边坡坡度和平面线形指标所确定的净区宽度。直线路段的计算净区宽度曲线如图6.1所示,曲线路段的计算净区宽度应在直线路段计算净区宽度的基础上乘以调整系数F_C(由图6.2查得)进行修正。

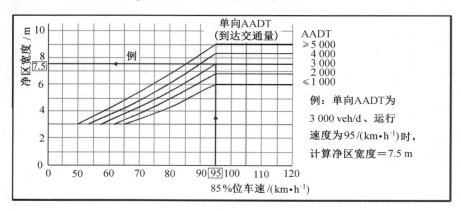

图 6.1　直线路段的计算净区宽度曲线

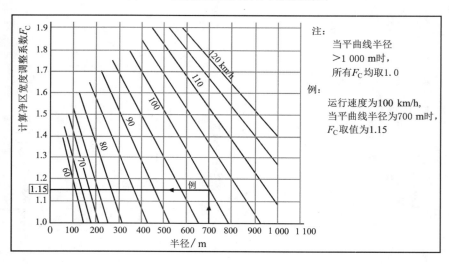

图 6.2　曲线路段计算净区宽度调整系数 F_C

有效净区宽度是从外侧行车道边缘开始，向道路外侧延伸的平缓、无障碍物区域的有效宽度，包括硬路肩、土路肩以及可利用的路侧边坡等。当路侧边坡坡度陡于1:4时，边坡上不能行车，不能作为有效净区宽度。有效净区宽度的计算方法可参考图6.3。

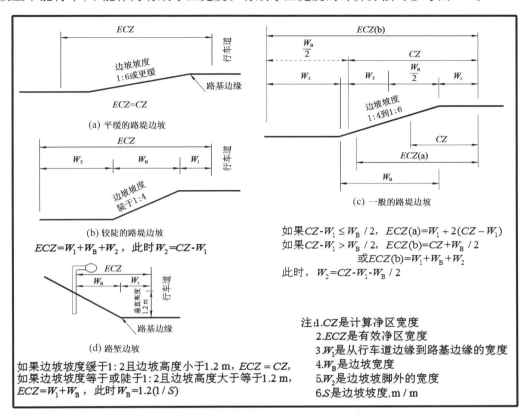

图6.3 有效净区宽度计算方法

6.1.3 护栏的功能与分类

1. 护栏的功能

护栏应具备以下几个方面的功能：

①防止失控车辆越出路外或穿越中央分隔带闯入对向车道。
②保护路侧或中央分隔带内的重要结构物和设施。
③使失控车辆回复到正常行驶方向。
④具有良好的吸收碰撞能量的功能。
⑤能起到诱导驾驶员视线的作用。

2. 护栏的分类

（1）按纵向设置位置分类

按纵向设置位置分类，可分为路基护栏和桥梁护栏两类。
① 路基护栏。设置于路基上的护栏均称为路基护栏。
② 桥梁护栏。设置于桥梁上的护栏均称为桥梁护栏。

(2)按横向设置位置分类

按横向设置位置分类,可分为路侧护栏和中央分隔带护栏两类。

① 路侧护栏(roadside barrier)。设置于路侧建筑限界以外的护栏,用来防止失控车辆越出路外或碰撞路侧构造物和其他设施。

② 中央分隔带护栏(median barrier)。设置在中央分隔带内的护栏,用来防止失控车辆穿越分隔带闯入对向车道,并保护分隔带内的构造物和其他设施。

(3)按碰撞后护栏的变形程度分类

按碰撞后护栏的变形程度分类,可分为刚性护栏、半刚性护栏和柔性护栏三类。

① 刚性护栏(rigid barrier)。是一种基本上不变形的护栏结构,它利用失控车辆碰撞后爬高并转向来吸收碰撞能量。混凝土护栏是刚性护栏的主要形式,是一种以一定形状的混凝土块相互连接而组成的墙式结构,如图6.4所示。

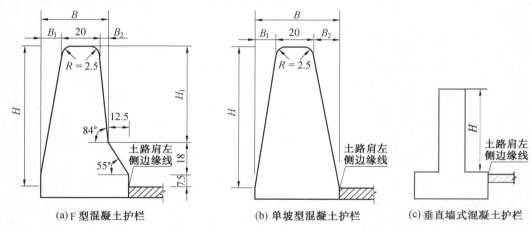

图6.4 混凝土护栏(单位:cm)(注:中国主要采用(a)和(b))

② 柔性护栏(flexible barrier)。是一种具有较大缓冲能力的韧性护栏结构。缆索护栏是柔性护栏的代表形式,是一种以数根施加初张力的缆索固定于立柱上而组成的连续结构,主要依靠缆索的拉应力来抵抗车辆碰撞并吸收碰撞能量,如图6.5所示。

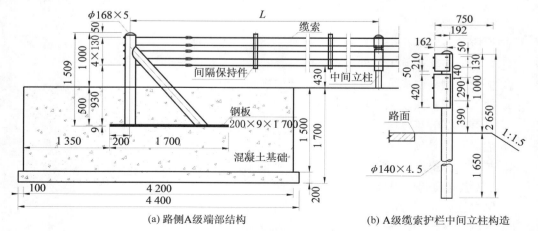

图6.5 缆索护栏(单位:mm)

③ 半刚性护栏(semi-rigid barrier)。是一种连续的梁柱式护栏结构,具有一定的强度和刚度。它利用土基、立柱、横梁的变形来吸收碰撞能量,并迫使失控车辆改变方向。波形梁护栏是半刚性护栏的主要形式,是一种以波纹状钢护栏板相互拼接并由立柱支撑而组成的连续结构,如图6.6所示。

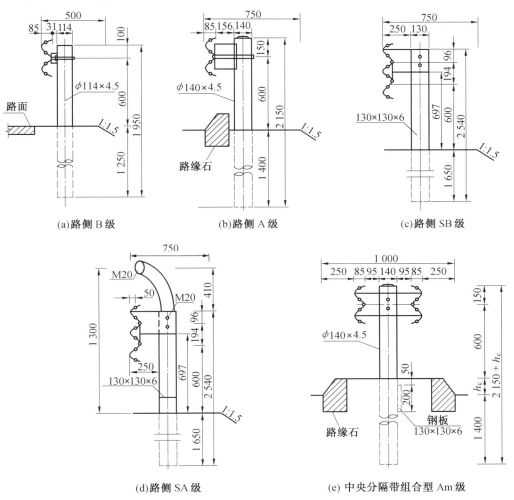

图6.6 波形梁护栏(单位:mm)
h_c—路缘石高度

6.1.4 护栏防撞等级与设计依据

1. 护栏的碰撞力学分析

车辆碰撞护栏是一个十分复杂的过程,到目前为止还没有精确的方法来描述。车辆碰撞护栏常用的力学计算图示如图6.7所示,车辆斜向冲击护栏后,在护栏的作用下不断改变方向,最后平行于护栏并停止了横向运动。

(1)基本假设

① 从车辆碰撞护栏起到车辆改变方向平行于护栏停止,车辆的纵向和横向加速度不

变;

② 车辆的竖向加速度和转动加速度忽略不计;

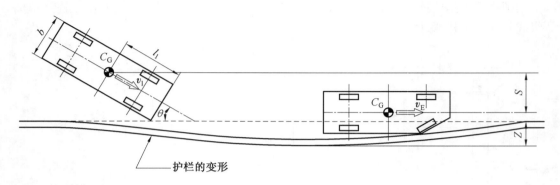

图 6.7 车辆碰撞护栏的力学计算图示

S—车辆重心的横向位移,m;l_1—车辆重心距前保险杠的距离,m;θ—车辆的碰撞角,°;b—车辆的宽度,m;v_1—车辆的碰撞速度,m/s;v_E—车辆碰撞后的速度,m/s;C_G—车辆重心位置;Z—护栏的横向变形,m,对混凝土护栏 $Z=0$,金属制护栏 $Z=0.3\sim0.6$ m

③ 车辆改变方向平行于护栏时车辆的横向速度分量为零;
④ 车辆改变方向时不发生绊阻;
⑤ 车辆碰撞护栏期间容许车辆发生变形,但车辆的重心位置不变;
⑥ 车辆运动近似为质点运动;
⑦ 刚性护栏的变形量为零,柔性护栏的变形量为 Z;
⑧ 车辆与护栏、车轮与道路间的摩擦力均忽略不计;
⑨ 护栏是连续设置的。

(2) 公式推导

从碰撞开始到终止,车辆重心的横向位移 S 为

$$S = l_1 \sin\theta - \frac{b}{2}(1-\cos\theta) + Z \tag{6.1}$$

因 横向平均速度 $= \frac{1}{2}(v_1 \sin\theta + 0)$ (6.2)

故车辆横向位移 S 所需的时间(单位为 s)为

$$t = \frac{S}{\text{横向平均速度}} = \frac{2[l_1 \sin\theta - \frac{b}{2}(1-\cos\theta) + Z]}{v_1 \sin\theta} \tag{6.3}$$

车辆横向平均加速度 $a_{横}$ 为

$$a_{横} = \frac{v_1 \sin\theta - 0}{t} = \frac{v_1^2 \sin^2\theta}{2[l_1 \sin\theta - \frac{b}{2}(1-\cos\theta) + Z]} \tag{6.4}$$

车辆作用在护栏上的平均横向力 $F_{横}$(单位为 kN)为

$$F_{横} = m a_{横} = \frac{m v_1^2 \sin^2\theta}{2\,000[l_1 \sin\theta - \frac{b}{2}(1-\cos\theta) + Z]} \tag{6.5}$$

式中　m——车辆质量,kg。

假设车辆和护栏的刚度可理想化为线性弹簧,那么,碰撞力与时间的关系曲线是正弦曲线。所以,车辆横向最大加速度为

$$a_{\text{横max}} = \frac{\pi}{2} a_{\text{横}} = \frac{\pi}{2} \cdot \frac{v_1^2 \sin^2\theta}{2[l_1 \sin\theta - \frac{b}{2}(1 - \cos\theta) + Z]} \quad (6.6)$$

车辆作用在护栏上的最大横向力为

$$F_{\text{横max}} = m a_{\text{横max}} = \frac{\pi}{2} \cdot \frac{m v_1^2 \sin^2\theta}{2\,000[l_1 \sin\theta - \frac{b}{2}(1 - \cos\theta) + Z]} \quad (6.7)$$

车辆横向作用于护栏上的碰撞能量(单位为 J)为

$$E = 9\,810 \frac{W}{2g} v_1^2 \sin^2\theta \quad (6.8)$$

式中　W——车辆质量,t;
　　　g——重力加速度。

在最大横向力作用下,车辆不会冲过护栏翻倒的稳定条件为

$$F_{\text{横max}} \cdot (h_1 - h_0) = \frac{W}{g} \cdot a_{\text{横max}} \leqslant W \cdot \frac{b}{2}$$

即

$$a_{\text{横max}} \leqslant \frac{b \cdot g}{2(h_1 - h_0)} \quad (6.9)$$

式中　h_1——车辆重心高度,m;
　　　h_0——护栏与车辆接触点高度,m。

2. 护栏的防护等级

护栏最基本的功能是阻止车辆越出路外或闯入对向车道,因此它应具有相当的力学强度来抵抗车辆的冲撞。衡量护栏防撞性能的重要指标是防护等级,一般根据护栏所能承受的碰撞能量大小来划分。按照设计防护能量(即设计碰撞能量),护栏分为一级至八级等8个防护等级,见表6.2。

表6.2　护栏防护等级及代码

防护等级	一	二	三	四	五	六	七	八
代码	C	B	A	SB	SA	SS	HB	HA
设计防护能量/kJ	40	70	160	280	400	520	640	760

3. 护栏的设计依据

要实现护栏的功能,需要护栏既要有相当高的力学强度和刚度来抵抗车辆的冲撞力,又要使其刚度不过大,以免使乘客受到严重的伤害。我国护栏设计应遵循以下原则:

①顺应护栏碰撞条件的发展趋势,满足我国公路交通实际情况的要求,确保85%~90%以上的失控车辆不会越出、冲断或下穿护栏;

②坚持"以人为本,安全至上"的指导思想,最大限度地降低事故严重程度并减少二次事故的发生;

③车辆碰撞护栏是小概率交通事件,在确定护栏碰撞条件时应坚持经济、实用原则,

应考虑我国的经济承受能力;

④满足碰撞条件的护栏结构应能通过实车碰撞试验的验证。

(1)碰撞角度

调查数据的碰撞角度的累计分布曲线如图 6.8 所示,平均碰撞角度为 15.3°,有 44% 样本的碰撞角度大于 15°,有 26% 样本的碰撞角度大于 20°。

假定样本符合正态分布,利用样本数据估计总体的分布参数,在此基础上得到 85% 位碰撞角度的计算值 $\theta_{85\%}$ 为 21.8°。由此,规定我国护栏的碰撞角度为 20°。

(2)碰撞速度

日本《护栏设置标准·同解说》(1998 和 2004 年版)对碰撞速度取值的说明为"车辆的碰撞速度主要取决于运行速度,另外碰撞时驾驶员采取的制动措施、制动距离和路面状况也会影响车辆的碰撞速度,取运行速度的 0.8 倍作为碰撞速度"。参考此原则,结合我国不同设计速度公路上的碰撞速度调查结果,确定了我国公路护栏碰撞速度的取值标准,见表 6.3。

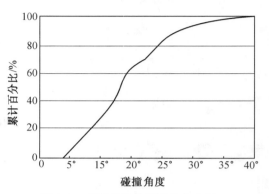

图 6.8 碰撞角度的累计分布曲线

表 6.3 我国公路设计速度与碰撞速度

公路等级	高速公路、一级公路				二、三、四级公路
设计速度/(km·h^{-1})	120	100	80	60	80、60、40、30、20
碰撞速度计算值/(km·h^{-1})	96	80	64	48	——
碰撞速度规定值/(km·h^{-1})	100	80	60		40

(3)碰撞车辆质量

在确定碰撞车辆质量的过程中,有如下考虑:

① 小客车主要用于评价发生碰撞时乘员所承受的加速度值,以验证乘员的安全性。从理论上分析,小客车的质量越小,其加速度值越大,对乘员安全性影响也越大,所以选用 1.5 t 小客车作为评价最大加速度的碰撞车型,是偏于安全的。

② 从高速公路和国家干线公路交通量统计分析结果可以看出,80% 左右的车辆是 10 t 以下的中型车辆(包含小型车),考虑与旧规范的延续性,仍选用 10 t 的中型车辆作为碰撞条件之一。

③ 大型车辆的碰撞条件分别选择 14 t 的大货车(延续旧标准)和 18 t 的大客车,确保特大桥和路侧特别危险路段的护栏能防止大客车越出,减少重大恶性交通事故发生。

④ 大货(客)车碰撞试验着重验证护栏应有不被冲破的强度。

(4)碰撞加速度

国外交通事故研究成果表明,在碰撞事故中造成乘客伤害的主要原因是车辆获得的加、减速度,且伤害程度与加、减速度的大小成正比。为保护乘客免受伤害或减轻伤害程度,车辆冲撞护栏后不应产生过大的加、减速度,这就要求护栏的刚度不能过大,护栏的刚柔程度就是以车辆碰撞护栏时产生的加、减速度的大小来衡量的。

根据我国具体的道路条件及交通管制状况,设计护栏时,以小客车作为发生碰撞时乘员承受加、减速度值的评价车型,车辆的加、减速度控制在 200 m/s² 以下。

(5)设计荷载

桥梁护栏在结构设计时,对其受力构件应进行强度计算和检验。设计荷载包括车辆的碰撞力、风载、人群荷载及护栏的结构重力等。一般情况下,主要受力构件在进行强度计算时,仅考虑车辆的碰撞力,不考虑风载和人群荷载;而辅助构件其强度计算则仅考虑风载和人群荷载,而不考虑车辆碰撞力的作用。

① 碰撞力及其分布。作用于桥梁护栏上的碰撞荷载,其大小和作用点分布可按表6.4 和图 6.9 的规定来确定。

表 6.4 桥梁护栏碰撞荷载

防撞等级		B	A(Am)	SB(SBm)	SA(SAm)	SS
碰撞力/kN	$Z = 0$ m	95	210	365	430	520
	$Z = 0.3 \sim 0.6$ m	75~60	170~140	295~250	360~310	435~375

注:Z 为桥梁护栏的容许变形量。

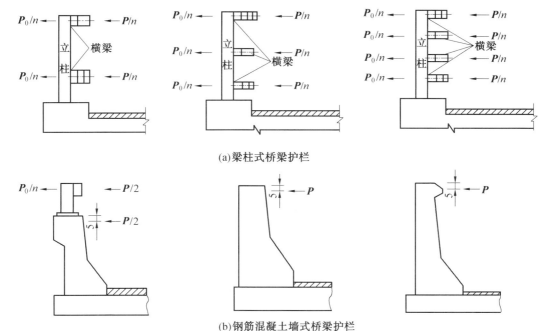

(a)梁柱式桥梁护栏

(b)钢筋混凝土墙式桥梁护栏

图 6.9 桥梁护栏受力分布图(单位:cm)

梁柱式桥梁护栏横梁的设计弯矩 M_0 为

$$M_0 = (\frac{1}{6} P \cdot L)/n \tag{6.10}$$

式中 M_0——每根横梁跨中处的弯矩,kN·m;

         P——桥梁护栏承受的碰撞力,kN;

L—— 横梁的跨径,m;

n—— 横梁的数量,一般不超过 3 根。

立柱的设计荷载 P_0 为

$$P_0 = \frac{1}{4}P \qquad (6.11)$$

式中 P_0—— 立柱的设计荷载,kN。

作用于钢筋混凝土墙式桥梁护栏上的车辆碰撞荷载简化为分布荷载,其相关规定见表 6.5。

表 6.5 钢筋混凝土墙式护栏所受碰撞荷载的分布

防撞等级	A(Am)	SB(SBm)	SA(SAm)	SS
碰撞荷载标准值/(kN·m^{-1})	53	91	86	104
荷载分布长度/m	4	4	5	5
力的作用点	距护栏顶面 5 cm			

②风载、人群荷载及护栏的结构重力。作用在桥梁护栏上的风载、人群荷载及桥梁护栏的结构重力等荷载,可按现行《公路桥涵设计通用规范》(JTG D60—2015)的有关规定确定。车辆碰撞荷载、风载、人群荷载应分别进行荷载验算,而不必进行荷载组合。

6.1.5 路基护栏设计

1. 路侧护栏设置原则

公路危险路段的两侧可通过设置护栏获得保护。路侧护栏可分为路堤护栏和障碍物护栏两大类。影响设置路堤护栏的主要因素是路堤高度和边坡坡度,一般根据越出路堤事故的严重度指数,画出路堤高度、坡度与设置护栏的关系图,以此作为设置路堤护栏的依据。路边障碍物护栏的设置依据是障碍物的特征和路侧安全净区能否得到满足。

我国公路上路侧护栏的设置原则如下:

①路侧计算净区宽度范围内有高速铁路、高速公路、高压输电线塔、危险品储藏仓库等设施时,事故严重程度等级为高,必须设置护栏。

②路侧计算净区宽度范围内有以下情况时,事故严重程度等级为中,应设置护栏:

a. 二级及以上公路边坡坡度和路堤高度在图 6.10 的 I 区、II 区阴影范围之内的路段,三、四级公路路侧有深度 30 m 以上的悬崖、深谷、深沟等的路段;

b. 有江、河、湖、海、沼泽等水深 1.5 m 以上水域的路段;

c. 有 I 级铁路、一级公路等;

d. 高速公路、一级公路路外设有车辆不能安全越过的照明灯、摄像机、交通标志、声屏障、上跨桥梁的桥墩或桥台等设施的路段。

③路侧计算净区宽度范围内有以下情况时,事故严重程度等级为低,宜设置护栏:

a. 二级及以上公路边坡坡度和路堤高度在图 6.10 的 III 区阴影范围之内的路段,三、四级公路边坡坡度和路堤高度在图 6.10 的 I 区阴影范围之内的路段;

b. 二级及以上等级公路路侧边沟无盖板、车辆无法安全越过的挖方路段;

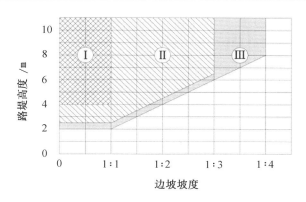

图 6.10　边坡、路堤高度与设置护栏的关系

c. 高出路面或开挖的边坡坡面有 30 cm 以上的混凝土基础或大孤石等障碍物时；

d. 出口匝道的三角地带有障碍物时。

④路侧护栏的最小设置长度问题。

护栏最小设置长度的规定，主要考虑护栏的整体作用，只有当护栏作为连续梁才能很好地发挥整体效果时，护栏才是有效的。如果护栏设置长度较短，不但影响美观，还不能发挥护栏的导向功能，增加碰撞的危险性。护栏的最小设置长度应符合表 6.6 的规定，相邻两段路侧护栏的间距小于表 6.6 中规定的最小长度时，宜连续设置。

表 6.6　路侧护栏最小设置长度

最小长度/m　护栏类型　公路等级	波形梁护栏	混凝土护栏	缆索护栏
高速公路、一级公路	70	36	300
二级公路	48	24	120
三、四级公路	28	12	120

2. 中央分隔带护栏设置原则

高速公路和作为干线的一级公路，整体式断面中间带宽度小于或等于 12 m，或者 12 m 宽度范围内有障碍物时，必须设置中央分隔带护栏。中央分隔带事故严重程度可根据下列条件确定：

①中央分隔带宽度小于 2.5 m 且采用整体式护栏形式时，事故严重程度等级为高。

②符合下列条件时，事故严重程度等级为中：

a. 对双向 6 车道高速公路，或未设置左侧硬路肩的双向 8 车道及以上高速公路，中央分隔带宽度小于 2.5 m 并采用分设式护栏形式，同时中央分隔带内设有车辆不能安全穿越的障碍物的路段。

b. 对双向 6 车道及以上一级公路，中央分隔带宽度小于 2.5 m 并采用分设式护栏形式，同时中央分隔带内设有车辆不能安全穿越的障碍物的路段。

作为集散的一级公路，整体式断面中间带应设置保障行车安全的隔离设施。根据交通安全综合分析结果，可考虑是否设置中央分隔带护栏。

3. 路基护栏防护等级选择

根据车辆驶出路外或驶入对向车道有可能造成的交通事故等级,应按表 6.7 的规定选取路侧护栏的防护等级。因公路线形、运行速度、填土高度、交通量和车辆构成等因素易造成更严重碰撞后果的路段,应在表 6.7 的基础上将防护等级上提高 1 个等级。

表 6.7 路基护栏防护等级的选取

公路等级	设计速度 /(km·h^{-1})	事故严重程度等级		
		低	中	高
高速公路、一级公路	120	三(A、Am)级	四(SB、SBm)级	六(SS、SSm)级
	100、80			五(SA、SAm)级
一级公路	60	二(B、Bm)级	三(A、Am)级	四(SB、SBm)级
二级公路	80、60		三(A)级	
三级公路、四级公路	40	一(C)级	二(B)级	三(A)级
	30、20		一(C)级	二(B)级

注:括号内为护栏防护等级的代码。

4. 路基护栏形式选择

护栏的形式多种多样,每种护栏都有其本身的特点和适用条件。在选择护栏形式时,应针对每条道路的具体情况,考虑护栏的防撞性能、受碰撞后的变形程度、所在位置的现场条件、材料的通用性、全寿命周期成本、养护工作量的大小和养护的方便程度、护栏的美观与环境因素以及所在地区现有公路护栏的使用效果等因素(见表 6.8)。

表 6.8 选择护栏形式时应考虑的因素

序号	考虑因素	说 明
1	防撞等级选择	护栏在结构上必须能阻挡并使设计车辆转向;选择防撞等级时,应考虑道路条件(平纵线形、中央分隔带宽度、边坡坡度、路侧障碍物等)和交通条件(车型构成、交通量、运行车速等)
2	变形量	护栏的变形量不应超过容许的变形距离;柔性护栏的变形量最大,刚性护栏的变形量最小,半刚性护栏的变形量居中;如果护栏与被保护物体间距较大,则可选择对车辆和司乘人员产生冲击力最小的方案;若障碍物正好邻近护栏,则只能选择半刚性或刚性护栏。大多数护栏可通过增加立柱或增加板的强度来提高整体强度;宽度小于 4.5 m 的中央分隔带不宜设置柔性护栏

续表 6.8

序号	考虑因素	说　明
3	现场条件	在边坡上设置护栏时,若边坡坡度陡于 1∶10,应采用柔性或半刚性护栏;若边坡坡度陡于 1∶6,则任何护栏均不应在边坡上设置;若土路肩较窄,则立柱所受土压力减少,需要增加立柱埋深、缩短立柱间距或在土中增加钢板
4	通用性	护栏的形式及其端头处理、与其他形式护栏的过渡处理应尽量标准化,中央分隔带护栏形式还应考虑与其他设施(如灯柱、标志立柱和桥墩等)的协调性;当标准护栏不能满足现场要求时,才需要考虑非标准或特殊护栏的设计
5	全寿命周期成本	在确定最终设计方案时,考虑最多的可能是各种方案的初期建设成本和将来的养护成本;一般而言,护栏的初期建设成本会随着防撞等级的增加而增加,但养护成本会减少;相反,初期建设成本低,则随后的养护成本会大大增加。发生事故后,柔性和半刚性护栏比刚性和高强度护栏需要更多的养护费用;交通量大、事故频发的路段,事故养护成本成为必须考虑的因素,刚性护栏是较好的选择
6	养　护	常规养护:各种护栏均不需要大量的常规养护 事故养护:一般情况下,事故发生后柔性和半刚性护栏比刚性和高强度护栏需要更多的养护;在交通量大、事故频率较高的路段,事故养护成本可能会成为最需要考虑的因素,这种情况通常发生在城市快速路及城市周边的高速公路,此时,刚性护栏通常作为选择方案 材料储备:护栏种类越少,所需要的库存类别和存储需求越少 方便性:设计越简单,成本越低,且越便于现场人员准确修复
7	美观、环境因素	美观通常不是选择护栏形式的控制因素,但旅游公路或对景观要求高的公路除外。这种情况下,可选择外观自然、能与周边环境融为一体而又具有相应防撞等级的护栏形式;护栏的选择还要考虑沿线的环境腐蚀程度、气象条件以及护栏对视距的影响等,如积雪地区应考虑除雪的方便性
8	实践经验	应对现有护栏的性能和养护需求进行监测,以确定是否需要通过改变护栏形式来减少或消除已发现的问题

6.1.6　桥梁护栏设计

1. 桥梁护栏设置原则

①各等级公路桥梁必须设置路侧护栏。

②高速公路、作为次要干线的一级公路桥梁必须设置中央分隔带护栏,作为主要集散的一级公路桥梁应设置中央分隔带护栏。

③设计速度小于或等于 60 km/h 的公路桥梁设置人行道(自行车道)时,可通过路缘石将人行道(自行车道)和车行道进行分离;设计速度大于 60 km/h 的公路桥梁设置人行道(自行车道)时,应通过桥梁护栏将人行道(自行车道)与车行道进行隔离。

2. 桥梁护栏形式选择

桥梁护栏按结构形式可分为刚性护栏(钢筋混凝土 F 型、单坡型、梁柱式等)、半刚性护栏(金属梁柱式、双波形护栏、三波形梁护栏等)和组合式护栏等。

在选择桥梁护栏时,应考虑护栏的防护等级、受碰撞后的变形程度、环境和景观要求以及全寿命周期成本等因素。

(1)桥梁护栏的防护等级

根据车辆驶出桥外或进入对向车行道可能造成的事故严重程度等级,应按表 6.9 的规定选取桥梁护栏的防护等级,并应符合下列规定:

①二级及以上等级公路小桥、通道、明涵的护栏防护等级宜与相邻的路基护栏相同。

②公路桥梁采用整体式上部结构时,中央分隔带护栏的防护等级可按路基中央分隔带护栏的条件来确定。

③因桥梁线形、桥梁高度、交通量、车辆构成、运行速度或其他不利现场条件等因素易造成更严重碰撞后果的路段,经综合论证,可在表 6.9 的基础上提高 1 个或以上等级。其中,跨越大型饮用水水源一级保护区和高速铁路的桥梁以及特大悬索桥、斜拉桥等缆索承重桥梁,防护等级宜采用八(HA)级。

表 6.9 桥梁护栏防护等级的选取

公路等级	设计速度/(km·h⁻¹)	车辆驶出桥外或进入对向车行道的事故严重程度等级	
		高:跨越公路、铁路或饮用水水源一级保护区等路段的桥梁	中:其他桥梁
高速公路	120	六(SS、SSm)级	五(SA、SAm)级
一级公路	100、80	五(SA、SAm)级	四(SB、SBm)级
	60	四(SB、SBm)级	三(A、Am)级
二级公路	80、60	四(SB)级	三(A)级
三级公路	40、30	三(A)级	二(B)级
四级公路	20		

注:括号内为护栏防护等级的代码。

(2)受碰撞后护栏的变形程度

桥梁护栏受碰撞后,其最大动态位移外延值或大中型车辆的最大动态外倾当量值不应超过护栏迎撞面与被防护的障碍物之间的距离。桥梁通行的车辆以小客车为主时,可选取小客车的最大动态位移外延值为变形控制指标;桥梁外侧有高于护栏的障碍物时,应选取各试验车辆最大动态外倾当量值中的最大值为变形控制指标;桥梁外侧有低于或等于护栏高度的障碍物时,应选取各试验车辆最大动态位移外延值中的最大值为变形控制指标。

(3)环境和景观要求

①钢结构桥梁宜采用金属梁柱式护栏。

②对景观有特殊要求的桥梁宜选用金属梁柱式护栏或组合式护栏。

③积雪严重地区的桥梁宜采用金属梁柱式护栏或组合式护栏。

④二级及以上等级公路小桥、通道、明涵的护栏形式宜与相邻的路基护栏相同。

(4)护栏的全寿命周期成本

除考虑护栏的初期建设成本外,还应考虑投入使用后的养护成本。

3. 桥梁护栏的有效高度

桥梁护栏的有效高度是指车辆冲撞护栏时护栏抗力距桥面的高度。对于梁柱式护栏和组合式护栏,护栏的抗力通常不是位于护栏的最顶面,而是略低处,即有效高度处。因此,在考虑护栏高度对碰撞车辆的影响时,护栏的有效高度比护栏总高度更为重要。

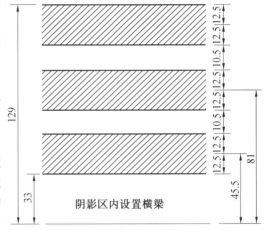

图 6.11　桥梁护栏高度要求(单位:cm)

护栏最小高度应满足图 6.11 的要求,在图中阴影区设置横梁时,应避免失控车辆的乘员头部直接撞击护栏。

6.2　防眩设施

6.2.1　概述

眩光是指在视野范围内,由于亮度的分布或范围不适宜,在空间或在时间上存在极端的亮度对比,导致驾驶员的视觉机能或视距降低的现象。

在道路交通中,产生眩光的光源主要有对向来车的前照灯、太阳光、道路照明光源、广告或标志照明、路面反光镜或其他物体表面的反射光。对太阳光,可在驾驶员座位前安装可折叠的遮阳板,在早晨或傍晚正向太阳方向行驶时将其打开,或者配戴太阳镜;对道路照明光源,可采用截光型或半截光型的灯具来调整光源光线的分布,以减小眩光影响;对广告或标志照明,可采用发光表面柔和的低压荧光灯、外部投光照明或内部照明;而对于对向车辆前照灯带来的眩光影响,就需要设置专门的防眩设施。

防眩设施能够防止夜间行车受对向车辆前照灯眩目影响,保证行车安全并提高行车舒适性。防眩设施设置在高速公路、一级公路的中央分隔带上。

6.2.2　防眩原理

防眩设施既要有效地遮挡对向车辆前照灯的眩光,也应使横向通视好,能看到斜前方,以减小对驾驶员的心理影响。相会两车非常接近(纵向距离小于 50 m)时,对向车辆前照灯的光线不会影响视距,但当两车纵向距离达到某一数值时,眩光会对视距产生较大的影响。因此,防眩设施不需要把对向车辆前照灯的光线全部遮挡,采用部分遮光原理即可。相反,若采用完全遮光,则缩小了驾驶员的视野,产生压迫感,同时影响巡逻管理车辆对对向车道的通视。

常用的防眩设施有防眩板、防眩网和植树防眩等。防眩网通过网股的宽度和厚度阻挡光线穿过,同时将光束分散反射,减少光束强度而达到防止对向车前照灯眩目的目的。板条式的防眩板及扇面状的防眩大板等是通过其宽度部分阻挡对向车辆前照灯的光束,如图 6.12 所示。

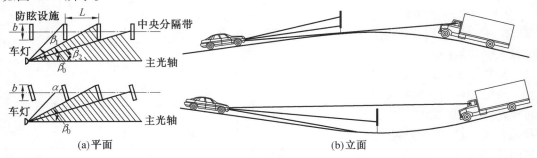

图 6.12 防眩板的防眩遮光原理

1. 遮光角

(1)直线路段遮光角

当防眩板与设置中线垂直时,遮光角按式(6.12)计算;当防眩板与设置中线成某一偏角时,遮光角按式(6.13)计算确定。

$$\beta_0 = \arctan \frac{b}{L} \tag{6.12}$$

$$\beta_0 = \arctan \frac{b\sin\alpha}{L - b\cos\alpha} \tag{6.13}$$

式中 β_0—— 直线路段的防眩遮光角,(°);

b—— 防眩板的宽度,m 或 cm;

L—— 防眩板的间距,m 或 cm;

α—— 防眩板的偏转角,(°)。

显然,当与前照灯主光轴的水平夹角小于 β_2 的光线照射到防眩板上时,光线将被全部遮挡;而当水平夹角大于 β_1 时,部分光线将穿过防眩板。

(2)平曲线路段遮光角

在平曲线路段,车辆前照灯的光线沿曲线切线方向射出,因而内侧车道车辆的前照灯光线将直接射向外侧车道,使外侧车道上的驾驶员产生严重的眩光现象。一般地,照射到外侧车道上驾驶员眼睛的光量与平曲线的曲度成正比。为了在弯道上获得和直线路段一样的遮光效果,应增大弯道上防眩设施的遮光角。由

$$\frac{\cos\theta}{R - B_3} = \frac{\cos\beta_0}{R} \tag{6.14}$$

有

$$\theta = \arccos(\frac{R - B_3}{R}\cos\beta_0) \tag{6.15}$$

式中 θ—— 平曲线路段的防眩遮光角,(°);
R—— 平曲线半径,m;
B_3—— 车辆驾驶员与防眩设施的横向距离,m。

在式(6.15)中,当 R 值大于不设超高的最小半径时,由于$(R-B_3)/R$ 的比值趋近于1,故可不考虑平曲线曲率的变化对遮光角的影响。

(3)遮光角取值标准

遮光角是一个非常重要的技术参数,它是防眩设施设计的重要依据。根据遮挡光线的效果、经济性和横向通视的要求,直线段上防眩设施的遮光角宜采用8°,平、竖曲线路段遮光角宜采用8°~15°,采用植树防眩时遮光角以10°为宜。

2.防眩设施安装高度

防眩设施的最小高度可按几何关系计算得到,计算图示如图6.13所示。

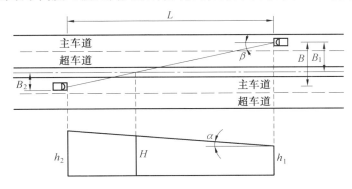

图6.13 防眩设施最小高度计算图示

当在中央分隔带中心位置设置防眩设施时,防眩设施的最小高度可按式(6.16)或式(6.17)计算确定。

$$H = h_1 + (h_2 - h_1)B_1/B \tag{6.16}$$
$$H = h_2 - (h_2 - h_1)B_2/B \tag{6.17}$$

式中 H—— 防眩设施最小高度,m;
h_1—— 汽车前照灯的高度,m,见表6.10;
h_2—— 驾驶员视线高度,m,见表6.10;
B_1,B_2—— 分别为行车道上车辆距防眩设施中心线的距离,m;
B——B_1与B_2之和,m。

表6.10 h_1和h_2建议值

车 种	前灯高度 h_1/m	驾驶员视线高度 h_2/m
大 型 车	1.0	2.0
小 型 车	0.8	1.30

由上述可知,防眩设施的高度与车辆的前照灯高度、驾驶员视线高度、道路状况和车型组合等因素有关。在确定防眩设施高度时,一般只要使组合频率较高的小车和小车、小车和大车相遇时具有良好的遮光效果即可。平直路段适宜的防眩设施高度一般为1.60~

1.70 m。表 6.11 列出了不同车辆组合时平直路段上防眩设施最小高度的理论值,可参考使用。

表 6.11 不同车辆组合时防眩设施的最小高度

超车道	主车道	防眩设施高度/m
小型车 小型车		1.09
小型车	大型车	1.27
大型车 大型车		1.50
小型车 大型车		1.40
	大型车 大型车	1.50
大型车	小型车	1.62
小型车	小型车	1.16
大型车	大型车	1.68

6.2.3 防眩设施的分类及形式选择

防眩设施形式多种多样,总的来说有网格状的防眩网、扇面式的防眩栅、板条式的防眩板及植树防眩等。表 6.12 是对防眩板、防眩网和植树三种防眩设施进行综合比较的结果。

表 6.12 不同防眩设施的综合比较

特点	植树(灌木)		防眩板	防眩网
	密集型	间距型		
美观	好	好	好	较差
对驾驶员心理影响	小	大	小	较小
对风阻力	大	大	小	大
积雪	严重	严重	轻微	严重
自然景观配合	好	好	好	不好
防眩效果	较好	较好	好	较差
经济性	差	好	好	较差
施工难易	较难	较难	易	难
养护工作量	大	大	小	小
横向通视	差	较好	好	好
阻止行人穿越	较好	差	较好	好

目前在高速公路上广泛应用的防眩设施结构形式主要是防眩板,其次是植树、防眩网。防眩板是一种经济美观、对风阻挡小、积雪少、对驾驶员心理影响小的比较理想的防眩结构形式。图6.14为防眩板的一种结构图示。

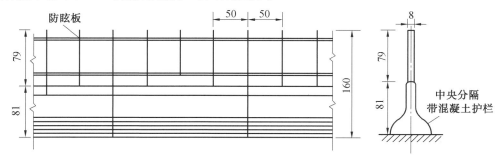

图6.14 设置于混凝土护栏上的防眩板(单位:cm)

6.2.4 防眩设施设置方法

1. 设置依据

防眩设施可防止对向车辆前照灯的眩目,改善夜间行车条件,增大驾驶员的视距,消除驾驶员夜间行车的紧张感,降低事故发生率。防眩设施还可以改善道路景观,诱导驾驶员视线,克服行车的单调感。下列情况可作为考虑设置防眩设施的依据:

① 夜间相对白天事故发生率较高的路段;
② 夜间交通量大,特别是货车等大型车混入率较高的路段;
③ 不寻常的夜间事故(追尾、碰撞路侧结构物或从弯道外侧越出路外)较多的路段;
④ 中央分隔带宽度小于 3 m 的路段;
⑤ 平曲线半径小于一般最小半径的路段;
⑥ 夜间事故较集中的凹型竖曲线路段;
⑦ 道路使用者对眩光程度的评价。

2. 设置原则

(1)不需设置防眩设施的条件

防眩设施应设置在高速公路、一级公路的中央分隔带上,最好与护栏有效配合使用。有些情况下,对向来车产生的眩光影响小,可以不设置防眩设施,具体地有:

① 中央分隔带宽度大于 9 m。在道路上两车相会时,驾驶员受眩光影响的程度与两车的横向距离有很大的关系。相关研究成果中最有影响的是英国运输与道路研究实验室(TRRL)的"相对两车前照灯对视距的影响"(图6.15)。

从图6.15可见,驾驶员由于受对向车辆前照灯的眩目,视距受到影响,这种影响与两车的横距 S 及纵距 L 有关,特别是横距 S 对视距的影响更大。S 值越小,视距下降越大。如当 $S=3$ m,对向车纵距 $L=350$ m 时,视距降低到 60 m;当两车纵距接近到 50 m 时,几乎什么都看不见;如果再接近,则视距有所恢复。当两车横距较大($S=15$ m)时,两车纵距越小,视距越大,特别是两车很接近时,视距显著增加。当横距 $S=40$ m 时,视距几乎与纵距无关。

交通部公路研究所进行的防眩试验也表明,当相会两车横向距离达 14 m 以上时,相会两车灯光不会使驾驶员眩目,这一结果和英国试验结果是一致的。

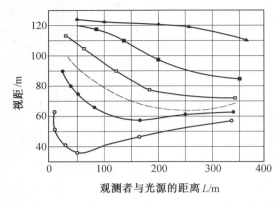
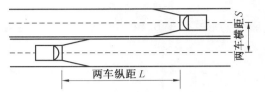

其中:
▲ 横距 S 为 40 m 时的视距样本点;
■ 横距 S 为 22 m 时的视距样本点;
□ 横距 S 为 15 m(主车道与主车道)时的视距样本点;
● 横距 S 为 7.6 m(超车道与超车道)时的视距样本点;
○ 横距 S 为 3 m 时的视距样本点;
--- 横距 S 为 115 m(主车道与超车道)时的视距样本。

图 6.15 前照灯对视距的影响

国内外的研究者普遍认为:提供足够的横向距离以消除对向车辆前照灯眩目是理想的防眩设计。国外 6 车道的高速公路,除满足日间的交通量需求外,夜间左侧车道(靠近中央分隔带的车道)上几乎没有或很少有车辆行驶,甚至中间车道的车辆也不多。这样,两车相会时有足够的横向距离,消除了对向车辆前照灯的眩目。

② 上下行车道中心高差大于 2 m。当公路路基的横断面为分离式断面,上下行车道不在同一水平面时,理论计算和实际应用的经验都表明,会车时眩光对驾驶员的影响就很小了。且在这种情况下,一般都应在较高的行车道旁设置路侧护栏,而护栏(除缆索护栏外)也起到遮光的作用,因而此时不必设置专门的防眩设施。

③ 路段有连续照明设备。在有连续照明设施的路段,车辆夜间一般都以近光灯行驶,会车时眩目影响甚微,可以不设防眩设施。

(2)设置防眩设施的条件

高速公路、一级公路凡符合下列条件之一者,应设置防眩设施:

① 中央分隔带宽度小于 9 m 的路段;
② 夜间交通量较大,服务水平达到二级以上的路段;
③ 圆曲线半径小于一般最小半径的路段;
④ 凹型竖曲线半径小于一般值的路段;
⑤ 公路路基横断面为分离式断面,上下车行道高差小于或等于 2 m 时;
⑥ 与相邻公路或交叉公路有严重眩光影响的路段;
⑦ 连拱隧道进出口附近。

3. 平曲线路段防眩设施的设置

在平曲线路段,除了要考虑遮光角的调整,还要考虑防眩设施对视距的影响。

在曲线半径较小且中央分隔带较窄的弯道上,设置防眩设施可能会影响曲线外侧车道的视距。因此,在设置防眩设施前应进行停车视距分析,判断在停车视距范围内防眩设施是否阻挡外侧车道的视距。确保视距可采用下列方法:

① 在不满足停车视距要求的平曲线路段,不设防眩设施或将中央分隔带加宽;
② 降低防眩设施的高度,使驾驶员可以从防眩设施上缘通视本车道。高度降低后的防眩设施应能阻挡对向车前照灯的大部分灯光,使驾驶员在白天能看到前方车流中尾车

的顶部,这一高度一般为 1.20 m;

③ 曲率半径较大的平曲线路段,可把防眩设施的设置位置向曲线内侧适当偏移。

4. 竖曲线路段防眩设施的设置

(1)凸型竖曲线路段

在凸型竖曲线路段上,驾驶员可在一定范围内从较低的角度看到对向车辆前照灯的灯光,随着两车的接近,视线上移,眩光才会被防眩设施的遮光部分所遮挡。所以,防眩设施遮光部分的下缘将成为控制指标,应使其接近或接触地面,以防止下缘漏光,可采用以下几种方法:

① 防眩设施和混凝土护栏配合使用时,其下缘和护栏顶面接触,可完全遮光;与波形梁护栏配合时,护栏本身有一定宽度,可计算确定其宽度能否满足阻挡对向车前照灯光线的要求。若不能满足要求,可考虑采用②、③方法;

② 防眩设施和护栏高度不变,在中央分隔带上种植密集式矮灌木;

③ 降低防眩设施的下缘高度。

凸型竖曲线路段防眩设施设置的范围至少为凸型竖曲线顶部两侧各 120 m。

(2)凹型竖曲线路段

在凹型竖曲线路段,驾驶员显然可从较高的角度看到对向车前照灯的灯光,因而宜根据凹型竖曲线的半径和前后纵坡的大小,适当增加凹型竖曲线路段防眩设施的高度。一般可通过计算法或计算机绘图求出凹型竖曲线内各典型路段相应的防眩设施高度值,最后取一平均数值作为整个凹型竖曲线段防眩设施的设置高度。具体步骤如下:

① 根据凹型竖曲线的半径及长度大小,将整个凹型竖曲线部分长度划分为 4~12 个路段作为典型路段;

② 在各典型路段内选一点计算其相应的防眩高度,并将其作为该典型路段的设置高度;

③ 为方便加工制作及今后的维护,可取各典型路段计算的平均值或稍大一点的数值,作为整个凹型竖曲线路段的设置高度。

由于各点的高度是变化的,这给防眩设施的材料加工和安装带来很多困难,实施中可采用以下方法:

① 根据防眩设施高度的变化,加宽中央分隔带的宽度,种植足够高的树木;

② 若防眩设施高度变化幅度较小,可取某一平均高度作为整个凹型竖曲线路段防眩设施的高度;

③ 在凹型竖曲线路段底部种植树篱,美化环境并与自然景观配合。

为使防眩设施的高度能与公路的横断面比例协调,不使防眩设施受冲撞后倒伏到行车道上,及减少行驶的压迫感,防眩设施的高度一般不宜超过 2 m。显然,在凹型竖曲线路段种植足够高的树木是比较理想的防眩形式。

5. 注意事项

① 设置防眩设施后,不应减少车辆的停车视距;

② 防眩设施所用材料不得反光;

③ 防眩设施的设置应考虑设施的连续性,避免在两段防眩设施中间留有短距离的间隙;

④ 长距离设置防眩设施时,防眩设施的形式或颜色宜有一定的变化;
⑤ 防眩设施的设置应注意与公路周围景观的协调;
⑥ 防眩设施与各种护栏配合设置时,应针对不同地区,结合防风、防雪、防眩的综合要求,考虑组合结构的合理性。

6.3 隔离封闭设施

6.3.1 公路隔离封闭设施

隔离设施又称隔离栅,是阻止人畜进入公路、防止非法占用公路用地的基础设施。它可有效地排除横向干扰,避免由此产生的交通延误或交通事故,保障公路效益的发挥。

1. 结构形式及选择

(1)结构形式

隔离栅有金属网、刺铁丝网和常青绿篱三大类。金属网按网面材料的不同又可进一步分为电焊网、钢板网、编织网等形式。常青绿篱在南方地区与刺铁丝网配合使用,具有降低噪声、美化路容和节约投资的功效。隔离栅的分类见表 6.13。

表 6.13 隔离栅的分类

类 型		埋设条件	支撑结构
金属网	电焊网	混凝土基础或直埋土中	钢支撑
	钢板网		
	编织网		
刺铁丝		混凝土基础或直埋土中	钢筋混凝土支柱或钢支柱
常青绿篱		土中	—

(2)形式选择

隔离栅的形式选择必须考虑其性能、造价、美观、与周围环境的协调、施工条件及养护维修等因素,并应与公路的设计标准相适应。

金属网隔离栅是一种结构合理、美观大方的结构形式,但造价较高,故主要适用于:
① 城镇及城镇郊区人烟稠密的路段两侧;
② 风景区、旅游区、名胜古迹等美观性要求较高的路段两侧;
③ 互通式立交、服务区和通道的两侧;
④ 编织网比较适宜于地势起伏不平的路段,而钢板网和电焊网适用于地势平坦路段。

刺铁丝网隔离栅是一种比较经济适用的结构形式,但美观性较差,故主要适用于:
① 人烟稀少的路段,山岭地区的高速公路;
② 郊外的公路保留用地;
③ 郊外高架构造物下面;
④ 路线跨越沟渠且需封闭的地方。

在互通式立交区域、服务区、停车区、收费站、管理(局)所等处及设置刺铁丝网隔离栅的路段,隔离栅的设置宜与绿化相配合,选择合适的小乔木或灌木,在管辖地界范围内形成绿篱,以有效地增强该区域的景观。

2. 设置原则

①除特殊地段外,高速公路、需要控制出入的一级公路沿线两侧必须连续设置隔离栅,其他公路可根据需要设置。

②凡符合下列条件之一的路段,可不设隔离栅:

a. 高速公路、需要控制出入的一级公路的路侧有水渠、池塘、湖泊等天然屏障,不用担心有人、畜进入或非法侵占公路用地的路段;

b. 高速公路、需要控制出入的一级公路的路侧有高度大于1.5 m的挡土墙或砌石陡坎,人、畜难以进入的路段;

c. 桥梁、隧道等构造物的两侧,除桥头或洞口需与路基上隔离栅连接以外的路段。

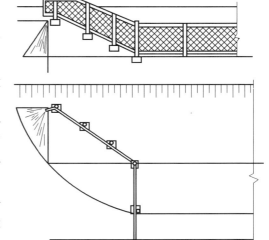

图6.16 隔离栅端部处理示意图

③隔离栅一般沿公路用地界线以内20~50 cm处设置。

④隔离栅在遇桥梁、通道时应朝桥头锥坡或端墙方向围死,不应留有让人、畜可以钻入的空隙,如图6.16所示。

⑤隔离栅与涵洞相交时,如沟渠较窄,隔离栅可直接跨过,如图6.17所示;如沟渠较宽,隔离栅难以跨越时,可采取图6.16的处理方式。

⑥由于地形的原因,隔离栅前后不能连续设置时,就以该处作为隔离栅的端部,并处理好端头的围封。

⑦地形起伏较大,隔离栅不易施工的路段,可根据需要把隔离栅设计成阶梯的形式,如图6.18所示。

⑧隔离栅宜根据管理养护的需要在适当的地点设置开口,凡在开口处均应设门,以便控制出入。

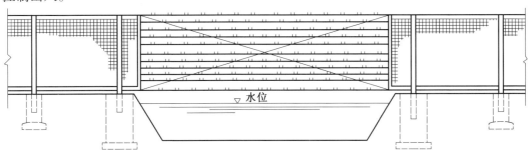

图6.17 隔离栅跨沟渠处理示意图

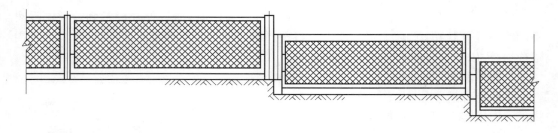

图 6.18 隔离栅以阶梯形式设置

3. 结构设计参数的确定

(1)结构高度

隔离栅的高度是结构设计的一个重要指标,该指标的取值大小直接影响工程的单位造价和使用性能。结构高度需结合实际的地形地物,道路两侧的人口稠密程度及人口的流动分布情况等因素综合分析确定。隔离栅的高度主要以成人高度为参考标准,其取值范围在 1.50 ~ 2.10 m 之间。在城市及郊区人口密度较大的路段,特别是青少年较集中的地方,隔离栅高度应取上限,并且根据实际需要,可从高度和结构设计上做到使人无法攀越的程度。而在人迹稀少的路段、山岭地区和公路保留用地,隔离栅的高度值可取下限。

(2)隔离栅的稳定性

隔离栅的稳定性直接关系到其使用效果和使用年限,其设计荷载主要考虑风力,同时也考虑人畜的破坏作用。

风力可按下式计算,即

$$P = \rho W_0 S = SW \tag{6.18}$$

$$W = \rho W_0 \tag{6.19}$$

式中 P—— 设计风力,N;

       W—— 设计风压,Pa;

       W_0—— 基本风压,Pa,按《公路桥涵设计通用规范》(JTG D60—2015)规定取值;

       S—— 迎风面积,m²,为每片隔离栅的外轮廓线面积;

       ρ—— 隔离栅为网孔结构的折减系数,一般 $\rho = 0.50 \sim 0.85$,$\rho_{max} = 1.0$。ρ 值的确定,主要考虑隔离栅网面网孔率的大小,其次考虑隔离栅设置后,一般均有野外牵藤植物依附,维护清除又有困难,故在南方枝叶常青地区宜取上限,甚至取最大值,而在北方地区则可取中值或下限值。

根据计算的风力,可进行稳定性验算,并由此确定支柱的截面尺寸。

6.3.2 防落网

防落网(preventing fallen object fence)是设置于道路上跨桥梁两侧,防止抛掷的物品、杂物或运输散落物落到桥下道路、铁路、通航河流以及饮用水保护区的设施;以及设置于公路挖方路段一侧的,防止边坡落石落入公路建筑限界内的设施。设置于道路上跨桥梁两侧的,称为防落物网;设置于公路挖方路段一侧的,称为防落石网。

1. 设置原则

防落物网应按下列原则进行设置:

①上跨铁路、饮用水水源保护区、高速公路、需要控制出入的一级公路的车行或人行构造物两侧均应设施防落物网；

②城市人行通行的桥梁跨越轨道交通线、铁路干线、设计速度大于或等于60 km/h 的道路时，人行道外侧应设置防落物网；

③公路跨越通航河流、交通量较大的其他公路时，应设置防落物网；

④已经设置声屏障的道路路段，可不设防落物网；

⑤防落物网的设置范围为下穿铁路、道路等被保护区的宽度，并各向路外分别延长10～20 m 以上。

防落石网应按下列原则进行设置：

①公路建筑限界内可能有落石且对行车构成影响或危及行车安全的路段，应对可能产生落石的危岩进行处理或设置防落石网；

②防落石网应充分考虑地形条件、地质条件、危岩分布范围、落石运动途径等因素后加以设置，宜设置在缓坡平台或紧邻公路的坡脚宽缓场地附近。

2. 防落物网的结构形式

防落物网按网片形式可分为钢板网、编织网、焊接网、实体板等，其中，钢板网、编织网、焊接网等金属网的形式可与隔离栅相同，其网孔规格不宜大于 50 mm×100 mm，道路跨越铁路时不宜大于 20 mm×20 mm。

防落物网距桥面的高度不宜低于 1.8 m，跨越一般铁路的立交桥防落物网不应低于 2.0 m，跨越高速铁路的立交桥防落物网不应低于 2.5 m。防落物网应进行防腐和防雷接地处理，防雷接地的电阻应小于 10 Ω。跨越铁路电气化区段的上跨立交桥防落物网应设置"高压危险"警告标志。防落物网的结构计算可参考交通标志的相关内容。

3. 防落石网的结构形式

防落石网由钢丝绳网或环形网（需要拦截小块落石时可附加一层钢丝格栅）、固定系统（锚杆、拉锚绳、基座和支撑绳）、减压环和钢柱四个主要部分构成，其防护能量一般为250～2 000 kJ，特殊设防能量可高达 5 000 kJ。防落石网的结构形式及常用安装形式如图6.19 和图 6.20 所示，常用防落石网的型号、网型、结构配置及防护功能见表 6.14。

表6.14　常用防落石网

型号	网型	结构配置	防护功能
RX-025	DO/08/250	钢柱+支撑绳+拉锚系统+缝合绳+减压环	拦截撞击能 250 kJ 以内的落石
RX-050	DO/08/200	同 RX-025	拦截撞击能 500 kJ 以内的落石
RX-075	DO/08/150	同 RX-025	拦截撞击能 750 kJ 以内的落石
RXI-100	D9/3/300	同 RX-025	拦截撞击能 1 000 kJ 以内的落石
RXI-150	D12/3/300	同 RX-025	拦截撞击能 1 500 kJ 以内的落石
RXI-200	D19/3/300	同 RX-025	拦截撞击能 2 000 kJ 以内的落石

注：上表型号中后边数字代表被动防护网的能量吸收能力，如"050"表示系统最大能量吸收能力为500 kJ，"150"表示系统最大能量吸收能力为 1 500 kJ，依此类推。

防落石网的设计步骤如下：

①根据能有效而经济地拦截落石的原则，确定防落石网设置的位置；

②根据落石的计算动能选择防落石网的型号；

③根据计算落石的弹跳高度，确定防落石网的高度；

④确定防落石网的布置方式，即确定防落石网的长度与走向；

⑤选择合适的钢柱、柔性锚杆、基座、连接件等构件，计算确定钢柱间距；

⑥通过分析确定基座及系统的铅直方位，必要时应采用防倾倒螺杆；

⑦拉锚系统的设计；

⑧选择和确定合适的支撑绳、减压环、钢丝绳网、缝合绳、格栅等相应配套设施的型号及规格。落石计算的内容包括腾跃计算、弹跳计算和冲击力验算三个部分。

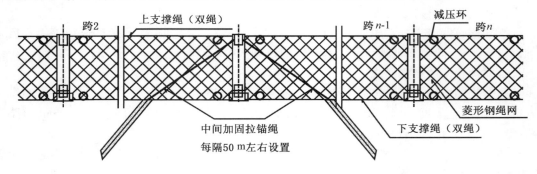

(a)钢丝绳网

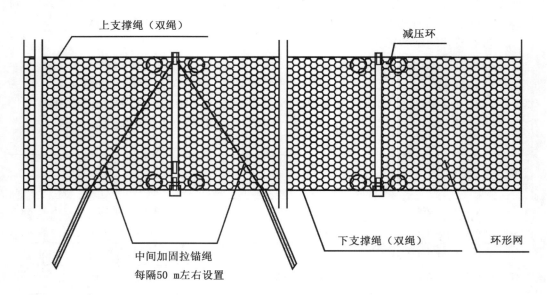

(b)环形网

图 6.19　防落石网的结构形式

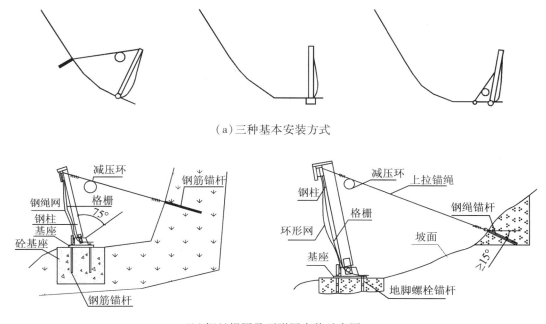

图 6.20 防落石网的常用安装形式

6.3.3 分隔设施

分隔设施(separate facilities)是指,在道路范围内,机动车和非机动车之间、车辆和行人之间以及逆向交通之间,为规范通行空间设置的构造物。

下列位置应设置分隔设施:

①双向六车道及以上道路,当无中央分隔带且不设防撞护栏时应在中间带设分隔栏杆,栏杆净高不宜低于 1.10 m。在有行人穿行的断口处,应逐渐降低护栏高度,且不高于 0.7 m,降低后的长度不应小于停车视距。断口处应设置分隔柱。

②双向四车道及以上的道路,机动车道和非机动车道为一幅路设计,应在机动车道和非机动车道之间设置分隔栏杆。

③非机动车流量达到饱和或机动车有随意在路边停车的现象时,机动车道和非机动车道为一幅路断面,宜在机动车道和非机动车道之间设置分隔栏杆。

④机动车道和非机动车道为共板断面,路口功能区范围宜设非机动车和机动车分隔栏杆。在路口设置时,应避免设置分隔栏杆后妨碍转弯和调头车辆的行驶。

⑤非机动车道和人行道为共板断面,应在非机动车道和人行道之间设置分隔栏杆。

⑥非机动车道高于边侧地面有跌落危险时,应在非机动车道边侧设置分隔栏杆。

⑦人行道和绿地之间可根据情况设置分隔护栏。

⑧人行道和停车场、设施带之间,需要进行功能分区的位置可设置分隔栏杆。

⑨交叉路口人行道边缘、行人汇聚点的边缘可设置分隔柱。

分隔设施的设计应符合以下规定:

①分隔设施的高度应根据需要确定;分隔柱的间距宜为 1.3~1.5 m。

②分隔设施的结构应坚固耐用、便于安装、易于维修,宜为组装式。

③分隔设施的颜色宜醒目;没有照明设施的地方,分隔设施表面应能反光。
④分隔栏杆在符合设置的路段应连续设置,不应有断口。

6.4 视线诱导设施

视线诱导设施是沿车行道两侧设置,用于明示道路线形、方向、车行道边界及危险路段位置,诱导驾驶员视线的设施。车辆在道路上行驶需有一定的通视距离,以便掌握道路前方的情况,尤其在夜间行驶时,仅依靠汽车前照灯照明来弄清道路前方的线形、明确行驶的方向是有一定困难的。因为汽车前照灯的照明范围是有限的,要想达到白天的通视距离,就要依赖于视线诱导设施。

视线诱导设施按功能可分为轮廓标、分合流诱导标和线形诱导标,轮廓标以指示道路线形轮廓为主要目标;分合流诱导标以指示交通流分合为主要目标;线形诱导标以指示或警告改变行驶方向为主要目标。它们以不同的侧重点来诱导驾驶员的视线,使行车更趋于安全、舒适。

6.4.1 轮廓标

轮廓标是用来指示道路方向、车行道边界的设施,其结构按设置条件可分为独立式和附着式两种。在高速公路、一级公路的主线,以及互通立交、服务区、停车场的进出匝道或连接道,应连续设置轮廓标。轮廓标在公路前进方向的左右两侧对称设置。

1. 设置间隔

在直线段,其设置间隔为50 m,当附设于护栏上时,其设置间隔可为48 m。在主线或匝道的曲线段上,其设置间隔可按表6.15的规定选用。在道路宽度变化及有其他危险的路段上,应适当加密轮廓标的间隔。

表6.15 曲线段轮廓标的设置间隔

曲线半径/m	<30①	30~89①	90~179	180~274	275~374	375~999	1 000~1 999	>2 000
设置间隔/m	4	8	12	16	20	30	40	50

注:①一般指互通立交匝道曲线半径。

2. 独立式轮廓标

独立式轮廓标设置于土中,其构造如图6.21所示。独立式轮廓标由柱体、反射器组成,柱体为空心圆角的三角形截面,顶面斜向车行道,柱身为白色,在柱体上部有25 cm长的一圈黑色标记,黑色标记的中间镶嵌一块18 cm×4 cm的反射器。反射器分白色和黄色两种,白色反光片安装于道路右侧,黄色反光片安装于道路左侧或中央分隔带上。轮廓标采用混凝土基础,柱体与基础的连接可采用装配式安装。

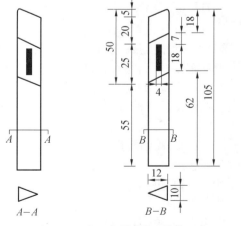

图6.21 独立式轮廓标(单位:cm)

3. 附着式轮廓标

附着式轮廓标附着设置在各类建筑物上，由反射器、支架和连接件组成。可根据建筑物的种类及附着的部位采用不同形状的轮廓标和不同的连接方式。

轮廓标附着于波形梁护栏波形板中间的槽内时，反射器的形状为梯形，支架做成封闭式，固定在护栏与立柱的连接螺栓上，如图 6.22 所示。

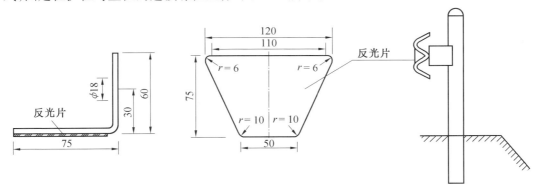

图 6.22　附着于波形梁护栏上的轮廓标（单位：mm）

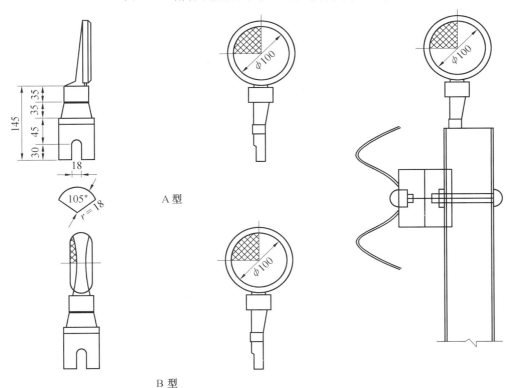

图 6.23　轮廓标安装于波形梁护栏立柱上（单位：mm）

在经常有雾、风沙、阴雨、雪的地区，可采用较大的反射器（如 $\phi100$ 的圆形），并将轮廓标安装于波形梁护栏的立柱上。这种轮廓标可以分为单面反射（A 型）和双面反射（B 型）两种，B 型适用于需要为对向车道提供视线诱导的场合（如中央分隔带），如图 6.23

所示。也可将圆形反射器装在波形护栏板的上缘,这种轮廓标,通过专门加工的支架把轮廓标固定在波形梁上,如图6.24所示。

轮廓标柱体应采用聚乙烯树脂、玻璃纤维增强塑料、聚碳酸酯树脂、氯乙烯树脂等强度高、耐候性好、耐温性好、耐蚀性好、加工成型方便的材料制造。

6.4.2 分、合流诱导标

分流或合流诱导标是指设置于交通分流或合流区段的设施,它可以引起驾驶员对高速公路进、出口匝道附近的交织运行情况的注意。原则上应在有分流、合流的互通立交进、出口匝道附近设置。分流诱导标设在减速车道起点和分流端部,合流诱导标设在加速车道终点和合流端部。

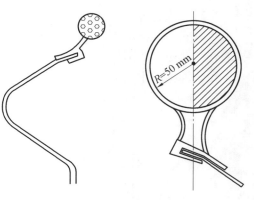

图6.24 固定于波形梁上缘的轮廓标

分、合流诱导标是以反射器制作符号黏贴在底板上的标志,汽车在高速公路上行驶,在分、合流标的诱导下,无论在白天还是黑夜,驾驶员都可以非常清楚地辨认交通流的分、合流情况。除反射器外,其他材料可按标志材料的技术要求处理。

分、合流诱导标,分为设置于土中和附着于护栏立柱上两种。

1. 设置于土中的分、合流诱导标

设置于土中的分、合流诱导标由反射器、底板、立柱、连接件和基础等组成。可以按标志的计算方法,计算出所需的立柱截面大小及基础尺寸,主要考虑的外力是风力。反射器与底板可黏结或用螺栓连接。底板与立柱用抱箍、滑动槽钢通过螺栓连接。混凝土基础尺寸为50 cm×50 cm×50 cm,如图6.25所示。

2. 附着式分流、合流诱导标

附着于护栏立柱上的分流、合流诱导标,其构造如图6.26所示。反射器、底板与埋置于土中的相同,立柱则附设在护栏立柱上,可直接用抱箍的形式与护栏立柱连接。

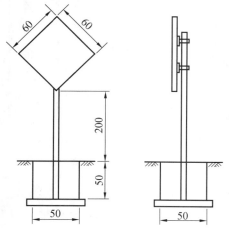

图6.25 独立式分、合流诱导标的构造(单位:cm)

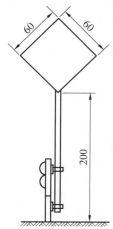

图6.26 附设于护栏上的分、合流诱导标的构造(单位:cm)

3. 分流、合流诱导标的颜色规定

高速公路分流、合流诱导标的底为绿色,其他公路为蓝色,诱导标的符号均为白色。其构造如图6.27所示。

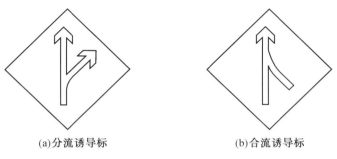

(a)分流诱导标　　　　　　　　　(b)合流诱导标

图 6.27　分、合流诱导标的图案

6.4.3　线形诱导标

线形诱导标是指设置于急弯或视距不良的路段,用来指示道路改变方向,或设置于施工、维修作业路段,用来警告驾驶员改变行驶方向的设施。可分为指示性线形诱导标和警告性线形诱导标两类。

1. 线形诱导标的设置

① 指示性线形诱导标应设置在半径小于一般最小半径或通视较差、对行车安全不利的曲线外侧;

② 警告性线形诱导标应设置在道路局部施工或维修作业等需临时改变行车方向的路段。

线形诱导标至少在150 m远处就能看见,其设置间距应保证使驾驶员能至少看到两块线形诱导标,或能辨明前方将进入弯道运行。

2. 线形诱导标的构造

① 设置于土中的线形诱导标由反射器、底板、立柱、连接件和基础等组成。反射器可以用黏结剂贴在底板上,也可采用螺栓连接;底板与立柱用抱箍、滑动槽钢通过螺栓连接;立柱埋置于混凝土基础中,如图6.28所示。

② 附着于护栏上的线形诱导标由反射器、底板、立柱和连接件组成。线形诱导标的立柱通过抱箍与护栏柱连接固定,如图6.29所示。

③ 线形诱导标的基本单元符号如图6.30所示,可以单独使用,也可以把几个基本单元组合在一起使用,如图6.31所示。基本单元的尺寸应符合表6.16中的规定,其中,Ⅰ型适合于设计速度大于或等于100 km/h的道路,Ⅱ型适合于设计速度在100 km/h以下的道路。

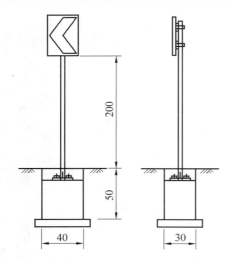 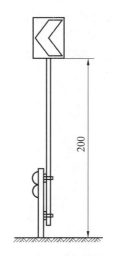

图 6.28 埋置于土中的线形诱导标(单位:cm)　　图 6.29 附设于护栏上的线形诱导标(单位:cm)

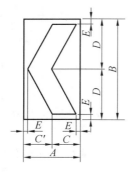 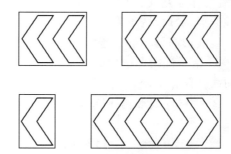

图 6.30 线形诱导标基本单元　　　　　　图 6.31 线形诱导标组合

表 6.16 线形诱导标的尺寸

类别	尺寸/mm					
	A	B	C	C'	D	E
Ⅰ型	600	800	300	300	400	30
Ⅱ型	220	400	100	120	200	15

④ 线形诱导标的颜色规定。指示性线形诱导标为白底蓝图案,警告性线形诱导标为白底红图案。

思 考 题

1. 交通安全设施主要包括哪些类型?
2. 护栏的功能是什么?
3. 护栏依据碰撞能量的大小是如何分级的?设计时如何确定护栏的防撞等级?
4. 防眩设施有哪些类型?在选择时需考虑哪些因素?

5. 公路隔离设施与城市道路隔离设施的作用分别是什么?
6. 公路隔离设施有哪些类型? 如何进行选择?
7. 视线诱导设施的功能是什么? 主要有哪几种类型?
8. 在给定公路土建工程设计资料的基础上,如何进行护栏设计?
9. 在给定公路土建工程设计资料的基础上,如何进行防眩设施设计?

第7章 静态交通设施

静态交通是指车辆在非行驶状态下的交通形式。为静态交通使用及服务的所有设施总称为静态交通设施,包括停车场、加油加气站、充电站等设施。

7.1 概 述

静态交通设施规划以服务需求为依据,确定设施的规模并进行总体布局;而就设施的具体设计而言,要以设计车型及其外廓尺寸、最小转弯半径、行驶性能及荷载等为依据,确定设施的细部尺寸及结构强度等。

7.1.1 车辆类型及其外廓尺寸

车辆的外廓尺寸是静态交通设施设计的基本依据,包括车辆的长、宽、高、轴距、轮距、前悬和后悬。图7.1以小汽车为例,给出了机动车外廓尺寸图示;表7.1给出了设计车型的划分及相应的外廓尺寸。

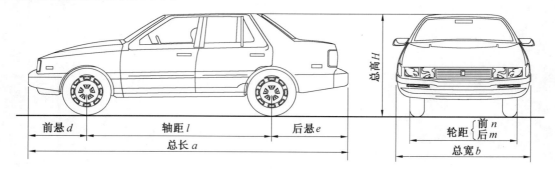

图7.1 机动车外廓尺寸示意图

7.1.2 汽车回转半径

静态交通设施必须保证车辆直行、转向、倒退等操作所必需的空间尺寸,其中,影响最大的是车辆的转向操作。汽车在弯道上行驶时,其前后轮及其前后突出部分的回转轨迹将随着转弯半径的变化而变化。为保证车辆在弯道上行驶时不致碰撞其他车辆或车库墙、柱等,其弯道宽度应按计算要求进行加宽。

(1)计算方法

图7.2为汽车回转半径计算图示,有

表 7.1 设计车型及其外廓尺寸

道路性质		设计车型	总长 a/m	总宽 b/m	总高 H/m	前悬 d/m	轴距 l/m	后悬 e/m
公路		小客车	6	1.8	2	0.8	3.8	1.4
		载重车	12	2.5	4	1.5	6.5	4
		鞍式列车	16	2.5	4	1.2	4 + 8.8	2
城市道路	机动车	小型汽车	5	1.8	1.6	1	2.7	1.3
		普通汽车	12	2.5	4.0	1.5	6.5	4.0
		铰接车	18	2.5	4.0	1.7	5.8 + 6.7	3.8
	非机动车	自行车	1.93	0.60	2.25	—	—	—
		三轮车	3.40	1.25	2.50	—	—	—
		板车	3.70	1.50	2.50	—	—	—
		兽力车	4.20	1.70	2.50	—	—	—

注:公路设计中,自行车外廓尺寸为:宽 0.75 m,高 2.0 m;自行车总高是指骑车人头顶至地面的距离,其余非机动车指载物高度。

$$r = \sqrt{r_1^2 - l^2} - \frac{b+n}{2} \tag{7.1}$$

$$R = \sqrt{(l+d)^2 + (r+b)^2} \tag{7.2}$$

$$G = r_1 - \sqrt{r_1^2 - l^2} \tag{7.3}$$

$$r_2 = r - y \tag{7.4}$$

$$R_0 = R + x \tag{7.5}$$

$$W = R_0 - r_2 \tag{7.6}$$

式中　r——汽车环行内半径,m;
　　　R——汽车环行外半径,m;
　　　G——前后轮半径差,m;
　　　W——环道最小宽度,m;
　　　R_0——环道外半径,m;
　　　r_2——环道内半径,m;
　　　r_1——汽车最小转弯半径,m;
　　　x——汽车环行时外侧安全距离,最小取 0.25 m;
　　　y——汽车环行时内侧安全距离,最小取 0.25 m。

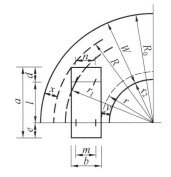

图 7.2　汽车回转半径计算示意图

(2)汽车回转最小半径

根据汽车回转半径计算公式及设计车型的外廓尺寸,可以计算得到不同设计车型的车库内汽车最小转弯半径,见表 7.2。

表7.2 车库内汽车的最小转弯半径

车型	微型车	小型车	轻型车	中型车	大型车	铰接车
最小转弯半径/m	4.50	6.00	6.50 ~ 8.00	8.00 ~ 10.00	10.50 ~ 12.00	10.50 ~ 12.50

7.1.3 回转及倒向场地

1. 通道宽度计算方法

通道是连接停车泊位与停车场出入口的场内道路,其宽度取决于车型、停放角度和停发方式,应根据一定设计车型的转弯半径等有关参数,用公式法或几何作图法求出不同停发方式下通道的最小宽度。根据停发方式的不同,通道宽度计算可分为前进停车、后退发车与后退停车、前进发车两种情况。

(1) 前进停车、后退发车

$$W_d = R_e + Z - \sin\alpha[(r+b)\cot\alpha + e - L_r] \tag{7.7}$$

$$L_r = e + \sqrt{(R+S)^2 - (r+b+c)^2} - (c+b)\cot\alpha \tag{7.8}$$

$$R_e = \sqrt{(r+b)^2 + e^2} \tag{7.9}$$

式中 W_d——通车道宽度;

R_e——汽车回转中心至汽车后外角的水平距离;

Z——行驶车辆与停放车辆或墙之间的安全距离,可取 0.5 ~ 1.0 m;

S——出入口处与邻车的安全距离,可取 0.3 m;

c——车与车的间距,可取 0.6 m;

α——汽车停车角度。

公式(7.7) ~ (7.9)适用于 α 在60° ~ 90°范围内;$\alpha \leq 45°$ 时,可用作图法求通道宽度。

(2) 后退停车、前进发车

$$W_d = R + Z - \sin\alpha[(r+b)\cot\alpha + (a-e) - L_r] \tag{7.10}$$

其中 $L_r = (a-e) - \sqrt{(r-S)^2 - (r-c)^2} + (c+b)\cot\alpha \tag{7.11}$

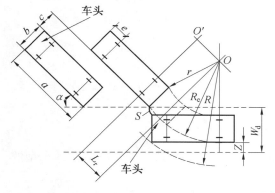
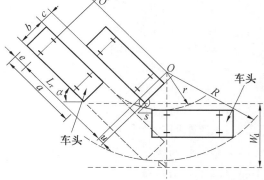

图 7.3 前进停车、后退发车通道宽度计算图示　图 7.4 后退停车、前进发车通道宽度计算图示

2. 汽车回转场地

汽车在不同形式的场地条件下会采取不同形式的回转操作,如直通、90°回转、180°回转等。相应的回转场地尺寸可采取公式法、几何作图法或两者相结合的方法得到。图7.5 给出了几种常见条件下,汽车回转所要求的场地尺寸。

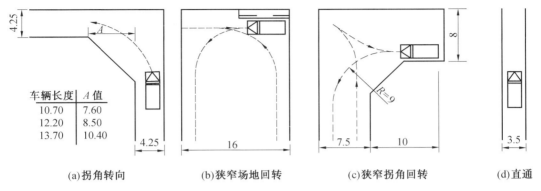

图 7.5　不同条件下的回转场地要求(单位:m)

3. 汽车倒向场地

汽车在不同形式的场地条件下会采取不同形式的倒向操作,如先后退再前进、先前进再后退等。相应的倒向场地尺寸可采取公式法、几何作图法或两者相结合的方法得到。图 7.6 给出了几种常见通道或进出口条件下,汽车倒向所要求的场地尺寸。

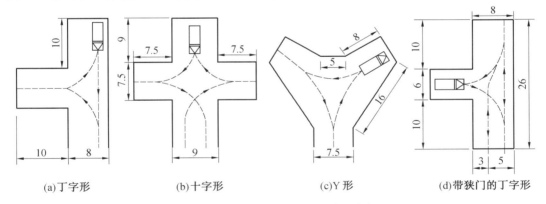

图 7.6　不同条件下的倒向场地要求(单位:m)

7.2　机动车停车场设计

停车场是供车辆停放的场所。车辆停放的需求一方面是拥有车辆所带来的,另一方面是车辆在使用过程中带来的。停车问题是道路交通,特别是城市道路交通中的一个重要问题。容量充足、布局合理的停车场对于缓解交通拥挤、提高道路通行能力、减少交通事故等具有重要意义。

停车场规划应与城市总体规划和综合交通规划相协调,根据城市的用地条件、出行特征、服务对象等进行停车需求预测,确定停车场的性质与规模,结合停车场用地的性质和面积,确定停车场的形式。然后,根据设计车型、设计泊位数等进行场内综合布置以及设计场内路面结构、绿化、照明、排水、竖向等,对于专用停车场,还应根据不同的情况,设置相应的附属设施。

7.2.1 停车场类型

1. 按用地性质分类

（1）路内停车场

是指道路红线内划定的供车辆停放的场地,一般包括车行道边缘、公路路肩、较宽的隔离带、高架路及立交桥下的空间等。

（2）路外停车场

是指在道路红线外专辟的停车场地,包括汽车库及各类大型公共建筑物附设的停车场。一般由停车泊位、停车出入口通道、计时收费等管理设施及其他附属设施组成。

2. 按停放车辆性质分类

（1）机动车停车场

机动车停车场主要是汽车停车场,可分为小汽车停车场、公共汽车停车场、货运汽车停车场、出租汽车停车场等。

（2）非机动车停车场

非机动车停车场主要指自行车停车场,包括各种类型的自行车停放处。

3. 按停车场服务对象分类

（1）公用停车场

公用停车场又称社会停车场,可分为大型集散场所的停车场、商业与服务业的停车场、生活居住区的停车场,其显著特点是供公众使用。

（2）专用停车场

专用停车场主要指机关、企事业单位、公共汽车公司和汽车运输公司专用的停车场,主要停放自用车辆。

4. 按空间位置分类

（1）地面停车场

地面停车场指布置在地面的露天停车场。

（2）汽车库

汽车库又可分为停车楼和地下汽车库。此外,根据与地面建筑的关系,汽车库还可以分为单建式和附建式两种。其中,单建式汽车库是指独立的停车楼或地面上没有建筑物的地下汽车库;附建式汽车库是利用地面上多层或高层建筑物及其裙房的地下室或(和)地面上底部的若干楼层布置的专用汽车库。

5. 按构造分类

（1）坡道式

坡道式停车场也称为自驶式停车场,是人工将车辆驾驶到达且停放到泊位的停车场。

（2）机械式

机械式停车场又可分为全自动机械式和半自动机械式两类。其中,全自动机械式停车场是指完全利用机械设备将车辆运送且停放到指定泊位或从指定泊位取出的停车设施,即汽车的竖向和水平移动都是机械化的;半自动机械式停车场是指停车场内安装有机械停车设备,并通过驾驶员自行驶入和驶出停放车辆的停车设施,即汽车仅在楼层之间的竖向移动是机械化的。

7.2.2 停车特性

(1) 停车需求与供应

停车需求是指给定停车区域内特定时间间隔的停放吸引量,停车供应是指一定的停车区域内按规范提供的有效车位数。

(2) 停车场容量

停车场容量是指给定停车区域或停车场有效面积上可用于停放车辆的最大泊位数。

(3) 停车目的

停车目的是指车主停放车辆后的活动目的,包括上班、购物、娱乐、公务等。了解停车目的对合理规划与管理停车场很有利,如限时停车和确定收费标准等。停车目的的相对比率可根据各城市的停车调查或停车起终点调查确定,它与停车地点、停车场容量、停车持续时间和停车费用密切相关。通常比重最大的是公务停车,其次是购物等生活出行停车。随着经济和文化的发展,商业中心区和旅游区的停车需求量将会增大。

(4) 停车时间

车辆实际停放时间是衡量停车场交通负荷与周转效率的基本指标之一。其分布与停车目的、停放点土地使用等因素有关。确定平均停车时间和停车时间范围,有助于制定合理的收费标准。

对停车时间进行调查与分析,发现停车时间服从负指数分布。约80%的车辆停放时间为 0.5 ~ 3.0 h。随着城区规模的增大,平均停车时间显著增加,并且停车时间分布偏向长时停车。

(5) 累积停车数

累积停车数也称为实际停车量是指在调查期间内,调查对象区域内的实际停放车辆数量。

(6) 延停车数

延停车数也称为累计观测停车量。将调查期间等分为若干调查时段,延停车数是指在调查期间内,调查对象区域内在各调查时段观测到的停车数量的总和。延停车数除以调查时段数量就可得到调查期间停车场的平均停放车辆数。

(7) 停车周转率

停车周转率是指单位停车位在某一间隔时段(一日、一小时或几个小时)内的停放车辆次数,为实际停放车累积次数与停车泊位数之比,是评价停车场利用率的指标之一。停车场的利用率指标也可用停车利用率来表示,停车利用率在数值上等于一天内总停放车次数与平均停放时间的乘积与停车泊位和营业时间的乘积之比值。

(8) 停车密度

停车密度是停车负荷的基本度量单位,可以作两种定义:一是指停放吸引量(累计存放量)大小随时间变化的程度(时变规律);二是指同一时段,在不同吸引点上停车吸引量的大小程度(空间变化规律)。了解车辆停放量的分布特性,将有助于改进和完善停车场的规划与管理。例如对停车需求量大的停车场或在停车的高峰期间可以采取加倍收费和限时停放措施,以加快停车周转,缓解停车需求大于停车容量的矛盾。

(9) 停放车指数

停放车指数也称为停放饱和度、占有率，是指某时段内实际停车数量或停放吸引量与停车场容量之比，是反映停车场地拥挤程度的指标。

(10) 步行距离

步行距离是指存车后至目的地的实际步行距离，用以反映停车场布设的合理程度，是停车场规划的重要控制因素之一。一般能承受的最大步行距离为 400～500 m，步行距离随城市规模的增大而增加。研究停车的可达性可以考虑停车者的心理要求并据此合理布设停车场。

7.2.3 停车场规划

1. 停车场规划指导原则

① 停车场的设施应符合城市总体规划、规划期停车数和道路交通组织的需要，大、中、小型停车场相匹配，路上停车场、路外停车场、停车楼、地下汽车库相结合，形成一个合理的停车场系统。

② 各个停车场的规划，应根据城市的总停车需求量，并考虑各个停车场的服务对象、性质和用地条件等因素合理确定。

③ 应结合城市公共交通场站规划，布设不同交通方式之间的换乘停车场，以方便乘客换乘，形成合理的交通结构。

④ 为对外交通服务的停车场，应在市区边缘地区易于换乘交通的位置布设，面向各对外公路，减少不必要的车辆进入市区内部。

⑤ 在城市繁华地区，一般空余场地较少，修建大型停车场有困难，可根据某一范围内的停车数量，结合城市改造，分散布设几个小型停车场或建停车楼；在城市的非繁华地区，按主要交通汇集点设置停车场。

⑥ 停车场内必须按不同的车型分别设置停车区，至少应将微型车和小型汽车与其他车型分开，以利场地充分使用和出入方便，也利于交通组织和管理。

⑦ 专用和公共建筑配建的停车场原则上应在主体建筑用地范围之内，以方便停车场的使用者。

⑧ 专用停车场应紧靠使用单位布置，并与使用单位在道路的同一侧，步行距离应控制在 300 m 以内，最大不得超过 500 m；公共停车场在全市应尽量均衡分布，其服务半径 (100～300 m) 应能覆盖城市的大部分地区；大型集会的场所最好按分区就近布置的原则确定停车场的位置，以利于车辆在短时间内迅速疏散。

⑨ 进出停车场的车辆应不妨碍道路上的交通，停车场不宜靠近干道交叉口；为了便于组织车辆右行，可在停车场周边开辟辅路，由停车场进出的车辆，通过辅路绕过交叉口或右行至交叉口，减少交叉，便于管理。

2. 停车需求预测

停车需求预测的目的是为规划泊位预留提供依据。停车需求预测能够为停车用地规划提供基础参数，为停车需求与供给战略选择提供基础，为城市交通需求管理提供依据。

一般而言，停车需求可分为两大类，一类称为车辆拥有的停车需求，另一类称为车辆使用过程的停车需求。前者为夜间停车需求，主要为居民或单位车辆夜间停放服务，根据车辆在各个区域的注册情况很容易估算出来；后者为日间停车需求，主要是由社会、经济活动所产生的各种出行所形成。停车需求预测模型主要有三类：基于类型分析法的产生率模型、基于相关分析法的多元回归模型、基于停车与车辆出行关系的出行吸引模型。

(1) 产生率模型

产生率模型的基本原理是建立土地使用性质与停车产生率的关系模式。例如，对一个办公大楼，其停车需求可以用每 100 m² 需要若干个停车位来表示，也可以用每个就业岗位（雇员）配备若干停车位来表示。此模型的数学表达式为

$$P_{di} = \sum_{j=1}^{n} R_{dij} L_{dij} \tag{7.12}$$

式中　P_{di}——第 d 年 i 区高峰时间停车需求量，即泊位数；
　　　R_{dij}——第 d 年 i 区 j 类土地单位停车需求产生率；
　　　L_{dij}——第 d 年 i 区 j 类土地使用量，单位面积或雇员数；
　　　n——土地种类。

我国公安部与建设部于 1988 年颁布了《停车场规划设计规则（试行）》，其规定的停车需求发生率指标见表 7.3。

表 7.3　停车需求产生率规划指标

建筑类型			停车需求车位指标	
			机动车（标准小汽车）	自行车
商业、办公（每 100 m² 建筑面积泊位数）	旅馆	大城市	0.08 ~ 0.20	—
		中等城市	0.06 ~ 0.18	—
	商业场所		0.30	7.5
	办公楼	一类（中央、涉外）	0.40	0.4
		二类（一般）	0.25	2.0
饮食业（每 100 m² 营业面积泊位数）			1.7	1.5
展览馆、医院（每 100 m² 建筑面积泊位数）			0.20	1.5
游览场所（每 100 个座位泊位数）	古典园林、风景名胜	市区	0.80	0.50
		市郊	0.12	0.20
	一般性城市公园		0.02	0.20
文体场所（每 100 个座位）	体育馆	座位数 ≥ 4 000	2.5	20
		座位数 < 4 000	1.0	20
	体育场	座位数 ≥ 1.5 万	2.5	20
		座位数 < 1.5 万	1.0	20
	影剧院	省、市级	3.0	15
		一般	0.8	15
大车站（泊位数/高峰日每千名旅客）			2.0	4.0

续表7.3

建筑类型		停车需求车位指标	
		机动车（标准小汽车）	自行车
码头（泊位数／高峰日每百名旅客）		2.0	2.0
住宅（每户泊位数）	涉外高级住宅	0.5	—
	普通住宅	—	1.0

近年来，我国机动车拥有量大幅度提高，使得城市停车需求大幅度提高，表7.3中规定的机动车停车位配建指标已明显偏低。加之不同城市之间的发展也不平衡，全国统一的停车位配建指标的普适性也较为有限。因此，大部分城市结合各自城市的实际确定了机动车停车场的配建指标。比如，深圳市实行的《深圳市城市规划标准与准则（2018局部修订版）》中规定的配建停车场（库）的停车位指标见表7.4。

表7.4 深圳市主要项目配建停车场（库）的停车位指标

分类			单位	配建标准
居住类		单身宿舍	车位/100 m² 建筑面积	0.3~0.4
	单元式住宅、安居房	建筑面积<60 m²	车位/户	0.4~0.6
		60 m²≤建筑面积≤90 m²	车位/户	0.6~1.0
		90 m²≤建筑面积≤144 m²	车位/户	1.0~1.2
		建筑面积≥144 m²	车位/户	1.2~1.5
	独立联立式住宅		车位/户	≥2.0
	经济适用房		车位/户	0.3~0.5

续表 7.4

	分类	单位	配建标准
商业类	行政办公楼	车位/100 m² 建筑面积	一类区域 0.4~0.8;二类区域 0.8~1.2;三类区域 1.2~2.0
	其他办公楼	车位/100 m² 建筑面积	一类区域 0.3~0.5;二类区域 0.5~0.8;三类区域 0.8~1.0
	商业区	车位/100 m² 建筑面积	首 2 000 m² 每 100 m² 2.0,2 000 m² 以上每 100 m² 一类区域:0.4~0.6;二类区域:0.6~1.0;三类区域:1.0~1.5
	购物中心、专业批发市场	车位/100 m² 建筑面积	一类区域 0.8~1.2;二类区域 1.2~1.5;三类区域 1.5~2.0
	酒店	车位/客房	一类区域 0.2~0.3;二类区域 0.3~0.4;三类区域 0.4~0.5
	餐厅	车位/10 座	一类区域 0.8~1.0;二类区域 1.2~1.5;三类区域 1.5~2.0
工业仓储类	厂房	车位/100 m² 建筑面积	0.2~0.6,近市区的厂房取高限,提供的车位半数应作停泊客车,其余供火车停泊及装卸货物之用
	仓库	车位/100 m² 建筑面积	0.2~0.4
公共服务类	综合公园、专类公园	车位/公顷占地面积	8~15
	其他公园	车位/公顷占地面积	需进行专题研究
	体育场馆	车位/100 座	3.0~4.0(小型场馆),2.0~3.0(大型场馆)
	影剧院	车位/100 座	市级(大型)影剧院 4.5~5.5;每 100 个座位设 1 个小型车辆港湾式停车位
			一般影剧院 2.0~3.0;每 200 个座位设 1 个小型车辆港湾式停车位
	博物馆、图书馆、科技馆	车位/100 m² 建筑面积	0.5~1.0
	展览馆	车位/100 m² 建筑面积	0.7~1.0

续表7.4

分类		单位	配建标准
公共服务类	会议中心	车位/100 座	3.0~4.5
	独立门诊	车位/100 m² 建筑面积	一类区域 0.6~0.7；二类区域 0.8~1.0；三类区域 1.0~1.3
	综合医院、中医医院、妇儿医院	车位/病床	一类区域 0.8~1.2；二类区域 1.0~1.4；三类区域 1.2~1.8
	其他专科医院	车位/病床	一类区域 0.5~0.8；二类区域 0.6~1.0；三类区域 0.8~1.3
	疗养院	车位/病床	0.3~0.6
	大中专院校	车位/100 学位	2.0~3.0
	中学	车位/100 学位	0.7~1.5，校址范围内至少设 2 个小车停车处
	小学	车位/100 学位	0.5~1.2，校址范围内至少设 2 个小车停车处
	幼儿园	车位/100 学位	0.5~1.2，校址范围内至少设 2 个小车停车处

（2）多元回归模型

根据城市停车需求的本质与因果关系可发现，停车需求与城市经济活动、土地使用等因素相关。美国道路研究委员会（HRB）提出的数学模型如下

$$P_{di} = K_0 + K_1(EP_{di}) + K_2(PO_{di}) + K_3(FA_{di}) + K_4(DU_{di}) + K_5(RS_{di}) + K_6(AD_{di}) + \cdots \tag{7.13}$$

式中　P_{di}——第 d 年 i 区高峰时间停车需求量，泊位；

EP_{di}——第 d 年 i 区就业岗位数，个；

PO_{di}——第 d 年 i 区人口数，人；

FA_{di}——第 d 年 i 区楼地板面积，m²；

DU_{di}——第 d 年 i 区累计单位（企业）数，个；

RS_{di}——第 d 年 i 区零售服务业数，个；

AD_{di}——第 d 年 i 区小汽车拥有数，辆；

K_i——回归系数。

上述模型应根据若干年所有变量的资料，用回归分析计算出回归系数值，并经过统计检验而得到。只要将有关变量的未来预测值代入回归式中，即可预测未来高峰时间的停车需求量。值得注意的是需将模型中的参数 K 作适时的修正，才能符合未来情况的变化。该法所需资料的精度比产生率模型低，资料较易收集，是一种简单易行的方法。

上海市对中心区路内外机动车停车需求曾建立了如下二元线性回归模型

$$P_d = -297.9622 + 1.2641T_t + 0.8426T_p \quad (相关系数 R = 0.9012) \tag{7.14}$$

式中 P_d——日实际社会停车总需求量,标准车次;

T_t——白天 12 h 货车出行吸引量,车次,取值范围为 244 ~ 2 050,标准车次;

T_p——白天 12 h 客车出行吸引量,车次,取值范围为 230 ~ 2 310,标准车次。

(3)出行吸引模型

停车需求与地区的经济、社会活动强度有关,而经济、社会活动强度与该地区吸引的出行车次多少有关。该模型建立的基础条件是开展城市综合交通规划调查。根据各交通小区的车辆出行分布模型和各小区的停车吸引量建立数学模型,由此推算获得停车车次的预测资料;在此基础上,根据城市人口规模和每一停车车次所需高峰时刻停车泊位数关系,计算各交通分区高峰时间的停车泊位需求量。

7.2.4 停车场设计

1. 设计步骤

停车场设计步骤主要分为初步设计和设施设计两个阶段,具体如图 7.7 所示。

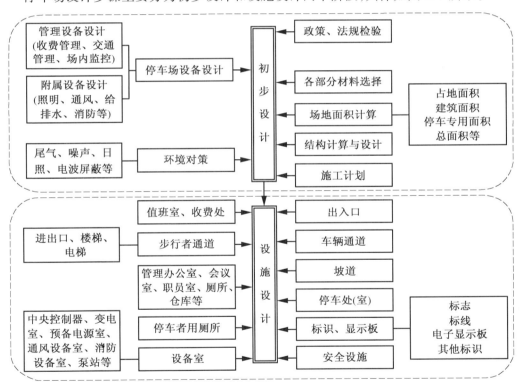

图 7.7 停车场设计流程图

2. 设计车型

一般选用停车使用比例最大的车型作为设计标准,我国有几百种车型,根据车型的外廓尺寸,归并成微型汽车、小型汽车、中型汽车、大型汽车和铰接车五类,将设计车型定位为小型汽车。机动车停车场车位配建指标就是以小型汽车为计算当量。在设计时,应将其他类型车辆泊位数乘以换算系数换算成当量车型泊位数,以当量车型泊位数核算车位总指标。表 7.5 给出了不同车型的外廓尺寸和换算关系。

表 7.5 停车场设计车型外廓尺寸和换算系数

车辆类型	各类车型外廓尺寸/m			车辆换算系数
	总长	总宽	总高	
微型汽车	3.20	1.60	1.80	0.70
小型汽车	5.00	1.80	1.60	1.00
中型汽车	8.70	2.50	4.00	2.00
大型汽车	12.00	2.50	4.00	2.50
铰接车	18.00	2.50	4.00	3.50

3. 停放方式

车辆的停放方式按其与通道的关系可分为平行式、垂直式和斜放式三种。停放方式不同,所要求的通道宽度、单位停车面积也不同。

① 平行式。车辆平行于通行道的方向停放,如图 7.8(a) 所示。这种方式的特点是:所需停车带较窄,驶出车辆方便、迅速,但占地最长,单位长度内停放的车辆数最少。

② 垂直式。车辆垂直于通行道的方向停放,如图 7.8(b) 所示。此种方式的特点是:单位宽度内停放的车辆数最多,用地比较紧凑,但停车带占地较宽,且在进出停车位时,需要倒车一次,因而要求通道至少有两个车道宽。布置时可两边停车,合用中间一条通道。

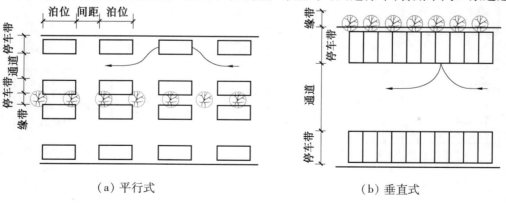

(a) 平行式 (b) 垂直式

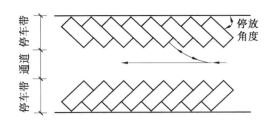

(c) 斜列式

图 7.8　停车方式

③斜列式。车辆与通道成一定角度停放,如图7.8(c)所示。此种方式一般按30°、45°、60°三种角度停放。其特点是:停车带的宽度随车身长度和停放角度不同而异,适宜于场地受限制时采用。这种方式车辆出入及停车均较方便,故有利于迅速停置和疏散。其缺点是:单位停车面积比垂直停放方式要多,特别是30°角度停放,用地最费,故较少采用。

以上三种停放方式各有优缺点,选用何种方式布置,则应根据停车场的性质、疏散要求和用地条件等因素综合考虑。目前我国一些城市较多采用平行式和垂直式两种停车方式。

4. 停发方式

停发方式即车辆进出停车位的方式。如图7.9所示,停发方式通常有三种,即前进式停车、后退式发车,后退式停车、前进式发车,前进式停车、前进式发车。其中,后退式停车、前进式发车,发车迅速方便、占地也不多,采用得较多。

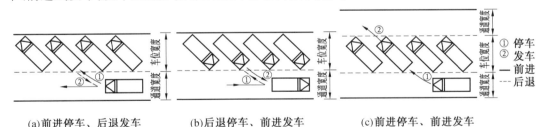

(a)前进停车、后退发车　　(b)后退停车、前进发车　　(c)前进停车、前进发车

图 7.9　车辆的停发方式

5. 通道

通道形式的确定要综合停车场位置、出入口位置、停车位布置等因素确定,图7.10为几种常见的通道形式。通道宽度按设计车型、停放方式查表7.6确定。通道的数量要保证一组连接的停车位不超过50个,各组之间无通道时,应留出≥6 m的防火道。通道的平、纵线形限制见表7.7。

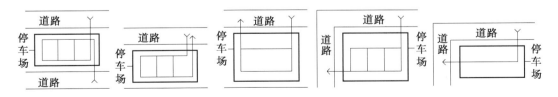

图 7.10　常见的通道形式

表 7.6　通道宽度　　　　　　　　　　　　　　　　　　　　　　　　m

停放与停发方式		微型汽车	小型汽车	中型汽车	大型汽车	铰接车
平行式	前进停车	3.0	4.0	4.5	4.5	5.0
斜列式	前进停车 30°	3.0	4.0	5.0	5.8	6.0
	前进停车 45°	3.0	4.0	6.0	6.8	7.0
	前进停车 60°	4.0	5.0	8.0	9.5	10.0
	后退停车 60°	3.5	4.5	6.5	7.3	8.0
垂直式	前进停车	6.0	9.5	10.0	13.0	19.0
	后退停车	4.2	6.0	9.7	13.0	19.0

表 7.7　停车场线形限制值

车型	直线纵坡/%	曲线纵坡/%	最小转弯半径/m
微型汽车	8	6	7.0
小型汽车	10	8	7.0
中型汽车	12	10	10.5
大型汽车	15	12	13.0
铰接车	15	12	13.0

6. 单位停车面积

单位停车面积是指一辆设计车辆所占用的面积,包括停车车位面积、均摊的通道面积及其他辅助设施面积。

单位停车面积与车辆尺寸和停放方式、通道条数、车辆集散要求以及绿化面积等因素有关。在规划阶段,可根据单位停车面积和规划泊位数来初估停车场用地面积;在设计阶段,可按使用和管理要求、预估停车数量和车型、停放方式、停发方式确定停车场面积。图 7.11 是在两种不同的停放方式下,单位停车面积的计算图式,相应的单位停车面积为

$$A_1 = (a + 0.5)(b + c_1) + (b + c_1)\frac{w_1}{2} \tag{7.15}$$

$$A_2 = (a + c_2)(b + 1.0) + (a + c_2)\frac{w_2}{2} \tag{7.16}$$

式中　A_1, A_2——分别为垂直式、平行式停放方式下的单位停车面积,m²;
　　　a——总长,m;
　　　b——总宽,m;
　　　c_1——垂直停放时两车车厢之间净距,m;
　　　c_2——平行停放时两车车厢之间净距,m;
　　　w_1, w_2——分别为垂直式、平行式停放方式下的停车通道宽度,m。

其中,车辆停放的纵、横净距见表 7.8。按上述方法,对不同的设计车型、停放方式、停发方式等,计算单位停车面积并制成表格(表 7.9),在规划、设计中可直接查表选用。

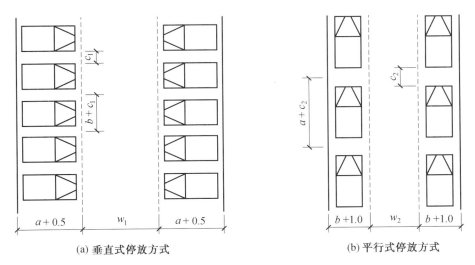

图 7.11 单位停车面积计算图式

但需要注意的是,表 7.8、7.9 所列数据都是针对路外停车场的,而对城市中心的路边停车,其单位停车面积要小于上述标准。

表 7.8 车辆停放纵、横净距   m

设计车型		微型汽车、小型汽车	中型汽车、普通汽车、铰接车
车间纵向净距		2.0	4.0
背对停车时车间尾距		1.0	1.0
车间横向净距		1.0	1.0
车与围墙、护栏及其他构筑物间距	纵向净距	0.5	0.5
	横向净距	1.0	1.0

表 7.9 单位停车面积   m²

停放与停发方式		微型汽车	小型汽车	中型汽车	大型汽车	铰接车
平行式	前进停车	21.3	33.6	73.0	92.0	132.0
斜列式	前进停车 30°	24.4	34.7	62.3	76.1	78.0
	前进停车 45°	20.0	28.8	54.4	67.5	89.2
	前进停车 60°	18.9	26.9	53.2	67.4	89.2
	后退停车 60°	18.2	26.1	50.2	62.9	85.2
垂直式	前进停车	18.7	30.1	51.5	68.3	99.8
	后退停车	16.4	25.2	50.8	68.3	99.8

7. 出入口

① 公用停车场的停车区距所服务的公共建筑出入口的距离宜采用 50～100 m。对于风景名胜区,当考虑到环境保护需要或用地受限制时,距主要入口可增至 150～250 m;对

于医院、疗养院、学校、公共图书馆与居住区,为保持环境宁静,减少交通噪声和空气污染的影响,应使停车场与这类建筑物之间保持一定距离。

② 停车场的出入口不宜设在主干路上,可设在次干路或支路上并远离交叉口;不应设在人行横道、公共交通停靠站以及桥隧引道处。出入口的缘石转弯曲线切点距铁路道口的最外侧钢轨外缘应不小于 30 m,距人行天桥应不小于 50 m,距离交叉路口需大于 80 m。

③ 停车场泊位数大于 50 个时,出入口不得少于 2 个;泊位数大于 500 个时,出入口不得少于 3 个;出入口之间的净距需大于 10 m。条件困难或泊位数小于 50 辆时,可设一个出入口,但其进出通道的宽度宜采用 9~10 m。

④ 双向行驶出入口宽度不得小于 7 m,单向行驶的不小于 5 m。

⑤ 出入口应退后红线 10 m 以外,且应有良好的视野。

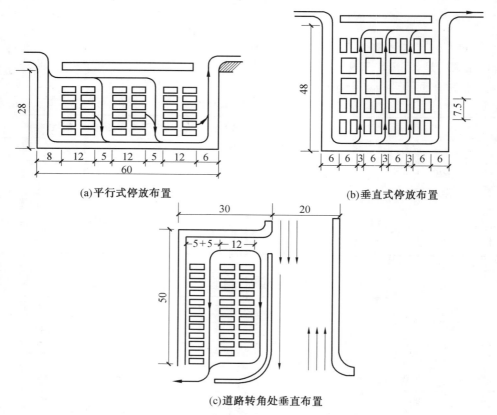

图 7.12　停车场布置形式(单位:m)

8. 平面综合布置

当停车场面积较大、泊位与出入口较多时,为了便于停车场的使用、管理和疏散,通常要进行平面综合布置,特别是针对既定位置和形状的场地,合理的平面布局对于场内车流的运行和土地资源的有效利用,显得尤为重要。

在城市道路中,常将路外停车场布置在与道路毗邻而又在车行道以外的专用场地上。图 7.12 给出了常见的三种停车场布置形式。

7.3 汽车库设计简介

国外一些汽车交通发展较早的城市,停车设施的建设经历了几个发展阶段,最初为路边停车,随后开辟了一些路外露天停车场,后来,由于汽车数量迅速增长,而露天停车场占地过多,又开始大量修建多层汽车库和地下单层汽车库。近些年来,我国城市的汽车保有量急剧增加,这不仅给动态交通带来日益严峻的交通拥堵,而且也给静态交通带来了很多难题。突出的问题是停车空间不足,城市用地紧张,导致城市的动态交通进一步恶化。而缓解这一矛盾的一个重要措施就是建设泊位充足、布局合理的停车场,减少违章停车对动态交通的影响。在用地条件受限的城市中心地区、对外交通枢纽(候机楼、火车站、码头)或换乘枢纽、大型公共建筑附近及停车密度较高的住宅区等处,可因地制宜地建设立体、多层汽车库。

汽车库虽然工程结构复杂、投资大、工期长,但具有突出的优点。首先,停车容量受到的限制小,可在地面空间相当狭窄的情况下提供大量的停车泊位;其次,汽车库的位置受到的限制小,有可能在地面空间无法容纳的情况下,满足停车场合理服务半径的要求,这一点在用地紧张、停车密度大的城市中心区尤为重要;第三是节省用地,如果以露天停车场占地面积为 1 计,则 3 层坡道式汽车库占地面积为 0.65,6 层机械式汽车库占地面积为 0.32,12 层机械式汽车库占地面积为 0.26,地下坡道式汽车库占地面积仅为 0.15。汽车库的这些突出的优点使其成为解决静态交通拥挤的主要方法,也是今后停车场规划与设计的主要研究方向。

7.3.1 汽车库规划布局

1. 库址选择

① 汽车库库址选择应符合城市总体规划、城市道路交通规划、城市环境保护及防火等要求;

② 特大、大、中型汽车库库址,应邻近城市道路;

③ 城市公共设施集中地段,公用汽车库库址距主要服务对象不宜超过 500 m;

④ 专用汽车库库址宜设在专用单位用地范围内;

⑤ 地下汽车库库址宜结合城市人防工程设施选择,并与城市地下空间开发相结合;

⑥ 汽车库库址应避开地质断层及可能产生滑坡等现象的不良地质地带。

2. 总平面布局

① 特大、大、中型汽车库总平面应按功能分区,由管理区、车库区、辅助设施区及道路、绿化等组成。其中,管理区应有行政管理室、调度室、门卫室及回车场;车库区应有室外停车场及车轮清洗处等设施;辅助设施区应有保养、洗车、配电、水泵等设施;库址内车行道与人行道应严格分离,消防车道必须畅通;库址绿化率不应低于 30%,库址内噪声源周围应设隔声绿化带等绿化设施。

② 总平面布局的功能分区应合理,交通组织应安全短捷,环境应符合国家现行《城市容貌标准》(GB 50449—2008)的规定。

③ 总平面布局、防火间距、消防车道、安全疏散、安全照明、消防给水及电气等规划建

设,应符合现行国家标准《汽车库、修车库、停车场设计防火规范》(GB 50067—2014)的规定。

④ 大中型汽车库的库址,车辆出入口不应少于 2 个;特大型汽车库库址,车辆出入口不应少于 3 个,并应设置人流专用出入口。各汽车出入口之间的净距应大于 15 m。出入口的宽度,双向行驶时不应小于 7 m,单向行驶时不应小于 5 m。

⑤ 对于公用汽车库,当需设置办理车辆出入手续的出入口时应设候车道。候车道的宽度不应小于 3 m,长度可按办理出入手续时需停留车辆的数量确定。但不应小于 2 辆,每辆车候车道长度应按 5 m 计算。

⑥ 各单位用地范围内的专用汽车库,其停车泊位数大于 10 个,且当车辆出入必须通过主体建筑人流的主出入口时,应设置候车道,候车数量可按停车泊位数的 1/10 计算。

⑦ 特大、大、中型汽车库的库址出入口应设于城市次干道,不应直接与主干道连接。

⑧ 汽车库库址的车辆出入口,距离城市道路规划红线不应少于 7.5 m,并在距出入口边线内 2 m 处作视点的 120°范围内至边线外 7.5 m 以上不应有遮挡视线的障碍物(图 7.13)。

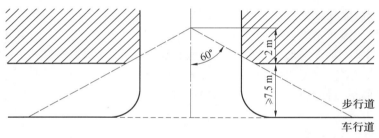

图 7.13 停车场出入口通视要求

7.3.2 坡道式汽车库

1. 坡道式汽车库类型

坡道式汽车库依据坡道的形式可以划分为直坡道式、斜坡楼板式、错层式和螺旋坡道式四种类型,如图 7.14 所示。

(a)单行库外直坡道　(b)双行库外直坡道　(c)双行斜楼板　(d)单坡道错层　(e)单行螺旋坡道

图 7.14 坡道式汽车库的类型

(1) 直坡道式汽车库

停车楼面水平布置,每层楼面之间用直坡道相连,坡道可设在库内,也可设在库外,可单行布置,也可双行布置。直坡道式汽车库布局简单整齐,交通路线明确,但单位停车面积较大。

(2) 斜坡楼板式汽车库

停车楼板呈缓坡倾斜状布置,利用通道的倾斜作为楼层转换的坡道,因而无需再设置专用的坡道,所以用地最为节省,单位停车位占用面积最少。但由于坡道和通道的合一,交通路线较长,对车辆进出停车位普遍存在干扰。斜坡楼板式汽车库是常用的汽车库类型之一,建筑外立面呈倾斜状,具有汽车库的建筑个性。

(3) 错层式汽车库

错层式是由直坡道式发展而来,停车楼面分为错开半层的两段或三段楼面,楼面之间用短坡道相连,因而大大缩短了坡道长度,坡度也可适当加大,错层式汽车库用地较节省,单位停车位占用面积较少,但交通路线对部分停车位的进出有干扰,建筑外立面呈错层形式。

(4) 螺旋坡道式汽车库

停车楼面采用水平布置,基本停车部分布置方式与直坡道式相同,楼层之间用圆形螺旋式坡道相连,坡道可单向行驶(上、下行分设)或双向行驶(上、下行合一,上行在外侧,下行在内侧)。螺旋式坡道汽车库布局简洁,交通路线明确,上下行坡道干扰小,速度较快,但螺旋式坡道造价较高,单位停车面积较大,是常用的一种类型。

2. 坡道的位置

坡道在汽车库的位置取决于库内水平交通的组织情况和库内与地面之间的交通联系,以及地面上的交通状况等因素。概括起来,坡道在汽车库中的位置基本有两种情况,即坡道在车库主体建筑之内和在主体建筑之外,在一定条件下,这两种情况也可以混合使用,如图 7.15 所示。

坡道在主体建筑之内的主要优点是:节省用地、上下联系方便,但由于坡道的存在使主体建筑的柱网和结构复杂化,对出入口部位实行防护也较困难。坡道在主体建筑之外时,坡道与主体建筑分开,比较容易处理,也便于进行防护;但当场地狭窄时,总平面布置可能会有困难,可采用螺旋形坡道或折线形坡道以适应基地条件。

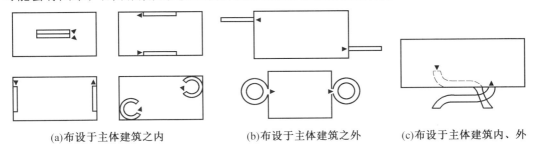

(a) 布设于主体建筑之内　　(b) 布设于主体建筑之外　　(c) 布设于主体建筑内、外

图 7.15　坡道平面位置布设形式

3. 坡道几何设计

(1) 纵坡

坡道的纵坡度应综合考虑车辆的爬坡能力、废气产生量和场地大小等因素确定。最大纵坡限制值参考表 7.8。当坡道纵坡大于 10% 时,坡道与上、下方平地连接处应设置缓坡段,以防止汽车的前端或后端擦地,其坡度为正常坡段的一半,长度一般为 4~8 m。

(2) 长度

坡道的长度取决于坡道升降的高度和所确定的纵坡度,一般由水平段、缓坡段、正常坡段及挡水段几个部分组成,如图7.16所示。

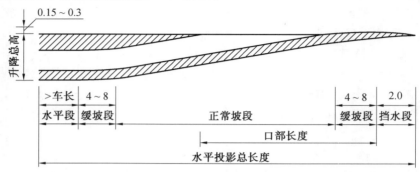

图 7.16　直线坡道的分段组成(单位:m)

(3) 宽度

坡道的宽度一方面影响到行车的安全,另一方面对坡道的面积也有较大影响,因此过窄或过宽都是不合理的。直线单车道坡度的净宽度应为车辆宽度加上两侧距墙的必要安全距离(0.8~1.0 m),双车道坡道的净宽度还要加上两车之间的安全距离(1.0 m)。曲线坡道的宽度为车辆以最小转弯半径在弯道上行驶时所需的最小宽度加上安全距离(1.0 m)。我国的坡道最小宽度的建议值见表7.10。

表 7.10　汽车库坡道的最小宽度　　　　　　　　　　m

坡道类型 设计车型总宽	直线单车道坡道	直线双车道坡道	曲线单车道坡道	曲线双车道坡道	
				里圈	外圈
1.8	3.0~3.5	5.5~6.5	4.2~4.8	4.2~4.8	3.6~4.2
2.5	3.5~4.0	7.0~7.5	5.0~5.5	5.0~5.5	4.4~5.0

(4) 坡道及库内高度

汽车库室内最小净高应符合表7.11的规定,坡道的净高一般与汽车库室内的净高一致。如果坡道的结构高度较小,又没有被管线等占用空间时,坡道的净高则可取车辆高度加上到结构构件最低点的安全距离(不小于0.2 m)。

表 7.11　汽车库室内最小净高

车　　型	最小净高/m
微型车、小型车	2.20
轻型车	2.80
中、大型、铰接客车	3.40
中、大型、铰接货车	4.20

注:净高指楼地面表面至顶棚或其他构件底面的距离,未计入设备及管道所需空间。

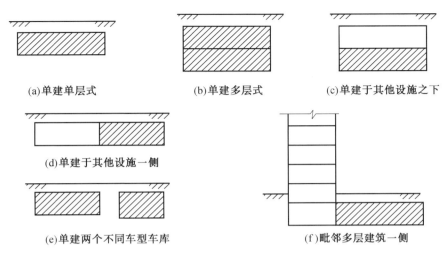

图 7.17　单建式地下汽车库的布置方式

4. 汽车库建筑布置

(1) 单建式地下汽车库

布置方式如图 7.17 所示。其中,图 7.17(a)为单建单层汽车库,体型、柱网结构均比较简单;图 7.17(b)为单建多层汽车库,容量较大;图 7.17(c)为综合布置方式,地下 1 层布置商业设施,地下 2 层为汽车库;图 7.17(d)也是一种综合布置方式,只是汽车库在商业设施的一侧;图 7.17(e)为将小型车车库与中型车车库单独布置,适用于停车车型差别较大的情况;图 7.17(f)是毗邻多层或高层建筑地下室的单建式地下汽车库。

(2) 附建式地下汽车库

布置方式如图 7.18 所示。其中,图 7.18(a)是汽车库完全附建在多层或高层建筑地下室中,平面轮廓和柱网与上部建筑一致,容量不可能很大;图 7.18(b)是地下汽车库完全附建在高层建筑裙房的地下室中,平面形状和柱网都不受高层建筑的限制,规模可以较大。

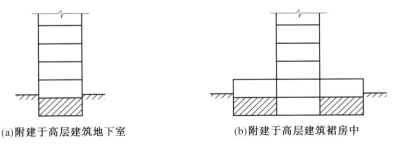

图 7.18　附建式地下汽车库的布置方式

(3) 单建与附建混合式地下汽车库

布置方式如图 7.19 所示,其中,图 7.19(a)是汽车库一部分附建在多层或高层建筑地下室中,另外相当大一部分则单建于天井或庭院地下;图 7.19(b)是地下汽车库一部分单建于建筑物的一侧或两侧。

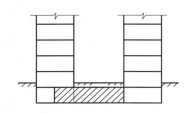
(a)部分附建于高层建筑地下室,部分单建于天井下

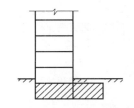
(b)部分附建于高层建筑下,部分单建

图 7.19　单建与附建混合式地下汽车库的布置方式

5. 停车场管理系统

停车场管理系统由两大部分组成,一部分为停车场管理的设备、仪器等"硬件",另一部分为停车收费标准、运营管理模式等"软件"。一般来说,停车场管理硬件系统可分为场内管理系统和场外管理系统,场外管理系统主要是停车场导引系统,如路边的停车场导引电子牌和车载停车场导引设备;场内管理系统包括路内停车场的收费电子咪表,手持式车辆管理系统等;公共停车场和配建停车场使用的停车场出入口设备(栏杆机、车牌识别系统、自动出票检票机等)、停车场导引系统、停车位检测指示系统、停车设备运行管理系统等。停车场管理系统的应用有利于停车场管理的规范化、自动化,大大提高了停车场运行效率。

6. 停车场内部安全设施

为了保证车辆在停车场内停行的便利与安全,在停车场内部需要设置适当的安全设施,主要包括如下类型:

(1)减速垄

减速垄由橡胶、金属材料或水泥混凝土制成。根据不同环境、气候及不同用户需求可分为黄黑橡胶双向减速垄、黄黑水泥双向减速垄和黄黑铁制及混凝土双向反光减速垄。

减速垄设于停车场出入口和内部转弯处,目的是使进入、驶出停车场的车辆或完成转向的车辆减速,确保行车安全。橡胶减速垄形状为人字型,两边设斜坡,减速单元只有 50 mm 高,可使车速减至 5~15 km/h。减速垄单元采用特殊的高强、耐老化橡胶,可承受 20 t 的重量。由橡胶材料制成的减速垄,价格便宜,安装方便,车辆通过无撞击感和噪声,无论在白天还是在夜晚均具有高度的可视性。在日光下黄黑警示色明显醒目,夜晚减速垄内镶嵌的反光体可反射出明亮的红色或绿色光,提醒驾驶员行驶或停车。

(2)阻车器

阻车器是由生铁或其他金属材料制成的,设于停车场内停车泊位一端,起到阻止停放车辆溜车或停放车辆时不慎驶出而影响其他车辆的一种安全设施。阻车器横断面为圆形、梯形或矩形。

(3)反光橡胶护角

反光橡胶护角嵌于停车场隔墙及柱体边角,用于警示驾驶员,并可在车辆意外碰撞时保护墙体和车辆不受损坏。

(4)色带

色带设于通道两侧,目的是醒目、保持美观,有利于行车安全。

(5) 禁停网格线

禁停网格线施划于禁止车辆在出入口或停车场内转弯处。

(6) 黄黑警示带

黄黑警示带设置在地下停车场或停车楼坡道两侧,提示驾驶员注意防止撞壁。

(7) 地面防滑漆

地面防滑漆一般设在上、下坡道处,起到防止车辆打滑的作用。

(8) 其他

反光标线用于停车位划分;反光标志牌用于指示车辆行驶方向;箭头用于指示行驶方向;喷号用于车位编号;反光镜用于了解不通视区域的交通情况;反光限高器用于限制超高车辆进入停车场;反光轮廓标用于视线诱导、示宽;反光路钮用于视线诱导、示宽;灯箱用于指示交通信息。

7.3.3 机械式汽车库

机械式汽车库是指使用机械设备运送或运送且停放汽车的汽车库,主要由机械停车设备和运送器组成。根据机械停车设备类型的不同,可分为升降横移式、垂直循环式、巷道堆垛式、垂直升降式和简易升降式等机械式汽车库形式。与坡道式汽车库相比,机械式汽车库的主要优点是:占地面积小、泊位多、污染小、节省行驶消耗及通风设备费用、经济性较好。缺点是:机械受电源控制,电梯的运营费用较高。

1. 发展概况

针对停车难问题,欧美国家和亚洲国家采取的措施有所不同,但立体化停车是各个国家都积极采取的措施,机械式汽车库由于土地(空间)利用率极高和可实现全部自动化管理的特点,早已在一些发达国家得到应用与推广,尤其在日本和韩国等一些人多地少、汽车工业发达、技术先进的国家得到了广泛的使用。

日本从20世纪60年代初就开发并使用可最大限度地利用空间的机械式停车设备,当时日本全国汽车保有量约为500万辆,采用的大多是垂直循环式停车设备。80年代开始向韩国和我国出口产品和技术。90年代初,其汽车保有量达到6 200万辆,机械式停车设备也得到了高速发展,年递增率达到30%以上,品种也从单一的垂直循环式发展为多种形式,至今已开发生产出九大类近百个品种,还包括停放自重不大于13 t的大型客车、载货汽车、自卸车、工程车等车辆的机械式停车设备。在日本,机械式停车场已超出了单纯的停车功能,发展成为与城市环境融为一体,具有较强的实用性、观赏性和经济开发价值的城市建筑。日本从事机械式汽车库及其设备开发、制造的公司约有200多家,其中生产机械式停车设备的公司有100多家,目前每年投运的机械式停车设备在10万个车位以上。

韩国机械式停车设备行业的发展历程比较平稳,20世纪70年代中期为起步阶段,80年代为引进阶段,90年代为供应使用阶段。由于这几个阶段受到了政府的高度重视,各种机械式停车设备得到了普遍的开发和利用,年递增率达到30%;2000~2010年为发展阶段,自动化停车设备随供应量不断地扩大而得到迅猛发展。

我国大陆应用机械式汽车库是在20世纪80年代,但当时的品种单一、价格高。进入20世纪90年代后,随着汽车保有量的高速增长和房地产业的高速发展,停车需求急剧增大,机械式停车设备得到了快速发展。截至 2016 年年底,国内带有升降机的机械停车泊位总量居世界首位,已经建成机械车位 409 万个,其中江苏、浙江、陕西、广东、北京、上海机械车位拥有量超过 25 万个。同时,随着城镇化进程加快,预计未来 5~10 年,我国机械式停车库建设将迎来建设高峰,每年新建机械式停车库数量将保持 10% 以上的增速增长,到 2022 年,新增机械式停车库将超过 4 千多个,新增泊位数量将达到 300 万个。目前停车设备的生产技术水平有了很大提高。许多设备采用了当前机械、电子、液压、光学、磁控和计算机等领域的先进技术,如采用交流变频调速系统,使运行高速、平稳、省电,减少振动和噪声;控制形式有按钮式、IC 卡式、触摸屏式、密码钥匙式、遥控式等,有些设备还采用了总线控制技术;传动装置采用内藏式,以增大停车空间并保护各传动元件不受污染和腐蚀,提高了设备的耐久性;机械结构中采用了模块化设计,便于组合使用,易于安装拆卸,缩短施工周期;还采用一些新材料、新工艺,如采用 H 型钢作钢梁,采用组合镀锌板或一体成型镀锌板作载车板;安全保护方面采用了声光引导及定位装置、自动消防灭火系统等。

　　目前我国机械式停车设备的主体市场是为解决基本停车位的房地产市场和商场、商务楼等配建的停车场,已经投入使用的机械式停车位有 97% 是围绕此主体市场的。随着机动车保有量的提高、城市土地资源的紧缺及对路内停车的控制,必然要为解决公共停车而建立公共汽车库,机械式停车设备的公共汽车库市场也将启动。人们普遍认为机械式停车设备行业发展前景良好,并已被誉为 21 世纪最热门的行业之一。

　　我国的台湾地区在 20 世纪 60 和 70 年代,公共停车场和民间停车场分别有 80% 和 70% 是地上和地下的平面停车场,机械式停车还不为人知。20 世纪 80 年代开始与日本合作,引进技术,进入起步阶段;1980 年引进日本日精技术,建造了第一座垂直循环式汽车库;1982 年生产了第一台双层式停车设备。1981~1991 年,制造企业达到了 35 家。到 90 年代初,随着汽车进口的开放,小汽车的大量进口,机械式停车设备制造业得到了快速发展。1992 年企业数量增加到 65 家,到 1996 年登记在案的制造企业总数暴增到 644 家,停车设备行业进入了发展高峰阶段。但从 1996 年下半年起,台湾房地产普遍萧条,股市暴跌,停车设备行业出现滑坡,经优胜劣汰后,此行业进入稳步发展的阶段。

2. 类型与结构

　　将汽车搬运或存放到停车位使用的机械设备统称为机械化停车设备,主要由钢结构、传动系统、控制系统等几个部分组成。根据机械行业标准《机械式停车设备类别、型式与基本参数》(JB/T 8713—1998),机械式停车设备可分为升降横移类、垂直循环类、水平循环类、多层循环类、平面移动类、巷道堆垛类、垂直升降类和简易升降类 8 种类型。

　　(1) 升降横移类机械式汽车库(图 7.20)

　　采用载车板作升降或横移来存取车辆。此类汽车库将载运和存放汽车的载车板与专用升降机等升降装置组合在一起使用,构成立体存车的方式,依照汽车的前后方向(纵向)或左右方向(横向)来设置存车室又分为纵向式和横向式两种。升降横移类机械式立体汽车库多为中、小型车库,可以设置在地面,也可设置在地下室,停放车辆数目从几辆至几十辆不等,一般采用 2~5 层结构。多层升降横移类机械式立体汽车库由两层升降横移类机械式立体汽车库扩展而成,其顶层只升降,底层只横移,而中间层既升降又横移。它既有两层式构造简单、便于安装组合、容易控制等优点,又比两层式节省土地。其他如安装调试、消防、地基及外装修方面的投资很少,因此广泛应用于住宅小区、公共场所和机关单位等各类场合。

（2）垂直循环类机械式汽车库(图7.21)

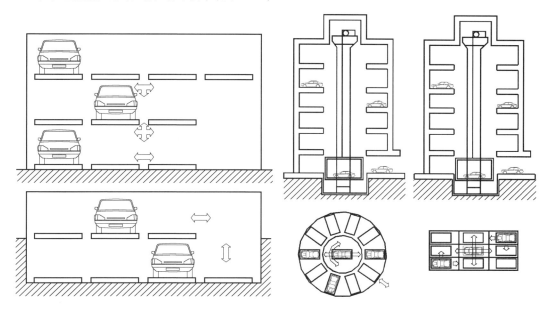

图7.20　升降横移类汽车库示意图　　图7.21　垂直循环类汽车库示意图

采用一个垂直循环运动的车位系统来实现存取车辆,根据汽车驶入存车装置位置的不同分为下部驶入式、中部驶入式和上部驶入式三种形式。一般情况下既有把存车装置组装在独立的塔形构造内,也有将存车装置组装在大楼等建筑物内某个部分的构造形式。垂直循环类塔形机械式立体汽车库的主体是垂直回转链式输送机,车辆停放在呈圆形或长圆形配置的托盘上,由做垂直循环运动的链条带动,在平动机构控制下保持车位水平。这种车库由单一大型电机驱动,电气控制系统简单,但其平动机构存在导轨易磨损的问题。垂直循环类塔形立体汽车库停车数量受驱动电机功率及结构等因素限制,一般可停10～40辆车。该类汽车库的最大优点是:运动关系和电器控制简单,但其缺点也很明显:传动噪声大、结构易变形、存取车速度慢、停车室狭小、环境差、能耗高,已呈逐步淘汰之势。

（3）水平循环类机械式汽车库(图7.22)

采用一个水平循环运动的车位系统来实现存取车辆,根据其运动形态可分为圆形循环式和箱形循环式。其主体结构为一水平放置的链式输送机,车辆停放在链式传送带的托盘上,随着车辆的入出库,所有车辆同时按固定次序作循环运动,整套系统由一大型电机单独驱动。该类汽车库外形狭长,通过采用两层停车结构,可以有效地提高狭长地段的土地利用率。由于整个车库只有一个水平循环动作,因此电气控制系统简单,便于维护。但是由于其平动机构导轨易于磨损,因而增加了维护工作量。水平循环式机械式立体汽车库停车数量受到单一驱动电机功率和结构的限制,一般在十几辆左右,可以通过多套设备组合,来达到所需的停车数量。

(4)多层循环类机械式汽车库(图7.23)

停车场采用多层配置,作循环运动;在两层运送器的两端之间,由运送器的升降形成层间循环运动。依据场地条件,汽车出入口处装设内藏型汽车旋转台,采用正面出入车,可提高安全性。若建造在楼房的地下室中,车位可占满整个地下室的空间,人不必进入车库,既节省空间,又确保人身安全。

(5)平面移动类机械式汽车库(图7.24)

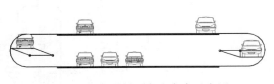

图7.22 水平循环类汽车库示意图

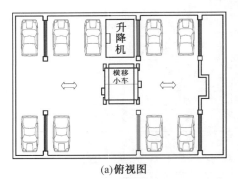

(a)俯视图

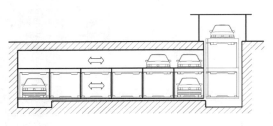

图7.23 多层循环类汽车库示意图

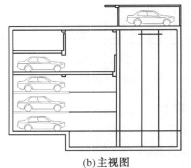

(b)主视图

图7.24 平面移动类汽车库示意图

放置汽车的载车板是一种横向小车,通过控制带操作移动,汽车可以自由驶入,自由移动的停车载车板将汽车从中央通道的平台运送到停车位的电梯或出口。通过增加升降机可多层设置平面往返式汽车库。停车量大,出车速度快。

(6)巷道堆垛类机械式汽车库(图7.25)

用巷道堆垛机或桥式起重机,将进到搬运器的车辆水平且垂直移动到泊车位并用存取机构存取车辆,巷道堆垛类机械式立体汽车库是由停车位与升降装置立体组合而成的停车设备,升降装置可整体横向移动或升降装置的搬运器可横向移动,停车位设在升降装置升降道的两侧。这种车库类似于立体仓库,最早出现在美国,为电梯附加行走机械而成,其容车数量一般在100辆以上,从升降装置向停车室运送车辆的方式有车辆自行和由运送装置自动运送两种。德国这类汽车库实现了单侧并行存放两辆车的结构,大大提高了库容率。

(7)垂直升降类机械式汽车库(图7.26)

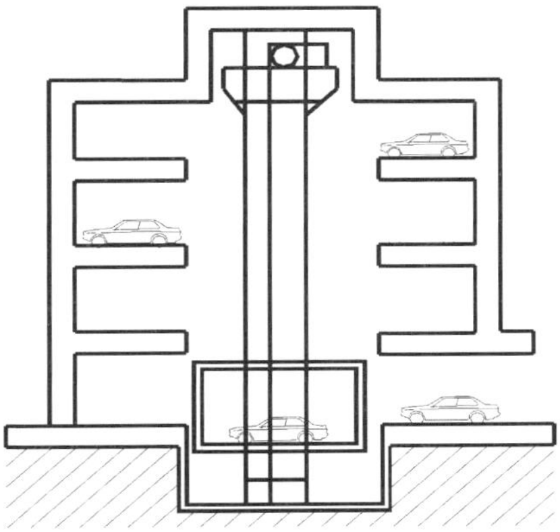

(a)主视图

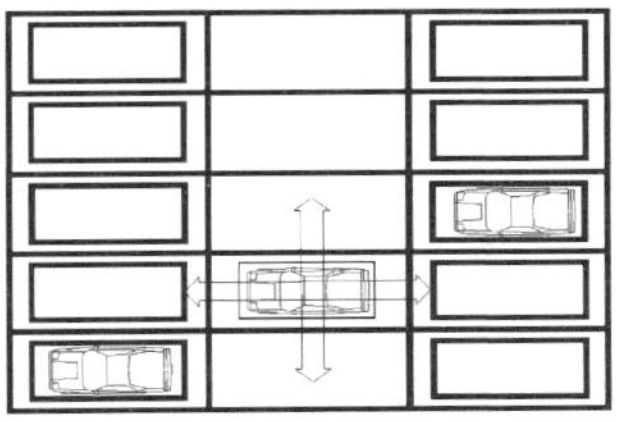

(b)俯视图

图7.25 巷道堆垛类汽车库示意图

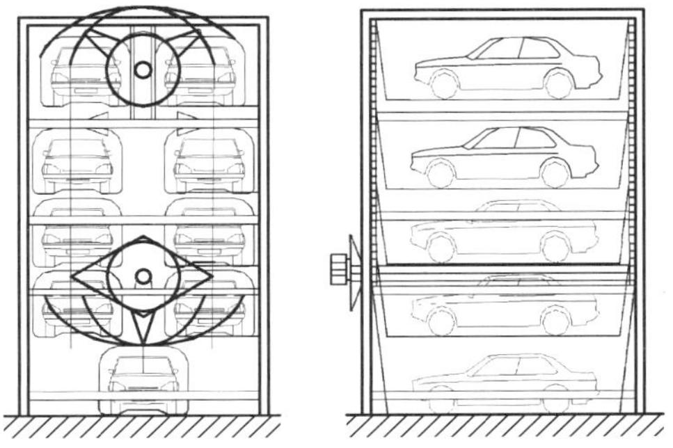

图7.26 垂直升降类汽车库示意图

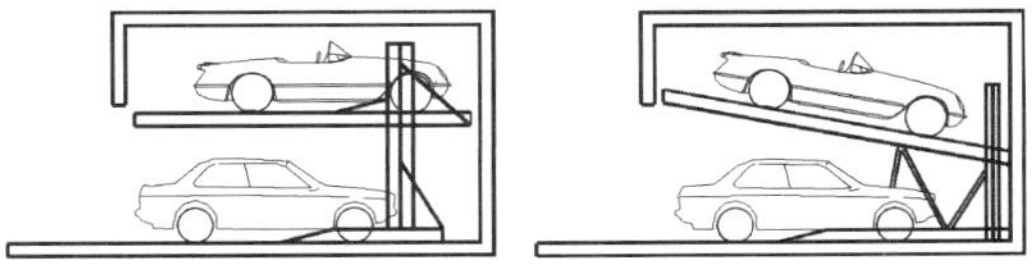

(a)升降机式　(b)悬臂式

图7.27 简易升降类汽车库示意图

用升降机将车辆提升到指定层,并用存取机构存取车辆。它像电梯那样,把车提升到一定高度,再用横移机构把车存入泊位中。这种车库有几十米高,每层有2个或几个泊位,要求升降速度快,结构刚度好。一般采用工业计算机或高档可编程序逻辑控制器构成其自动控制系统,实现存取车自动控制、自动计费等功能,也可实现无人化操作。土地利用率高,但对地基、消防、工作可靠性和安全性等要求高,单位泊位成本高。受存取车时间等因素的限制,5层以上的多层升降横移式车库成本显著增加。若用多层垂直升降式(电梯式)替代,其单位泊位成本甚至比5层以下的多层升降横移式还要低,存取时间比多层升降横移式少。与同规格的竖直循环式相比,结构刚度好,存取车效率高,底层存取车室环境好、功耗低、噪声小。由于其土地利用率高,是繁华地带和商业中心首选的形式之一,是发展前景较好一种机械式立体停车设备。

(8)简易升降类机械式汽车库(图7.27)

通过移动平台上下停放的车辆(用电动或液压泵为动力操作)使停车空间增加一倍,室内、室外均可使用,设备构造简单,造价相对便宜,使用维修方便,占地面积小,灵活方便;但出车时存在相互干扰,若上层车位要出车,必须移开下层车位。常见的有简易双层汽车库、沉箱式汽车库、简易升降横移式汽车库等类型,根据机械设备不同可分为升降机式和悬臂式(液压传动)汽车库。

3. 基本参数

(1) 设计车型及其质量

从目前的使用需求看,机械式汽车库主要停放除特别加长加大型轿车外的普通轿车及中小型客车(旅游车等),但这些车型的外廓尺寸和质量仍然有很大的差异。为了使机械式停车设备能满足使用要求,将适合于在机械式汽车库停放的车辆划分为 6 个组(见表 7.12),停车设备中车位尺寸及车辆的质量,可按该设备适停的最大组别的车辆参数确定;超出这些参数的机械式停车设备可作为非标准产品进行设计与制造。

(2) 存容量

根据经济合理、使用方便的原则,确定单套机械式停车设备的最多存车数(即存容量),《机械式停车设备类别、型式与基本参数》(JB/T 8713—1998)给出了推荐值(表 7.13)。对一个机械式汽车库而言,可以装有多套机械式停车设备,此时,整个汽车库的泊位数是各套机械式停车设备存容量的总和。

表 7.12 机械式停车设备适停车辆外廓尺寸及质量分组

组别代号	外廓尺寸/m			质量/kg
	总长	总宽	总高	
X	≤4.4	≤1.75	≤1.45	≤1 300
Z	≤4.7	≤1.8	≤1.45	≤1 500
D	≤5.0	≤1.85	≤1.55	≤1 700
T	≤5.3	≤1.90	≤1.55	≤2 350
C	≤5.6	≤2.05	≤1.55	≤2 550
K	≤5.0	≤1.85	≤2.05	≤1 850

表 7.13 单套机械式停车设备的存容量推荐值

类 别	存容量/辆
简易升降类	123
垂直升降类	7 ~ 56
升降横移类	3 ~ 43
垂直循环类	5 ~ 50
水平循环类	10 ~ 40
多层循环类	4 ~ 46
巷道堆垛类	12 ~ 1 000
水平移动类	12 ~ 400

(3) 单车进出最大时间

机械式汽车库的单车进出最大时间,是指从给出一个进车(或出车)指令开始,将车停放到该机械式停车设备的最不利位置或将车从最不利位置取出,直至该停车设备能进行下一个进出车指令为止所需的时间(不包括驾驶员将汽车开到载车板或入库台,从载车板或出库台将车开出,以及驾驶员离开汽车关门出车库等辅助时间),单车进出最大时间应根据使用要求合理选定,也可参考表 7.14。

表 7.14 机械式停车设备单车最大进出库时间

类 别	单车最大进出库时间/s
简易升降类	30～110
垂直升降类	45～210
升降横移类	35～170
垂直循环类	60～130

4. 机械式汽车库设计要点

下面以升降横移类汽车库为例,说明机械式汽车库设备组成及设计要点。

(1)设备组成

升降横移类机械式停车设备主要由钢结构部分、载车板部分、传动系统、控制系统、安全防护措施 5 大部分组成,如图 7.28 所示。

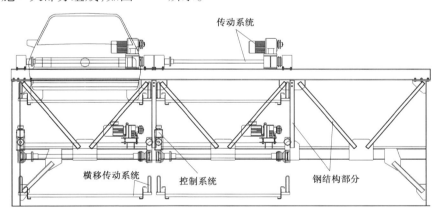

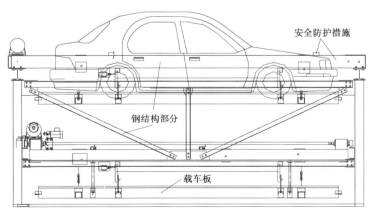

图 7.28 升降横移类停车设备主要组成部分

① 钢结构部分。停车设备的钢结构主要采用热轧 H 型钢、槽钢、角钢、钢板焊接成型,用高强度螺栓连接成框架结构,具有较好的强度和刚度。根据不同的结构要求,有单柱形式、跨梁形式、后悬臂形式等。

② 载车板部分。载车板用来承载库存车辆,按结构形式有框架式和拼板式两种。框架式载车板用型钢和钢板焊接成承载框架,且多数采用中间凸起结构,在两侧停车通道和中间凸起的顶面铺设不同厚度的钢板,其优点是:可按需要设置行车通道宽度,并具有较好的导入功能,适合车型变化较多的小批量生产。拼板式载车板用镀锌钢板或钢板一次冲压或滚压成组装件,咬合拼装成载车板,用螺栓紧固连接,拼装前可以先对组件进行各类表面处理(如电镀、烤漆等),使载车板轻巧、美观,其优点是:运输方便、通用性好、适合批量生产。

③ 传动系统。可分为升降传动机构、横移传动机构及升降横移机构。升降传动机构有四点吊挂式、二点吊挂式附平衡机构、后悬二点吊挂式等。横移传动机构一般由电机减速机、驱动轮和从动轮、地面铺设的导轨组成。升降横移机构则为升降传动机构与横移传动机构的结合。传动动力系统即主机一般有电机减速机、油缸液压马达等,其中,电机减速机必须设有制动系统。

④ 控制系统。控制系统主要由主回路和控制回路组成。主回路主要控制载车板的升降、横移,其设备有电机减速机、液压马达等。控制回路主要是针对人、车的安全而设计的各种控制回路。

控制系统主要运行方式有自动运行方式、手动或点动运行方式。

自动运行方式。操作人员只要输入进、出车库的密码和车位号码(或只需输入车位号码),再按一下确认键(或启动键),所有升降、横移动作都会自动完成,指定车位就会到达出入库层地面,驾驶员即可将车开到该停车位的载车板上,或从该车位的载车板上把车开出。自动方式主要为正常的使用者使用,常用的存取车方式有按车位号存取车方式、密码存取车方式、IC 卡(分接触式和非接触式)存取车方式等。一般操作盒的显示部分有按键式、智能触摸屏式等。

手动或点动运行方式。手动运行方式是操作人员可单独操作某一个运行动作的连续运转,如单独升降、单独横移等。点动运行方式是操作人员可单独操作一个运行动作为断续运转,即按住按钮运行,放开停止。这两种方式一般是在调试、检修时用。其运行方式中可能部分安全回路无效。

⑤ 安全防护措施。根据《机械式停车设备通用安全要求》(GB 17907—1999)的要求,升降横移类机械式停车设备一般装有的安全防护装置包括紧急停止开关(在发生异常情况时能使停车设备立即停止运转)、防止越限运行装置(在定位开关出现故障时使设备停止工作,起超程保护作用)、汽车车长检出装置、阻车装置(安装在载车板上)、人车误入检出装置、防止载车板坠落装置及警示装置(设备运行警示,一般为警灯)等。

(2)停车设备的形式及选择依据

按照车位的布置形式,升降横移类停车设备可分为全地上布置、半地下布置和重列式布置 3 种形式。

① 全地上布置。有 2 层、3 层、4 层、5 层,一般不超过 5 层。这种形式由于整套停车设备安装在地面上,因此安装十分方便。2 层的形式在室外或地下室均可建设,因 2 层形

式对层高要求不高,只需梁下净高 3.5~3.65 m,且存(取)车快捷,一般一次存(取)车最大的时间不超过 1~1.5 min,尤其是停放在下层的车辆,存取时既不要升降,也不要横移,可以直接存取。对建在地下室的汽车库来说,车辆的疏散能力很好。3 层以上形式大多设在室外。车库层数的选择主要决定于空间高度的允许程度,车库高度是否会影响其他建筑物的采光、日照。《机械式停车设备类别、型式与基本参数》(JB/T 8713—1998)将升降横移类停车设备限定在 5 层,对超过 5 层的,必须在设计中对钢结构的强度、刚度,车库运行的稳定性和存取车时间等作特别的考虑。

② 半地下布置。由于半地下布置形式的升降横移停车设备可以比全地上布置形式增加一些停车位,因此当地上布置受到高度限制,地下又可下挖基坑的时候,可以采用这种形式。地下层多为 1 层、底坑净深在 2 m 左右,一般不超过 2 层。该种布置形式的设计中要特别注意防水。

③ 重列式布置。对于只能设置 1 个车道,或设置 2 个车道太浪费,但有能停放两排或两排以上车辆长度的停车位置时,可采用重列式布置的升降横移停车设备。重列式比单列式停车数量要增加 1~3 倍。重列式较常用的形式是驾驶员穿过前排设备的空车位将车开到后排的载车板上,或从载车板上将车开出。为了减少驾驶员存取后排车时受穿越的困扰,也可用机械形式将后排载车板前移至第一排,但这种形式的装置尺寸宽度要求较大。

升降横移类汽车库的配置要满足车库选型配置的总原则,又要根据车库的大小,停车位的多少,存取车时间的要求,选择配置的形式,组合成不同的配置方案。

(3)汽车库的设计条件

① 对出入口及车道的要求。

升降横移类汽车库供轿车通行,要求车道宽度不小于 6.0 m。

供轿车通行双车道宽度不应小于 6.0 m,单车道宽度不应小于 3.5 m,回转车道应保证回转半径不小于 3.5 m,宽度不应小于 4.0 m。

出入口应设置于空地上,其宽度及深度要求位于汽车出入道路中心线上一点至道路中心线两方各 60°以上范围内无阻碍视线的障碍物。

当泊位数小于 100 时,出入口不得少于 2 个双车道或 2 个单车道的出入口;当泊位数小于 25 时,宜设置双车道出入口,也可设置 1 个单车道的出入口,但必须完善交通信号和安全设施,出入口外应设置不少于 2 个的等候车位。

泊位数大于或等于 100 且小于 200 时,应设置不少于 2 个单车道的出入口。

泊位数大于或等于 200 且小于 500 时,应设置不少于 2 条车道进、2 条车道出的出入口。

泊位数大于或等于 500 时,应设置不少于 3 个双车道的出入口。

② 对土建的要求。

升降横移类汽车库要求导轨面对角线误差为±5 mm。

二层升降横移类汽车库对楼板要求为活动荷载 5.396 kPa 左右,三层升降横移类汽车库对楼板要求为活动荷载 8.339 kPa 左右,其他多层升降横移类汽车库对楼板要求依厂商提供的荷载量定。

供轿车通行直线纵坡不大于 15%,曲线纵坡不大于 12%;且在上、下两侧均应设置截水沟,以保持地下室干燥。

设置在停车设备四周的人行通道宽度应大于0.6 m,净空高度应大于1.8 m。

汽车库的人员紧急出口和车辆疏散出口应分开设置。

汽车库楼板面应采用强度大、易清洁、易冲洗的不燃烧材料,并应具有耐磨、耐水、耐油和防滑的功能。

③ 对电气的要求

汽车库应采用双路供电。若采用单路供电,则应配备备用电源,两个电源或两条线路之间采用自动切换装置。

一般升降横移类汽车库应在设备区左后侧位置提供三相五线制动力线。

汽车库内应设置事故照明和疏散指示标志,蓄电池备用电源的连续供电时间不应小于20 min。

各种消防用电设备的配电线路必须与动力、照明等一般配电线路分开,并采取必要的防火措施。消防用电设备的两个电源或两条线路应在最末一级配电箱处自动切换。

④ 对消防的要求

升降横移类汽车库泊位数大于50时,应设置防火墙或防火隔墙进行分隔。

升降横移类汽车库应设置自动喷水灭火系统,并且应按现行国家标准《自动喷水灭火系统设计规范》(GB 50084—2017)的规定执行。

⑤ 对照明的要求

装有升降横移类设备的汽车库的环境应具有良好的照明和应急照明。一般不应低于表7.15的规定。

表7.15 汽车库内的最低照度

地 点	最低照度/lx
出入口	30
通道路面	30
停车泊位	20(人不进入者除外)
控制室	150
管理办公室	75
机 房	50

⑥ 对通风的要求

装有升降横移类设备的汽车库的环境应具有良好的通风换气装置,面积超过2 000 m²的地下汽车库应设置机械排烟系统,并可与人防、卫生等排气、通风系统合用。

⑦ 对排水的要求

为保证汽车库内部及下部不积水,应配备完善有效的排水设施。有底坑的汽车库应设集水坑、地漏或其他排水设施,以保证底坑干燥。

7.4 加油加气站与充电设施

加油加气站与充电站均是为车辆提供燃料补给及相关辅助服务的专门场所。目前我国车辆所使用的燃料仍以汽油、轻柴油为主,因此加油站是我国车辆燃料供给设施的主体。然而,随着节能环保要求的提高及新能源技术的发展,加气站和充电站等提供清洁能源的设施将得到快速发展。本节将简要介绍加油加气站和充电站的类型、选址以及平面布置等内容。

7.4.1 加油加气站

1. 加油加气站的类型与等级

加油加气站是加油站、加气站、加油加气合建站的统称。其中,按燃料源、储量、设备设置等的不同,又可作如图 7.29 所示的类型与等级划分。

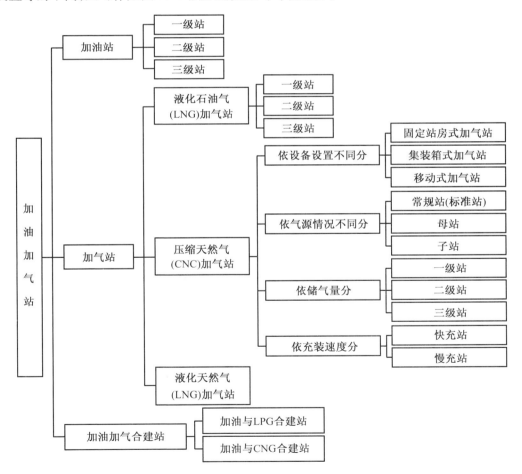

图 7.29 加油加气站类型与等级划分

根据油气罐容积的不同,加油加气站一般可以分为三级。其中,加油站、加气站及两者合建站的划分标准不同,具体见表 7.16 ~ 7.18。一般情况下,当油罐总容积大于 60 m³ 时,单罐总容积不应大于 50 m³;当油罐总容积小于或等于 60 m³ 时,单罐总容积不应大于 30 m³;液化石油气罐的单罐容积也不应大于 30 m³。

表 7.16　加油站和加气站的等级划分

级别	加油站		液化石油气加气站		压缩天然气加气站	
	总容积 V/m^3	单罐容积 $/m^3$	总容积 V/m^3	单罐容积 $/m^3$	储气设备容积 V/m^3	储气量 V_N/Nm^3
一级	$120<V\leqslant 180$	$\leqslant 50$	$45<V\leqslant 60$	$\leqslant 30$	$12<V\leqslant 16$	$3\,000<V_N\leqslant 4\,000$
二级	$60<V\leqslant 120$	$\leqslant 50$	$30<V\leqslant 45$	$\leqslant 30$	$6<V\leqslant 12$	$1\,500<V_N\leqslant 3\,000$
三级	$V\leqslant 60$	$\leqslant 30$	$V\leqslant 30$	$\leqslant 30$	$<V\leqslant 6$	$V_N\leqslant 1\,500$

注:V 为油罐或气罐总容积,m³;柴油罐容积可折半计入油罐总容积;V_N 指气体在 0.1 MPa 压力与 15 ℃ 温度下的体积值。

表 7.17　加油和液化石油气加气合建站的等级划分

		加油站			
		一级 ($120<V\leqslant 180$)	二级 ($60<V\leqslant 120$)	三级 ($30<V\leqslant 60$)	三级 ($V\leqslant 30$)
液化石油气加气站	一级($45<V\leqslant 60$)	×	×	×	×
	二级($30<V\leqslant 45$)	×	一级	一级	一级
	三级($20<V\leqslant 30$)	×	一级	二级	二级
	三级($V\leqslant 20$)	×	一级	二级	三级

注:V 为油罐或液化石油气罐总容积,m³;柴油罐容积可折半计入油罐总容积;"×"表示不应合建。

表 7.18　加油和压缩天然气加气合建站的等级划分

级别	油品储罐总容积/m³		管道供气的加气站储气设施总容积/m³	加气子站储气设施总容积/m³
	总容积	单罐容积		
一级	$60<V\leqslant 100$	$V\leqslant 50$	$V\leqslant 12$	$V\leqslant 18$
二级	$V\leqslant 60$	$V\leqslant 30$		

2. 加油加气站的选址

(1)选址原则

① 交通便利原则。加油加气站应建在加油加气需求量大、交通便利的地方,站址选址应便于车辆进出且视线开阔。在城市建成区建设的加油站,应建在便于车辆进出的城市主要道路上,且不应建在高层建筑物背后或交通繁忙的交叉口上。

② 确保安全原则。汽车燃料油和燃气都属于易燃易爆危险品,并且是对人体有害的物质。因此,建站选址时,必须遵循确保安全的原则,保证加油加气站内的油气罐、加油加气机、油气卸车点等设施与周围建筑物、构筑物、交通线等的防火距离满足《汽车加油加气站设计与施工规范》(GB 50156—2014)的规定。当在城市中心区域建站时,为了确保

人民群众的生命安全和身体健康,除满足防火距离要求外,还应采取油气回收措施,防止有害油气向外扩散,尽可能减少对大气的污染;同时也要防止油气集聚,避免火灾爆炸事故的发生。

③ 符合城乡规划原则。加油加气站站址的选择应与城市总体规划和交通发展规划相适应。随着城乡建设发展,城市空间布局可能会发生改变,相应的道路也会进行改建或扩建。在站址选址时应充分考虑城乡规划,这样才能保证加油加气站项目的顺利实施,实现选址布局和交通设施协调发展的目标。

④ 保护环境原则。加油加气站选址时应注意与饮用水水源保持适当的距离。加油加气站在日常运营过程中,很容易产生油污水,除需要对其污水排放进行单独设计和处理外,在选址阶段也应使其尽可能远离饮用水水源,消除其危害环境和威胁人身安全的隐患。

⑤ 效益最大化原则。加油加气站的建设是为了方便汽车加注燃料,但从石油公司的角度出发,也要保证公司利益的最大化,这就要求选址在车流量大且集中的地方。对大城市而言,一般首先考虑靠近客流量大而集中的商业区及城市的主要干道和出入口;对中小城镇而言,则优先考虑城镇主干道路和出入口道路。

(2)选址注意事项

① 在城市建成区内不应建一级加油站、一级液化石油气加气站和一级加油加气合建站。一方面,一级站油气储量大,一旦发生事故对周边建筑物、构筑物及人群安全危害严重;另一方面,加油加气站供给增多也容易因加油加气车辆过多导致交通拥堵。

② 站址选址应避开人员密集的繁华地段、车流量大的交叉路口、重要建筑(如文化中心、学校、医院、幼儿园、影剧院、体育馆、博物馆、展览馆等)、需要保证安全生产的部门(如水厂、电厂)、易燃易爆的基础设施场地(如变电所、煤气站等)。

③ 站址选址应避开地下构筑物(古墓等)、空中有电信电缆、电力电缆区域;应避开塌陷回填、地势低洼、地下水位高涨区域;应避开地质条件恶劣如流沙层、淤泥层、断裂层等区域,以免增加施工困难,埋下隐患。

④ 站址选址应尽可能利用周边设施,以降低加油加气站的配套投资。选址时必须考虑周边是否有便利的水源、电源和通畅的排水设施。

⑤ 站址选择应保证区域内加油站总体布局的合理。国道、省道百千米加油站数量原则上不得超过 6 对;高速公路加油站原则上每百千米不超过 2 对;城区加油站服务半径应控制在 0.9~1.2 km。

3. 加油加气站的平面布置

加油加气站按功能分区可以分为加油加气区、站房与辅房、油气罐区、站内道路及停车场、其他(包括围墙、绿化、标识等)五部分,如图 7.30 所示。

(1)加油加气区

加油加气区是给车辆加油加气的场所,由罩棚、加油加气岛等组成。

① 罩棚。

罩棚除具有防雨遮阳的作用外,还具有一定的展示企业形象的功能,因此要求选型适当、造型优美、比例协调。罩棚必须选用非燃烧材料建造,常用的结构有钢筋混凝土结构、网架结构和钢结构三种。罩棚形状一般为矩形,为了和站房搭接方便或与加油站整体平面协调可变形为 T 型、L 型、菱形等。无论何种形状,均需要保证罩棚边缘与加油加气机的平面距离不小于 2 m,罩棚有效高度不应小于 4.5 m。

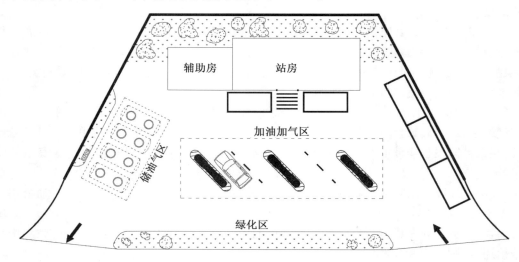

图 7.30 加油加气站平面布局与功能分区

② 加油加气岛。

加油加气岛是安装加油、加气机的平台,又称安全岛。为了使汽车加油、加气时,加油机、加气机和罩棚支柱等不受到碰撞并保障操作人员的人身安全,加油加气岛的设置应符合以下规定:加油岛、加气岛的地坪应高出停车场的地坪 0.15~0.20 m;加油岛、加气岛的宽度不应小于 1.2 m;加油岛、加气岛上的罩棚支柱距岛端部不应小于 0.6 m。

(2) 站房与辅房

站房是加油加气站的业务经营办公场所,一般采用一层平顶结构建筑形式。现在一般建设成包含便利店、营业室、办公室、财务室、收款室、卫生间等组成的综合功能站房。站房布置一般应满足下列要求:

① 站房应集中布置,方便人员进出。

② 营业区与办公区应有明显分割,加以区分。营业区大门应直接面向加油加气区,而办公区进出大门则不应直接面向加油加气区。

③ 卫生间应有良好的通风性,位置明显且进出方便。一般可将卫生间设置在站房的侧面。

在场地面积允许的前提下,加油加气站也可建设独立的辅助用房,包括生活辅助用房(宿舍、餐厅、活动室、卫生间、淋浴间等)、独立大型卫生间、洗车间、维修保养间等。辅助用房与站房建筑风格应统一。

(3) 油气罐区

储油罐应采用直埋式埋入地下,并做好防沉降、防浮起、防腐蚀、防进水处理。

液化石油气罐的布置应满足以下要求:地上罐应集中单排布置,罐与罐之间的净距离不应小于相邻较大罐的直径;地上罐组四周应设置高度为 1 m 的防火堤,防火堤内堤脚线至罐壁净距离不应小于 2 m;埋地罐之间距离不应小于 2 m,罐与罐之间采用防渗混凝土墙隔开。如需设置罐池,其池内壁与罐壁之间的净距离不应小于 1 m。

在加油加气合建站内,宜将柴油罐布置在液化石油气罐和压缩天然气储气瓶组与汽油罐之间。

(4)站内道路及停车场

加油加气站内的道路及停车场的设置应符合以下规定:

① 站内单车道宽度不应小于3.5 m,双车道宽度不应小于6.0 m。

② 站内道路的转弯半径按行驶车型确定,且不宜小于9.0 m。

③ 道路坡度不应大于6%,且宜坡向站外;在汽车槽车(含子站车)卸车停车位处,宜按平坡设计。

④ 站内道路和停车场路面不宜采用沥青路面。

⑤ 加油站入口和出口应分开设置。

7.4.2 充电站和充电桩

大力发展电动汽车,能够加快燃油替代,减少汽车尾气排放,对保障能源安全、促进节能减排、防治大气污染、推动我国从汽车大国迈向汽车强国具有重要意义。大力推进充电基础设施建设,是当前加快电动汽车推广应用的紧迫任务。充电基础设施主要包括各类集中式充换电站和分散式充电桩,本节主要介绍充电站和充电桩的设置。

1. 充电站

充电站是指采用整车充电模式为电动汽车提供电能的场所,一般应包括3台及以上电动汽车充电设备(至少有1台非车载充电机),以及相关供电设备、监控设备等配套设备。充电站的基本功能包括供配电、充电、监控、计量和通信,扩展功能包括计费。

(1)充电站选址

城市充电站选址一般遵循以下几个原则:

① 充电站的总体规划应符合城镇规划、环境保护的要求,并应选在交通便利的地方。

② 充电站站址宜靠近城市道路,但不宜选在城市干道的交叉口和交通繁忙的路段附近。

③ 充电站站址的选择应与城市中低压配电网的规划和建设密切结合,以满足供电可靠性、电能质量和自动化的要求,宜接近供电电源端,并便于供电电源线路的进出。

④ 充电站应满足环境保护和消防安全的要求。充电站的建(构)筑物火灾危险性分类应符合《火力发电厂与变电站设计防火标准》(GB 50229—2019)和《建筑设计防火规范》(GB 50016—2014)的有关规定。

⑤ 充电站不应靠近有潜在火灾或爆炸危险的地方,当与有爆炸危险的建筑毗邻时,应符合《爆炸危险环境电力装置设计规范》(GB 50058—2014)的有关规定。

⑥ 充电站不宜设在多尘或有腐蚀性气体的场所,当无法远离时,不应设在污染源盛行风向的下风侧。

⑦ 充电站不应设在有剧烈振动的场所,且环境温度应满足为电动汽车动力蓄电池正常充电的要求。

⑧ 充电站不应设在室外地势低洼易产生积水的场所和易发生次生灾害的地点。

(2)充电站平面布置

充电站包括站内建筑、站内外行车道、充电区、临时停车区及供配电设施等,其总体布置应符合站内工艺布置合理、功能分区明确、交通便利和节约用地的原则,还应根据自然地形进行布置,尽量减少土石方量。

充电设备及建筑物布置应符合以下要求:

① 充电设备应靠近充电位布置,以便于充电,设备外廓距充电位边缘的净距不宜小于 0.4 m。充电设备的布置还不应妨碍其他车辆的充电和通行,同时应采取保护充电设备及操作人员安全的措施。

② 在用地紧张的区域,充电站内停车位可采用立体布置。

③ 充电设备的布置宜靠近上级供配电设施,以缩短供电电缆的路径。

④ 充电站内的建筑布置应方便观察充电区域。

⑤ 充电站宜设置临时停车位置。

⑥ 充电区应考虑安装防雨设施,以保护站内充电设施、方便进站充电的电动汽车驾乘人员。

充电站内外行车道设置应符合以下要求:

① 充电站内道路的设置应满足消防及服务车辆通行的要求,充电站的出入口不宜少于 2 个,当充电站的车位不超过 50 个时,可设置一个出入口。入口和出口宜分开设置,并应明确指示标识。

② 充电站内外双列布置充电位时,中间行车道宜按行驶车型双车道设置;单列布置充电位时,行车道宜按行驶车型双车道设置。充电站内的单车道宽度不应小于 3.5 m,双车道宽度不应小于 6 m。充电站内道路的转弯半径按行驶车型确定,且不宜小于 9 m,道路坡度不宜大于 6% 且应坡向站外。充电站内道路不宜采用沥青路面。

③ 充电站的道路设计宜采用城市型道路,且进出站道路应与站外市政道路顺畅衔接。

2. 充电桩

充电桩是指固定安装在电动汽车外、与交流电网连接,为电动汽车提供电源的供电装置,一般分为直流充电桩和交流充电桩。充电桩基本功能为供电或充电、计量和通信,扩展功能为计费。

建筑物、居住小区等场所的配建停车场,以及社会公共停车场,应按照停车位数量设置一定比例的充电桩。充电桩实行"一位一桩",即一个电动汽车停车位设置一个充电桩,如图 7.31 所示。

室外充电桩应安装在距地面至少 200 mm 以上的基础上,其基础底座四周应采取封闭措施,防止小动物从底部进入箱体,同时满足防雨、防积水要求。此外,室外的充电桩外壳防护等级宜不低于 IP54,其外壳宜选用绝缘材料。

另外,随着电动自行车保有量的飞速增长和电动自行车引发火灾的问题日益突出,电动自行车充电设施设置也日益引起关注。电动自行车充电桩应设置在充电需求比较集中和方便的场所,比如住宅小区内的自行车停车场。比如,苏州市明确要求新建住宅小区须合理设置电动自行车集中充电区域,配置充电设施的非机动车停车位应不低于非机动车停车位总数的 50%。集中充电区域应符合消防等安全管理要求,并方便居民使用,禁止设置在露天及机械式非机动车停车位上。

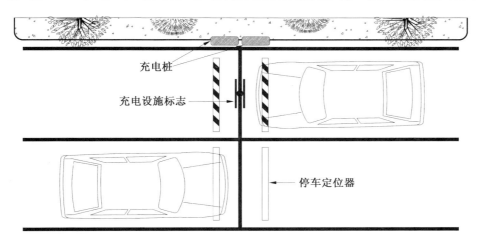

图 7.31　充电桩设置示意图

思 考 题

1. 影响停车场设计的机动车的外廓尺寸有哪些?
2. 机动车的停车方式有哪几种? 各种方式的特点是什么?
3. 试述地面露天停车场的设计要点与设计步骤。
4. 坡道式立体汽车库的交通方式有哪些?
5. 机械式汽车库有哪几种类型?
6. 以升降横移式汽车库为例,试述机械式汽车库的设计要点。
7. 加油加气站选址的原则是什么?
8. 充电站平面布置的基本要求有哪些?

第8章 道路收费系统及设施

征收车辆通行费,用以偿还贷款,补偿道路交通基础设施建设所耗巨额资金,维持养护管理费用支出,是当今世界上多数国家发展道路交通的通用做法,亦是近年来我国各地自行摸索并得到国家明确肯定的行为。车辆通行费的征收及收费制度的逐步完善,给道路交通的发展注入了新的生机和活力,具有十分重要的意义。

8.1 概 述

8.1.1 收费道路与收费系统

为偿还道路工程建设贷款、筹集道路运营养护费用或以道路建设作为商业投资目的,对过往车辆征收通行费的道路,称为收费道路。一般按道路的长度、性质、过往车辆的类型、地区属性等对车辆进行收费,并在适当的位置设置收费站。建设收费道路,应符合国家和省、自治区、直辖市的公路发展规划,符合下列技术等级和里程要求,并经省级人民政府批准:

① 高速公路。
② 一级公路连续里程50 km以上。
③ 独立桥梁、隧道,长度1 000 m以上。

此外,国家确定的东、中部省、直辖市已经取消收费的二级公路改造为一级公路的,不得重新收费;新建或改建技术等级为二级及以下的公路不得收费。

道路收费系统是由执行国家、地方制订和颁布实施的道路收费法规、政策的道路收费管理机构、收费站、收费中心、收费设备、收费人员和收费对象等共同组成的系统。虽然收费方式各种各样,但一般来说收费系统应具备以下几个主要功能:具有相对公平的费率;尽量减少延误,提高收费车道的通行能力和不降低道路的服务水平;避免或杜绝漏收和作弊行为,保证收费的准确性和完整性;减轻收费人员的劳动强度,提高劳动效率;具有一定的统计功能;具备报警及自检功能;具有分析收费信息等其他功能。

8.1.2 收费道路的分类

由于收费目的的不同,收费道路可以划分为政府收费还贷道路、特许经营收费道路和收费控制道路三种类型。

(1)政府收费还贷道路

政府收费还贷道路是指由省、自治区、直辖市人民政府通过举债方式建设的道路,其收费目的是在贷款偿还期内筹措足够的资金用于偿还贷款本息。由于修建道路所需的贷款一般由政府出面筹措或政府担保并指定某事业单位执行,因而收费还贷实质上是政府行为。

(2) 特许经营收费道路

特许经营收费道路是指由国内外经济组织投资建设或者依照公路法规定受让公路收费权的公路,其收费主要是以获利为目的。对于特许经营收费道路而言,主要包括三种形式:建设-运营-管理方式、收费有偿转让方式以及政府和社会资本合作方式。

① 建设-运营-管理方式,即 BOT 方式(build-operate-transfer),是指公司得到特许后,投资建设、拥有,并在规定期内运营管理,规定期结束后移交政府管理部门的收费经营方式。

② 收费有偿转让方式是指由国家投资建设,建成后某特许公司从国家管理部门收购现成的公路,并在规定运营期内收费。

③ 政府和社会资本合作方式,即 PPP 模式(public-private partnership),指社会资本与政府合作,参与收费道路的投资、建设、运营和养护,与政府共同完成项目全周期管理,其中政府的职能由传统的"补建设"转变为"补运营"。

(3) 收费控制道路

由于高等级道路具有较高的级差效益而使大量交通从一般道路向高等级道路转移,高等级道路交通量不断增加,从而造成高等级道路使用成本增加;相比之下,与高等级道路平行的一般道路则会因交通量损失而得不到合理利用。解决这一矛盾的有效措施是实施控制收费,从而使整个区域交通量在道路网上得到合理的分配,最大限度地提高道路网的使用效益。目前,道路拥挤收费的政策主要被应用于大城市拥挤的中心市区。

8.1.3 我国收费道路的发展方向

基于我国道路建设资金不足的实际情况,目前我国道路多数是利用贷款修建的。因此,收费还贷模式还将是今后发展的重要模式之一。由于修建道路所需的贷款一般是由政府部门出面筹措或政府担保委托某事业单位筹措的,所以贷款修路并没有在实质上减少政府部门还贷的压力。

相比较而言,特许经营道路具有下列优势:道路股份有限公司可以通过发行股票将社会资金永久地转变为道路资本;通过道路经营权的有偿转让,国家可以有效地将建设和经营道路的风险转嫁给经营者;PPP 模式在收费道路领域的推广,可以使政府和社会资本发挥各自的优势,提高收费道路服务供给的质量和效率。因此,在未来一定时期内收费经营模式在缓解资金不足、加快道路建设方面将发挥重要的作用。

展望未来,随着我国道路网络化的不断深入和联网收费技术的不断完善,作为有效配流手段的收费控制模式将会出现,并成为重要发展方向。

8.2 收费制式与收费方式

8.2.1 收费制式

收费系统通常采用以下几种收费制式:全线均等收费制(简称均一式)、路段均等收费制(简称开放式)、按实际行驶里程收费制(简称封闭式)和开放式与封闭式相结合的混合式收费系统。基本收费制式的收费站在高速公路上的布设形式如图 8.1 所示。为简化起见,互通立交画成喇叭形或菱形。

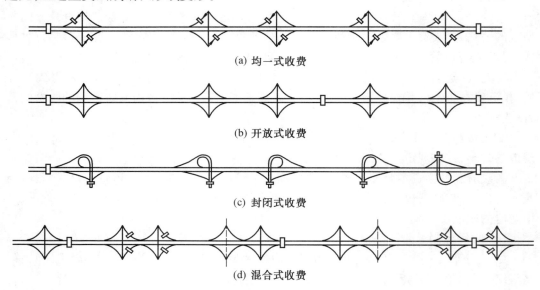

图 8.1 基本收费制式收费站布设示意图

1. 均一式收费制式

均一式是最简单的一种收费制式,其收费站一般均设置在收费道路的各个入口处(包括主线两端入口和各互通立交入口),而主线和匝道的出口都不再设站。车辆在出入时只要在一个收费站停车交费后,就可以在收费道路内自由行驶,不再受拦阻(收费站全部设在出口亦然)。

均一式的收费标准仅根据车型一个因素确定,不考虑行驶里程,而且各个收费站都取同一收费标准。

均一式收费制式的主要优点是:

①不会出现漏收情况;

②车辆只需一次停车交费且收费标准单一,收费手续简便、效率高,对交通影响小;

③由于只在入口建收费站,所以对道路和互通立交的限制不是很严格,而且由于收费效率高,只要较小规模的收费广场就可以保证车辆不致排队等待,这样既节省了土建投资,也节省了运营费用;

④可兼顾入口交通管理,当主线交通量趋于饱和时,可以通过限制通过量或关闭部分或全部收费车道来实现道路的驶入控制。

由于均一式实行入口一次收费,如果道路里程较长,车辆行驶里程的差距较大,交纳同样的通行费就显得不够公平合理。因而,均一式收费制式比较适合于道路出入口(互通式立交)多而且间距小,车辆行驶里程差距不大,而交通量很大的道路。

2. 开放式收费制式

开放式收费又称栅栏式收费或路障式收费。这种收费制式的收费站建在道路主线上,距离较长的道路可以建多个收费站,间距一般在 40～60 km 不等。各个互通立交的出入口不再设站,这样车辆可以从互通立交自由进出,不受控制,道路对外界呈"开放"状态。

每个收费站的收费标准和均一式收费制式一样,仅根据车型不同而变化,但各站的标准则因收费站的管辖距离不等而有所区别,这方面和均一式收费制式不同。

开放式收费制式的主要优点是:

①收费手续简便,效率高,对交通的影响较小;

②所需修建的收费站和收费车道数量较少,即收费系统的规模较小;另外由于收费广场不建在互通立交上,因而对立交形式没有限制,可以选择满足交通需求的最简单形式;

③长途车辆因交费而多次间歇停顿,可以减缓驾驶员因长时间单调驾驶而产生的困倦,客观上有利于行车安全;

④主线收费站可以获取道路相应路段的交通情报,如分车型的上下行交通量等;

⑤收费站中央若干条收费车道可以建成往复变向车道,以适应在一天内的不同时段上下行交通量有明显差别的情况;

⑥当需要时容易改造成免费道路;

⑦由于是开放式收费,必然有一部车辆可以无偿使用收费道路,这种制式可以更多地吸引车流;从社会效益角度考虑,开放式收费的经济性较好。

开放式收费制式的主要缺点是:

①当在两个收费站之间设有两个以上互通立交时,会出现漏收情况,这将影响收入和还贷计划的实现;

②由于不能严格地按行驶里程收费,因此收费标准的制定不能做到很准确、合理,存在多收、少收现象;

③不能兼顾收费道路出入口的交通管理;

④长途车辆需多次交费,开始时使用者可能会不习惯,甚至反感。

开放式收费制式适用于较短的或互通立交比较稀少的道路,通常独立的桥梁、隧道收费均采用这种方式。

3. 封闭式收费

封闭式收费是在道路的起、终点建主线收费站,在所有互通立交的出、入口建匝道收费站。车辆进出道路都要两次经过收费站,道路对外界呈"封闭"状态。

国内出现过两种封闭式收费的管理方法。一种是入口发卡、出口交费式管理方法。即车辆驶入收费道路,通过入口车道时领取一张通行券,上面记录着车型、入口收费站名称、进入的时间等信息。当车辆通过出口车道驶离时,交验通行券,收费员根据车型和行驶里程计价收费。另一种是入口收费、出口验票式管理方法。车辆驶入收费道路通过入口车道时,收费人员根据驾驶员所述去向,按车型和里程计价收费,并发给通行费票据(此票据应为双联),票据上记录入口站号。车辆驶离收费道路通过出口车道时,驾驶员交验票据,收费员检查所缴费额是否与驶出地相符,一致放行,不一致则补缴。

"入口发卡、出口收费"的方式是主要的收费方式。"入口收费、出口验票"的方式是针对人工收费时少数车辆行驶收费道路却不缴纳通行费的现象而出现的管理模式,属人工收费方式,随着半自动收费方式的广泛使用,这种形式已不多见。

封闭式收费制式的主要优点是:

①严格按车型和行驶里程收费,公平合理;

②没有漏收现象;

③可兼顾收费道路出入口的交通管理;

④借助通行券上记录的信息,可获得多种交通情报,如各出入口交通量、全线各互通式立交的交通分配量,进而可以推算各路段交通量和路段平均车速等。

封闭式收费制式的主要缺点是:

①出入口均需停车,入口处理效率较高,每辆车平均服务时间为 6~8 s。但出口需验卡收费,手续复杂,效率较低,平均服务时间在 14 s 以上(14~18 s),对交通影响较大;

②收费站数量与均一式收费制式相当,但因出、入口均需修建收费车道,出口效率低,所需收费车道约为入口的 1.5~2 倍,所以收费站的规模大、投资大,而且运营时所需费用也多;

③由于要实行出入控制,收费站要建在互通式立交的匝道上。为了便于收费管理和交通管理,希望将立交的四条匝道(上下行驶入、驶出匝道各一条)归拢在一处建收费广场,这就对互通立交的形式提出了严格要求。目前普遍采用的喇叭形互通式立交虽然能比较好地适应以上要求,但其占地面积较大,喇叭内圈的通行能力较差;

④由于收费依据车型和里程两个因素,因此内部和外部可能作弊的途径也比单一因素(车型)多。为防止作弊,封闭式制式要采取更多的措施,比如服务区和停车区的设施要实行上下行严格隔离,不能共用等;

⑤封闭式收费必须有通行券,通行券携带有车型、入口地址、时间等信息。为了保证尽可能准确、快速地处理通行券上的信息,提高通行能力和防止作弊,收费车道设备要尽量采用最新技术,并具有完善的功能。这就使得封闭式收费系统的设备复杂、昂贵,初期投资和运营维护费用都比较高。

一般说来,封闭式收费制式适用于建设里程长、出行者行驶距离差别较大、主线和互通式立体交叉出入交通量均较大且已联网或规划联网收费区域内的高速公路。目前,这种制式在我国应用较多。

4. 混合式收费

混合式收费是取开放式收费和封闭式收费两者之所长,又能做到基本合理收费的一种比较实用的收费制式。这种制式在主线上设一定数量的收费站,间距大于 40 km,同时为减少不合理收费现象,在两主线站之间的部分匝道设收费站。每个站的收费标准不同,但对每一个站来说仅根据车型不同而变化,各站同一类型车辆的收费额根据收费区间的不同而有所区别。在减少漏收和不合理收费的前提下,收费区间要认真分析确定。

混合式收费系统中,在一个区界内行驶的车辆只需停车一次,长途行驶车辆的停车次数可能多于两次。

混合式收费制式的主要优点是:

①收费手续简单、效率高、对交通的影响小,这一点与均一式、开放式收费制式相同;

②收费站比封闭式收费制式少,因而建设期相关土建、设备和配套设施少,投资省;

③运营期人员少,运营、维护费用低;

④对沿线服务设施无特殊要求;

⑤不设收费站的互通立交,可根据交通流特点选择经济合理的立交形式,不受收费制式的限制;

⑥与均一式、开放式收费制式相同,混合式收费制式为通过一次收费一次,所以无通

行券,且票据简单,运营成本低;

⑦适应分段收费的要求。中长距离收费公路往往是跨省、市行政区的,借贷还款也往往由各省、市自行负责,这就要求各自收取管辖路段内的通行费。混合式收费制式可以根据这一要求划分区段控制里程,并选取适当位置建主线收费站,实现分别收费。

混合式收费制式的主要缺点是:

①每个互通立交不一定均设收费站,因此无法准确按里程收费,收费标准只能做到基本合理;

②不能兼顾收费道路所有出入口的交通管理;

③道路里程长时,行驶全程的车辆需停车两次以上。

混合式收费制式适用于距离长、互通立交间距大、长途行驶车辆较多的道路。

8.2.2 收费方式

1. 人工收费方式

人工收费方式是指通过对进入收费道路的车辆发给通行卡以及出口处验卡收费等程序,全部由手工操作完成的收费方式。典型的收费操作程序分为目测识别车型、验看通行券并手工收取通行费、发放收据和开起栅栏放行车辆四个步骤。人工收费所需设备简单,资金投入少,但管理复杂,少收、漏收、作弊、闯口现象严重。

2. 半自动收费方式

半自动收费方式(manual toll collection,MTC)是指由人工完成收费和找零工作,由计算机或人工完成车型判别,由计算机完成计算费额、打印票据、数据积累汇总等工作的收费方式。半自动收费方式是在人工收费方式基础上发展起来的,具有抑制作弊能力强、管理水平高、运营成本低等优点,适合我国当前国情。目前,我国大部分收费道路采用的是半自动收费方式。

3. 全自动收费方式

全自动收费方式即不停车电子收费方式(electronic toll collection,ETC),指在无人值守的收费车道,应用专用短程无线通信技术和计算机技术自动完成对车辆的识别、收费操作和收费数据处理。全自动收费方式的自动化程度高,既可减少大量收费人员,又可减轻收费人员的工作强度,同时有利于资金回收和还贷。不停车电子收费方式在经济发达国家正在大力发展,我国也于2015年实现了高速公路电子不停车收费全国联网,大有取代半自动收费方式的趋势,且已取得了良好的社会和经济效益。

8.3 道路使用效益分析

道路建设项目的经济效益一般是指项目对整个国民经济所做的贡献。与此不同,在收费研究中所涉及的道路使用效益,是反映道路使用者所获得的效益。此效益是通过与其他运输方式相比较形成的,所以又可称之为道路级差效益。由于道路使用效益在很大程度上制约着收费标准的制定,所以科学地界定与合理地衡量道路使用效益就成为收费管理的一项重要内容。

道路使用效益一般包括:运行成本降低的效益、运输里程缩短的效益、运输时间节约的效益、运输生产效率提高的效益、减少行车事故的效益、减少拥挤的效益、提高运输质量的效益。其中,道路用户体会较深刻且容易计量的效益有:运行成本降低的效益、运输里程缩短的效益和运行时间节约的效益。

8.3.1 运行成本降低的效益

运行成本一般包括燃料成本、轮胎成本、维修成本和折旧成本等。车辆的运行速度、道路几何线形和路面条件等因素影响着运行成本的高低。车辆的运行速度主要影响运行成本中的燃料成本;而道路的几何线形又对车辆的运行速度有着重要的影响;路面条件影响着车辆所需克服的摩擦阻力,从而进一步制约着运行成本的高低。其中,燃料成本、保养小修成本等受路面条件影响较为显著。

运行成本降低的效益可按下式测算

$$B_1 = \sum AC_0 \times L_1 \times G \tag{8.1}$$

式中　B_1——某型车运行成本降低的效益,元;

　　　AC_0——对于新建道路项目,指无此项目时,平行竞争道路的平均车公里成本,对于扩建道路项目,指道路未扩建时的平均车公里成本,元/(车·km);

　　　L_1——车辆在收费道路上的行驶里程,km;

　　　G——车辆在收费道路上行驶时某项成本降低的百分比,%。

可采用抽样调查、技术测定、专家评价等方法来分别测定由于道路等级、路面条件等变动对车辆运行成本中相关成本项目的影响。

8.3.2 运行里程缩短的效益

高等级道路的线形设计一般对道路坡度、转弯半径等有特殊的要求,以适应车辆行驶的需要。因此,相对于旧路而言,往往可以在一定程度上缩短道路里程。运输里程的缩短可以给运输者带来可观的成本降低效益。此效益可按下式测算

$$B_2 = AC_0 \times \sum \Delta L \tag{8.2}$$

式中　B_2——某型车运输里程缩短的效益,元;

　　　AC_0——某型车在平行竞争道路或原有道路上的平均车公里成本,元/(车·km);

　　　ΔL——道路缩短里程长度,km。

8.3.3 运输时间节约的效益

运行时间节约的效益是道路建设项目级差效益的重要组成部分。在市场经济条件下,追求时间节约的效益是高等级收费道路得以快速发展的重要原因之一。在道路建设项目国民经济评价中,运行时间节约的效益包括货运时间节约的效益和客运时间节约的效益。与此不同,在收费研究中,运行时间节约的效益只考虑司机和旅客运行时间节约的效益。

在我国现行收费实践中,绝大多数收费道路实行将客、货车综合分类的方法。按照稳健的原则,客货车均只考虑运行时间节约对司机的影响。运行时间节约的效益一般可用下式测算

$$B_3 = T_n \times V \tag{8.3}$$

其中

$$T_n = \frac{L_0}{S_0} - \frac{L_1}{S_1} \tag{8.4}$$

式中 B_3——某型车运行时间节约的效益,元;
T_n——全程节约时间,h;
V——单位时间价值,元/h;
L_0——平行竞争道路或原有道路的里程,km;
S_0——平行竞争道路或原有道路的车辆平均行驶速度,km/h;
L_1——收费道路通车里程,km;
S_1——收费道路车辆平均行驶速度,km/h。

在运行时间节约的效益中最难以确定的是单位时间价值,在实践中,一般可采用以下三种方法来确定。

(1) 生产法

此方法认为,道路使用者可以利用节约出来的在途时间从事新的运输生产活动。这样便可在原有运营条件不变的情况下,通过增加运营次数来增加利润,提高运输劳动生产率。因此,单位时间价值取决于平均单车公里净利、全程节约时间、在收费道路上的运行速度以及时间利用系数。

(2) 产值法

此方法认为,道路使用者既可利用节约出来的在途时间从事新的运输生产活动,也可从事其他获利性经营活动或创收活动。因此,单位时间价值应当更多地受当地人均国民收入或国民生产总值的影响,而不是仅仅受某种经营活动所得收益的影响。目前,在进行时间节约的效益分析时,产值法是一个比较合理、应用比较广泛的方法。

(3) 费用法

此方法的理论依据是时间节约的效益取决于旅客或司机为节约在途时间而支付货币的意愿。费用法一般用下式测算单位时间价值为

$$V = \frac{\Delta E}{\Delta T} \tag{8.5}$$

式中 ΔE——费用增量,元;
ΔT——时间增量,h。

8.3.4 道路级差效益

道路级差效益主要是由运行成本降低的效益、运输里程缩短的效益和运行时间节约的效益组成。道路使用者所获得的级差效益,可用下式测算

$$B = B_1 + B_2 + B_3 \tag{8.6}$$

如果收费道路的平行竞争道路或原有道路也征收车辆通行费,则级差效益可改写成

$$B = B_1 + B_2 + B_3 + F \tag{8.7}$$

式中 F——收费道路的平行竞争道路或原有道路全程征收的车辆通行费,元。

【例8.1】 某高速公路全长85 km,利用贷款和集资修建。全线设3个主线收费站,

7个匝道收费站,建成后实行全封闭收费。进行级差效益分析时按40%的降低率来估计运行成本降低的效益。与原有道路相比,此新建高速公路全程缩短5 km。经调查,该地区人均国民生产总值为42 340元(人民币),如果平均每人每天工作8 h,那么每小时的时间价值为14.5元。不同车型在旧路上的运营成本与缴纳的通行费见表8.1。试计算该高速公路的级差效益。

表8.1 旧路上的运营成本与缴纳的通行费表

车型	小型	中型	大型	特型
旧路成本/(元·车$^{-1}$·km^{-1})	0.95	1.75	2.75	3.40
车辆通行费/元	17	25	30	35

解 1. 计算运行成本降低的效益

运行成本降低的效益计算见表8.2。

表8.2 运行成本降低的效益计算表

车型	旧路运行成本/(元·车$^{-1}$·km^{-1})	成本降低率/%	运行成本降低效益/(元·车$^{-1}$·km^{-1})	效益合计/元
小型	0.95	40	0.38	32.30
中型	1.75	40	0.70	59.50
大型	2.75	40	1.10	93.50
特型	3.40	40	1.36	115.60

2. 计算运输里程缩短的效益

全程里程仅缩短了5 km,运输里程缩短的效益较低,因而对收费标准高低的影响也是有限的。运输里程缩短的效益计算见表8.3。

表8.3 运输里程缩短的效益计算表

车型	旧路运行成本/(元·车$^{-1}$·km^{-1})	全程缩短里程/km	运输里程缩短效益/(元·km^{-1})	效益合计/元
小型	0.95	5	0.06	4.75
中型	1.75	5	0.10	8.75
大型	2.75	5	0.16	13.75
特型	3.40	5	0.20	17.00

3. 计算运行时间节约的效益

在本算例中,采用产值法计算运行时间节约的效益。这是因为产值法所确定的效益较客观、较稳健,容易被接受。运行时间节约的效益计算结果见表8.4。

表8.4 运行时间节约的效益计算表

车型	定员人数 /(人·车$^{-1}$)	全程节约时间 /h	单位时间价值 /(元·h^{-1})	时间节约的效益 /元
小型	1	2	14.50	29.00
中型	1	2	14.50	29.00
大型	1.5	2	14.50	43.50
特型	2	2	14.50	58.00

根据上述分析,此高速公路的级差效益计算见表8.5。

表8.5 级差效益计算表

车型	运行成本 降低效益/元	运输里程 缩短效益/元	运行时间节约 的效益/元	平行路 收费额/元	总效益 /元	平均效益 /(元·车$^{-1}$·km^{-1})
小型	32.30	4.75	29.00	17.00	83.05	0.98
中型	59.50	8.75	29.00	25.00	122.25	1.44
大型	93.50	13.75	43.50	30.00	180.75	2.13
特型	115.60	17.00	58.00	35.00	225.60	2.65

道路级差效益对收费标准的制定具有重要影响。下一节将对收费标准的确定方法进行详细介绍。

8.4 收费模式与收费标准

8.4.1 收费模式

1. 收费还贷模式

收费还贷模式适用于收费还贷道路。利用贷款修建的道路,其收费的目的是偿还贷款和集资本息,并非收回全部建设成本,不是为了获得利润。所以收费还贷道路的收费期限,原则上应以还清贷款和集资的本息为限。一般而言,收费期限最长也不超过15年。收费还贷道路所确定的收费标准应能保证在规定期限内偿还全部贷款和集资本息。根据这一要求,还贷收费道路的收费数学模型为

$$\sum_{t=0}^{n} \text{NCF}_t (1+i)^{-1} - D = 0 \tag{8.8}$$

式中　n——收费期限,年;

　　　NCF_t——第t年还贷回收额,元;

　　　i——贷款或集资的平均年利率,%;

　　　D——贷款或集资本息,元。

收费还贷道路所确定的收费标准应保证实际贷款偿还期低于或等于规定的贷款偿还期。收费标准与还贷收入之间存在着下式所述的关系

$$NCF_t \leq \sum f \cdot Q \cdot L \cdot (1 - T) - C \tag{8.9}$$

式中 f—— 某型车的收费标准,元/(车·km);
Q—— 某型车的交通量,辆/年;
L—— 收费道路全长,km;
T—— 营业税金及附加,%;
C—— 平均每年道路养护与管理费用,元。

上述公式界定了分车型收费标准的下限。

2. 收费经营模式

收费经营模式适用于特许经营收费道路,收费经营道路收费的目的在于收回投资并获得预期的利润。根据国家的有关规定,收费经营道路的收费期限,按照收回投资并有合理回报的原则确定,高速公路一般不得超过 30 年,但投资规模大、回报周期长的高速公路,经批准可超过 30 年;一级公路和独立桥梁、隧道的经营期限最长不超过 25 年,但国家确定的中西部省、自治区、直辖市可延长至 30 年。因而,在特许经营期内回收全部的投资并实现预期投资收益率的要求,就成为制约收费经营道路收费标准的关键因素。收费经营道路的收费数学模型为

$$\sum_{t=0}^{n} NCF_t (1 + IRR)^{-1} - I = 0 \tag{8.10}$$

式中 n—— 收费期限,年;
NCF_t—— 第 t 年投资回收额,元;
IRR—— 投资内部收益率,%;
I—— 投资现值,元。

收费费率与投资回收额之间的关系为

$$NCF_t \leq \sum f \cdot Q \cdot (1 - T) - C \tag{8.11}$$

式中 f—— 平均标准费率,元/辆;
Q—— 平均交通量,辆;

8.4.2 车辆分类

在实施收费前应对车辆加以分类,这是制定收费费率和收费标准的基础。车辆分类的原则是:公平合理性和简单明确性。

(1)公平合理性

车辆分类的主要目的是保证通行费征收的公平合理,并能有效吸引交通量。征收的通行费应反映出不同车辆对道路的使用和破坏情况,此外,还要考虑收费道路的车型构成比例、车辆分类检测手段、车辆对道路的占有情况及车辆的运营效益等。

(2)简单明确性

在尽可能按公平合理的原则进行车辆分类的同时,还要考虑到车型判别的简明性(适用于人工判别或机器自动判别或不停车收费的机器自动判别),以保证营运高效、可靠,并降低营运成本。

2019 年 9 月 1 日发布实施的行业标准《收费公路车辆通行费车型分类》(JT/T 489—

2019)将车型按客车、货车、专项作业车三个系列分类。

客车包括载客汽车和乘用车列车,依据车辆类型和核定载人数分为四类。

1 类客车:车长小于 6 000 mm 且核定载人数不大于 9 人的微、小型载客汽车;

2 类客车:车长小于 6 000 mm 且核定载人数为 10~19 人的载客汽车和乘用车列车;

3 类客车:车长不小于 6 000 mm 且核定载人数不大于 39 人的载客汽车;

4 类客车:车长不小于 6 000 mm 且核定载人数不小于 40 人的载客汽车。

货车包括载货汽车、货车列车和半挂汽车列车,依据车辆总轴数(含悬浮轴)以及车长和最大允许总质量分为 6 类。其中,1 类货车总轴数为 2 轴、车长小于 6 000 mm 且最大允许总质量小于 4 500 kg;2 类货车总轴数为 2 轴、车长不小于 6 000 mm 或最大允许总质量不小于 4 500 kg;3~6 类货车的总轴数依次为 3~6 轴。

专项作业车依据车辆总轴数(含悬浮轴)以及车长和最大允许总质量分为 6 类。其中,1 类专项作业车总轴数为 2 轴、车长小于 6 000 mm 且最大允许总质量小于 4 500 kg;2 类专项作业车总轴数为 2 轴、车长不小于 6 000 mm 或最大允许总质量不小于 4 500 kg;3~5 类专项作业车的总轴数依次为 3~5 轴;6 类专项作业车的总轴数≥6 轴。

当单车拖曳另一辆车时,该组合车辆按照高于主车的一个类别来确定车型。

由于我国的车型种类较多,部分临界车和改装车的存在给车辆分类带来了一定的困难。各地区根据自身的不同情况,制定了各自收费车辆分类标准。此外,由于地方经济发展水平的不同,相同车型在不同地区的收费标准也有一定的差异。表 8.6 给出了我国部分高速公路及桥梁的车辆分类和收费标准。

8.4.3 分车型收费系数

分车型的收费系数,亦称收费费率,就是各车型收费标准的比例关系。

1. 影响收费系数确定的因素

①分车型交通量的收费弹性。收费弹性研究表明,小型车交通量基本上不受费率高低的影响,具有较小的收费弹性。中型车收费费率高低对交通量有一定影响。大型车和特型车收费费率高低对交通量有较大影响,具有较大的收费弹性。从收费弹性的规律来看,对小型车可根据需要,在级差效益范围内采用较高的收费标准。

②各车型对道路的占用和磨损。相比较而言,重型和特大型车辆在运行过程中所占用的空间和对道路的破坏程度较大,因而收费标准相对较高。

2. 收费系数的确定

从理论上说,大型车的费率应当高一些。根据从对道路的占用和磨损测算得出的高速公路费率关系见表 8.7。从表中可以看出,一个集装箱车辆的通行费将是 16 辆小客车的费用。一旦采用这种费率,则集装箱车的吸引通行量一定很小。在确定收费费率时,既要考虑车辆的占有率、对道路的破坏程度,还要鼓励大型车的通行。因此,费率应做相应的调整,调整时应以一类车、二类车为主,同时不轻视三类车。

表 8.6 我国部分高速公路及桥梁的车辆分类和收费标准

高速公路名称	车辆分类/收费档次	一类 小型车 货车	一类 小型车 客车	二类 中型车 货车	二类 中型车 客车	三类 大型车 货车	三类 大型车 客车	四类 特型车 货车	四类 特型车 客车	五类 特大型车
G1011 哈同高速公路	吨位/t	<2		2.5~7		7.5~15		16~25		>25
	座位/座		<19		20~39		>40			
	收费标准/元·车⁻¹·km⁻¹	0.35		0.5		0.7		0.8		1.2
G1 京哈高速（吉林段）	吨位/t	<2		2~5		5~10		10~15		>15
	座位/座		≤7		8~19		20~39		≥40	
	收费标准/元·车⁻¹·km⁻¹	0.4		0.6		0.8		1.2		1.4
G2 京沪高速公路（北京段）	吨位/t	<2		2~5		5~10		10~15		>15
	座位/座		≤7		8~19		20~39		≥40	
	收费标准/元·车⁻¹·km⁻¹	0.34		0.47		0.61		0.81		0.81
G42 沪蓉高速公路（湖北段）	吨位/t	≤2		2~5		5~10		10~15		>15
	座位/座		<17		18~30		31~50		≥51	
	收费标准/元·车⁻¹·km⁻¹	0.836		1.254		1.672		2.09		2.508

续表 8.6

高速公路名称	车辆分类/收费档次	一类 小型车		二类 中型车		三类 大型车		四类 特型车		五类 特大型车
		货车	客车	货车	客车	货车	客车	货车	客车	
G0102 长春绕城高速	吨位/t 座位/座 收费标准元·车$^{-1}$·km^{-1}	<2 0.4	<7	2~5 0.6	8~19	5~10 0.8	20~39	10~15 1.2	≥40	>15 1.4
G80 昆石高速公路	吨位/t 座位/座 收费标准元·车$^{-1}$·km^{-1}	≤1 0.9	≤10 0.45	1~3 1.35		3~6 1.8	10~30	6~9 2.25 2.7	≥30	9~1 2>12 3.15
G85 渝昆高速公路（重庆段）	吨位/t 座位/座 收费标准元·车$^{-1}$·km^{-1}	≤2 0.5	<17	2~5 1	18~30	5~10 1.5	31~50 2	10~15	≥51	>15 2.5
江苏 苏通大桥	吨位/t 座位/座 收费标准元·车$^{-1}$·km^{-1}	≤2 0.45	≤7 0.68	2~5 0.68	8~19 0.9	5~10 0.9	20~39 1.13	10~15 1.35	≥40 0.9	>15 1.58

表 8.7 以小客车为标准的费率

小客车	大客车	货车	集装箱车
1	2	3.3	16.67

如果将小型车的费率定为 1,特大型车采用 3.5,那么我国高速公路上收费系数常用值见表 8.8,这是在借鉴国内外高速公路费率资料的基础上综合取得的。按照这一费率确定收费标准,增强了道路对车辆的吸引,交通量可望达到预期的效果。

表 8.8 我国高速公路上收费系数常用值

一类车	二类车	三类车	四类车	五类车
1	1.5	2	3	3.5

8.4.4 收费标准

本书仅介绍以还款付息为目的的新建高速公路收费标准的确定方法。目前,国内外对该收费标准的确定主要有成本反算法、类比法、消费水平测算法、级差效益法、收费弹性系数法五种方法。

1. 成本反算法

成本反算法是根据贷款额、贷款利率、贷款偿还期年限及道路养护管理成本、大中修成本等计算收费额,然后根据不同年份和不同车型的交通量进行反算确定收费标准方案。此方法最为直观,因此是目前使用最广泛的收费标准确定方法。

该方法是以预测交通量不变为前提条件的,而未来年份的交通量与预测交通量之间会有一定的偏差。因此,这种"固定不变的"假设可能会出现不切实际的情况。

【例 8.2】 某高速公路采用收费还贷方式建设,规定还贷期限为 9 年。确定 1992 年通车,里程为 142.5 km,当年外汇汇率比价为 5.029,银行利率为 4.2%。折算开通年 A 型车年平均日交通量为 12 054 辆,还款计划见表 8.9 和表 8.10。在此期间,资金折现率为 9%,收费标准只因时间价值的改变而改变。试确定收费标准。

表 8.9 ×××高速公路还款计划表(养护管理费按 4% 递增) 万美元

年度	本金	利息	收入	养护管理费	还本付息
1992	17 724.5	—	2 030.65	424.5	1 606.15
1993	16 118.35	744.43	2 213.41	441.5	1 771.93
1994	15 090.85	676.97	2 412.62	459.1	1 953.52
1995	13 814.30	633.81	2 629.75	477.5	2 152.25
1996	12 295.86	580.20	2 866.43	496.6	2 369.83
1997	10 506.23	516.43	3 124.41	516.5	2 607.91
1998	8 414.75	441.26	3 405.60	537.1	2 868.50
1999	5 987.51	353.42	3 712.11	558.6	3 153.51
2000	3 187.42	251.48	4 019.79	580.9	3 438.89
2001	0	133.87			

表 8.10　×××高速公路还款计划表（养护管理费不变）　　　　　　万美元

年　度	本　金	利　息	收　入	养护管理费	还本付息
1992	17 724.50	—	1 982.90	424.5	1 558.40
1993	16 166.10	744.43	2 161.36	424.5	1 736.86
1994	15 123.67	678.98	2 355.88	424.5	1 931.38
1995	13 871.26	635.19	2 567.91	424.5	2 143.41
1996	12 363.04	582.59	2 799.03	424.5	2 374.53
1997	10 571.10	519.25	3 050.94	424.5	2 626.44
1998	8 463.91	443.98	3 325.52	424.5	2 900.82
1999	6 007.07	355.48	3 624.82	424.5	3 200.32
2000	3 162.23	252.30	3 839.03	424.5	3 414.53
2001	0				

解　根据还款计划,可估算出第一年通行费收入。再根据下列四个收费标准公式计算出各车型收费标准。在还款计划中,最后一年应根据具体还款情况进行适当调整,使收费标准既能满足还贷要求,又能被道路使用者所接受。

$$A \text{ 型车的收费标准} = \frac{\text{第一年通行费收入} \times \text{外汇汇率比价} \times 10^4}{\text{第一年年平均日交通量} \times 365 \times \text{总公里数}} \tag{8.12}$$

$$B \text{ 型车的收费标准} = B \text{ 收费系数} \times A \text{ 型车的收费标准} \tag{8.13}$$

$$C \text{ 型车的收费标准} = C \text{ 收费系数} \times A \text{ 型车的收费标准} \tag{8.14}$$

$$D \text{ 型车的收费标准} = D \text{ 收费系数} \times A \text{ 型车的收费标准} \tag{8.15}$$

收费标准的高低取决于高速公路交通量的大小,而交通量在高速公路未开通前只能靠预测获得。由于交通量不稳定,为了可靠起见,应计算在几种交通量情况下的收费标准,结果见表 8.11。

表 8.11　×××高速公路在几种交通量情况下的收费标准　　　　　　元/（车·km）

交通量情况	方案							
	养护管理费不变				养护管理费每年按4%递增			
	A	B	C	D	A	B	C	D
基本情况下的交通量	0.159 0	0.238 6	0.270 4	0.435 8	0.162 9	0.244 3	0.276 9	0.446 3
交通量减少 20%	0.198 8	0.298 3	0.338 0	0.544 8	0.203 6	0.305 4	0.346 1	0.557 8
交通量减少 50%	0.318 0	0.477 2	0.540 8	0.871 6	0.325 8	0.488 6	0.553 8	0.892 6

①基本情况下的交通量,将交通量预测结果折算成 A 型车的年平均日交通量,再根据还款计划,由公式计算养护管理费不变及养护管理费按比例递增后各车型收费额标准。

②交通量下降 20%的情况下,养护管理费不变及养护管理费按比例递增后各车型收费额标准。

③交通量下降 50%的情况下,养护管理费不变及养护管理费按比例递增后各车型收

费额标准。

由于交通量的不稳定性,因此选择交通量下降20%、养护管理费按每年4%递增的收费标准作为最终标准。同时将费额化零为整,以简化收费手续。由此得出该高速公路各个收费站的区间收费标准为:A型车=0.20元/(车·km),B型车=0.30元/(车·km),C型车=0.35元/(车·km),D型车=0.55元/(车·km)。

2. 类比法

类比法是参照已建成道路的收费标准,按地区发展水平、交通量的大小、投资结构等进行类比分析,并经调整后确定的收费方案。该收费标准具有一定的实践依据,但在很大程度上含有经验和主观判断的成分,因此,其准确性和可靠性较难量化。

3. 消费水平测算法

消费水平测算法是按人们的收入水平对收费的承受能力(也称收费负担度)测算并确定收费标准的方法。收费负担度等于收费收入与人均收入之比。消费水平测算法将使用收费道路看成一种消费活动,试图站在消费者的角度将收费标准定位于市场价格的范畴。但私家车作为一种高档消费品,在我国还不十分普及,因此,车辆出行中大量的还是生产性、公务性和公交性的出行行为,与个人消费不存在明显的相关关系。因此,此法目前在实际应用上有较大困难。

4. 级差效益法

级差效益法根据用户收益价值的大小确定收费标准。收费道路的级差效益界定了分车型收费标准的上限。世界银行建议选取使用者所获得的总效益的30%~50%作为收费道路的车辆通行费标准,亚洲开发银行建议收费标准不应超过使用者所获效益的30%。级差效益法计算简便,但考虑因素比较单一。

5. 收费弹性系数法

国外在确定道路收费费率时常以收费弹性(敏感度)为依据,即根据交通量随收费标准的变化情况,来确定收费标准。收费弹性系数法需要有较完善的收费历史、社会经济发展状况和道路使用者对费用的承担能力等方面的资料,因此,不太适合现阶段我国国情。但就国外确定收费标准的经验来看,这种方法是较合理的。

8.5 收费站总体设计

8.5.1 收费站类型

依据收费站设置位置的不同,可将收费站划分为主线收费站和匝道收费站两类。

1. 主线收费站

主线收费站是指设在主线上的收费站。封闭式收费系统一般是在收费道路两端各设一个主线收费站,其他收费站均设在匝道上。而开放式收费系统则多是沿收费道路每隔一定距离设置一座双向主线收费站。

当收费道路交通量较大时,主线收费极易因停车缴费而产生严重延误。为疏解这一状况,主线收费站可采用双向错位收费、单向收费、隔站错开收费和分支收费四种布设方式。

①双向错位收费是指两个方向的收费广场沿路中心线方向至少相互错开 120 m 以上,然后各自分成一个收费站。其优点是:可有效减少收费广场的宽度;其缺点是:收费站的数目增加了一倍,增加了建筑及营运费用。

②单向收费是指将现行各主线收费站的同一侧均改为与主线(单向)相同的正常车道数,其余空间均拨给对向作收费车道使用,全线只在该侧单向收费(费率提高一倍)。其优点是:不收费方向的收费延误完全消失,收费方向则因收费车道容量增加使收费不再是道路的瓶颈;其缺点是:收费方向交通量可能降低,通行费可能会短收,有失"使用者付费"原则。

③隔站错开收费与单向收费大体类似,不同之处在于此方法仍然维持双向收费,只是双向收费站错开且用路人每隔一收费站缴费一次(费率提高一倍)。其优点是:除与单向收费相同外,尚能防止用路人逃避收费,因此短收费现象将减少,且两方向的交通需求仍能维持双向收费的水准;其缺点是:可能产生最小转弯半径不足、收费站下游车流并入的渐变段长度不足等问题。

④分支收费在收费站设置部分车道作为一般车道,而在收费站下游或上游约 90~135 m 处再设置分支收费站,使部分车辆在分支收费站缴费。其优点是:可以减少收费站横向拓展造成转弯半径不足的问题,亦可使车辆快速通过,增加收费站容量;其缺点是:用地可能会有所增加。

2. 匝道收费站

匝道收费站是指设置在匝道上或联络线上的收费站,其布设方式可分为集中式与分散式两类。对于封闭式收费系统,集中式将同一立交每一进口匝道均引至一处,与地区道路相衔接,集中设置双向收费站。而对于均一式收费系统,只需将入口或出口匝道引至一处,集中设置单向收费站。分散式是指在同一立交的不同匝道上分别设置两个或两个以上的匝道收费站。

8.5.2 收费站位置选择原则

收费站的设置位置应根据收费制式和主体工程设计情况,综合考虑安全、经济、环境影响、路网规划、行政区划等因素进行确定,一般应遵循如下原则:

① 收费站应设置在通视、通风良好,易排水的地点。

② 收费站不得设置在凹形竖曲线的底部或紧靠长下坡路段的下方底端。

③ 收费站设置宜避开地质灾害、洪水、大雾、雷击等自然灾害频发,以及易积雪、积沙的地点。

④ 除独立收费的桥梁、隧道收费站以外,主线收费站距特大桥、隧道的距离宜大于 2 km,特殊情况经论证可小于 2 km,但不得小于 1 km。

⑤ 收费站与城市道路直接衔接时,宜根据交通影响评价对选址进行优化。

⑥ 主线收费站选址应根据路网规划、通行费漏收情况、环境影响、对所在地区居民生活和产业发展影响,以及供水、供电、通信的便利性等因素确定。非封闭式收费公路相邻主线收费站间距不得小于 50 km。

⑦ 省(直辖市、自治区)界主线收费站宜合建。经充分论证,相邻两省(直辖市、自治区)界受地形限制,在站址相距 50 km 以上时,可各自独自设置全幅收费站;受条件限制

采取分址建设时,应尽可能缩短两个半幅主线收费广场的间距,同时两站中间不应再设置匝道收费站。

⑧ 当高速公路连接线为封闭的公路,且高速公路匝道收费站与其连接线的主线收费站间的距离小于 50 km 时,宜合建收费站。

⑨ 处于两个联网收费区域中的两条公路相交处需要设置互通立交匝道收费站时,在满足互通立交使用功能的前提下,宜采用双 Y 型或双喇叭型等互通立交形式,在匝道上设置合建收费站。

8.5.3 收费站平面与竖向布局要点

1. 视距条件

收费广场与连接道路间应有良好的视距条件,使驾驶员在到达收费站前足够的安全距离内就能看到收费广场的情况。在路线线形设计和互通式立交设计时,特别是在挖方路段设置收费广场时,必须做到路侧的各种障碍物都不妨碍驾驶员眼睛与通视目标的视线,必要时应拆除障碍物或开挖视距台。

2. 车辆进出收费站

在布置收费站时,应根据地形地理情况,尽可能在收费站预备交道路之间设置联系道路或直接把收费站靠近被交道路布置,这样有利于车辆进出收费站。

3. 标高与填土高度

收费站的标高要与互通式立交的匝道标高相适应,在互通式立交设计时应兼顾收费站。收费广场的填土高度不宜太高,在南方多雨地区收费站的填土高度宜比原地面高 1.0~1.5 m;在北方少雨地区也同样要防止水淹。

4. 收费广场排水

收费广场特别是主线收费广场,由于收费车道数多,收费广场宽度较大。对于南方多雨地区,在收费广场横断面设计时,宜采用较大的横坡,但横坡不宜超过 2%。在纵坡方向,一般不期望有较大的纵坡,但为了防止路面水沿纵坡方向流到收费岛间的收费车道,可在收费广场标高较高的一侧设置截水沟。

5. 非机动车及行人通道

一级公路的收费站、有非机动车和行人通行需求的大桥主线收费站,收费广场直线段外侧应设置供非机动车辆和行人通行的通道,且非机动车道和人行道的宽度均不得小于 2 m,净空不得小于 2.5 m。人行道应设置于非机动车道的外侧,且其高度应比非机动车道高 15 cm 以上。非机动车行车道和收费车道之间应设置分隔带或隔离设施,同时应配套设置相应的交通标志标线。

8.5.4 收费立体交叉

收费道路上的或需单独收费的立体交叉按收费立交设计。除了三肢立体交叉以外,其余形式收费立交至少需要两个收费站。一般应尽量减少收费站的个数,力求设备集中,管理方便,不干扰主要道路交通。一座立体交叉以一个收费站为宜。

1. 设置收费站的方法

如图 8.2 所示,距交汇道路交叉点适当的距离处另设一条连接线,在连接线的两端与正线交叉处各设置三肢立体交叉或平面交叉,使所有转弯车辆集中经由连接线行驶,只在连接线上设置一个收费站即可。

2. 收费立体交叉的形式

三肢立体交叉的所有形式都可直接作为收费立体交叉,只需一个设在连接线上的收费站,就能实现所有进出高速公路车辆的收费管理。多肢立体交叉一般是不收费的,只适用于不收费道路上的使用。四肢收费立体交叉是收费道路上常用的形式,一般只需要一个收费站,个别情况可能采用两个收费站。

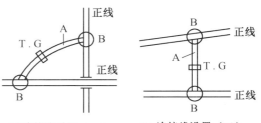

图 8.2 收费立体交叉设置收费站的方法
A—连接线;B—三肢立体交叉或平面交叉;
T.G—收费站

四肢收费立体交叉设两个收费站,多用于城市道路因场地条件限制不宜布设连接线而集中收费的情况,公路上一般很少采用。国内多用在部分苜蓿叶式收费立体交叉上,国外也用于变形的菱形收费立体交叉处。

四肢收费立体交叉只设一个收费站的形式,在收费道路上使用非常普遍。可采用的形式主要有:平交加菱形、平交加环形、平交加叶形、平交加喇叭形、平交加定向型、双菱形、菱形加环形、菱形加叶形、菱形加喇叭形、菱形加定向型、双环形、环形加叶形、环形加喇叭形、环形加定向型、双叶形、叶形加喇叭形、叶形加定向型、双喇叭形、喇叭形加定向型及双定向型等。设一个收费站的部分四肢收费立体交叉形式如图 8.3 所示。

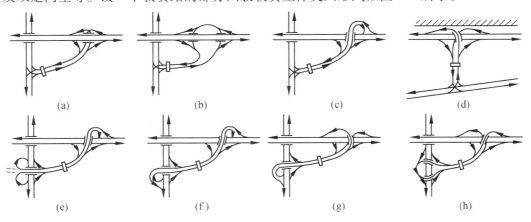

图 8.3 设一个收费站的部分四肢收费立体交叉形式

8.6 收费站设施设计

收费站主要由收费卡门、收费广场、收费站房、供电照明设施四部分组成,其中收费卡门又包括收费车道、收费岛、收费亭、收费天棚等部分。

8.6.1 新建收费设施设计要点

1. 收费车道

（1）收费车道设置规定

① 收费站进、出口收费车道数均不应少于 2 条，且至少应包括 1 条 MTC 车道。

② 主线收费站收费车道总数不宜超过 60 条，收费车道数超过 30 条时宜采用增加 ETC 车道比例等方式提高收费站通行能力。

③ 高速公路主线收费站应设置至少 4 条 ETC 车道，其中出入口各至少 2 条 ETC 车道；匝道收费站应设置至少 2 条 ETC 车道，出入口各至少 1 条 ETC 车道。

④ 具干线功能的一级公路，以及独立收费的桥梁和隧道收费站宜设置不少于 1 条 ETC 车道；具集散功能的一级公路，具备条件的，可设置 ETC 车道；暂不具备条件的一级公路收费站应为设置 ETC 车道预留建设条件。

⑤ 使用无人值守自动发卡机的入口，应至少保证一条入口车道保留 MTC 车道功能。

2019 年 5 月，交通运输部印发《大力推动高速公路 ETC 发展应用工作通知》，积极推动 ETC 的安装使用。在此背景下，高速公路出入口收费站将以 ETC 车道为主，仅保留 1~2 条 ETC/MTC 混合收费车道。

（2）收费车道数计算

设置收费站收取通行费是回收道路投资的重要措施，但是必须在保证道路运输效率的前提下进行此项工作才有意义。在车辆较多的情况下，收费站可能成为一个"瓶颈"，影响道路上车辆的运行。因此，合理确定收费车道数是收费站设计的重要内容。收费车道数是根据设计交通量、服务方式、平均服务时间及服务水平，应用排队论通过计算确定的。

① 收费站交通特性分析。

收费站处的交通特性分析是确定收费站通行能力的基础。通常情况下，车辆进入和离开收费站的过程可以描述为：车辆减速进入收费站，寻找排队长度较短的或没有排队的收费车道来交款或领票。如果所选择的收费车道上有排队等候的车辆，则在队尾排队等候服务，接受服务后加速离开收费站。如果所选收费车道上无排队现象，则直接接受服务然后加速离开。

② 收费排队系统。

收费排队是指因要求通过收费站的车辆数超过收费站的容量，致使车辆得不到及时服务而出现的排队现象。排队不包括正在接受服务的车辆。收费排队系统是指要求通过收费站的车辆、正在接受收费服务的车辆与收费站的总称。

排队系统由输入过程、排队规则及服务方式三部分组成。输入过程是指车辆到达收费站的规律，目前大部分研究都认为道路收费站的车辆到达服从泊松分布，其数学表达式为

$$P_t(n) = \frac{(\lambda t)^n}{n!} e^{-\lambda t} \tag{8.16}$$

式中　$P_n(t)$ —— 时段 t 内有 n 辆车到达收费广场的概率；

λ —— 车辆到达收费广场的平均到达率。

排队规则是指车辆按什么规律接受服务，一般来说，收费排队系统按车辆到达的先后次序接受服务，即先到先服务(FCFS)。

服务方式是指同一时刻的收费站收费车道数及收费时间长度，收费站的收费车道一般有多个，服务时间一般服从负指数分布，其数学表达式为

$$f(t) = \mu e^{-\mu t} \tag{8.17}$$

式中 $f(t)$——车辆服务时间的概率密度函数；

μ——收费平均服务率，即单位时间内车辆接受服务完毕离去的平均数。

有时也认为服务时间服从定长分布，即对车辆的服务时间是一个常数值，这样有利于简化计算。对于人工收费或半自动收费系统，当采用封闭式制式时，平均服务时间入口为 $6 \sim 8$ s，出口为 $14 \sim 20$ s；当采用开放式或混合式制式时，平均服务时间为 $12 \sim 14$ s；均一式制式时，入口为 8 s；省(直辖市、自治区)界联合收费站平均服务时间为 $20 \sim 26$ s。

对一般排队系统，通常采用肯道尔符号来表示排队模型，其表达式为：到达过程/服务过程/服务台数/系统容量/顾客源容量/排队规则。上述形式中去掉后两项或后三项可以简化为：$X/Y/Z/\infty H$ 或 $X/Y/Z$。这两种形式默认系统与顾客源容量都为无限，即采用先到先服务的排队规则。

要解决收费排队问题，首先要确定收费排队属于哪种类型。根据前面的分析可以清楚地看出，收费排队系统属于到达、服务过程服从泊松分布，有 S 个服务台，系统与顾客源容量为无限，采用先到先服务的排队模型。

③ 收费排队系统主要指标计算。

由于排队系统中有 S 个服务台的服务率均为 μ，于是整个服务机构的最大服务率为 $S\mu$。只有当车辆平均到达率 λ 与最大服务率之比小于 1 时，才能使系统达到稳定状态而不致排成无限的队列。令

$$\rho = \lambda/S\mu \tag{8.18}$$

式中 ρ——系统的服务强度。

排队系统中没有车辆到达的概率为

$$P(0) = \left[\sum_{n=0}^{s-1} \frac{1}{n!}\left(\frac{\lambda}{\mu}\right)^n + \frac{1}{S!}\frac{1}{(1-\rho)}\left(\frac{\lambda}{\mu}\right)^n\right]^{-1} \tag{8.19}$$

排队系统中有 n 辆车到达的概率：

当 $n < S$ 时

$$p(n) = \frac{1}{n!}\left(\frac{\lambda}{\mu}\right)^n p(0) \tag{8.20}$$

当 $n > S$ 时

$$p(n) = \frac{1}{S! \, S^{n-s}}\left(\frac{\lambda}{\mu}\right)^n p(0) \tag{8.21}$$

排队系统中平均等待车辆数：

$$q = \frac{(S\rho)^s \rho}{S! \, (1-\rho)^2} p(0) \tag{8.22}$$

排队中平均等待时间：

$$W(q) = \frac{q}{\lambda} = \frac{(S\rho)^s \rho}{S! \, (1-\rho)^2 \lambda} p(0) \tag{8.23}$$

排队系统中车辆平均逗留时间：

$$W(y) = W(q) + \frac{1}{\mu} \tag{8.24}$$

排队系统中平均顾客数：

$$y = W(y)\lambda = \frac{\lambda}{\mu} + \frac{(S\rho)^S \rho}{S!(1-\rho)^2}p(0) \tag{8.25}$$

④ 收费车道数计算。

第一步：计算设计交通量。采用设计小时交通量 DHV，按下式计算：

$$DHV = K_{30} \cdot D \cdot AADT \tag{8.26}$$

式中　K_{30}——第30位小时交通量与 AADT 之比值，K_{30}一般取0.12，也可参照表8.12 和表8.13确定；

D——道路方向分布系数，一般采用0.6，主线终点采用0.7，旅游点0.75；

$AADT$——设计年年平均日交通量，辆·日$^{-1}$。

K_{30} 和 D 有当地实际资料时采用实际数据。

表8.12　全国 K_{30} 值参考表

气候区号 远景设计 年限的 AADT	一	二	三	四	五	六
≤1 500	0.136	0.142	0.136	0.136	0.128	0.144
3 000	0.133	0.139	0.133	0.133	0.125	0.141
5 000	0.129	0.135	0.129	0.129	0.121	0.137
7 000	0.125	0.131	0.125	0.125	0.117	0.133
9 000	0.121	0.127	0.121	0.121	0.113	0.129
≥10 000	0.119	0.125	0.119	0.119	0.111	0.127

注：若采用 AADT 在表列两相邻值之间时可按内插法计算 K_{30} 值。

表8.13　全国气候分区表

气候区号	省、自治区、直辖市
一	北京、天津、河北、山西、内蒙古
二	辽宁、吉林、黑龙江
三	上海、江苏、山东、安徽、浙江、江西、福建
四	河南、湖北、湖南、广东、广西、海南
五	四川、贵州、云南、西藏、重庆
六	陕西、宁夏、甘肃、青海、新疆

注：我国台湾地区的气候分区待定。

第二步：确定单条收费车道通行能力。单条收费车道通行能力 C，按下式(8.28)计算

$$C = \frac{3\ 600}{W(y) + T} \tag{8.27}$$

式中　　$W(y)$——某收费标准车辆在排队系统中平均逗留时间;

　　　　T——某收费标准车辆离去时间。

第三步:计算收费车道数。所需收费车道数 N 由下式确定

$$N = \frac{DHV}{C} \tag{8.28}$$

按照以上公式,计算出不同车道数、不同服务时间下可完成交费并通过的车辆数见表 8.14。表中的平均等待车辆数是将车辆平均分散到全部收费室上计算出来的,实际中车辆多集结到中心部位的车道上交费,故当车辆较多时,中间部位收费室的等待车辆数可能要比理论上的计算数多。

当入口和出口分开时,应按各自高峰时的交通量计算车道数;当入口和出口建在一起,同时中央部分的车道作为往复变向共用车道时,则服务时间长的一侧应按重交通方向的交通量,而服务时间短的一侧按车辆少的方向交通量分别计算车道数,然后加在一起作为总的车道数。"两省一站"或"一站两种不同的收费方式"的收费站,其收费通道数可视具体设计情况在计算值的基础上适当增加。

表 8.14　收费站每小时可处理的交费车辆数

车道数 \ 服务时间/s	6	8	10	12	14	6	8	10	12	14
	平均等待车辆:0.5 辆					平均等待车辆:1.5 辆				
1	198	148	118	99	85	372	274	219	186	157
2	688	512	410	344	292	912	684	548	456	390
3	1 260	945	756	630	540	1 530	1 146	918	765	657
4	1 800	1 341	1 080	900	772	2 088	1 564	1 252	1 044	896
5	2 400	1 800	1 440	1 200	1 030	2 640	1 780	1 585	1 320	1 130
6	2 988	2 238	1 788	1 494	1 278	3 312	2 484	1 986	1 656	1 416
7	3 570	2 674	2 142	1 785	1 526	3 906	2 926	2 345	1 953	1 673
8	4 128	3 096	2 472	2 064	1 768	4 464	3 344	2 680	2 232	1 917
	平均等待车辆:1 辆					平均等待车辆:2 辆				
1	300	225	180	150	128	420	306	245	210	175
2	852	638	510	426	364	1 020	766	612	510	436
3	1 422	1 065	852	711	609	1 584	1 188	948	792	678
4	1 992	1 492	1 196	996	852	2 160	1 620	1 296	1 080	924
5	2 580	1 935	1 545	1 290	1 105	2 760	2 070	1 655	1 380	1 180
6	3 168	2 376	1 902	1 584	1 356	3 384	2 538	2 028	1 692	1 446
7	3 780	2 835	2 268	1 890	1 617	3 990	2 989	2 394	1 995	1 708
8	4 368	3 272	2 624	2 184	1 872	4 560	3 416	2 736	2 280	1 952

此外,依据选定的设计小时交通量、服务时间和平均等待车辆数,也可按表 8.15 确定不同水平 AADT 下的收费通道数。

表 8.15 收费车道数计算表

平均等待辆数	服务时间/s	AADT/辆·日⁻¹										
		1 000	2 500	5 000	7 500	10 000	12 500	15 000	17 500	20 000	22 500	25 000
		DHV/辆·h⁻¹										
		72	180	360	540	720	900	1 080	1 260	1 440	1 620	1 800
1.0	6	(1)	(1)	2	2	2	3	3	3	4	4	4
	8	(1)	(1)	2	2	3	3	4	4	4	5	5
	10	(1)	(1)	2	2	3	3	4	4	5	5	6
	14	(1)	2	2	3	4	4	5	5	7	7	8
	16	(1)	2	2	3	4	5	5	6	7	8	9
	18	2	2	3	4	5	6	6	7	8	9	10
3.0	6	(1)	(1)	(1)	2	2	2	3	3	3	3	4
	8	(1)	(1)	2	2	2	3	3	3	4	4	5
	14	(1)	2	2	3	3	4	5	5	6	7	8
		AADT/辆·日⁻¹										
		27 500	30 000	32 500	35 000	37 500	40 000	42 500	45 000	47 500	50 000	52 500
		DHV/辆·h⁻¹										
		1 980	2 160	2 340	2 520	2 700	2 880	3 060	3 240	3 420	3 600	3 780
1.0	6	4	5	5	5	6	6	6	7	7	7	8
	8	5	6	6	7	7	8	8	8	9	9	10
	10	6	6	7	7	8	8	9	9	10	10	11
	14	9	10	10	11	12	12	14	14	15	15	16
	16	10	11	12	13	14	15	16	16	17	18	19
	18	11	12	13	14	15	15	17	17	18	19	20
3.0	6	4	4	5	5	6	6	6	6	7	7	7
	8	5	6	6	6	7	7	8	8	8	9	9
	14	8	9	10	11	11	12	13	13	14	15	15

⑤ 收费车道宽度

收费车道宽度设置除考虑常规车辆的通行外,还应保证超大型车辆、维修施工车辆等超常规车辆的通行。对于 MTC 车道而言,收费车道宽度一般取 3.2 m,条件受限时可采用 3.0 m,大型车占有率较高时可采用 3.5 m。每个方向最右侧的收费车道应设置为超宽车道,宽度一般采用 4.0 m,大型车占有率较高和高寒积雪地区可采用 4.5 m 乃至 5.5 m。

ETC 车道一般设置在收费广场内侧。由于车辆驶过收费站的速度相对较快,收费车道宽度一般应大于人工半自动收费车道的宽度,通常采用 3.5 m,条件受限时可采用 3.2 m,大型车占有率较高时可采用 3.75 m。当最外侧 ETC 车道设置排水井时,需另外增加侧向余宽 0.5 m。

收费车道的宽度要求见表8.16。

表 8.16 收费车道宽度　　　　　　　　　　　　　　　　　　　　　　　m

收费方式	ETC		MTC		
	标准值	一般值	标准值	一般值	高寒积雪地区
内侧车道	3.5	3.2,3.75	3.2	3.0,3.5	3.5
货车ETC车道和超宽车道	同MTC		4.0	4.0,4.5,5.5	4.0,4.5,5.5

2. 收费岛

收费岛的主要功能是将进入收费广场的车辆分离,为车辆通过收费站提供行车引导。收费岛也为收费亭和收费机电外场设备提供了设置和安装的基础,同时也可以减轻失控收费车辆对收费员的冲击。

(1)收费岛平面布置形式

收费岛的平面布置主要有两种形式:收费亭对齐和收费岛对齐,如图8.4所示。

收费亭对齐是较为常用的收费岛平面布置形式。将收费亭对齐布置时,无论是从收费站出口还是入口方向看,所有收费设备均在一条直线上,这也方便了收费设备管线的设置;当收费广场需要设置地下人行通道时,通道也是直线设置,长度短、工程量小;当遮阳棚宽度一定时,收费亭处于中间,对收费设施的保护也较好。这种布置方式的缺点是会增加收费广场的长度,进而增加用地面积。

收费岛对齐布置主要适用于收费岛数量较少或者需要设置往复变向共用收费车道的情况,其主要缺点是由于收费亭不在同一条直线上,当需要在收费亭下设置横向电缆管沟或地下人行通道时,需要在中央收费亭处曲折,收费棚的宽度也需要适当增加。

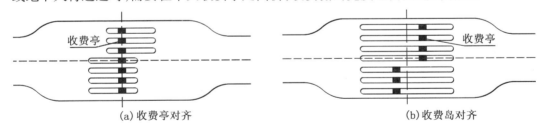

图 8.4 收费岛平面布置形式

(2)收费岛尺寸

在进行收费岛设计时,要考虑交通安全、导流和安装相关设备等因素,保证收费岛有合理的长度、宽度和高度。收费岛的主要尺寸见表8.17。

表 8.17 收费岛主要尺寸

收费方式	ETC		MTC	
	主线收费站	匝道收费站	主线收费站	匝道收费站
设计速度/(km·h^{-1})	60	40	—	—
岛长/m	48~60	36~48	28~36	24~28
岛面高度/m	0.25~0.30			
岛宽/m	2.0~2.2			

收费岛的长度一般根据收费站类型和安装的收费设备来确定,主线收费站 MTC 车道一般为 28~36 m,匝道收费站一般为 24~28 m,两种常见的收费岛的平面布局如图 8.5 所示。

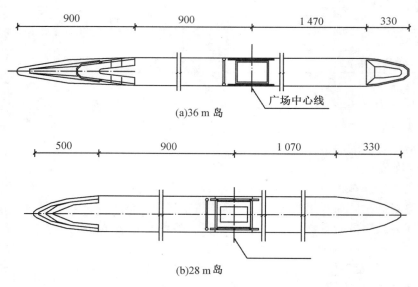

图 8.5 收费岛平面布局示意图

对于 ETC 收费车道的收费岛长度,当其位于主线收费站时一般采用 48~60 m,位于匝道收费站时一般采用 36~48 m。收费岛的宽度一般为 2.0~2.2 m,出于保暖或隔热的需要,可适当加宽收费岛宽度,最大不得超过 2.7 m。

收费岛一般由岛头、岛身和岛尾三部分组成。岛头通常采用流线型,高度在 1.2 m 以下,长度不超过 9 m。此外,岛头应根据《道路交通标志与标线》(GB 5768—2009)的规定设置黄黑相间的反光立面标线,多雾地区一般情况下应设置雾灯,并可设置必要的引导及防撞设施。同样地,岛尾一般也采用流线型,高度不低于岛面高度,长度一般不超过 3.3 m。计重收费岛岛头端部至收费亭中心线的距离不宜小于 28 m。

设置在收费岛上的收费车道外围设备或机箱距收费岛边缘的安全距离一般值为 0.5 m,MTC 车道不得小于 0.25 m,ETC 车道不得小于 0.5 m。

3. 收费亭

收费亭是安装在收费岛上(距收费岛侧外边缘不得小于 0.3 m)供收费人员工作的空间,同时也是收费系统、车道控制设备的安装平台。按照用途分,收费亭可以分为单向收费亭和双向收费亭两类,其尺寸见表 8.18。

表 8.18 收费亭整体规格尺寸

	推荐值		一般值	
	单向	双向	单向	双向
长度/m	2.5	3.8(无隔断)、4.4(有隔断)	2.4~2.8	3.6~4.4
宽度/m	1.6	1.6	1.4~2.0	1.4~2.0
高度/m	2.6	2.6	2.4~2.8	2.4~2.8

一般情况下,收费亭的尺寸应选取表8.18中的推荐值。使用年限小于5年的临时收费亭或简易收费亭可采用表8.18中一般值的低限,寒冷地区应选用表中一般值的高限。收费亭的其他技术要求按规范《公路收费亭》(JT/T 422—2000)相关规定执行。

4. 收费天棚

收费天棚是设置在收费卡门上的构筑物,其主要功能是保护收费亭和收费设备,防止阳光、雨雪影响收费人员的工作,也能在视觉上提醒驾驶员注意收费站,为他们提供良好的缴费环境。

收费天棚的宽度原则上与广场的宽度保持一致并能覆盖广场最外侧的超宽车道,一般地区可采用16～18 m,沿海地区可采用18～20 m,大型广场可采用20～24 m。为保证良好的遮阳、防雨效果,一般情况下收费天棚的投影面积应大于收费岛长度和收费广场宽度之积的60%。收费天棚的净高应大于5.5 m,其立面图如图8.6所示。

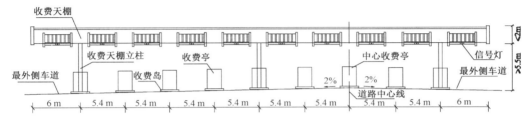

图8.6 收费天棚立面图

收费天棚的造型应简洁明快、实用大方,体现当地建筑风格,具有时代气息。天棚顶部应设置视觉良好的站址名牌以利于驾驶员了解其所处的位置。天棚立柱的数量应尽量少;立柱断面尺寸也不得过大,中间立柱一般情况下应小于0.40 m;在宽度方向的柱距应大于10 m,以保证收费员和驾驶员通视良好。天棚的建筑构造应有利于广场噪音扩散、空气流通及减轻广场汽车废气的污染。

5. 收费广场

(1)平面线形

收费广场应优先设置在直线段上。主线收费广场平面线形应与主线保持一致,采用的最小平曲线半径应不小于表8.19中的一般值,特殊情况下方可采用极限值。匝道收费广场受条件限制,必须设置在曲线路段上时,最小平曲线半径应不小于200 m。

表8.19 主线收费广场线形设计技术指标

计算行车速度/(km·h^{-1})		120	100	80	60	40
最小平曲线半径/m	一般值	2 000	1 500	1 100	500	250
	极限值	1 500	1 000	700	350	200
最小竖曲线半径/m	凸形 一般值	45 000	25 000	12 000	6 000	2 000
	凸形 极限值	23 000	15 000	6 000	3 000	1 500
	凹形 一般值	16 000	12 000	8 000	4 000	3 000
	凹形 极限值	12 000	8 000	4 000	2 000	1 500

(2) 纵断面线形

主线收费广场的纵断面线形应与主线保持一致,竖曲线半径应不小于表8.19中一般值的要求,特殊情况下方可采用极限值。匝道收费广场采用的竖曲线半径应大于800 m,特殊情况下无法达到该标准时,也不得低于700 m。

对于纵坡而言,一般情况下收费广场中心线两侧各50 m范围内以及设计速度大于80 km/h的主线收费广场中心线两侧各100 m范围内,纵坡均不得大于2.0%,特殊情况下也不得大于3.0%。

(3) 横断面

为了满足排水的需要,收费广场必须设置一定的横坡,横坡度的标准值为1.5%,最大值为2%。

(4) 收费广场长度

收费广场长度主要由收费岛长度(表8.17)确定。为了便于车辆进入收费广场后的减速、停车和启动,收费岛前后的直线段长度均应不小于20 m,如图8.7所示。一般情况下,主线收费广场的最小长度应不小于150 m,特殊情况下应不小于100 m。匝道收费广场的直线段长度应不小于70 m,特殊情况下应不小于50 m。

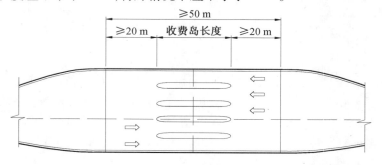

图8.7 收费广场平面示意图

(5) 收费广场渐变段

为保证车辆自然顺畅地驶入收费站,收费广场和标准路段之间应设置渐变段。渐变段线形过渡应平滑、圆顺,不得使车辆行驶轨迹过于勉强。渐变段两端应采用圆滑曲线平滑过渡,圆滑曲线的切线长应不小于10 m,主线广场渐变率一般取1/7~1/5,匝道广场则为1/5~1/3,如图8.8所示。

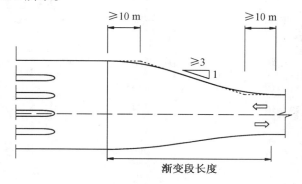

图8.8 收费广场渐变段平面示意图

(6) 收费广场位置

为了保证驾驶员驶入或离开收费广场时有足够的时间来判断前方路况并较宽松地操纵车辆,一般应保证收费广场中心距其连接的主线或匝道的距离。一般来说,主线收费站收费广场中心收费岛端部至中央分隔带端部的距离不得小于 50 m;匝道收费站收费广场中心线至匝道分岔点的距离应大于 75 m,至被交叉公路的平交点距离应不少于 150 m;收费广场设置往复车道时,中心收费岛端部至主线中央分隔带端部或匝道分岔点之间应设置 B 级及以上的移动护栏分隔双向交通流,设置的长度不得小于 50 m,并采取过渡设计,引导往复车道车辆安全合流。

(7) 收费广场路面

收费广场一般使用刚度大、稳定性好、耐磨损的水泥混凝土路面,设计及施工按照《公路水泥混凝土路面设计规范》(JTG D40—2011)的要求执行。混凝土板块的划分应考虑计重收费车道计重设备的埋设。计重设备应埋设在一个板块的中心,不得设置在混凝土板块接缝处。该板块的长度可设为 5 m,也可根据实际情况适当增大。主线收费广场的水泥混凝土路面铺设范围为收费广场中心线两侧各 50~150 m,推荐值为 100 m 以上;匝道收费广场的铺设范围为收费广场中心线两侧至少各 30~100 m,推荐值为 50 m 以上。对于北方地区而言,由于冬季融雪剂的大量使用对水泥混凝土路面腐蚀严重,也可以考虑使用复合路面,即在面层最上部使用高模量的沥青混凝土。

由于彩色防滑路面具有防滑、防水降噪、色彩艳丽等优点,其在收费广场的应用也越来越多。收费广场彩色防滑路面的铺装方式一般分为全幅式铺装和间断式铺装两种,设计及施工可参照《交通部彩色防滑路面标准》(JTT 712—2008)的要求执行。

8.6.2 改扩建收费设施设计要点

随着交通量的快速增长,部分收费站的通行能力不足问题日益显现,出现了较为严重的收费排队现象。为了改善行车条件,提高通行能力和服务水平,收费站的改扩建需求日益增多。在进行收费站改扩建设计时,首先需要进行既有公路的调查与评价,根据收费车道数量及广场位置的变化,分析既有公路收费中心、收费站、收费车道系统以及土建设施的适应性,对不满足使用需求的收费设施进行升级改造。

1. 收费车道

收费车道数量不足是收费站扩建的重要原因。当因收费车道数不满足设计交通量需求而需要对收费设施进行扩建时,可通过升级现有系统、增加收费站及收费车道、增加 ETC 车道的数量、采用纵向交错式收费广场、设置复式收费车道等方式对其进行改造或扩建。需要注意的是,当原收费站无 ETC 车道时,改扩建时应按收费站类型并结合规范要求增设;如果计算得出仅需增加 1 条收费车道时,可不增加收费车道。

收费车道的增加直接导致收费广场用地面积的增加。受地形等因素影响,用地条件受限,不具备扩建车道或收费广场条件时,可重新规划广场布局。广场的重新布局应结合收费站在高速公路网中的定位和自身特点综合考虑,并应符合下列规定:

① 客车所占比重较大的收费站,可设置复式收费车道,复式车道单向收费亭数量不宜超过 2 个。

② 双向交通量差异较大,且长期周期性变化的,可设置往复式收费车道。

③ 货车所占比重较大的收费站，可采用客货分离、纵向交错式收费广场。

2. 收费岛

收费岛的改造包括现有收费岛的加长、出入口性质的转变、收费岛设施基础管线的调整等。收费岛岛体加长时宜采用直线延长方式。收费岛的改造宜维持原岛宽、岛高、岛头岛尾外形、收费岛装饰等，新建收费岛宜与广场现有收费岛风格保持一致。

3. 收费员专用人行通道

收费车道数量的增加也加大了收费员在穿过收费站过程中的交通事故风险，特别是在 ETC 车道和节假日免费通行时，由于车辆通过速度较快，收费员通过困难，发生事故的情况较多。因此，当改扩建后车费数车道数大于或等于 8 条的收费广场，宜设置收费员专用人行通道；大于或等于 10 条的，应设置收费员专用人行通道。

与新建收费站不同，改扩建项目如果需要新增地下通道，则需要在现有收费广场上进行开挖，工程难度较大，此时可结合现有收费站的基本条件，采用天桥、地下通道或天桥与地下通道相结合的方式进行设置。

如果原有收费站存在收费员专用地下通道，在进行通道加长时，应结合其结构特点，完善相应排水、照明和电缆桥架等设施，保证加长部分与现有通道断面尺寸相当，从而使得加长通道与原有设施有机融合。

4. 收费天棚

收费天棚是收费站总体形象的首要体现。因此，在新增或改扩建收费天棚时，应主要采用新旧结构拼接方案，以此来保持原有的整体建筑风格。在改扩建时，推荐采用对正常收费业务影响较小的结构形式。如果改扩建对收费业务的影响难以避免，则应采取必要的措施保障收费站的正常通行。

思 考 题

1. 收费道路有哪几类？实施收费经营权转让（BOT 模式）的公路以及非经营性收费还贷公路，在技术等级及规模上应具备哪些条件？
2. 收费制式有哪几种？每种收费制式的优点、缺点及适用条件是什么？
3. 收费方式有哪几种？我国目前广泛应用的收费方式是什么方式？
4. 道路使用效益包括哪几个方面，对道路收费而言确定道路使用效益的目的和意义是什么？
5. 在确定收费标准时，车辆分类的原则是什么？确定分车型的收费系数（收费费率）时应考虑哪些因素？
6. 收费排队属于哪种排队类型？在计算收费车道数时，设计交通量及单收费车道的通行能力是如何确定的？
7. 收费站类型主要有哪几种？收费站位置选择的原则是什么？
8. 试述收费立体交叉中收费站的设置方法，以四肢收费立体交叉为例说明高速公路上常用的收费立交形式。
9. 收费站升级改造时设施设计的要点有哪些？

第 9 章 道路服务设施

道路服务设施是为道路使用者提供服务的各种设施的总称。其中,公路服务设施是公路交通运输体系的基本组成部分,是体现公路交通文化的窗口,包括高速公路服务区、停车区、客运停靠站以及一、二级公路的卫生服务区、小型休息区、观景台等。本章主要以高速公路服务区、停车区为例介绍道路服务设施的设计,而停车区是只提供停车场、公共厕所等最低限度服务的服务设施;城市道路服务设施包括人行过街设施、人行导向设施、公交停靠站等。

9.1 高速公路服务区

高速公路服务区是以高速公路上运行的车辆及驾乘人员、车载货物为服务对象的一种公路基础设施。它以高质量、热情周到、讲究信誉的服务,使旅客得到卫生的食品和安静、舒适的休息场所,使车辆加油和维修更迅速、安全、方便,从而消除驾驶员的后顾之忧,增加道路使用者的安全感和舒适感。

9.1.1 服务区使用者需求与功能设施组成

1. 服务区使用者需求分析

服务区是为高速公路使用者提供服务的场所,对保证车辆安全、持续行驶具有重要作用。服务区的使用者主要包括车辆、驾驶员、旅客、货物以及经营和管理高速公路的工作人员。由于高速公路主要是为长途运输服务的,而驾驶员在长时间行车时,会有如厕、休息、进食、住宿、购物、加油、车辆检修等行为需求,服务区的设置应该以这些需求为基础,合理地进行设施的配置。

(1)需求类型

具体来看,服务区使用者的需求可以分为三部分,分别是运输车辆途中需求、运输对象途中需求和运输业者途中需求。

①运输车辆途中需求。

运输车辆是高速公路的最直接使用者,其在运行途中对高速公路服务区有很强的依赖性。在运输途中,车辆最常见的需求包括:

a. 加油

燃料是车辆动力的源泉,目前车辆最主要的燃料是各种汽油、柴油和天然气,此外还有电力等清洁能源,只有保持充足的燃料,才能保证车辆的持续行进,因此车辆对加油的需求是必然存在的,而加油站则是服务区必不可少的设施。车辆加油需求也是确定服务区间距的一个重要影响因素。

货运车辆是高速公路上车辆的主体之一。由于我国货运车辆可在全国范围内进行经营活动,其在运输途中加油补给具有很大的随机性和自由性,加之我国油价基本全国统一,价格因素在加油地点选择上基本没有影响,货运司机通常会选择排队车辆较少的服务区或者在因就餐、住宿等活动停留的服务区内加油。

b. 加水

目前就车辆种类而言,水冷式发动机较多,加水冷却是发动机散热的主要方式。此外,长途运输车辆途径路况多变,制动器使用频率较高,特别是在长大下坡路段会长时间使用制动器,造成制动器温度迅速上升,通常可达 300 ℃,最高可达 700 ℃。试验表明,当制动器温度升至 460 ℃时,制动力会明显下降,紧急情况下会因制动距离明显增长而发生追尾事故。因此,很多大型运输车辆普遍装有制动鼓水冷装置。高速公路服务区提供加水服务能够保证车辆及时补充或更换高温冷却水,确保车辆行驶安全。

c. 车辆检修

车辆在长距离、高速度行驶条件下,一旦出现机械故障,很可能导致严重的交通事故。因此,车辆检修服务也是服务区的基本功能之一。服务区检修车间的配置与通行汽车的质量水平和故障率密切相关。故障率越高,检修车间的需求量也就越大。相关调查结果表明,我国货运车辆的检修需求较大,中等车况的货车平均约 7 900 km 就有一次临时停车,车况差的平均 850 km 抛锚一次,车辆的故障率比国外同类型车辆高很多。因此,我国高速公路上行驶车辆对途中检修场所的需求也较国外高。

客运车辆与货运车辆相比,故障率要低一些,因而对服务区检修场所的依赖性较弱。对于高速公路上的班线客车而言,其在每次发车前都会进行例行的车辆检查,修复车辆故障、补充足够燃料,因而这类车对服务区检修场所和加油站的依赖性均较小。

②运输对象途中需求。

高速公路上车辆的运输对象包括人和货物两种。

a. 人的途中需求分析

人是受生理和心理双重因素影响的运载对象。在车辆空间和条件受限情况下的旅途中,人的很多生理、心理需求在运输车辆上得不到满足,只能通过服务区来实现。因此,高速公路上运输的人对服务区有很强的依赖性,这部分需求也就构成了高速公路服务对象对服务区需求的主体,在服务区配置时应重点考虑。

高速公路上运输的人在运输途中一般有如下基本需求:如厕、休息、就餐、住宿、购物、观光以及其他一些需求。然而,由于出行方式的差异,群体性出行旅客和个性化出行旅客对出行途中的要求有很大差别,因而其在出行途中的需求也不一样。

群体性出行旅客在运输途中的个性化要求会受到压制,表现出来更多的是完成群体性出行的承运方或组织方的引导性需求。比如,固定线路的班线客车会在预设的固定时间于某固定服务区停靠,并引导群体性出行的旅客在该服务区进行必要的休息、如厕等活动。当然,群体性出行的旅客在承运方或组织者的统一协调下,也会把个性需求融入整个群体行为中,比如不需要如厕的旅客可能会选择去超市购物,提前完成如厕的乘客会在休息区活动筋骨以缓解疲劳。

个体化出行的旅客通常强调自己独特的行为需求,因而对出行过程要求较高,主要有两个方面的原因:一是个性化出行旅客的出行特性决定了其对出行过程有着较高的要求,其选择个性出行的目的就是为了享受出行过程的自由性和灵活性;二是个性化出行的旅客一般有较好的物质基础,有能力满足个性化的需求。个性化出行的旅客一般分为私人出行和公务出行两类,多为经济实力不错的个体或企事业人员及政府部门工作人员,他们对出行要求可能会更高,同时也更少地考虑出行的成本问题。

不同出行人员对服务区的需求层次和依赖程度也不一样。群体性出行一般乘坐大、中型客车,车辆由运营方或组织方统一调度和管理,有固定的停留地点和停留时间。这类旅客在服务区停留时间一般较短,在服务区停车的目的主要是满足如厕、休息、就餐等基本需求,这类需求一般也较容易得到满足。个性化出行多通过小汽车出行,他们以自己的喜好和具体需要为出发点,不需要考虑他人的因素,线路及时间上的选择有较大的随意性,因此其在服务区的需求主要强调个性的满足。综上,服务区的设置除了满足多数人基本需求外,需要适当考虑个性化服务的因素,同时满足共性和个性的需求,才能得到更大的经济效益。

b. 货物的途中需求分析

货运是高速公路上最常见的运输行为之一,不同种类的货物对运输条件的要求也不一样。为了保证运输途中货物的质量和运输效率,高速公路服务区需要提供与其需求相对应的服务支持。

运输的货物一般分为动物、植物和物品三大类。其中,为了保证动物和植物在长途运输途中生命特征不受影响,需要从服务区获得水源和其他补给;物品需要定期维护或者防护性处理,需要服务区提供相应的设施来帮助完成。此外,还有一些物品由于自身的特殊性,需要服务区为其提供相应的支持条件。比如,危险品货物在服务区停留时,需要停留在相对独立的专门停车区域,以免发生意外波及其他。

③运输从业者途中需求。

高速公路上的运输从业者主要有驾驶员和乘务员。驾驶员是高速公路上最主要的运输从业者,其职业特性决定着他必须时刻保持高度精力集中。然而,在高速公路上长时间连续行车会导致驾驶员感觉迟钝,反应时间延长等问题,存在较大的安全隐患。表9.1给出了驾驶员驾车前后反应速度的对比。可以看出,经过长时间驾车后,不同年龄段驾驶员的各项反应时间都有明显的增加。

表 9.1 驾驶员出车前和回场后的反应时间

年龄/岁	出车前反应时间/s	回场后反应时间/s	复杂反应时间/s
18~22	0.48~0.56	0.60~0.63	1.05~1.96
22~45	0.48~0.75	0.53~0.82	1.03~1.62
45~60	0.78~0.80	0.64~0.89	1.59~2.61

注:表中的出车反应时间和回场反应时间是指驾驶员对红色信号的反应时间。复杂反应时间是指对红色信号和声信号的反应时间。

此外,高速公路上环境单调,缺乏有效的视觉和听觉刺激,长时间没有新鲜信息内容进入和枯燥驾驶,容易导致驾驶员的精神疲惫。研究表明,随着驾驶员持续驾车时间的增加,其视野的有效范围会变窄,遇到突发情况时容易反应不当,行车风险较高。据统计,在高速公路交通事故的总数中因疲劳驾驶和瞌睡引发的交通事故占事故总数的20%。法国高速公路管理部门公布的一项数据表明,高速公路驾驶员瞌睡的频率大约为每45 km

一次,期间会有 1~4 s 的大脑空白。所以从车辆和人员安全的角度出发,驾驶员在驾驶一定时间后需要休息一定的时间才能继续驾驶,而服务区就是为驾驶员提供休息的场所。世界上不同国家对连续驾车时间的规定并不一致,一般要求不能超过 2~4 h。比如,德国规定驾驶员连续开车达到 2 h 必须强制休息 20 min,一天内开车时间不得超过 8 h;澳大利亚规定司机连续开车 2 h 后,必须休息半小时,司机全天的驾驶时间不得超过 12 h;我国在《中华人民共和国道路交通安全法实施条例》中明确规定连续驾驶机动车超过 4h 应停车休息,停车休息时间不少于 20 min。

(2)需求频率与需求弹性

在各种不同类型的服务需求中,应首先考虑人、车中发生频率最高,对行车及安全影响最大的需求,并将需求频率和需求弹性对行车安全的影响作为确定服务区的间距及功能配置的重要依据。

服务需求频率是指单位里程或单位时间内服务需求发生的次数,其在一定程度上决定了服务需求量的大小和服务设施的配置规模。服务需求弹性是指产生的需求得不到满足时,需求可持续的时间极限,超出极限后将产生不良后果。比如,疲劳产生后不能得到及时休息容易导致瞌睡,加大了交通事故风险;车辆缺油得不到及时补充时容易产生驾驶忧虑,影响行车安全。

各种类型服务需求的频率、需求弹性及对行车安全的影响见表 9.2。

表 9.2 服务区使用者需求的需求频率及弹性一览表

需求类型	需求频率	需求弹性	对行车安全影响	对服务区依赖程度	服务设施
加油、加水	1 次/(300~600 km)	50 km	严重	高	加油站
故障维修	1.5~3 次/年	—	严重	高	修理所
如厕	6~10 次/天	10~40 min	严重	高	公共厕所
困乏休息	1 次/(2~3 h)	10~20 min	严重	高	车内、大厅
购物	(0.5~1 次)/天	很大	较轻	一般	商店
餐饮	3 次/天	1~3 h	一般	高	餐厅
住宿	1 次/天	较大	严重	一般	旅店
商务活动、会议	很少	很大	无	低	商务中心
休闲、洗浴	很少	很大	无	低	休闲中心

2. 服务区功能设施组成

服务区需要针对不同使用者的需求配置相应的服务设置。其中,为人(运输从业者和乘客)服务的功能设施包括休息、餐饮、住宿、商店、卫生间、商务、娱乐以及休闲环境设施以及与之对应的配电房、锅炉房、给排水设施等;为车辆服务的功能设施包括加油站、停车场、维修间、场内道路等设施;此外还包括为实现各种服务和维持服务区运营的各种道路设施和辅助设施等,具体如图 9.1 所示。

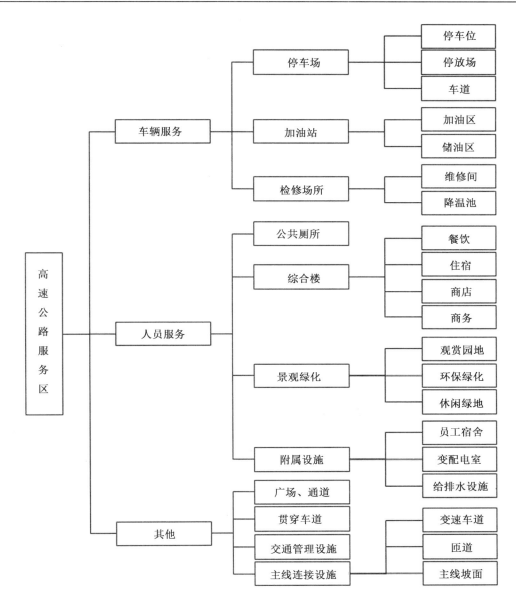

图 9.1 服务区设施组成图

9.1.2 服务区总体布局设计

1. 服务区设置间距

服务区间距是指高速公路上相邻服务区之间的沿线距离,该距离需要根据道路使用者的生理、心理需求、车辆的机械性能等客观需求以及高速公路沿线的地理环境和道路景观等综合确定。如果间距设置过长,会使得道路使用者的某些需求不能及时得到服务,造成需求满足率下降,影响高速公路的运行安全;相反地,如果间距设置过短,虽然有利于提高服务需求的满足率,但会导致服务区驶入率降低,造成服务区设施的利用率下降和资源浪费。通常情况下,服务区间距的确定主要考虑以下几个因素:

(1) 车辆加油需求

加油功能是高速公路服务区的一项基本功能。服务区的间距设置应保证车辆在燃油耗尽前能够及时到达加油站进行燃油补充。根据车辆燃油设计的常规数据，一般情况下，车辆在燃油警示灯亮后还可以前行 30~50 km。因此，高速公路服务区间距设置宜在 30~50 km 范围内，以保证车辆在燃油耗完之前能得到补充。当道路交通量比较大、车辆组成比较复杂时，服务区间距可适当缩小。

(2) 人的生理需要

高速公路为长距离运输提供了快速、便捷的行车条件，然而由于高速公路的"封闭性"，在设计时也需要考虑驾乘人员的生理需求。按照人体的新陈代谢规律，平均每 1.5~3 h 就会有如厕需求。按照高速公路设计速度 100 km/h 计算，其服务区的设置间距一般不应大于 150 km。

(3) 行车安全的要求

在高速公路上长时间高速行驶容易导致驾驶员身体和精神的疲惫，具有较大的安全风险。能够在高速公路上连续、安全驾驶的时间长短因人而异，一般在高速公路上连续行车 1~1.5 h 需要停车休息一段时间，以缓解疲劳。按照这个要求，同样以设计速度 100 km/h 计算，高速公路服务区的间距不宜大于 100 km。

(4) 沿线城镇节点影响

服务区间距的确定也需要考虑高速公路沿线主要城镇节点的分布情况。在城镇分布比较稀疏的地方，短途车辆较少，多为长途车，所以服务区间距可以适当增大；在城镇分布比较密集的地方，短途车辆的增多导致交通量增大，服务区间距应适当减小。比如，日本东京至名神的高速公路，在服务区设置中，靠近东京一侧的服务区、停车区的平均间距要小于靠近名神一侧的间距；我国不同高速公路的服务区平均间距也各不相同，沈大高速公路全线长 375 km，服务区平均间距约为 50 km，而济青高速公路全长 318 km，服务区平均间距约为 40 km。这些在一定程度上体现了高速公路沿线城镇节点对高速公路服务区设置的影响。

根据道路使用者的生理、心理需求和车辆机械性能要求，并综合考虑高速公路沿线城镇节点及其他可能的影响因素，不同国家都规定了符合自身情况的服务区设置间距。《日本高速公路设计要领》(1991 年版)规定服务设施之间的标准间距为 15 km，最大间距为 25 km；服务区之间的标准间距 50 km，最大间距 100 km；美国的服务设施间距一般为 65~80 km；德国高速公路服务站平均间距为 52 km，加油站平均间距为 30 km。

我国《公路工程技术标准》(JTG B01—2014)中规定高速公路服务区的平均间距宜为 50 km，停车区与服务区或停车区之间的间距宜为 15~25 km；《高速公路交通工程及沿线设施设计通用规范》(JTG D80—2006)中规定服务区的平均间距不宜大于 50 km，最大间距不宜大于 60 km；停车区可在服务区之间布设一处或多处，其平均间距不宜大于 15 km，最大间距不宜大于 25 km。考虑到戈壁、荒漠地区人烟稀少，水、电、气资源缺乏，同时山区高速公路地形复杂，服务区选址难度大，满足 50 km 的设置间距非常困难，因此交通运输部交公路发[2011] 400 号《关于西部沙漠戈壁与草原地区高速公路建设执行技术标准的若干意见》中，明确规定了"对于交通量较小，供水、供电困难路段，其服务区间距可适当加大"。

2. 服务区的选址

服务区的选址应结合路网规划,相邻高速公路服务设施所提供的服务项目、内容,以及沿线人文景观等条件确定。选址是否合理,直接影响到建设成本的高低和服务区功能是否能够顺利发挥。

(1) 选址原则

服务区选址除了考虑设置间距外,既要遵循一定的规定、原则,还应具有一定的灵活性,综合考虑服务区拟建区域的建设条件、交通技术条件和投资运营条件等。具体来看,需要遵循以下几个方面的原则:

① 服务区应优先选择非耕植用地,同时避开公共管线及村落、墓场等拆迁量大的地方。

② 服务区选址时,应避免建设期土石方的大量填挖。

③ 服务区应尽量选择自然环境良好、有利于尽快消除行车疲劳的地方;同时,应有利于场区雨污水排放,避免洪涝灾害的发生。

④ 服务区地形设置应顺势而为,不苛求梯形等规则地块;建设时应尽量维持原有地形地貌、既有林木等,并与周围环境相融洽。

⑤ 服务区应选择有改扩建条件的地块,以满足中远期发展的需要。

(2) 选址依据

服务区选址应考虑沿线自然环境、交通技术条件、服务区的修建和养护、服务区日常运营等方面的因素,据此综合确定服务区的具体位置。

① 自然环境。

a. 景观资源

服务区的设置的目的之一是消除驾驶员在连续驾驶过程中产生的疲劳。在景观环境好的地方设置服务区,将驾驶员引入优美的环境是有效缓解疲劳的方法。此外选择风景美好或具有地方特色的位置修建服务区,可以吸引驾乘人员主动前往服务区休息并消费,这样可以使驾驶员在尚未完全疲劳之前得到休息,从而使服务区的作用得到有效的发挥,也在一定程度上提高服务区的经济效益。现代的服务区选址与设计理念中,非常重视服务区与沿线景观环境、地方特色的结合。比如,鹤大高速公路吉林省境内的7个服务区在选址阶段均充分融入了地方景观特色,如图9.2所示。

b. 对服务设施的识别

服务区位置应视距良好,便于司乘人员发现和识别,并能有充足的时间做好驶入服务区前的准备工作。最好能使司乘人员在很远处就能看到其所在一侧服务区的全部或一部分,这样可以有效地引导人员休息和车辆停放。

② 建设与养护

a. 征地及建设的难易

服务区占地面积大、征地费用高,土石方量大,对高速公路建设成本影响很大,因此应选择在包括征地在内易于建设的地方。在用地选择时,尽量选择地势平坦的地方,避免高填深挖路段,尽量利用荒地,减少农业用地。

在地形险峻地区,设置服务区很容易造成土方工程费用和构造物费用等极高。但是景观优美的地方往往地形非常险峻,建设十分困难,此时应当从建设费用和使用效果这两

图 9.2　鹤大高速公路吉林省境内服务区概念设计示意

个方面进行综合分析。比如,京珠高速公路粤境南段的黄花湖服务区,初始方案选址毗邻风景优美的黄花湖。然而,其初始位置所在的东区为大挖方区,西区为高填方区,同时由于地形条件限制,使得进出服务区的加减速车道长度不能满足规范要求,须加建引桥。初步估计仅场地平整、加减速车道建设的工程费用就达上千万元,如此大的投资也迫使该服务区改址建设。

b. 上下行线间的距离

服务区在上下行两个方向的距离不应过大。从运营管理的角度讲,上下行线最好大致规划成为一个整体,这样有利于供电和给排水设施的统一调配和设置,也有利于服务区日常的管理和养护。

c. 供电、给排水、物资供应的难易

服务区的选址,很大程度上取决于服务区内的建筑设施能否解决供电、给排水和物资供应难的问题。特别是给排水的难易,是判断该位置能否设置服务区的重要因素。因为服务区所需要的水量较多,如果不能保证供给,则会严重影响服务区的功能发挥;如果强行保证,又会增加成本。特别是在远离城镇的地区,远离市政管网导致接入自来水费用很高,因此一般通过地下水来解决供水问题,如果所选择的位置没有水源或储水量达不到服务区设计要求,则需要考虑选择其他地址。服务区内污水是否能排出及排出的流向也会影响位置选定,因排水处理花费过大也是不经济的。此外,服务区选址时还应考虑服务区工作人员上下班、食品等物资供应的路线等问题。

d. 对高速公路改扩建或服务扩建的适应性

高速公路有改扩建规划或服务区有扩建规划时,选择的位置须与相应的规划相适应。对服务区而言,即使没有改扩建规划,也应留有扩建的余地。

③ 交通技术条件。

应避免将服务区设置在主线的小半径曲线路段或陡坡路段内,以不影响服务区的视线、不妨碍车辆顺利地驶入驶出为最佳。这样一方面有利于设置预告标志,另一方面有利于变宽车道路段的设置及交通流的组织。

一般而言,服务区距隧道口或桥梁等设施的间距应不小于 1 km,距离互通式立交应不少于 2 km。另外,在有纵坡的路段,服务区应首选纵坡的坡顶,这样不仅有利于司机识别服务区的位置,还与车辆进出服务区的加减速行为一致。

9.1.3 服务区规模与计算示例

服务区的规模应根据交通量、交通组成、沿线城镇布局、用地条件等因素确定,总面积不应超过表 9.3 的规定。表中的服务区用地面积不含服务区出入口加减速车道、贯穿车道以及填挖方边坡、边沟等用地;四车道高速公路采用表中的下限值,六车道及以上高速公路采用表中的上限值;八车道高速公路服务区的用地面积和建筑面积可根据交通量、交通组成论证后确定,但也分别不宜超过 $8.000\ 0\ hm^2 \cdot 处^{-1}$ 和 $8\ 000\ m^2 \cdot 处^{-1}$;当停车区与服务区共建时,其用地面积和建筑面积为服务区与停车区规定值之和。

表 9.3 服务区、停车区用地面积和建筑面积

服务设施	用地面积/($hm^2 \cdot 处^{-1}$)	建筑面积/($m^2 \cdot 处^{-1}$)
服务区	4.000 0 ~ 5.333 3	5 500 ~ 6 500
停车区	1.000 0 ~ 1.200 0	60 ~ 110

在实际确定服务区的总规模时,主要是根据服务区各组成设施规模求和而得。与服务区一侧停车车位数相对应的标准建筑设施的规模见表 9.4。

表 9.4 与一侧停车车位数相对应的标准建筑设施规模(服务区)

一侧停车车位数/个	停车场/m^2	公共厕所/m^2	餐厅/m^2	免费休息室/m^2	小卖店/m^2	综合楼/m^2	加油站/m^2	附属设施/m^2
50	3 000	280	400	200	100	1 000	470	550
100	5 000	350	600	300	150	1 500	470	550
150	6 000	400	650	350	200	1 600	470	550
200	6 500	400	700	400	250	1 800	470	550

《日本高速公路设计要领》中提出的服务区规模确定方法包括三步:首先,根据主线交通量与服务区的驶入率计算停车位数;其次,根据计算得到的停车位数确定餐厅、休息场所、公共厕所、加油站等设施的规模;最后,综合考虑服务区未来发展、所在位置的地域特征、占地类型、征地费用等因素,确定绿化景观用地与其他用地规模。

显然,在服务区规模计算中,关键是确定一侧停车车位数。停车车位数根据主线交通量与设施的利用率按下式求算,即

停车车位数(一侧)= 一侧设计交通量×停留率×高峰率/周转率

一侧设计交通量/(辆·d^{-1})= 通车第 10 年的一年中第 35 顺位前后的日交通量 = 假日服务系数×通车 10 年后的双向年平均日交通量/2

假日服务系数:一年中第 35 顺位前后日交通量与平均日交通量的比值系数,见表 9.5。

停留率:停留车辆数(辆·h^{-1})/主线交通量(辆·h^{-1})。

高峰率:高峰时停留车辆数(辆·h^{-1})/停放车辆数(辆·h^{-1})。

周转率:1(h)/平均停车时间(h)。

表9.5 假日服务系数

年平均日交通量 Q(双向)/(辆·d^{-1})	假日服务系数
$0<Q\leqslant 2\,500$	1.4
$2\,500<Q\leqslant 5\,000$	$1.65-Q\times 10^{-5}$
$Q>5\,000$	1.15

随着休息设施的种类与位置的不同,其停留率、高峰率、周转率也有所不同。因此,在能够推算出交通量是某种程度下的车种的构成时,应分别按不同车种的停留率、高峰率、周转率算出不同车种所需要的停车车位数,分为小型车和大型车的车位数,然后再合计。

当车辆种类组成不明确或为小规模的服务设施时,可按合计交通量计算停车车位数,然后用简单方法将停车车位数按1:3左右的比例分成大型车和小型车的车位数。

不同车种的停留率、高峰率、周转率及平均停车时间可参见表9.6之值。

新建、改建等工程能够利用停留率等实际数值时,就用实际数值决定停车车位数。著名风景胜地或大城市近郊的服务区停车率有上升的趋势,因而在参照表9.6的数据时,应结合实际情况给予适当修正。

表9.6 不同车种的停留率、高峰率、周转率及平均停车时间

设施种类	车种	停留率	高峰率	周转率	平均停车时间/min
服务区	小型车	0.175	0.10	2.4	25
	大型公共汽车	0.25	0.25	3.0	20
	大型载重车	0.125	0.075	2.0	30
停车区	小型车	0.10	0.10	4.0	15
	大型公共汽车	0.10	0.25	4.0	15
	大型载重车	0.125	0.10	3.0	20

2. 计算实例

现以河北省津保高速公路霸州服务区为例,说明服务区规模的计算方法和步骤。

(1)设计交通量计算

服务区的设计交通量是指服务区投入运营后10年的交通量,以运营后15年的交通量作为征地的规模控制。

$$服务区一侧设计交通量=一年中第35顺位前后的交通量=$$
$$假日系数\times Q_{10}/2$$
$$停车车位数=设计交通量\times 停车率\times 高峰率/周转率$$

各种车辆的分配系数见表9.7。

表9.7 车型分配系数

车型	货车	小客车	大客车	拖车、集装箱	拖拉机
调查/%	46.9	25.6	6.2	6.4	14.9
调整数/%	47.9	30.6	15.1	6.4	0

注：货车包括大、中、小货车，调查的数据为7.9、11.7、27.3。

由OD调查得知，该路段车型比例为

小客车：大客车：货车 = 30.6：15.1：(47.9+6.4) = 30.6：15.1：54.3

路段一侧设计交通量经过计算为9 450辆/d。

（2）停车车位计算

小车停车位 = 9 450×0.306×0.175×0.1/2.4 = 21
大客车停车位 = 9 450×0.151×0.25×0.25/3 = 29.7 ≈ 30
货车停车位 = 9 450×0.479×0.125×0.075/2 = 21
拖车、集装箱停车位 = 9 450×0.064×0.125×0.075/2 = 2.8 ≈ 3

具体计算结果见表9.8。

表9.8 车位数计算一览表

车型	车位数	载客数	周转率
小客车	21	3.3	2.4
大客车	30	46	3
货车	21	2.1	2
拖车、集装箱	3	2.1	2
合计	75		

（3）餐厅规模计算

按正常情况统计，每人用餐（快餐）时间为25 min，餐厅的每个席位所需要面积为1.5 m^2，厨房、仓库及办公等面积与餐厅所占面积相同，具体见表9.9。

表9.9 餐厅规模计算一览表

项目 车型	停车位数	载客人数	周转率	餐厅使用率	用餐人数/(人·h^{-1})	注
小客车	21	3.3	2.4	0.5	83	用餐人数=停车车位数×载客人数×周转率×餐厅使用率
大客车	30	46	3	0.08	331	
货车	21	2.1	2	0.5	44	
拖挂、集装箱	3	2.1	2	0.5	6	
合计	75				464	

所需的席位为　　　　　　　　464÷60×25 = 193
餐厅总建筑面积为　　　　　　$S/m^2 = 193×1.5×2 = 579$

(4)公厕面积计算

根据调查及有关资料,使用厕所人数约占所有乘客人数的80%。

使用厕所人数/(人·h^{-1}) = 80%×(21×3.3×2.4+30×46×3+21×2.1×2+
$$3×2.1×2) = 80%×(166+4\ 140+88+13) = 3\ 526$$

其中:男厕所使用周转率为60 人·h^{-1};

女厕所使用的周转率为30 人·h^{-1};

旅客使用大便器的人数为使用小便器的30%;

男女上厕所人数比例为2∶1;

则上男厕的人数/(人·h^{-1}) = 3 526×2/3 = 2 350;

设置小便器个数/个 = 2 350÷60 = 39;

设置大便器个数/个 = 39×0.3 = 12;

上女厕所的人数/(人·h^{-1}) = 3 526×1/3 = 1 175;

女厕所便器个数/个 = 1 175÷30 = 39。

根据有关建筑要求及规定,男蹲位(大小便)为3 m^2 一处,女蹲位为4.5 m^2 一处,残疾人专用面积为20 m^2。

厕所建筑面积 S/m^2 = (39+12)×3+39×4.5+20 =
$$153+176+20 = 349$$

根据调查,厕所面积考虑1.1~1.4 的系数后,厕所建筑面积采用412 m^2。其中:男蹲位(大)140 m^2、(小)42 m^2,女蹲位210 m^2,残疾人专用面积20 m^2。

(5)商店面积计算

据有关资料调查,到服务区的人员中有80%去商店,顾客在商店活动所需面积为2 m^2·人$^{-1}$,旅客停留时间为2 min。

所需建筑面积/m^2 = 2×3 526÷60÷2 = 58.77

免费休息室面积/m^2 = 250

休息室及商店建筑面积共计350 m^2。

(6)宾馆规模计算

根据国内各地服务区的使用情况,每个房间平均建筑面积为35 m^2,考虑到服务区在白沟附近,故暂设40间客房,并考虑采用1.2 的扩大系数。

$$宾馆建筑面积/m^2 = 40×35×1.2 = 1\ 680$$

(7)其他面积计算

加油站:300 m^2

修理间:400 m^2

车库:200 m^2

变配电室:157.52 m^2

锅炉房:334 m^2

污水处理:67.28 m^2

职工宿舍:660 m^2

职工食堂:340 m^2

(8)总用地面积估算

①服务区建筑面积/m² = 9 000×1.1 = 9 900,建筑面积控制在 10 000 m² 以内。

②停车场面积/m² = 21×30+54×80 = 4 950。

③院内道路及放坡等面积占总面积的 30%(即停车场的 1.2 倍)。

④建筑物面积为 10 000 m²,占总占地面积的 15%(即停车场的 0.6 倍)。

⑤绿化面积占总占地面积的 30% ~ 40%(即停车场的 1.2 倍)。

⑥公共汽车站占地 10 000 m²。

⑦其他占地面积 4 800 m²。

估算的总用地面积/m² = 10 000+4 950×(1+1.2+0.6+1.2)+10 000+4 800 ≈ 44 600

9.1.4 平面布置形式

服务区因其主要设施如停车场、餐厅和加油站等布置的位置不同,因而形式上也有所不同。

(1)按停车场的位置分类

①分离式。分离式服务区上、下行车道停车场分别布置在高速公路的两侧,如图 9.3 所示。

②集中式。集中式上、下行车道停车场集中布置在高速公路的一侧,如图 9.4 所示。

分离式服务区便于停车,还可防止驾驶员互相交换通行卡和收费票证等作弊现象,所以,一般高速公路都采用分离式停车场。

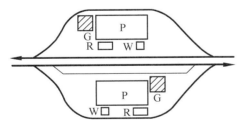

图 9.3 分离式服务区
P—停车场;G—加油站;
W—公共厕所;R—餐厅

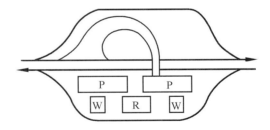

图 9.4 集中式服务区

(2)按餐厅的位置分类

①外向型。外向型服务区餐厅布置在远离高速公路的一侧。这种布置适用于服务区外侧有较开阔的田园、山野、森林等风景秀丽的地带,如图 9.5 所示。

②内向型。内向型服务区餐厅与高速公路相邻,如图 9.6 所示。这种布置适用于服务区周围环境较封闭,旅客无法向外远眺的情况,如深挖地段或四周为乡镇街道等。

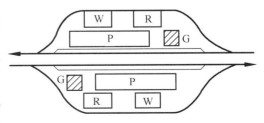

图 9.5 外向型服务区

③平行型。平行型服务区餐厅、停车场和加油站等服务设施都与高速公路相邻,沿高速公路方向作长条形布置。这种布置方式适用于地势狭长和山区地段,如图9.7所示。

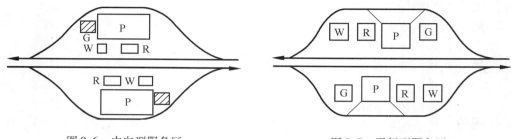

图9.6　内向型服务区　　　　　　　图9.7　平行型服务区

外向型服务区便于停车,且旅客进入服务区可避开嘈杂的汽车声的干扰。因而,一般的都采用外向型的方案,只有在地形条件受限制时,才采用内向型或平行型的方案。

(3)按加油站的位置分类

①入口型。入口型服务区加油站布置在服务区的入口处,车辆一进入服务区就可以进行加油,如图9.8所示。

②出口型。出口型服务区加油站布置在服务区的出口处,车辆在休息后出服务区时再加油,如图9.9所示。

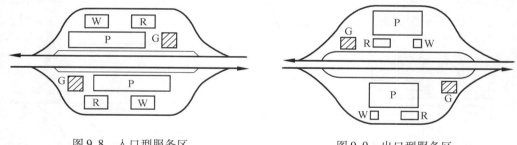

图9.8　入口型服务区　　　　　　　图9.9　出口型服务区

③中间型。中间型服务区加油站布置在服务区的中间,使用起来比较灵活。

由于停车场、餐厅、加油站、公共厕所等主要设施的布置与地形、地貌、沿线自然特征、土地利用、投资费用及管理条件等因素有关,实际上服务区的形式是通过对各种因素的综合分析比较,并且按照上述不同分类进行组合来确定的。

我国目前服务区常见的形式有:分离外向型(图9.5)、分离平行型(图9.7)和分离式餐厅单侧集中型。

国外还存在另外两种常见形式,一种是餐厅建在高速公路的上空,两侧可共同使用;另一种是中集聚型,服务区设在当中,高速公路到这里分成左右两侧分离式行驶。

9.1.5　服务区竖向设计

竖向设计是对场地的自然地形及建、构筑物进行垂直方向的设计。高速公路服务区占地面积大,场区内存在地势起伏和多种建、构筑物,必须对其进行科学地竖向设计,才能保证场地建设与使用的合理性和经济性。

1. 基本任务

根据服务区场地的地形、地貌，通过合理设计使其能满足场地建筑和景观工程需求，是服务区竖向设计的基本任务。具体可以归纳为以下几点：

①确定场地的竖向布局方式，进行场地地面的竖向设计。

②确定建筑物室内外地坪高程，构筑物关键部位高程，广场和活动场地高程，场地内道路的高程和坡度。

③组织地面排水系统，保证地面排水畅通，没有明显积水。

④协调场地的土方工程，计算土石方填、挖方量，使土方总量最小，填挖方接近平衡，不平衡时选择取土或弃土地点。

⑤设计服务区范围内的围墙、坡道等构筑物和排水沟渠等。

2. 设计原则

①满足各服务设施的布置要求。应按照服务区内各设施的设置需求，合理布置其在场区中的位置，使各服务设施之间联系便捷，并且能对景观环境起到保护和补充作用。

②充分利用地形，减少土方工程量。结合场区的地形条件，考虑综合楼等服务设施建成后的场区环境，最大限度地减少土石挖方以及其他地形改造的工程量，力求在较短的距离内完成挖方和土石回填。最大限度地保留原有的自然特色和景观，杜绝因服务区建设而造成的土质资源破坏和水土流失现象。

③满足各项技术规范要求，保证工程建设与使用期间的稳定与安全。

④组织场地排水。服务区场地应有完整、通畅的排水系统，尽量利用地形高差，让雨水由重力作用由高至低排出服务区，进入主线的边沟。此外，还需注意防洪和泄洪情况下服务区的使用。

⑤符合工程建设与场地的地质、水文等条件。安全是竖向设计的首要原则，有土石挖方的地方，应考虑地形、地质条件和水文因素，对地质条件不好的土地构造，须采取相应的防范措施，预防因工程建设引起滑坡、塌方和地下水位变化等不良事件。

⑥满足建筑基础埋深、工程管线敷设的要求。保证建、构筑物的基础和工程管线有合理适宜的埋设深度。统筹安排场地内各种管线（道）的布置和交会时合理的高程关系，以及它们与地面上的建、构筑物或场地内植物等的关系。

3. 竖向设计的一般步骤

（1）收集相关基础资料

服务区竖向设计需收集与核实的基础资料包括：

①现状地形图。

采用 1∶500 或 1∶1 000 的建设场地现状地形图。在考虑场地防洪时，为统计径流汇水面积，需要使用 1∶2 000～1∶10 000 的地形图。

②服务区总平面布置图和道路布置图。

必须准确掌握场地内建、构筑物的总平面布置图及主线边沟布置图；当有单独的场地道路时，该道路的平面图、横断面图和纵断面图等设计文件也需要收集。

③地质条件和水文资料。

需收集建设场地土壤与岩石层的分布、地质构造和高程等；不良地质现象的位置、范围、对服务区的影响程度；服务区所在地区的暴雨强度、洪水位、排洪排涝状况以及洪水淹没范围等。

④地下管线情况。

了解各种地下管线,包括给水、污水、雨水、电力、油气等的埋设深度、走向及范围,场地接入点的方向、位置、高程,重力管线的坡度限制与坡向等。

⑤填土土源和弃土地点。

不在服务区范围内进行挖、填方量平衡的场地,填方量大的要确定取土土源,挖方量大的应寻找余土的弃土地点。

(2) 确定竖向设计方案

基于收集的资料,对服务区的环境和场地地形进行充分研究和分析,结合场地的功能组织、结构布局、交通系统、绿化布置、建筑物设计、构筑物设计及辅助设施的安排等,确定具体的竖向设计方案。一般包括以下几个步骤:

①确定地形的竖向处理方案。根据场地内建、构筑物布置、排水及交通组织的要求,具体考虑地形的竖向处理,并明确表示出设计地面的情况。设计地面应尽可能接近自然地面,以减少土方量;其坡向要求能迅速排除地面雨水;确定场内地面与场外自然地面的衔接形式,保证场地内外地面衔接处的安全和稳定。在山谷地段开发建设时,如果设置了排洪沟,需要进行相应的平面布置、竖向布置和结构设计。

②计算土方量。针对具体的竖向处理方案,计算土方量。若土方量过大,或填、挖方不平衡造成缺少土源或弃土困难,或超过技术经济要求时,则需要调整设计地面高程,使土方量接近平衡。

③进行支挡构筑物的竖向设计。支挡构筑物包括边坡、挡土墙和台阶等,需对其进行平面布置和竖向设计;为防止坡面形成的"山洪"对建筑物的冲刷,应进行截洪沟的设计,以确保场地的稳定和安全。

④确定道路及室外设施的竖向设计。道路及室外设施(如活动场地、广场、停车场、绿地等)的竖向设计,按地形、排水及交通要求,定出主要控制点(交叉点、转折点、变坡点)的设计高程,并与四周道路高程相衔接。按技术规定和规范的要求,确定合理的道路坡度和坡长。

⑤确定建筑物室内、室外设计高程。根据地形和建筑物的使用、经济、排水、防洪、美观等要求,合理分析建筑物、道路及室外场地之间的高差关系,具体确定建筑物的室内地坪高度及室外设计高程等。

⑥确定场地排水。首先根据建筑群布置及场地内排水组织的要求,确定排水方向,划定排水分区,定出地面排水的组织计划,保证场地雨水有组织的排泄。正确处理设计地面与散水坡、道路、排水沟等高程控制点的关系。对于场地内的排水沟,需要进行结构选型。

当服务区基地不需要进行场地平整时,地形的竖向处理、计算土方量和支挡构筑物的竖向设计这三个步骤可以结合设计实际进行调整或略过。

9.1.6 服务区设施设计

1. 新建服务区设施设计

高速公路服务内具体的服务设施包括停车场、加油站、维修站、餐厅、商店、公共厕所、园林及其他设施。其中,停车场和加油站的设计可以参照第7章介绍的内容进行,本节主要介绍剩余服务设施的设计要点。

(1) 汽车维修站

①汽车维修站宜与加油站并排布置,便于提高共用通信设备、浴室、盥洗室及室外场地的利用率。但是,一定要注意按消防规范进行设计。

②汽车维修站与加油站分开设置时,维修站宜设在进口、加油站宜设在出口。驾驶员进入服务区后先维修车辆,然后休息,临走时再去加油。这样,使用顺当,而且较安全,不用采取特殊的消防措施。

(2) 餐厅及商店等主体建筑

①餐厅、旅店、商店、小卖部、办公用房等宜设在同栋综合服务楼内,以方便旅客,减少人流和车流的交叉,提高安全性。

②餐厅位置应设置在停车场附近,并且由于客车和小型车驾乘人员使用餐厅较多,因此餐厅应尽可能靠近小型车停车场。此外,餐厅应有良好的眺望条件,使就餐者可以很好地眺望周围的环境。

③商店一般设置在主楼内驾乘人员容易辨认的地方,通常在主楼入口附近,容易辨识。

(3) 公共厕所

①公共厕所应靠近客车停车场,并且能使驾乘人员下车后马上能识别出厕所的方位,以减少不必要的人流干扰。

②公共厕所设计应尽量与综合服务楼相协调,平面上能与其他服务设施就近接入。

③公共厕所内应功能齐全,设男女厕位、盥洗室、无障碍厕位、保洁间等。

④寒冷地区的公共厕所,在入口处须设置兼做防风雪用的门厅,采用经由门厅出入男女厕所的形式。

⑤公共厕所应充分做好换气和采光措施保证,使其保持长久的清洁感。此外,要选择有清洁感的材料和采用清扫和管理容易的构造。

⑥公共厕所需要规模相当的化粪池,需充分研究与其相应的排水问题,事先做好调查,避免造成公害。

⑦规模较大的服务区,可以分开设置多个公共厕所。

(4) 园林

①园林规划应考虑人能充分利用草坪休息或饮食等,并充分考虑排水。

②从停车场到小卖部和厕所的途中,要考虑利用园林引导使用者。

③原有树木中的保留景观,应不影响视线和交通流。

④停车场与其他建筑物有高差时,在设置台阶的同时,还应考虑无障碍通行。

⑤服务区的植树率原则上以 7% ~ 15% 为标准,植树以外部分用草皮、其他植物覆盖。

⑥园林应配置在停车场、餐厅附近。

⑦外围园地的设计应使整个休息设施与外部景观协调,园地的宽度根据环境条件灵活处理。

⑧园地应能适应蔽荫、引导和景观改善等各种要求,树木和草坪组成的园地应既简单又有观赏性。

(5) 其他

排水设施、供电设施、垃圾处理设施等应尽量设在较隐蔽的地方。

2. 改扩建服务区设施设计

服务区的改扩建设计一般与公路主体工程改扩建设计同步进行,具体的改扩建方案需集合主体工程改扩建方案、运营需求和周边高速公路服务设施布局统筹规划确定。一般情况下,服务区改扩建有原服务区就地扩建、利用拆除或移位的互通式立交、管理站或养护工区场地进行改造、辟址新建等方法,其中利用其他场地改造和辟址新建服务区设施设计与新建服务设施设计相同,本节主要介绍原址就地扩建服务区时设施设计的基本要点,主要包括:

① 服务区内的停车、如厕、加油、车辆维修、餐饮与购物等服务设施建设规模和技术指标满足使用安全、节能环保及功能需求时可直接使用。

② 改扩建时应对原有服务区地面及综合楼进行修缮,保证新建部分与原有部分连接为一个整体;服务区综合楼改扩建时,应对整体结构等进行验算;如综合楼不改造同时新增一座综合楼,则两个综合楼应进行功能区分,并统一考虑供水、供电及污水处理等设施的设置。

③ 扩建时新征用地应避免影响主线两侧的涵洞、通道及桥梁等构造物,避开低洼及山洪、断层、滑坡、流沙等地质灾害易发地段。若不能避开时,则应采取合理有效的工程防护措施。

④ 服务区改扩建扩征用地困难时,可采用建筑物上跨形式。

⑤ 当主体工程采用分离式加宽时,宜在加宽一侧增设单侧服务设施,并按行车方向对原有设施进行改造。

9.2 普通干线公路服务区

运距较长的普通干线公路或旅游公路对服务区(包括停车区、休息区、观景台等)的需求日益突出。普通干线公路服务区是供车辆停靠和司乘人员休息的道路基础服务设施,其设置一方面可以缓解驾驶员和乘客的疲劳,保障交通安全;另一方面,可以充分发挥旅游公路的风景优势,增强公路的旅游功能,极大地促进公路沿线的社会经济发展;再者,服务区的设置将从总体上提高普通干线公路的服务水平,打造出更安全便捷、畅通高效、绿色智能的公路交通环境,让出行人员及沿线群众在公路上享受到更加优质的服务。

9.2.1 普通干线公路服务区的基本形式及类型

1. 基本形式

参照高速公路服务区的布置形式,普通干线公路服务区的布置形式也可分为以下3种:集中设置在公路一侧、布设于公路两侧和设置在公路中央。具体形式选择应根据使用要求、地形条件、建设、管理以及经济性等酌情选定。

由于部分公路交通量相对较小,途经的地区大多人烟稀少,并且适合设置服务区的地段往往依山傍水,所以服务区的设计形式应以单侧布置为主。要注意通过合理设计,尽量减少或避免进出服务区的车辆与公路上正常运行的车辆之间的交通冲突。

如果条件允许,也可以选择两侧非对称布置,把服务区内的设施根据不同的适用对象和用途分别设置在道路两侧,以满足基本需求的同时,最大程度减少工程量并有利于环境保护。如果公路沿线地形较为平坦开阔,可以选择两侧对称的布置形式。

对于中央布置形式,只有在特殊地理环境和工程条件许可情况下才可考虑。

2. 类型及设施组成

根据普通干线公路服务区的功能定位不同,可以将服务区划分为不同的形式:

(1)观景类服务区

观景类服务区以观景台为典型代表,主要作用是休闲观光,缓解司乘人员的疲劳,为大家提供暂时的休息场所,其功能相对比较简单,多设置在旅游公路上。这类服务区设施主要包括停车位、交通标志和标线,沿线交通地图、景区旅游导示图和公厕等。

(2)安全类服务区

安全类服务区同时提供观景服务和交通安全服务,其不但兼有观景类服务区的功能,而且设施和规模也比前者更为完善,还包括修车位(间)、蓄水池、公路沿线安全状况告示牌等。有条件的可设休闲场所、小型特色商店以及能够提供紧急救助的相关设备。

(3)综合类服务区

综合类服务区同时提供观景服务、交通安全服务和生活服务,类似高速公路上的服务区。除安全类服务区所拥有的设施之外,还可以包括住宿场所、餐厅、加油站、仓储设施、供电供水设施、文娱设施以及银行邮政等。

9.2.2 普通干线公路服务区的选址原则

根据普通干线公路的交通流量及主体功能特点,服务区选址的总体原则是:合理、安全、经济、美观、环保。

普通干线公路服务区一般在公路修建完成后,随着公路功能的变化以及公路服务质量要求的提高而逐步修建。因此,其设置应重点考虑两个方面的因素:一是能更好地发挥和保障公路的功能和作用,尤其是应对公路上原有事故多发点的改善起到积极作用;二是尽可能选择风景优美的地点进行修建,以引导驾驶员去休息,并综合考虑安全、地形、方便性以及与周围环境相协调等因素。具体原则如下:

(1)为满足驾驶员及乘客休息、车辆保修等基本需要,以及车辆加油、旅客食宿等高级服务需要,服务区必须按一定间距进行设置。建议普通干线公路服务区设置间距是80~100 km,具体应根据公路状况、运行车速等实际情况加以考虑。

(2)应充分考虑选址的经济性,供电、给排水及地质、地形条件等在很大程度上直接影响服务区的建设造价。在交通量较大、地区经济较为发达的路段设置功能要求齐备的服务区,可考虑设置在供电方便的地方,如沿线较大的村庄、城镇附近。

(3)要从公路的线形出发,避免将服务区设置在小半径的平、竖曲线上和陡坡区段内,以及曲线的凹处。有的路段穿越山高林密的山区地带,视距严重不良,要考虑服务区的布置对公路交通安全造成的影响,并且应紧密结合当地的地质条件,避免选在土质疏松、易发生泥石流、山体滑坡等地质灾害的地方。

(4)尽量选择景色优美、视野开阔的地段设置服务区。选择具有优美景观、名胜古迹的地段设置服务区,既满足了人体生理和心理的需要,同时又可以保障道路交通安全,增加服务区设置的经济效益。

（5）服务区的选址应尽量产生与公路的隔离感，不受眩光和噪音干扰。同时必须便于明确设置进出服务区的引导标志，并与公路上的其他标志之间保持一定的间距。

9.2.3 普通干线公路服务区内相关设施设计

1. 设施设计原则

普通干线公路服务区的布设除注意实用、节约外，应更多地结合当地的文化风俗、建筑特色和自然环境的特点，辩证地处理好交通安全和休闲观光之间的关系，使服务区的建筑、设施等尽量与周围景色融为一体，尽可能利用景观和设施发挥交通安全功能，强调美感和带给休息人员愉悦的体验。

普通干线公路服务区内具体的服务设施包括：观景台、停车场、加油站、公共厕所、餐厅、园林等。其中停车场和加油站的设计可参照第 7 章介绍的内容进行，餐厅、公共厕所园林等参照本章第一小节介绍的内容进行，以下主要介绍观景台和剩余设施的设计要点。

2. 服务设施设计要点

（1）观景台

观景台既是为行人提供休憩的场所，又能使行人获得美的享受，是功能与艺术的结合体。

①设计时不只考虑其观景的方位功能，还考虑为行人提供停车、休憩的空间功能。

②公路观景台作为景观的一部分，需设置在公路两侧有较高景观价值且视域范围良好的地方，还要充分考虑观景环境的安全性和可行性，如观景点地理位置良好、有足够的回旋空间、不影响行车安全等。

③服务于观景台的停车场一般设置在观景台之内，条件有限时应设在观景台附近同一侧的路段上，距离不超过 50 m。

④停车场出入口应设置车辆进出的三角过渡带，与主路顺畅衔接，以确保车辆出入的安全。

⑤对于设置洗手间的观景台，应保证其管理维护等问题妥善解决。

⑥观景台的布局手法多样，风格各异。设计时可借鉴园林景观的设计方法，结合石、水、泉、树等其他造景手法，不拘泥于形式，体现公路设计理念的"灵活性"，根据其所在的地理位置及周围环境，从多方视角展现景点的独特魅力。

（2）修车位

修车位是提供车辆维修、保养的设施，但它的使用概率较小，所以其位置可相对向服务区内移动，但必须靠近停车场，并与生活区联系方便。

（3）蓄水池

蓄水池对大型车辆比较适用，因此应尽量安排在大型车停车场附近。

9.3 人行过街与导向设施

9.3.1 人行过街设施

人行过街设施是指供行人过街使用的地道、天桥、人行横道、步行安全岛以及附属的行人信号灯、行人过街交通标志等交通设施。行人过街设施按所处位置分为路段式和交叉口式,按形式分平面过街设施和立体过街设施。

1. 人行过街设施通行能力

人行过街设施的通行能力是指在单位时间、单位宽度内通过人行过街设施某一断面的最大行人量,它是人行过街设施规划、设计、管理的重要参数。人行过街设施单位宽度内的基本通行能力可根据行走速度、纵向间距和占用宽度计算。计算公式如下:

$$C_p = \frac{3\,600 v_p}{S_p b_p} \tag{9.1}$$

式中　C_p——人行设施的基本通行能力,人/(h·m);

　　　v_p——行人步行速度,见表9.10;

　　　S_p——行人行走时纵向间距,取1.0 m;

　　　b_p——一队行人占用的横向宽度,见表9.10。

《城市道路工程设计规范》(CJJ 37—2012)规定的人行设施的基本通行能力和设计通行能力见表9.10。行人较多的重要区域设计通行能力一般采用表中的低值,非重要区域采用高值。

表9.10　不同人行过街设施计算参数推荐值及规范推荐通行能力

人行过街设施	步行速度 v_p/(m·s^{-1})	一队行人的宽度 b_p/m	基本通行能力 /(人·(h·m)$^{-1}$)	设计通行能力 /(人·(h·m)$^{-1}$)
人行道	1.00	0.75	2 400	1 800 ~ 2 400
人行横道	1.00 ~ 1.20	0.75	2 700	2 000 ~ 2 400
人行天桥、地道	1.00	0.75	2 400	1 800 ~ 2 000
车站、码头处的人行天桥、地道	0.50 ~ 0.80	0.90	2 400	1 440 ~ 1 460

注:人行横道的基本通行能力计算结果为绿灯小时的通行能力,单位为人/(hg·m)。

2. 人行过街设施设置

人行过街设施的规划布局应以城市道路网规划、道路类别、非机动车和行人系统规划为依据,并同交叉口的几何特征与间距、人流车流特征、交通组织方式等相协调。人行过街设施的设置间距视道路等级、路段长度、功能定位与行人过街需求而定,快速路和主干路上的间距宜为300~500 m,次干路上的间距宜为150~300 m。设施设置的地点应与交叉口周围的公交站点、轨道交通车站、商业大楼以及路网上人流集散点紧密结合,构成系统,保证步行交通的方便及连续性,不出现步行系统中断。

人行过街设施形式的选择应根据道路的功能性质、交叉口类型、交通控制方式及地形条件等因素确定,城市快速路过街设施应采用立体过街方式。其他城市道路以平面过街方式为主,立体方式为辅,且应优先考虑人行地面过街。在商业区、交通枢纽等人车密集地点,宜结合建筑物内部人行通道设置连续的立体过街设施,形成地下或空中人行连廊。

(1)平面人行过街设施

人行横道应设置在车辆驾驶员容易看清的位置,尽量与车行道垂直。在信号灯管制路口,应施划人行横道标线,设置相应人行信号灯。无信号管制及让行管制交叉口应施划人行横道标线并设置注意行人的警告标志,并在人行横道上游机动车道上施划人行横道预告标识线。如果道路交叉口采用的是对角过街方式,则必须设置人行全绿灯相位。

人行横道的宽度与过街行人数及信号显示时间相关,顺延主干路的人行横道宽度不宜小于 5 m,顺延其他等级道路的人行横道宽度不宜小于 3 m,以 1 m 为单位增减。当路段或路口进出口机动车道大于或等于 6 条或人行横道长度大于 30 m 时应设安全岛,安全岛的宽度不宜小于 2 m,困难情况不应小于 1.5 m。人行安全岛在有中央分隔带时,宜采用栏杆诱导式,如图 9.10 所示;在无分隔带时,宜采用斜开式,如图 9.11 所示。

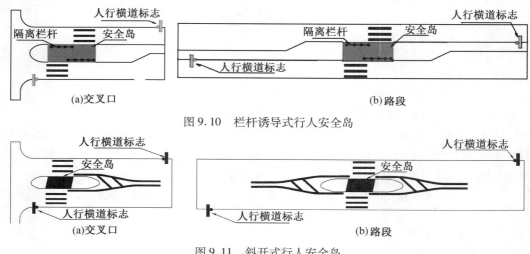

图 9.10　栏杆诱导式行人安全岛

图 9.11　斜开式行人安全岛

路段平面过街设施附近设置公交停靠站时,公交车站宜设置成背向错开形式,人行过街横道应设置在公交站进车端,并设在公交车停靠范围之外,如图 9.12 所示。

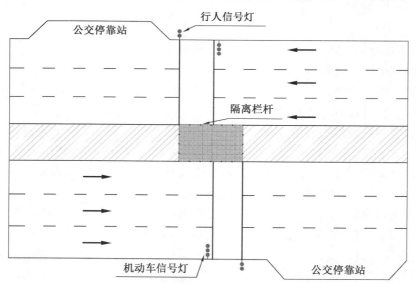

图 9.12　公交停靠站处的背向错开式人行横道

(2)立体人行过街设施

立体人行过街设施包括天桥和地道两种,具体形式的选择应根据城市道路规划,并结合地上地下管线、市政公用设施现状、周围环境、工程投资以及建成后的维护条件等因素进行技术、经济、社会效益等比较后确定。天桥具有建筑结构简单、工期短、投资较少、与地下管线矛盾较易解决、维护方便等优点,但在与周围环境协调问题上要求较高;此外过街行人一般不愿意走天桥,并且可能给道路改造带来困难。地道的优点是与附近景观没有矛盾,净高比天桥小些;但是地道一般都需要设置泵站排水,结构比较复杂,施工较难且施工时影响交通,与地下管线矛盾也较难处理。

立体人行过街设施设置时,应与路侧人行系统相连接,形成连续的人行通道,其通行能力须满足该地点行人过街需求。立体过街设施的地面梯道(坡道)出入口与附近建筑物以及公交站点密切结合,可以吸引行人利用立体过街设施,提高立体过街设施的使用效果。若是不能与附近建筑物结合的立体过街设施,宜设置自动扶梯,这样能够降低行人的疲劳程度,吸引行人利用立体过街设施,显著提高立体过街设施的使用效果。

立体过街设施的具体设计应满足以下基本要求。

① 净宽。

天桥与地道的通道净宽应根据设计年限内高峰小时人流量及设计通行能力计算,天桥桥面净宽最小值为 3 m,地道通道净宽最小值为 3.75 m。天桥与地道每端梯道或坡道的净宽之和应大于桥面或地道的净宽 1.2 倍以上,梯道和坡道的最小净宽为 1.8 m。考虑兼顾自行车推车通过时,一条推车带宽按 1 m 计,天桥或地道净宽按自行车流量计算增加通道净宽,梯道或坡道的最小净宽为 2 m。考虑推自行车的梯道,应采用梯道带坡道的布置方式,一条坡道宽度不宜小于 0.4 m,坡道位置按方便推车流向设置。

② 净高。

天桥桥下为机动车道时,最小净高为 4.5 m;为非机动车道时,最小净高为 3.5 m;为人行道时,最小净高为 2.3 m;行驶电车时,最小净高为 5 m;跨铁路的天桥,桥下净高应满足《标准轨距铁路建筑限界》(GB 146.2—1983)的规定。天桥桥面最小净高为 2.5 m,各级架空电缆与天桥、梯道、坡道最小垂直距离要求见表 9.11。

表 9.11 各级架空电缆天桥、梯道、坡道最小垂直距离

线路电压/kV 地区	配电线			送电线		
	<1	1~10	35	60~110	154~220	330
居民区	6.0 m	6.5 m	7.0 m	7.0 m	7.5 m	8.5 m
非居民区	5.0 m	5.5 m	6.0 m	6.0 m	6.5 m	7.5 m

地道通道的最小净高为 2.5 m;梯道踏步中间位置的最小垂直净高为 2.4 m;坡道的最小垂直净高为 2.5 m,极限为 2.2 m。

③ 导向护栏。

立体过街设施的地面梯道(坡道)出入口附近一定范围内,为引导行人经由立体过街设施过街,应设置导向护栏;护栏端口宜与立体过街设施两侧附近交叉口的地形相结合,每侧护栏的连续长度宜为 50~100 m,如果过长会增加行人的绕行距离;护栏材料应坚固,形式、颜色应与周围环境相协调。

9.3.2 人行导向设施

用于行人导向服务的路线指示设施、地图导向设施以及路名牌等均属于人行导向设施,其设置一般应符合以下规定:

① 人行导向设施和路名牌等应设置在设施带内,并不应占用行人的有效行走空间。

② 人行导向设施和路名牌应统一规划、布置,方便使用。

③ 步行街、商业区、比赛场馆、车站、交通枢纽等人流密集区域,以及在道路交叉口和公共交通换乘地点附近,宜设置人行导向设施。路段上人行导向设施的设置间距应为 300~500 m。

④ 导向设施应内容明确、易懂,具有良好的可视性、避免遮挡,保持标识面的清晰、整洁。

⑤ 枢纽、广场、比赛场馆和大型建筑物周边道路的人行导向设施,应结合其内部人行系统进行设置。

⑥ 导向设施的设置可结合周边环境,艺术化设置,但要易于辨认,清晰、易懂。

⑦ 人行导向设施的布置应保证行人通行的连续性和安全性,构成完整的人行导向标识系统。

⑧ 路线导向设施应反映 1 000 m 范围内的人行过街设施、公共设施、大型办公和居住区的行进方向。地图导向设施应反映附近人行过街设施、公共设施、大型办公和居住区的位置。

⑨ 城市道路交叉口位置应设置路名牌,两个交叉口间的距离大于 300 m 的路段,应在路段范围内设置路名牌,设置位置应明显,不得被遮挡。路名牌应平行于道路方向,版面应含有道路名称、方向,并应有门牌号码。

思 考 题

1. 高速公路服务区使用者的类型有哪几种,不同类型使用者的需求是什么?
2. 高速公路服务区设置间距的主要影响因素有哪些?
3. 高速公路服务区的基本形式有哪几种,各自的特点及适用条件是什么?
4. 服务区竖向设计的基本原则和一般步骤分别是什么?
5. 服务区改扩建设计时需要注意哪些问题?
6. 平面人行过街设施的形式及设置条件是什么?

第10章 道路照明设施

道路照明设施,是指为保证夜间及白天低能见度下交通的正常运行,使道路使用者正确地识别路况及各种交通标志、预知道路的前进方向和几何线形条件,而设置于道路上的灯光照明设施。道路照明系统不仅包括一系列的光源、灯具及其附属设施,还包括照明与控制设备及节能措施等。道路照明既属于照明工程学的范畴,又是交通工程学的一个重要组成部分。

10.1 概　　述

10.1.1 照明系统的功能

1. 交通功能

道路照明系统的交通功能包括:
①为驾驶员提供良好、舒适的视觉环境,保障道路交通安全;
②通过人工辅助照明,使驾驶员能够自身定位、获取前方道路交通信息并认清前方各类障碍物,从而提高行车速度和道路利用率;
③可在隧道及较长地下通道内提供全日照明,保证车辆不论是夜间还是白天均可安全行驶,同时改善上述设施进出口处的视觉环境;
④有助于非机动车出行者及行人更好地完成夜间交通出行活动。

2. 其他功能

道路照明系统的其他功能包括:
①降低夜间街道上的犯罪率,提高居民的社会安全感;
②刺激夜间交通出行,缓和白天的交通拥堵;
③通过吸引夜间顾客及观众,促进商业尤其是零售业的发展,活跃夜间的社会活动;
④改善城市景观,美化城市夜间空间环境。

10.1.2 照明基本概念

1. 光及其度量

(1)光(light)

一切温度高于绝对零度(−273.16 ℃)的物体会向外辐射电磁波,当波长为380~760 nm的电磁波射入人眼时能产生明亮的感觉,这就是光,又称可见光。

(2)光通量(luminous flux)

光源在单位时间内向四周空间发射的辐射能值称为辐射能通量。人眼所能感觉到的那一部分辐射能,称为光通量(以 F 表示),单位是流明(lm)。

(3)光出射度(luminous exitance)

单位面积被照面反射或透射的光通量,称为光出射度(以 M 表示),又可分为光反射度和光透射度,单位为 lm/m^2。

(4)发光强度(luminous intensity)

光源在某方向单位立体角内的光通量称为发光强度,即光通量的空间密度,简称光强(以 I 表示),单位是坎德拉(cd)。

(5)照度(illuminance)

由光源直接或间接照亮的被照面上入射的光通量与被照面面积之比,即单位被照面上的光通量,称为该表面的照度(以 E 表示),单位是勒克斯(lx)。人的视觉可以适应很大幅度的照度变化,从 100 000 lx 的盛夏阳光到 0.000 3 lx 的星光。一般来说,视力会随着照度的增加而提高,如图 10.1 所示。

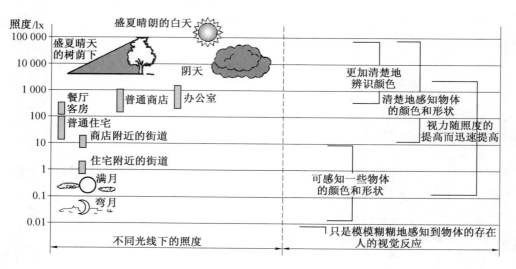

图 10.1 照度与人的视觉反应

(6)亮度(luminance)

照射到被照面上的光通量,一部分从被照面上反射回来,反映到人眼里便出现物体的像,反射到人眼的光通量越大,所引起的视觉就越清楚,这可用亮度来描述。亮度(以 L 表示)就是发光表面在一定方向上的发光强度与该方向的投影面面积之比值,单位为 cd/m^2。

(7)反射率(reflectance)

从一个微小表面上反射出来的总光通量与投射到其上的总光通量之比,称为反射率(以 ρ 表示)。$\rho = 0$ 相当于理想黑体,$\rho = 1$ 则相当于完全反射体。沥青混凝土路面 $\rho = 0.1 \sim 0.12$,水泥混凝土路面 $\rho = 0.3 \sim 0.4$。

光通量、发光强度、光出射度、照度及亮度的关系如图 10.2 及表 10.1 所示。亮度、照度及反射率三者间的近似关系为

$$L = \frac{\rho E}{\pi} \tag{10.1}$$

式中　π——圆周率。

表 10.1 光度指标汇总表

指标	符号	单位		指标间的关系
		英制单位	国际单位	
发光强度	I		cd	$I=F/\omega$, $\omega=A/r^2$
光通量	F		lm	$F=I\omega$
光出射度	M	lm/ft^2	lm/m^2	
照度	E		lx	$E=F/A$
亮度	L	cd/ft^2	cd/m^2	$L=I/A\cos\theta$

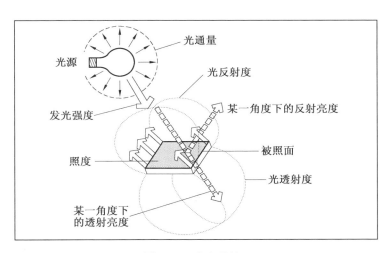

图 10.2 光度特性

2. 视觉与颜色

(1) 视觉(visual perception)

视觉是指由于进入眼内的辐射的刺激作用而使人产生的包括感觉印象或知觉过程在内的意识上的体验。

(2) 色表(color appearance)

色表即人眼直接观察光源时所看到的颜色,可以用色温描述。

(3) 色温(color temperature)

当光源所发出的光的颜色与黑体在某一温度下辐射的颜色相同时,黑体的温度就称为该光源的颜色温度,简称色温。

(4) 显色性(color rendering)

显色性是指光源照射到物体上的客观效果。如果物体受照后的效果和标准光源(即日光)的照射效果相似,则认为该光源的显色性好,如果受照物体颜色失真,则该光源的显色性差。光源的显色性一般用显色指数(以 R_a 表示)来评价。显色指数是根据规定的 8 种不同色调的试验色,在被测光源和参照光源照明下的色位移平均值确定的,其理论最大值是 100。

(5)眩光(glare)

发光面的亮度达到一定数值,且位于视野内的某一位置上时,该发光面就有使能见度降低的特性,这种现象称为眩光。眼睛由于受到眩光作用而使能见度降低的现象,称为眩光效应。眩光作用的强弱在很大程度上取决于发光体至人眼的光线与人眼的视线所成的角度 θ,θ 角称为眩光作用角,眩光作用与 θ 角的关系如图 10.3 所示。

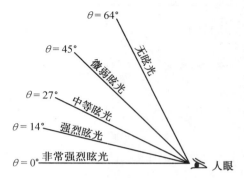

图 10.3 眩光作用与 θ 角的关系

3. 照明术语

(1)光源发光效率(luminous efficacy)

光源发光效率是指光源所发出的全部光通量和该光源所消耗的电功率之比,简称光效(以 η 表示),单位为流明/瓦(lm/W)。通常电光源所消耗的电功率只有很小一部分转变成了光能,绝大部分转变成了热能。

(2)灯具效率(luminaire efficiency)

在相同的使用条件下,灯具发出的总光通量与灯具内所有光源发出的总光通量之比,称为灯具效率。

(3)配光曲线(candle power distribution curve)

电光源在空间各个方向的发光强度都不相同,且相差较大,在极坐标图上标出各方位的发光强度值,连成的曲线就称为配光曲线。图 10.4 为某高压水银灯的配光曲线。

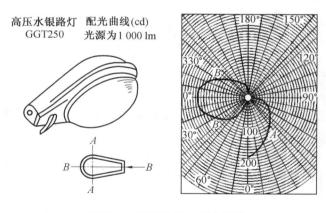

图 10.4 高压水银灯配光曲线

(4)利用系数(coefficient of utilization)

光源发射的光通量只有一部分照射到路面上,这部分光通量被称为利用的光通量。利用系数(以 U 表示)是指利用的光通量与光源发射的总光通量之比。

(5)维护系数(maintenance factor)

由于光源光通量衰减、灯具污染及老化等,光源及灯具在使用一定时期后效率会降低,从而导致照度和亮度降低。维护系数(以 MF 表示)是指,照明装置使用一定时期后,在规定表面上的平均照度或平均亮度与该装置在相同条件下新安装时在同一表面上所得到的平均照度或平均亮度之比。维护系数为光源的光衰系数(lamp flux maintenance factor)与灯具的光衰系数(luminaire maintenance factor)的乘积。

(6)照明功率密度(lighting power density)

照明功率密度是指单位路面面积上的照明安装功率(包含镇流器功耗),是道路照明节能的主要评价指标。功率密度值(简称LPD)等于总路灯设备安装功率除以机动车道的面积,单位为 W/m²。

10.1.3 道路照明分类与需求

1. 道路照明分类

根据道路上照明设置方式或照明区域的不同,道路照明可分为连续照明、全部照明、局部照明和轮廓照明四大类。

(1)连续照明

在立体交叉或平面交叉之间的道路主线上进行连续照明的方式,称为连续照明,立体交叉的主线也包含在道路主线内。

(2)全部照明

在平面交叉或立体交叉的全部交通活动区域均设有道路照明的方式,称为全部照明。互通式立体交叉的全部照明包括主线照明(一般归类为主线连续照明)、匝道照明、被交道路照明以及立体交叉范围内的平面交叉照明等。

(3)局部照明

仅在道路上的关键路段、潜在交通冲突区、平面交叉或立体交叉的入口等局部地点设置道路照明的方式,称为局部照明。

(4)轮廓照明

轮廓照明是局部照明的一个特例,属于雷光照明,多用来提示前方道路平面交叉口的存在。

2. 道路照明需求

(1)高速公路与互通式立体交叉照明需求

高速公路采用主线连续照明时或互通式立体交叉采用全部照明或局部照明时,需要考虑的因素一般包括以下几个方面:①高速公路或互通式立体交叉的日交通量;②互通式立体交叉间距;③沿线土地利用状况;④夜间与白天交通事故比;⑤沿线特殊需求。

多数欧美国家在高速公路上的以下路段设置了主线连续照明,这些路段是日交通量在 30 000 辆以上城市内或城市近郊路段,或互通式立体交叉密集且平均间距在 2.5 km 以下的路段,或穿越城镇的长度在 3 km 以上的路段,或夜间与白天交通事故比在 2.0 以上的路段。沿线特殊需求是指,雾、冰雪、视距以及其他环境因素对照明的特殊需求。

我国规定,机场高速公路宜全线连续设置照明,环城高速公路可全线连续设置照明,互通式立体交叉密集且交通量大的高速公路、大城市近郊路段可设置主线照明,夜间行车安全隐患突出且交通量大的局部路段可设置主线照明。城市互通式立体交叉应设置照明,位于城市出入口路段的互通式立体交叉宜设置照明,高速公路与高速公路间的枢纽互通式立体交叉可设置照明。

(2)城市道路与其他公路照明需求

在城市道路与其他公路上设置道路照明时,需要考虑几何线形、交通运行、环境及交通事故四个方面的因素。

几何线形因素包括车道数、车道宽度、每公里中间带的开口数量、每公里的出入口数量、平曲线半径、道路纵坡坡度、视距、路侧停车条件等。交通运行因素包括平面交叉口的信号配时、左转车道数、中间带宽度、运行速度或限速值、行人交通量等。环境因素包括沿线土地开发强度、地区类别、环境照明需求、是否有突起的中间带等。交通事故因素主要采用夜间与白天交通事故比来描述夜间的交通安全状况。

美国联邦公路局针对上述四个因素下的各个指标,都给出了一个由1~5之间的系数值R及其相应的重要度权重W,只有当某一路段上多个指标的$R \times W$之和超过了某一限值后,该路段才需要设置道路照明设施。

我国规定,城市道路均应设置人工照明设施,干线一、二级公路穿越村镇路段宜设置照明。

(3) 平面交叉口照明需求

平面交叉口是否需要设置道路照明要考虑以下几个方面的因素:①平面交叉口的交通量(尤其是相交道路上的交通量);②平面交叉口范围内是否设有人行横道;③由于缺少道路照明而导致的夜间交通事故数;④交叉口范围内是否有抬高的中间带。

一般而言,信号控制平面交叉口应采用全部照明,无信号控制平面交叉口视具体情况可采用全部照明、局部照明或轮廓照明。我国规定,城市道路上的平面交叉口均应设有道路照明,一、二级公路上位于城市出入口处的平面交叉宜设置照明,高速公路驶出匝道终端与一、二、三级公路连接处的无信号控制平面交叉口可设置照明,夜间有火车通过的公铁平交道口宜设置照明。

(4) 大桥及隧道照明需求

为保障道路交通安全并提高大桥的利用率,即使在桥梁两端无道路照明的条件下,在城市内及郊区的大桥上设置道路照明仍然是十分必要的。我国规定,城市内的桥梁均应设置道路照明,位于城市出入口路段的特大桥宜设置照明,其他公路特大桥根据交通量、安全性等特殊需求可设置照明。

隧道设置照明时应考虑的因素包括:①隧道长度;②隧道洞口设计;③隧道及其出入口路段的几何线形条件;④隧道内车辆及行人的交通运行特征;⑤气候条件及隧道方位;⑥隧道安全运营时的能见度目标。

我国《公路隧道照明设计细则》(JTG/T D70/2-01—2014)规定,长度$L > 200$ m的高速公路、一级公路隧道应设置照明,长度$100 \text{ m} < L \leqslant 200 \text{ m}$的高速公路、一级公路光学长隧道应设置照明,长度$L > 1\ 000$ m的二级公路隧道应设置照明,长度$500 \text{ m} < L \leqslant 1\ 000$ m的二级公路隧道宜设置照明,三级、四级公路隧道应根据实际情况确定。

10.1.4 道路照明地点与照明区域

1. 道路照明地点

根据道路照明需求,道路及其附属设施上可设置照明的地点一般包括道路主线、平面交叉口、立体交叉、桥梁及天桥、隧道及地下通道、广场及停车场、休息区及服务区、收费站、公交站点、交通冲突区域、交通标志及其他特殊地点。

①道路主线照明:是指在公路、城市道路主线上纵向连续设置的人工照明。当道路上有自行车道及人行道时,道路照明同时也应满足自行车骑车人及行人夜间出行需求。高占有率车道(high occupancy vehicle lanes)上的纵向连续照明,也属于道路主线照明。

②平面交叉口照明:按平面交叉口所处的位置不同,可分为公路平面交叉口照明、城

市道路平面交叉口照明、郊区道路平面交叉口照明;按交通控制方式的不同,可分为信号控制平面交叉口照明和无信号控制平面交叉口照明;按照明方式的不同,又可分为平面交叉口全部照明、局部照明和轮廓照明三类。

③立体交叉照明:是指在立体交叉的主线、匝道、加减速车道上设置的功能照明以及立交区域的景观照明。立体交叉照明可分为公路立体交叉照明、城市道路立体交叉照明、郊区道路立体交叉照明;按照明方式的不同,又可分为立体交叉全部照明和局部照明。

④桥梁及天桥照明:桥梁照明包括一般大桥照明、有通航要求的大桥照明以及大桥立面照明等。天桥照明既包括人行天桥照明,也包括上跨道路照明。

⑤隧道及地下通道照明:较长的隧道不仅需要有夜间照明,还要有充足的日间照明,照明区域一般包括隧道的接近段、入口段、过渡段、中间段以及出口段等。天然光充足的短直线人行地道,可只设夜间照明。

⑥广场及停车场照明:城市里的集会广场、交通广场、商业广场等均需设置人工照明设施。在广场亮化工程中,往往需要同时考虑交通功能照明和环境景观照明两方面的需求。对规模较大的停车场,在其出入口、停车区以及客车乘降点处均需设置人工照明设施;对规模较小的停车场,只需在出入口处设置安全照明即可。

⑦休息区及服务区照明:一般包括出入口分流区和合流区的照明,以及区内道路、停车场、广场、各类休息地点的照明等。在休息区或服务区的照明中,出入口处的交通安全问题是第一重要的问题,而在休息区或服务区内部,人员安全则是第一重要的。

⑧收费站照明:包括收费广场照明、收费车道照明以及收费亭工作照明等。

⑨公交站点照明:是指在公交站点、港湾式停靠站台上设置的道路照明。

⑩交通冲突区域照明:地点包括设置于道路路段上的人行横道、公铁平交道口、合流区、分流区等。

⑪交通标志照明:设置于门架上的警告标志、指路标志等可通过外部光源来照亮标志版面,路侧式或悬臂式标志一般不需要外部光源。

⑫其他特殊地点照明:包括事故多发点(段)道路照明、避险车道照明、机动车检查站照明、货车称重区照明、CCTV 监控路段照明等。

2. 道路照明区域

道路主线照明区域就是道路主线路段,包括主线上的桥梁、涵洞等。互通式立体交叉采用全部照明方式时,照明区域包括主线、驶入与驶出匝道、变速车道等。互通式立体交叉仅在匝道或分、合流区域设置局部照明时,照明区域如图 10.5 ~ 10.7 所示。

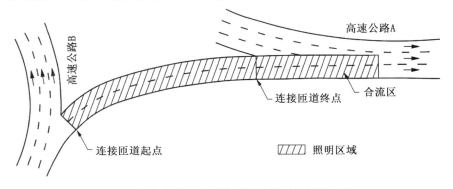

图 10.5 高速公路与高速公路的连接匝道照明区域

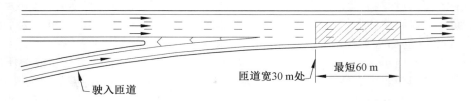

(a)驶入匝道为单车道匝道

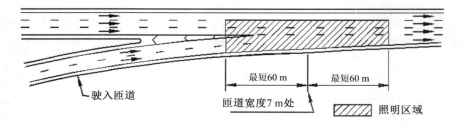

(b)驶入匝道为双车道匝道

图 10.6 合流区照明区域

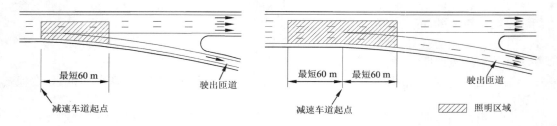

图 10.7 分流区照明区域

无左转弯车道平面交叉口的照明区域为停车线及其延长线所包围的区域,如图 10.8 所示;有左转弯车道的平面交叉,还应包括左转弯车道等候段区域,如图 10.9 所示。铁路道口的照明区域为入口到铁路线外侧至少 15 m 的范围,如图 10.10 所示。

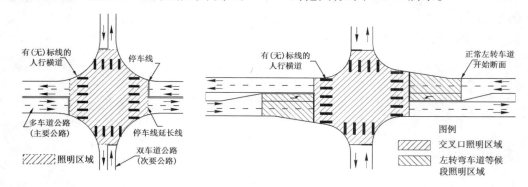

图 10.8 无左转弯车道平面交叉照明区域　　图 10.9 有左转弯车辆平面交叉照明区域

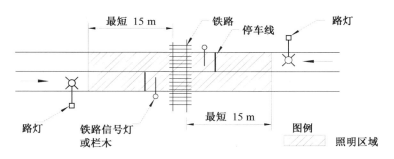

图 10.10 铁路道口照明区域

服务区的照明区域包括服务区内部道路、停车场及公共活动区,如图 10.11 所示。超限检测站的照明区域包括检测车道、检测区、停车区及进出口匝道等,如图 10.12 所示。避险车道的照明区域包括从引道起点开始至制动床终止处的区域。

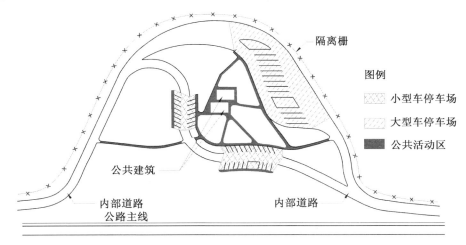

图 10.11 服务区照明区域示意图

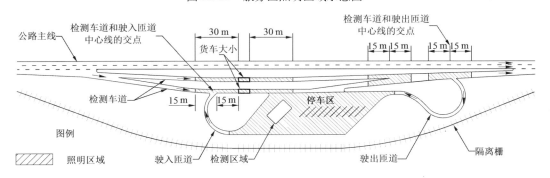

图 10.12 超限检测站照明区域示意图

10.2 道路照明评价指标与标准

10.2.1 道路照明评价指标

从世界范围而言,道路照明的评价指标一般包括:
① 路面平均亮度;
② 路面亮度均匀度;
③ 眩光限制;
④ 环境比;
⑤ 视觉诱导性;
⑥ 路面平均照度;
⑦ 路面照度均匀度;
⑧ 垂直照度与半柱面照度;
⑨ 小目标可见度。

目前大部分国家使用前五项作为道路照明的评价指标,但还有一些国家使用路面平均照度和路面照度均匀度(即⑥、⑦项)来代替路面平均亮度和路面亮度均匀度(即①、②项),或者二者并用,这些国家包括中国和日本等。应当指出,无论是从视功能还是从视舒适方面看,亮度都比照度更适于作为评价指标。使用照度作为道路照明设计指标,照明质量偏差比使用亮度指标高 1~4 倍。因此,用亮度代替照度是一种发展趋势。

1. 路面平均亮度

路面平均亮度(average road surface luminance)是指在路面上预先设定的特征点上测得的或计算得到的点亮度的平均值,以 L_{av} 表示。路面平均亮度是评价视功能的最重要的指标,同时也是与夜间交通安全最相关的指标,因为它能最直观地描述道路使用者的视觉感受。

一般可采用驾驶员前方 60~160 m 之间的路面平均亮度来评价道路照明水平。通过组织观察者进行主观评价的大量实验表明,对交通密度大而速度又很高的主要道路和密度小且速度低的次要道路,驾驶员的亮度预期是不同的,结果见表 10.2。另外,在确定路面平均亮度标准时还应考虑道路周围的环境亮度,当环境亮度较高时,例如两侧有明亮橱窗、广告牌的城区道路,路面平均亮度还应提高。

表 10.2 路面平均亮度主观评价及其推荐值

	路面平均亮度主观评价		路面平均亮度推荐值
	可以接受	好	
主要道路的路面平均亮度/(cd·m^{-2})	1.25	2.8	2.0
次要道路的路面平均亮度/(cd·m^{-2})	0.7	1.1	0.5(暗环境) 1.0(亮环境)

2. 路面亮度均匀度

路面亮度均匀度(uniformity of road surface luminance)是评价道路照明质量的第二个

重要指标。若路面平均亮度较高而均匀度较差时,以下两个方面的问题会随之出现:其一,路面上的过暗区域会屏蔽掉障碍物,从而危及行车安全;其二,行车过程中交替且重复出现的过暗与过亮区域(通常为一系列亮与暗的横带,可称之为"斑马效应"),加剧了驾驶员的驾驶疲劳并且降低了行车舒适度。路面亮度均匀度可用路面亮度总均匀度和路面亮度纵向均匀度两个指标来描述。

路面亮度总均匀度(overall uniformity of road surface luminance)是路面上局部最小亮度($L_{\min}^o$)与平均亮度的比值(以U_o表示),即

$$U_o = L_{\min}^o / L_{av} \tag{10.2}$$

路面亮度纵向均匀度(longitudinal uniformity of road surface luminance)是同一条车道中心线上最小亮度($L_{\min}^l$)与最大亮度($L_{\max}^l$)的比值(以U_L表示),即

$$U_L = L_{\min}^l / L_{\max}^l \tag{10.3}$$

另外,也可采用亮度梯度来细化路面亮度均匀度。亮度梯度是指路面上的亮度变化率,路面上出现高亮度梯度往往是无法接受的。由于连续梯度较难测定,建立亮度梯度与亮度均匀度之间的关系也相当困难,因此照明标准中未采用该指标。

为了保持一个可以接受的视觉察觉能力和视舒适度,路面亮度总均匀度不应低于0.4,主要道路的亮度纵向均匀度不宜低于0.7,而次要道路不宜低于0.5。

3. 眩光限制

眩光有失能眩光(disability glare)和不舒适眩光(discomfort glare)两种。使视觉功能减弱的眩光称为失能眩光,用阈值增量TI(threshold increment)表示;使视觉产生不舒适感的眩光称为不舒适眩光,用眩光控制等级G(glare control mark)表示。由于不舒适眩光更侧重于道路使用者的主观感受且对交通运行的不利影响相对较小,因此,不宜作为评价指标。目前,道路照明设计中的眩光限制主要是限制失能眩光。

直接视场中的物体通过其亮度聚焦在人眼的视网膜上,物体形象的视觉感觉因此而出现。与此同时,另一个眩光源射来光线,在眼内形成散射,这部分光线非聚焦地叠落在被聚焦的物体形象上,好似视场上蒙上了一层透明的帷幕,此时的亮度称为等效光幕亮度(equivalent veiling luminance),其经验计算公式为

$$L_v = 10 \times \frac{E_{eye}}{\theta} \tag{10.4}$$

式中 L_v——等效光幕亮度,cd/m²;

E_{eye}——由眩光产生的垂直视线上的照度,lx;

θ——视线方向与眩光照射方向的夹角,国际照明委员会(CIE)规定为20°。

若有多个眩光源,则总的等效光幕亮度(以$L_{v,total}$表示)为各眩光源等效光幕之和,即

$$L_{v,total} = \sum L_{vi} \tag{10.5}$$

在没有眩光作用时能够刚好看到的物体,有了眩光以后就看不见了,这说明要提高物体及其背景之间的亮度对比。存在眩光源时,为了达到同样看清物体的目的,物体及其背景之间的亮度对比所需要增加的百分比,称之为阈值增量(以TI表示),单位为%。在背景亮度范围为0.05~5 cd/m²时,阈值增量的近似计算公式为

$$TI = 65 \times \frac{L_{v,total}}{(L_{av})^{0.8}} \tag{10.6}$$

TI 值可在不同点通过测定或计算取得。该值的变化与亮度纵向均匀度密切相关,TI 变化越大,纵向均匀度越低。对于主要道路 TI 值达到 10% 时限制眩光的效果最佳,对于次要道路其值还可再高一些。

4. 环境比

环境比(surround ratio)是指车行道外 5 m 宽带状区域内的平均照度与相邻的 5 m 宽车行道上的路面平均照度之比(以 SR 表示)。控制环境比不能过小的原因是,道路照明不仅需要照亮路面还要给道路两侧直接相关区域提供照明服务,使道路周边高大物体能够从黑暗的背景中显现。我国城市道路中的快速路及主次干道,其最小环境比要求在 0.5 以上。

5. 视觉诱导性

沿着道路纵向恰当地安装灯杆、灯具等照明设施,可以给驾驶员提供有关道路前进走向、线形、坡度、道路交叉点等视觉信息,这称为道路照明的视觉诱导性(optical guidance)。以下几种作法具有参考和借鉴意义:

①利用照明方式的变化实现视觉诱导;
②利用光源光色变化实现视觉诱导;
③采用灯具布置及照明布局的变化实现视觉诱导。

6. 照度评价指标

照度评价指标主要包括路面平均照度、路面照度均匀度、垂直面照度及半柱面照度等。

①路面平均照度(average road surface illuminance),是指在路面上预先设定的特征点上测得的或计算得到的点照度的平均值,以 E_{av} 表示。

②路面照度均匀度(uniformity of road surface illuminance),是路面上局部最小照度(E_{min})与平均照度(E_{av})的比值(以 U_E 表示),即

$$U_E = E_{min}/E_{av} \tag{10.7}$$

③垂直面照度及半柱面照度(分别以 E_v 和 E_{sc} 表示)主要应用于人行道照明。人行道上行人的一项重要视觉活动是看清对面来人的面部,这就需要照明设备能提供适当的垂直面或半柱面照度。

7. 其他照明评价指标

(1)小目标可见度

道路照明评价指标一般采用照度和亮度。但在美国,小目标可见度(small target visibility,STV)也已经成为道路照明的评价标准之一。一个物体之所以能够被看见,它要有一定的大小、一定的照度以及一定的对比度。道路上的障碍物等都不是大的,所以称之为小目标。CIE 规定的小目标标准为 18 cm × 18 cm 反射率 ρ 为 0.2 的灰色正方形板。当物体的大小和照度一定时,对比度越大物体越容易被看清楚。因此,小目标可见度的计算公式为:

$$STV = \frac{C_{STV}}{C_{thSTV}} = \frac{\Delta L_{actual}}{\Delta L_{threshold}} \tag{10.8}$$

式中　STV ——小目标可见度;
　　　C_{STV} ——小目标物体与背景的对比度;

C_{thSTV} —— 小目标物体与背景的阈值对比度,即小目标物体刚好能被看见的对比度;

ΔL_{actual} —— 小目标物体与背景实际亮度差绝对值;

$\Delta L_{threshold}$ —— 小目标物体与背景阈值亮度差。

小目标可见度的取值为 1.6~3.2。采用小目标可见度指标,在满足可见度的基础上可以防止过度照明,从而节约能源。

(2) 光污染与光干扰控制

道路照明标准对各类道路的照明水平提出了最低要求,但对照明水平的上限没有强制性规定。随着人们生活水平的提高、对照明研究的深入,不科学照明所带来的光污染与光干扰问题日益受到人们的关注。道路照明是城市使用量最大的室外照明,也是主要的光污染与光干扰源。光污染与光干扰需要用专门的标准来加以控制,CIE 的有关建议见表 10.3。

表 10.3 光干扰限制的推荐值

光度指标	适用条件	环境区域				备注
		E1	E2	E3	E4	
窗户垂直面上的照度/lx	照明熄灭前,进入窗户的光线	2	5	10	25	E1 为环境暗的地区,如公园、自然风景区等; E2 为环境亮度低的地区,如工业或乡村居住区等; E3 为环境亮度中等的地区,如工业或近郊居住区等; E4 为环境亮度高的地区,如城市中心和商业区等
	照明熄灭后,进入窗户的光线	0	1	2	5	
朝居室方向灯具的最大光强/cd	照明熄灭前	2 500	7 500	10 000	25 000	
	照明熄灭后	0	500	1 000	2 500	
上射光通比的最大值/%	灯具的上射光通量与灯具总光通量之比	0	5	15	25	
建筑物立面亮度或标识亮度/(cd·m⁻²)	别照面的平均亮度	0	5	10	25	
	由别照面的平均照度和反射比确定的标识亮度或自发光标志的平均亮度	50	400	800	1 000	

10.2.2 道路照明标准

我国《城市道路照明设计标准》(CJJ 45—2015)将城市道路照明分为机动车道照明、交会区照明和人行道照明三类。交会区是指道路的出入口、交叉口、人行横道等区域,在这种区域内,机动车之间、机动车和非机动车或行人之间、车辆与固定物之间的碰撞有增加的可能。机动车道照明分为三级,快速路和主干路为Ⅰ级,次干路为Ⅱ级,支路为Ⅲ级。

人行道照明按照交通流量大小分为四级。我国城市道路机动车道、交会区、人行道的照明标准分别见表 10.4 ~ 10.6。

表 10.4 城市机动车道照明标准

级别	道路类型	路面亮度			路面照度		眩光限制阈值增量 TI 最大初始值 /%	环境比 SR 最小值
		平均亮度 L_{av} /(cd·m^{-2})	总均匀度 U_o 最小值	纵向均匀度 U_L 最小值	平均照度 E_{av} 维持值/lx	均匀度 U_E 最小值		
Ⅰ	快速路、主干路	1.5/2.0	0.4	0.7	20/30	0.4	10	0.5
Ⅱ	次干路	1.00/1.50	0.4	0.5	15/20	0.35	10	0.5
Ⅲ	支路	0.5/0.75	0.4	—	8/10	0.3	15	—

注：①表中所列的平均照度仅适用于沥青路面。若为水泥混凝土路面，其平均照度值可相应降低约 30%；

②表中各项数值仅适用于干燥路面；

③表中对每一级道路的平均亮度和平均照度给出了两档标准值，"/"的左侧为低档值，右侧为高档值。

表 10.5 城市交会区照明标准

交会区类型	路面平均照度 E_{av}/lx，维持值	照度均匀度 U_E	眩光限制
主干路与主干路交会	30/50	0.4	在驾驶员观看灯具的方位角上，灯具在 80°和 90°高度角方向上的光强分别不得超过 30 cd/1 000 lm 和 10 cd/1 000 lm
主干路与次干路交会			
主干路与支路交会			
次干路与次干路交会	20/30		
次干路与支路交会	15/20		
支路与支路交会			

注：① 灯具的高度角是在现场安装使用姿态下度量的；

②表中对每一类道路交会区的路面平均照度给出了两档标准值，"/"的左侧为低档值，右侧为高档值。

表 10.6 城市人行道照明标准值

级别	区域	路面平均照度 E_{av}/lx 维持值	路面最小照度 E_{min}/lx 维持值	最小垂直照度 E_{vmin}/lx 维持值	最小半柱面照度 E_{scmin}/lx 维持值
1	商业步行街;市中心或商业区行人流量高的道路;机动车与行人混合使用、与城市机动车道路连接的居住区出入道路	15	3	5	3
2	流量较高的道路	10	2	3	2
3	流量中等的道路	7.5	1.5	2.5	1.5
4	流量较低的道路	5	1	1.5	1

我国《公路管理设施设计规范》(报批版)将公路照明分为公路主线照明、公路隧道照明、路线交叉照明及沿线设施场所照明四类。公路主线、路线交叉、沿线设施场所的照明标准分别见表10.7、10.8和表10.9。

表 10.7 公路主线照明标准值

公路类型	路面亮度			路面照度		眩光限制阈值增量 TI/% 最大初始值	环境比 SR 最小值
	平均亮度 L_{av}/(cd·m^{-2}) 维持值	总均匀度 U_o 最小值	纵向均匀度 U_L 最小值	平均照度 E_{av}/lx 维持值	总均匀度 U_E 最小值		
高速公路	≥1.5	0.4	0.7	≥20	0.4	10	0.5
一级公路	≥1.0	0.4	0.6	≥15	0.4	10	0.5
二级公路	≥0.75	0.4	0.5	≥10	0.35	10	0.5
特大桥	≥1.5	0.4	0.7	≥20	0.4	10	0.5

注:①表中所列数值仅适用于干燥路面;
②公路主线照明宜优先符合路面亮度要求;
③照度要求仅适用于沥青混凝土路面,水泥混凝土路面照度要求可相应降低不超过30%。

表 10.8　路线交叉照明标准值

公路类型		路面亮度			路面照度		眩光限制阈值增量 $TI/\%$ 最大初始值	环境比 SR 最小值
		平均亮度 $L_{av}/(cd \cdot m^{-2})$ 维持值	总均匀度 U_o 最小值	纵向均匀度 U_L 最小值	平均照度 E_{av}/lx 维持值	总均匀度 U_E 最小值		
互通式立体交叉	主线	≥1.5	0.4	0.7	≥20	0.4	10	0.5
	匝道	≥1.0	0.4	0.6	≥15	0.4		
	分合流区	—	—	—	≥20	0.4		
平面交叉		—	—	—	≥30	0.4	与灯具向下垂直轴夹角在80°和90°观察方向上的光强应分别不大于30和10 cd/1 000 lm	—

注：①表中所列数值仅适用于干燥路面；
②照度要求仅适用于沥青混凝土路面，水泥混凝土路面照度要求可相应降低不超过30%；
③路面的维持平均亮度或维持平均照度应根据灯具防护等级来确定维护系数。

表 10.9　沿线设施场所照明标准值

场所		路面照度	
		平均照度 L_{av}/lx 维持值	总均匀度 U_E 最小值
服务区	内部道路	≥10	0.3
	公共活动区	≥20	0.3
	停车区	≥15	0.3
路侧固定式超限检测站	检测区	≥30	0.3
	称重区	≥50	0.3
	进出口匝道	≥10	0.3
	停车区	≥15	0.3
收费站	收费广场	≥20	0.4
	收费天棚	≥30	—
避险车道		≥20	0.4

10.3 照明设备

10.3.1 光源的类型与选择

1. 光源的类型

电光源(electric light source)按发光原理可分为固体发光光源和气体放电发光光源两类,如图 10.13 所示。固体发光光源是利用物体加热时辐射发光的原理制成的光源,主要分为两大类:一类是利用电能将物体加热到白炽程度而发光的光源,称为热辐射光源,包括白炽灯和卤钨灯等;另一类是半导体材料发光,即 LED 光源。气体放电发光光源是利用气体、金属蒸汽或几种气体与蒸汽的混合物的放电而发光的光源。气体放电是在电场作用下,载流子在气体或蒸汽中产生并运动,从而使电流通过气体或蒸汽的过程。气体放电分为辉光放电和弧光放电,利用辉光放电的光源包括霓虹灯和一些辉光指示灯,利用弧光放电的光源包括低气压放电灯和高气压放电灯。

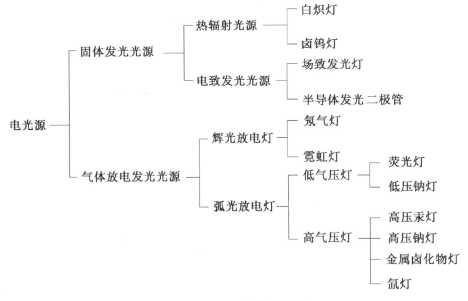

图 10.13 电光源分类图

(1)白炽灯(incandescent lamp)

白炽灯是利用钨丝通过电流时被加热而发光的一种热辐射光源。其结构简单、成本低、显色性好、使用方便,还有良好的调光性能,适用于日常生活照明、工矿企业照明和剧场、舞台的布景照明。但普通白炽灯的光效很低,一般只有 7.3~18.6 lm/W。

(2)卤钨灯(halogen tungsten lamp)

卤钨灯是在白炽灯的基础上改进而得到的。在普通白炽灯中,灯丝的高温造成钨的蒸发,蒸发出来的钨沉积在泡壳上,使灯泡泡壳逐渐发黑。为此,可在灯泡中充入卤素,利用卤钨循环原理消除灯泡发黑的现象,这就是卤钨灯。与白炽灯相比,卤钨灯具有体积小、功率集中、光通稳定、光色好、光效高和寿命长等特点,特别适用于电视转播照明以及绘画、摄影和建筑物的投光照明等。其缺点是对电压波动比较敏感,耐震性较差。

(3)荧光灯(fluorescent lamp)

荧光灯是低压放电灯的典型代表,其发光原理是低气压的汞原子放电辐射出大量紫外线,紫外线激发管壁上的荧光粉,将紫外线能量转化为可见光发射出来。其光效主要由荧光粉决定,同时还与环境温度和电源频率有关。荧光灯分为直管形、环形和紧凑型三种。直管形荧光灯是预热阴极低气压汞荧光灯,具有光效高(为普通照明灯泡的4倍)、光色好、寿命长等优点,广泛用于工业与家庭室内照明中,在道路交通系统中主要用于隧道照明、标志照明等。环形荧光灯有光源集中、照度均匀及造型美观等优点,可用于民用建筑、机车车厢及家庭居室照明。紧凑型节能荧光灯集成了白炽灯和荧光灯的优点,具有光效高、耗能低、寿命长、显色性好、使用方便等特点,可以大面积替代白炽灯并广泛应用于民用照明和绿化、庭院以及城市生活区和住宅区道路照明中。

(4)低压钠灯(low pressure sodium lamp)

低压钠灯(LPS)是另一种低压放电光源,与荧光灯的汞蒸汽不同,它是钠蒸汽放电。低压钠灯是迄今光效最高的人造光源,光效可高达180 lm/W,光色柔和、眩光小、透雾能力极强,适用于公路、隧道、港口、货场和矿区等场所的照明,也可作为特技摄影和光学仪器的光源。但低压钠灯辐射近乎单色黄光,分辨颜色的能力差,不宜用于繁华的市区街道照明。

(5)荧光高压汞灯(fluorescent high pressure mercury lamp)

高压汞灯采用耐高温、高压的透明石英玻璃做放电管,管内除充有汞外,同时还充有2 500 ~ 3 000 Pa的氩气以降低启动电压和保护电极。有的还在外泡壳内壁涂上荧光粉,将紫外线转化为可见光,从而成为荧光高压汞灯。荧光高压汞灯的特点是光效较高(35 ~ 52 lm/W)、寿命长、耐震性较好,但显色指数低,可用于街道、广场、车站、码头、工地和高大建筑物等场所作室内外照明。

(6)金属卤化物灯(metal halide lamp)

为了改善高压汞灯的光色,除了涂荧光粉外,还有一种方法是在放电管内充入金属卤化物,可以达到较高的蒸汽压,满足放电要求,同时可以防止活泼金属对石英电弧管的侵蚀。充入不同的金属卤化物,可制成不同特性的光源。金属卤化物灯是一种日光色、高发光效率、长寿命、显色性好的光源,广泛用于工业厂房、体育场馆、展览中心、游乐场所、广场、车站、码头等地的照明。

(7)高压钠灯(high pressure sodium lamp)

高压纳灯(HPS)是一种高压钠蒸汽放电灯,其放电管由抗钠腐蚀的半透明多晶氧化铝陶瓷管制成,工作时发出金白色光。它具有发光效率高、寿命长、透雾性能好等优点,广泛用于道路、机场、码头、车站、广场、体育场及工矿企业照明,是一种理想的节能光源。

(8)LED灯(light emitting diode)

LED灯,又称发光二极管,属于半导体照明灯。它是一种基于半导体PN结形成的用微弱的电能就发光的高效固态光源,在一定的正向偏置电压和注入电流下,注入P区的空穴和注入N区的电子在扩散至有源区后经辐射时复合而发出光子,将电能直接转化为光能。它是一种固态冷光源,具有环保无污染(不含汞、氙等有害元素)、耗电少、光效高、寿命长等特点,近些年来越来越多地被用于公路、主干路、次干路、支路、工厂、学校、城市广场等地的照明。

2. 光源选择

室外照明光源多数情况下要求寿命长、光通量大、效率高。主要原因是室外开灯时间长,更换、检查、清洁等维护工作不便。

在进行道路照明光源选择时,应充分把握光源特征,重点考虑光源寿命、效率、光色和显色性。道路照明常用光源的光色和显色性一般都能满足要求,选择的重点在于光源的使用效率和寿命。白炽灯虽然价格便宜,但由于其发光效率过低,已很少在新建的道路照明系统中使用。高压钠灯光效平均超过 100 lm/W,在道路照明中广泛使用。而目前光效最高的低压钠灯,在欧洲的道路照明特别是高速公路照明中应用非常广泛。由于光源更换的综合成本高昂,寿命长的光源在道路照明中越来越受欢迎。高压钠灯超过 20 000 h 的平均寿命是其在道路照明中广泛应用的重要原因。LED 灯虽然价格略贵,但由于其超长的寿命(平均超过 60 000 h),在一些重要的道路和较难维护的隧道照明中也得到了较广泛的应用。

我国《城市道路照明设计标准》(CJJ 45—2015)明确规定:快速路和主干路宜采用高压钠灯,也可选择 LED 灯或陶瓷金属卤化物灯;次干路和支路可选择高压钠灯、LED 灯或陶瓷金属卤化物灯;居住区机动车和行人混合交通道路宜采用 LED 灯或陶瓷金属卤化物灯;市中心、商业中心等对颜色识别要求高的机动车交通道路可采用 LED 灯或陶瓷金属卤化物灯;商业区步行街、居住区人行道路、机动车交通道路两侧人行道或非机动车道可采用 LED 灯、小功率金属卤化物灯或细管径荧光灯、紧凑型荧光灯。

10.3.2 灯具的类型与选择

1. 灯具及其功能

照明工程中,有时为了控制光源在某些方向上的发光强度,需用特别的器具。这种用来调整光源发出的光,以得到舒适的照明环境的器具称为照明灯具,简称灯具(luminaire)。灯具在保证总光效的前提下,应尽量做到把光分配到必要的方向,这就是调整配光功能。实际上灯具还具有保护光源、保证照明安全、装饰等重要作用。灯具包括所有用于支承、保护光源和用于调整配光的部件以及为点燃光源所需的一切辅助电器,但不包括光源本身。

2. 灯具的分类

(1)按透射光的方向分类

根据灯具向上和向下投射光通量的比例,可将灯具分成以下五种:

①直接照射型。灯具向下投射的光通量占总光通量的 90% ~ 100%;
②半直接照射型。灯具向下投射的光通量占总光通量的 60% ~ 90%;
③间接照射型。灯具向上投射的光通量占总光通量的 90% ~ 100%;
④半间接照射型。灯具向上投射的光通量占总光通量的 60% ~ 90%;
⑤均匀漫射型。灯具的光通量向四周空间散射,向上向下光通量各占 40% ~ 60%。

(2)按光强分布分类

按光强分布分类,即按配光状态分类,可将灯具分成截光型、半截光型和非截光型三种:

①截光型灯具(cut-off luminaire)。灯具的最大光强方向与灯具向下垂直轴夹角在 0~65°角之间,90°角和 80°角方向上的光强最大允许值分别为 10 cd/1 000 lm 和 30 cd/1 000 lm;因配光较窄,不易产生眩光;

②半截光型灯具(semi-cut-off luminaire)。灯具的最大光强方向与灯具向下垂直轴夹角在 0~75°角之间,90°角和 80°角方向上的光强最大允许值分别为 50 cd/1 000 lm 和 100 cd/1 000 lm;

③非截光型灯具(non-cut-off luminaire)。灯具的最大光强方向不受限制,90°角方向上的光强最大值不超过 1 000 cd;其特点是光线的照射面积大,但光线易于直射驾驶员眼睛而产生眩光。

3. 灯具的性能

①光度性能。光度性能是指光强分布、光输出比和灯具亮度。道路照明灯具的光强分布要求其投射距离为高度的 3~4 倍,光输出比(即灯具效率)一般应大于 60%,亮度主要由眩光限制来确定。

②耐热性能。耐热性是指灯具各部件以及透光材料均应能经受光源点燃时所产生的热量。为了降低灯具的温升,需要采取加大灯具的容积(尺寸)或表面增加散热片等措施,以延长灯具的使用寿命。大功率光源的灯具更应注意耐热性。

③机械强度性能。灯具外壳及零部件要有较高的机械强度和抗风能力,使之在运输及安装过程中不易损坏,增加使用寿命和可靠性。

④电气性能。当操作人员触及灯具各个部分时,应保证电气安全可靠。路灯灯具采用加强绝缘无接地保护,或采用整体功能绝缘并装有接地端子。灯具内导线最小截面必须适应实际负荷,电线的绝缘应能承担高的启动电压,并能承受高温。

⑤防尘、防水、防腐蚀性能。为了减少灰尘、昆虫或其他污物在灯具内外表面沉积,采用封闭式灯具比开敞式灯具要好得多。在腐蚀性气体环境中,灯具壳体可用耐腐蚀材料,如铝、玻璃钢等或涂上保护层。应按道路所在地区的实际情况确定大气环境的分级,据此提出灯具的防护等级。

⑥造型、重量、安装维护性能。灯具的艺术表现形式不亚于其他各项功能指标。白天灯具的造型对环境气氛及装饰有重要作用,是美化环境的一个重要部分。灯具外形应与周围环境相协调,重量要轻,装拆方便,便于维护,易于换灯清扫。

4. 灯具的选择

应结合照明地点的内部环境、外部条件以及照明要求,综合考虑灯具的功能特性和装饰性能来选择灯具,具体原则如下:

①机动车道主要采用功能性灯具,快速路、主干路必须采用截光型或半截光型灯具,次干路应采用半截光型灯具,支路宜采用半截光型灯具;

②高速公路主线夜间周围环境较暗,宜采用截光型灯具;

③商业街、居住区道路、人行地道、非机动车道宜采用功能性和装饰性相结合的灯具,当采用装饰性灯具时,其上射光通量比不应大于 25%;

④立交场所的高杆照明一般选用泛光灯或截光型灯具;

⑤在照度标准高、空气含尘量高、维护困难的场所,宜选用防水、防尘性能较高的灯具,反之则可以选用一般的灯具;

⑥腐蚀性场所宜采用耐腐蚀性好的灯具,振动场所宜采用带有减振装置的灯具。

10.3.3 照明器的布置

照明器(包括光源及灯具)的布置形式,也可称之为照明方式,主要有杆柱照明方式、高杆照明方式以及悬索照明方式三种。

1. 杆柱照明方式

杆柱照明方式是把照明器安装在杆柱的顶端,杆柱沿着道路纵向配置,这是应用最广泛的布置方式。杆柱照明的特点是:灯具布置较灵活,对道路线形变化的适应能力强,每个照明器都能有效地照亮路面,可以选用小光通量光源,比较经济。由于照明器沿路线线形而设,在弯道上能够起到良好的视线诱导作用。杆柱照明方式的安装参数如图10.14所示。

(1)照明器的安装高度(luminaire mounting height)

照明器的安装高度(以 H 表示),是指从灯具的光中心到路面的垂直距离。根据道路宽度的不同,一般路灯的安装高度在 6~15 m之间。总体而言,在过去的几十年中,灯杆的高度在逐渐增加,这得益于光源效率的提高和大功率光源的应用。一般来说,加大照明器的安装高度可以减少眩光,增加照明光线的舒适感。但另一方面,随着高度的增加,既增加了灯杆自身成本又使溢向路面以外的光通量增加,这降低了照明器的利用率。根据气体放电光源的特点,灯杆的高度在 10~15 m是经济的。

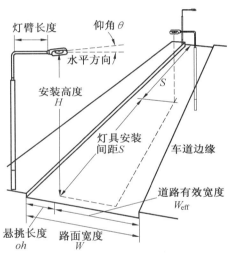

图 10.14 杆柱照明方式照明器安装参数

(2)照明器的悬挑长度(overhang)

照明器的悬挑(以 oh 表示)也称为外伸长度,是指从灯具的光中心到灯杆所在一侧道路边缘的水平距离。加大照明器的悬挑长度,可增加路面的亮度,但会降低非机动车道和人行道的亮度。悬挑长度过长或过短都不易发挥灯具的配光性能,从而影响照明质量。因此根据对环境的要求与影响,外伸长度一般不超过灯杆高度的1/4。

(3)照明器的仰角(angle of tilt)

照明器的仰角(以 θ 表示)亦称为安装角度,是指灯具的开口面和水平面之间的夹角。安装角度的变化虽不影响照明器的平均亮度及其均匀度,但会对眩光及光线的舒适性产生影响,一般安装角度在5°~15°。

(4)道路有效宽度(effective road width)

道路有效宽度(以 W_{eff} 表示)是与道路的实际宽度、灯具的悬挑长度和灯具的布置方式等有关的理论距离。当灯具采用单侧布置方式时,道路的有效宽度为道路实际宽度减去一个悬挑长度;当灯具采用双侧布置方式(包括双侧交错布置和双侧对称布置)时,道路有效宽度为实际道路宽度减去二个悬挑长度;当灯具在两块板道路的中央分隔带上采用中心对称布置时,道路有效宽度就是道路的实际宽度。

(5)灯具安装间距(luminaire mounting spacing)

灯具安装间距(以 S 表示)是指沿道路的中心线测得的相邻两个灯具之间的距离。为了保证合理的亮度均匀度,应当选择合理的安装间距。安装间距取决于道路的宽度、灯杆在道路横断面上的位置、相邻交叉口之间的路段长度、建筑物位置和周边地形条件等。一般而言,采用高光通量的光源、高安装高度和较大的安装间距是比较经济的。在灯具配光许可的距高比范围内,较高的安装高度会有更好的照明质量。

除上述照明器的安装参数外,进行照明器布置时还应该考虑便于维修、避免眩光、避免影响交通标志和交通信号的识别、确保美观、减小对周边绿化植被的影响等。

2. 高杆照明方式

高杆照明(high mast lighting)是将一组灯具安装在高度等于或大于 20 m 的灯杆上进行大面积照明的一种照明方式,主要适用于立体交叉、收费广场、服务区广场、路面宽阔的快速路和主干路以及视野开阔的场所。

(1)高杆照明的特点

高杆照明具有以下几个方面的特点:

①被照面的照度、亮度均匀度好,可以避免或显著减弱眩光;

②每个杆柱上安装有多个照明器,可减少灯杆的数目,提高诱导性;

③一个高杆上可通过选用不同类型的光源形成混合色光,以获得较理想的显色效果;

④有助于创造类似于白天的视觉环境,照射面积大,不但可以照亮路面而且可以照亮空间,从而改善了驾驶员的可见度;

⑤杆位选择合理时,可以消除撞杆事故而且维护时不影响正常交通;

⑥相对于低杆照明而言,增加了照明的投资成本;

⑦由于照明器安装位置较高,给保养及维修工作造成一定困难。

(2)高杆照明灯具配置方式及灯架类型

高杆上的灯具可按不同条件选择平面对称、径向对称和非对称三种配置方式之一,如图 10.15 所示。布置在宽阔道路以及大面积场地周边的高杆灯宜采用平面对称配置方式,布置在场地内部或车道布局紧凑的立体交叉上的高杆灯宜采用径向对称布置方式,布置在多层大型立体交叉或车道布局分散的立体交叉上的高杆灯宜采用非对称配置方式。

高杆照明的灯架有可升降和不能升降两种。为了便于高杆照明的日常保养与维修,一般多采用可升降式灯架,升降设备多采用电动卷扬机并单独供电。

3. 悬索照明方式

悬索照明方式是在道路的中间分隔带上设置较大档距的杆柱,其高度一般为 15~20 m,在杆柱间拉起钢索,并把照明器悬挂在钢索上进行道路照明的方式,如图 10.16 所示。悬索照明的优点是照明器扩展方向是道路的横向,因此可以得到较高的照度和较好的均匀度,眩光较少,可形成舒适的照明环境,雨天也有良好的照明效果。

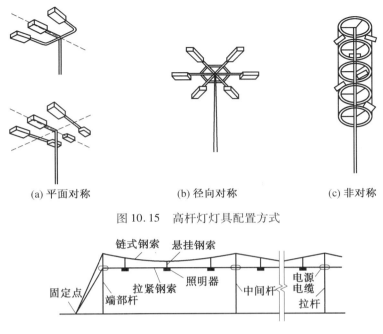

图 10.15　高杆灯灯具配置方式

图 10.16　悬索照明方式

10.3.4　照明电气设计

1．照明电气设计的主要任务

照明电气设计的主要任务是：确定光源对电压大小、电能质量的要求，使其能工作在额定状态，以保证照明质量和光源寿命；选择合理、方便的控制方式，以方便照明系统的管理和维护；保证照明装置和人身的电气安全；尽量减少电气部分的投资和运行费用，同时环保、节能。

2．照明电气设计步骤

①搜集原始资料。包括电源情况以及照明负荷对供电连续性的要求等。

②确定照明供电系统。包括电源、电压的选择，网络连接方式的确定，保护设备、控制方式的确定以及电气安全措施的确定。

③线路计算。包括负荷计算、电压损失计算以及保护装置整定计算等。

④确定导线、供电与控制设备。确定导线型号、规格及其敷设方式，并选择供电、控制设备及其安装位置。

⑤绘制照明设计施工图。绘制照明供电系统图和照明平面布置图，列出主要设备、材料清单，编制预算。

3．电力负荷与低压配电系统

(1) 电力负荷

电力负荷根据其重要性和中断供电在政治、经济上所造成的损失或影响程度分类，可分为一级负荷、二级负荷和三级负荷，不同负荷级别的供电措施也不相同。

一级负荷应由两个电源供电，当一个电源发生故障时，另一个电源应能正常使用，以维持继续供电。在一级负荷中的特别重要负荷,除上述两个电源外,还必须增设应急电源,如隧道照明中的应急照明。二级负荷应由两个电源供电,即应由两回线路供电,供电变压器也有两台(不一定在同一变电所)。在负荷较小或供电困难地区,可由一回线路 6 kV 及以上的专用架空线供电;当采用电缆线路时,应采用两根电缆组成的电缆段供电,每根电缆应能承受 100% 的二级负荷。三级负荷无特殊供电要求。

　　计算变压器和电缆的负荷时,首先要根据使用的光源、镇流器等,综合考虑其功率损耗系数、光源功率等计算照明负荷,然后根据有关标准选用电缆(或电线)和变压器及其安装方式。道路照明低压线路基本上属于沿全线均匀分布负荷,可以按机械强度要求、按发热条件要求或按容许电压降三种方法选择电路中所需导线的最小截面积,可以根据工程条件选择其中一种方法进行计算,并用另外两种方法校验。具体计算方法此处不作详述。

　　(2) 低压配电系统

　　供配电系统的设计应根据工程规模、设置位置、负荷性质及用电容量等条件确定。低压配电系统一般有放射式、树干式、变压器-干线式和链式四种形式,如图 10.17 所示。

　　① 放射式。线路故障互不影响,供电可靠性高,配电设备集中,检修方便,但系统灵活性较差,材料消耗较多,一般多用于容量大、负荷集中或需要集中连锁启动的重要用电设备。

　　② 树干式。配电设备及材料消耗量较少,系统灵活性较好,但故障产生时影响范围较大,一般用于用电量不大、用电器的布置比较均匀且无特殊要求的场合。

　　③ 变压器-干线式。除了具有树干式系统的优点外,接线更简单,能大量减少低压配电设备。为了提高母干线的供电可靠性,应适当减少接出的分支回路数,一般不超过 10 个。对于启动频繁、容量较大的冲击负荷以及对电压质量要求严格的用电设备,不宜采用此种供电方式。

　　④ 链式。链式的特点与树干式相似,适用于距配电屏较远而彼此相距又较近的不重要的小容量用电设备,链接的设备一般不超过 3 台,其容量不大于 10 kW。

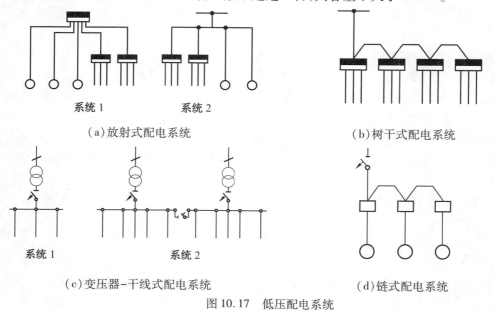

图 10.17　低压配电系统

4. 道路照明供电要求

城市道路照明宜采用路灯专用变压器供电,变压器应选用结线组别为 D,yn11 的三相配电变压器(即,高压绕组为三角形、低压绕组为星形且中性点和"11"结线组别的三相配点变压器),并应正确选择变压比和电压分接头。在正常运行条件下,照明灯具端电压应维持在额定电压的 90% ~ 105%。城市中重要道路、交通枢纽以及人流集中的广场等区段的照明应采用双电源供电,每个电源均应能承受 100% 的负荷。供电网络宜采用地下电缆线路,当采用架空线路时,宜采用架空绝缘配电线路。照明配电回路应设保护装置,每个灯具应设单独保护装置。配电系统的接地形式宜采用 TN-S 系统或 TT 系统,金属灯杆、灯具外壳、配电及控制箱屏等的外露可导电部分,应进行接地保护。高杆灯或其他安装在高耸建筑物上的照明设施应配备避雷装置。

高速公路照明的供电一般采用单独供电系统,特别强调与其他系统的动力供电相分离,避免因动力设备的频繁启动而引起供电电压的波动,从而影响道路照明质量。隧道、收费广场、立交等特殊区域的照明应有应急供电系统,如发电机或其他直流供电系统,以保证在停电事故或检修情况下照明的正常进行。

10.4 照明系统布局

10.4.1 常规照明

常规照明(conventional road lighting)是指将灯具安装在高度为 15 m 以下的灯杆上,然后将灯杆按一定间距有规律地连接设置在道路的一侧、两侧或中间分车带上进行照明的方式。前述杆柱照明方式即属于常规照明。

常规照明有单侧布置、双侧交错布置、双侧对称布置、横向悬索布置和中心对称布置五种灯具布置方式,如图 10.18 所示。

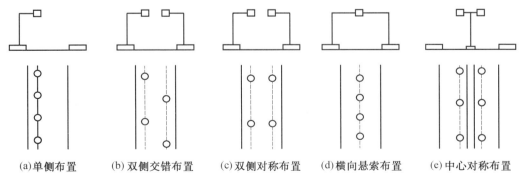

图 10.18 常规照明灯具的布置方式

①单侧布置。适合于较窄的道路,灯具安装高度等于或大于路面有效宽度。优点是:诱导性好,造价低。缺点是:不设灯的一侧路面亮度低,两个方向行驶的车辆得到的照明条件不同。

②双侧交错布置。适合于较宽的道路,要求灯具安装高度不小于路面有效宽度的 70%。优点是:亮度总均匀度高,在雨天提供的照明条件比单侧布置好。缺点是:亮度纵

向均匀度差,诱导性不如单侧布灯效果好,容易使驾驶员产生混乱的视觉印象。

③双侧对称布置。适合于宽阔的路面,要求灯具安装高度不小于路面有效宽度的50%。

④横向悬索布置。灯具悬挂在横跨道路上的绳索上,灯具的垂直对称面与道路轴线成直角。此种方式灯具安装高度较低,约在 6～8 m 之间,多用于树木遮光较多的道路,或安装灯杆困难的狭窄街道。缺点是:灯具容易摆动或转动造成闪烁眩光。

⑤中心对称布置。适合有中间分隔带的双幅路。灯具在中间分隔带上用 Y 形或 T 形杆安装,灯杆高度应等于或大于单侧道路的有效宽度。这种布灯方式使人行道侧、车道侧都有照明,效率较高、诱导性好。

采用常规照明方式时,灯具的配光类型、布灯方式、安装高度和间距等应满足表 10.10 的规定。

表 10.10　灯具的配光类型、布置方式与灯具的安装高度、间距的关系

灯具配光类型	截光型		半截光型		非截光型	
布灯方式	安装高度 H/m	间距 S/m	安装高度 H/m	间距 S/m	安装高度 H/m	间距 S/m
单侧布置	$H \geq W_{eff}$	$S \leq 3H$	$H \geq 1.2W_{eff}$	$S \leq 3.5H$	$H \geq 1.4W_{eff}$	$S \leq 4H$
交错布置	$H \geq 0.7W_{eff}$	$S \leq 3H$	$H \geq 0.8W_{eff}$	$S \leq 3.5H$	$H \geq 0.9W_{eff}$	$S \leq 4H$
对称布置	$H \geq 0.5W_{eff}$	$S \leq 3H$	$H \geq 0.6W_{eff}$	$S \leq 3.5H$	$H \geq 0.7W_{eff}$	$S \leq 4H$

10.4.2　平面交叉口照明

1. 平面交叉口的照明要求

平面交叉口的照明应符合下列要求:

①平面交叉口的照明水平应高于通向路口的每条道路的照明水平,且交叉路口外 5 m 范围内的平均照度不宜小于交叉路口平均照度的 1/2。

②为了清楚显示交叉路口的存在,交叉路口可采用与相连道路不同光色的光源、不同外形的灯具、不同的灯具安装高度或不同的灯具布置方式。

③十字交叉路口的灯具可根据道路的具体情况,分别采用单侧布置、交错布置或对称布置等方式;大型交叉路口必要时可另行安装附加灯杆和灯具,并应限制眩光。当有较大的交通岛时,可在岛上设灯,有条件时也可采用高杆照明。

④T 形交叉口应在道路尽端设置路灯,这样可以有效地照亮交叉路口,而且有利于驾驶员识别道路的尽头,如图 10.19 所示。

⑤环形交叉口的照明应充分显现环岛、交通岛和路缘石。当采用常规照明方式时,宜将灯具设在环形道路的外侧,如图 10.20 所示。当环岛的直径较大时,可在环岛上设置高杆灯,并应按车行道亮度高于环岛亮度的原则选配灯具并确定灯杆位置。

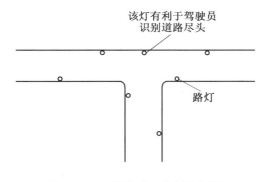
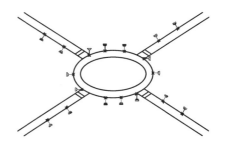

图 10.19　T 形交叉口的灯具布置　　　图 10.20　环形交叉口的灯具布置

10.4.3　平曲线路段照明

平曲线路段的照明应符合下列要求：

①半径等于或大于 1 000 m 的平曲线路段，其照明可按直线路段处理。

②半径在 1 000 m 以下的曲线路段，灯具应沿曲线外侧布置，并应减小灯具的间距，间距宜为直线路段灯具间距的 50% ~ 70%，半径越小间距也应越小，悬挑的长度也应相应缩短。在反向曲线路段上，宜固定在一侧设置灯具，产生视线障碍时可在曲线外侧增设附加灯具。曲线路段的灯具布置如图 10.21 和图 10.22 所示。

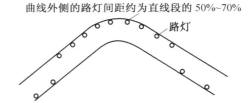

图 10.21　曲线路段的灯具布置

③若曲线路段路面较宽需采用双侧布置灯具时，宜采用对称布置。
④转弯处的灯具不得安装在直线路段灯具的延长线上，如图 10.23 所示。
⑤急转弯处安装的灯具应能给车辆、路缘石、护栏以及周围环境提供充足的照明。

表 10.11　平曲线半径与灯具安装间距之间的关系

转弯半径/m	≥300	250 ~ 300	200 ~ 250	≤200
安装间距/m	≤35	≤30	≤25	≤20

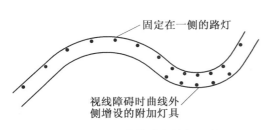

图 10.22　反向曲线路段的灯具布置　　　图 10.23　转弯处的灯具布置

10.4.4 立体交叉照明

1. 互通式立体交叉照明原则

对于复杂的立体交叉,由于道路的走向不易辨认,要求驾驶员必须有较高的注意力和辨识技巧,能识别大量的指示标志和交通信号。在路线走向复杂、交通标志繁多的环境下,特别是在夜间,通过照明设施将复杂立体交叉的尽可能多的视觉信息提供给驾驶员是至关重要的。因此,无论高速公路主线上是否有照明,都必须保证互通式立体交叉的照明条件。

在互通式立体交叉照明设计中,除按一般要求考虑平均照度、亮度等问题外,还应特别注意以下两点:

①眩光问题。由于互通式立体交叉的层次较多,道路起伏变化大,这使得照明器的投光角度变得难以控制,因此,极易造成难以解决的眩光问题。

②诱导性。在配置照明器时,除了要充分考虑立交内路面上的照度分布外,还应通过透视图来检查照明器设置的诱导性是否合理,这对互通立交照明设计尤为关键。如果沿立交路线仍以主线照明的 30~50 m 间距排列照明器,对于复杂的立交来说,会因立交的匝道多、半径小等原因,造成在立交处排列的灯杆比较多,加之这些灯杆随道路蜿蜒起伏,往往给驾驶员造成一幅极其混乱的画面,从而失去对行车的诱导性。

2. 互通式立体交叉照明方式

在复杂立交的区域照明设计时,可以考虑按常规照明和高杆照明两种照明方式进行设计。常规照明方式具有能够有效利用光源光通量、节约能源和日常维护简单易行等一系列优点,但对于复杂的立交枢纽照明来说,这种照明方式在眩光和诱导性方面显得难以控制。为此,对于较复杂的互通式立体交叉,在照明设计上常采用高杆照明方式。

3. 上跨道路与下穿地道照明

采用常规照明时应使下穿地道上设置的灯具在下穿地道上产生的照度(或亮度)和上跨道路两侧的灯具在下穿地道上产生的照度(或亮度)能很好地衔接,确保该区域的亮度(或照度)均匀度不低于规定值,同时还要防止下穿地道上的灯具对上跨道路造成眩光。大型上跨道路与下穿地道也可采用高杆照明方式。

10.4.5 其他特殊地点照明

1. 桥梁照明

桥梁照明在设计原则上、照明器形式与布置上与主线照明大致相同。中小型桥梁的照明应与其连接的道路照明一致,若桥面的宽度小于与其连接的路面宽度时,桥梁的栏杆、缘石应有足够的垂直照度,在桥梁的入口处应设灯具。大型桥梁和具有艺术、历史价值的中小型桥梁的照明应进行专门设计,既应满足功能要求,又应顾及艺术效果,并与桥梁的风格相协调。高速公路上大型桥梁的照明设计应注意以下几点:

(1)一般大桥照明

一般大桥是指不具有桥下通行、空中飞行及观赏意义等特殊要求的普通桥梁。在主线未设置照明的条件下,考虑到大桥上的行车安全,可根据行车需求适当设置照明设施,其设计原则与主线照明基本一致。在主线已设置照明的条件下,则应考虑大桥照明在照度上的要求,使桥面照明水平高出与其相连接的进出口主线道路。

(2) 有通航要求的大桥照明

对较大的跨海和跨江桥,其桥下有水上运输航道。此类大桥的照明除了要满足其正常的照明要求外,还应注意桥上照明设施可能对桥下过往船只的不利影响。因此,对照明器的形式、配光及安装等要慎重考虑。为了使水上交通能够及时发现由桥梁造成的障碍物,还应在桥梁的下部结构上设置照明设施,以便使航行的船舶能够准确辨认前方桥墩的位置、航道的净空等。另外,有较高桥头柱或塔的大桥,还应考虑其可能对空中飞机航行造成的不利影响。

(3) 大桥立面照明

对位于特殊地理位置的具有重大意义和观赏价值的大型桥梁,除了考虑行车安全需要的正常照明外,还需要设置供夜间观赏的立面照明,这种照明会产生较强的艺术效果。立面照明的常用布局有两种类型:一种是串灯方式,即沿桥梁的轮廓设照明器(或彩灯)。串灯照明的优点是简单易行,极适于沿大桥的纵向进行照明布设,但其具有耗电量大和艺术效果难以体现的缺点。另一种是投光照明方式,即采用投光灯作为立面照明的光源。其优点是投光灯的光色好,立体感强,所需照明功率小,投光照明极适用于高耸的桥头建筑物的立面照明。

2. 广场与停车场照明

一般情况下,广场照明设计应考虑以下几点:

① 保证广场内有足够的照度,既要满足车辆运行的要求,又要满足工作人员正常开展工作的需要。

② 要使整个广场内的照度均匀,同时还要考虑广场进出口与相邻道路照度间的协调。

③ 灯柱及照明器的形式应与广场环境相协调,在满足照明功能的前提下,造型尽量美观,点缀环境,给人以美的感觉。

④ 广场内设置的灯杆不宜过多,以保证广场的使用功能。

在照明方式选择上,小型广场可考虑在广场四周设立杆柱,进行常规照明;大型广场通常采用高杆照明或悬索照明,创造出舒适、明朗的广场视野环境。停车场应根据使用要求,夜间车辆进出的频繁程度,合理设置照明。

3. 人行地道照明

人行地道的照明应符合下列要求:

① 天然光充足的短直线人行地道,可只设夜间照明。

② 附近不设路灯的地道出入口,应设照明装置。

③ 地道内的平均水平照度,夜间以 15 lx、白天以 50~100 lx 为宜,并应提供适当的垂直照度。

4. 人行天桥照明

人行天桥的照明应符合下列要求:

① 跨越有照明设施道路的人行天桥可不另设照明,紧邻天桥两侧的常规照明的灯杆高度、安装位置以及光源灯具的配置,宜根据桥面照明的需要作相应调整。当桥面照度小于 2 lx、阶梯照度小于 5 lx 时,宜专门设置人行天桥照明。

② 专门设置照明的人行天桥桥面的平均照度不应低于 5 lx,阶梯照度宜适当提高,且

阶梯踏板的水平照度与踢板的垂直照度的比值不应小于2∶1。

③应防止照明设施给天桥下的机动车驾驶员造成眩光。

5. 道路与铁路平面交叉照明

道路与铁路平面交叉的照明应符合下列要求：

①交叉口的照明应使驾驶员能在停车视距以外发现道口、火车及交叉口附近的车辆、行人及其他障碍物。

②交叉口的照明方向和照明水平应有助于识别装设在垂直面上的交通标志或路面上的标线，灯光颜色不得和信号颜色混淆。

③交叉口轨道两侧道路各30 m范围内，路面亮度（或照度）及其均匀度应高于所在道路的水平，灯具的光分布不得给接近交叉口的驾驶员和行人造成眩光。

6. 飞机场附近道路的照明

飞机场附近道路的照明应符合下列要求：

①飞机场附近的道路照明不应与机场跑道上的灯光信号系统以及场地照明混淆。

②在设计该地区的道路照明时，应符合航空部门有关规定，并应与其取得联系。

7. 铁路和航道附近道路的照明

铁路和航道附近道路的照明应符合下列要求：

①道路照明的光和色不得干扰铁路、航道的灯光信号和驾驶员及领航员的视觉。

②当道路照明灯具处于铁路或航道的延长线上时，应与铁路或航运部门取得联系。

③当道路与湖泊、河流等水面接界，且灯具为单侧布置时，宜将灯杆设在靠水的一侧。

8. 居住区道路照明

居住区道路的照明应符合下列要求：

①居住区人行道路的照明水平应符合表10.6的要求。

②灯具安装高度不宜低于3 m，不应把裸灯设置在视平线上。

③居住区及其附近的照明，应合理选择灯杆位置、光源、灯具及照明方式；在居室窗户上产生的垂直照度不得超过相关标准的规定。

9. 人行横道照明

人行横道的照明应符合下列要求：

①平均水平照度不得低于人行横道所在道路的1.5倍。

②人行横道应增设附加灯具。可在人行横道附近设置与所在机动车交通道路相同的常规道路照明灯具，也可在人行横道上方安装定向窄光束灯具，但不应给行人和机动车驾驶员造成眩光。可根据需要在灯具内配置专用的挡光板或控制灯具安装的倾斜角度。

③可采用与所在道路照明不同类型的光源。

10. 植树道路照明

植树道路的照明应符合下列要求：

①新建道路种植的树木不应影响道路照明。

②扩建和改建的道路，应与园林管理部门协商，对影响照明效果的树木进行移植；

③在现有的树木严重影响道路照明的路段可采取下列措施：修剪遮挡光线的枝叶；改变灯具的安装方式，可采用横向悬索布置或延长悬挑长度；减小灯具的间距，或降低安装高度。

11. 收费广场与避险车道照明

收费广场宜采用高杆或半高杆照明方式；当收费广场车道数小于6条时也可采用常规照明方式。避险车道的引道宜在路基外侧单侧布设灯杆和灯具，制动床及服务车道可采用单侧布置；当制动床宽度为容纳2辆失控车辆时，宜采用双侧对称布置。

10.5　照明设计与照明计算

10.5.1　照明设计

1. 照明设计基本原则

进行道路照明设计时，应遵循下列原则：

①路面亮度（或照度）水平、亮度（或照度）均匀度、眩光限制以及环境比等必须满足现行标准的规定，同时，照明设施还应具有良好的诱导性；

②投资低，耗电少，即既要经济又要节能；

③运行安全可靠，便于维护管理；

④在符合上述各项原则的前提下尽可能采用先进技术，不断提高道路照明的技术水平。

2. 照明设计内容

（1）搜集资料

进行道路照明设计时，需要收集的资料一般包括：

①道路的几何特征：道路横断面形式及各组成部分的宽度、道路坡度、平曲线半径、道路出入口与立体交叉布局等；

②路面材料及其反光特性；

③道路周围环境、绿化及环境污染程度等；

④可供选择的光源、灯具及其附件的型号、规格、光电特性和价格等；

⑤可供选择的供电、线路敷设及控制方式等；

⑥计划维护方式和周期。

（2）确定照明灯具的布置方式

（3）确定灯具的安装高度、间距、悬挑和仰角

（4）确定光源的类别和规格

（5）确定灯具的类型和规格

（6）确定灯杆、灯台及其他照明器材的类型和规格

3. 照明设计步骤

道路照明设计一般按以下步骤进行：

①确定照明水平、照明均匀度、眩光限制、环境比等道路照明标准；

②结合当地条件和实践经验选择一种灯具布置方式，并初选光源和灯具；

③初定灯具的安装高度、间距、悬挑和仰角；

④计算平均亮度（或照度）、亮度（或照度）均匀度及眩光限制水平等指标，并将计算结果与应达到的标准进行对比分析；

⑤若计算结果未能达到标准要求,则应调整设计方案,变更灯具的类型、布置方式、安装高度、间距之中的一项或几项或变更光源类型,重新进行计算直至符合标准,通常可以做出几种都能符合标准要求的设计方案;

⑥对几种设计方案进行技术、经济和能耗的综合分析,并适当考虑当地的爱好、习惯,最终确定一种设计方案。

照明设计的步骤如图 10.24 所示。

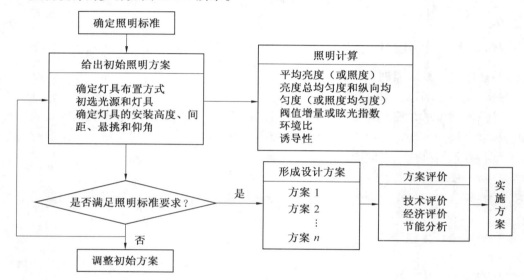

图 10.24 道路照明设计步骤

10.5.2 照明计算

1. 照明计算项目与计算方法

道路照明计算通常包括路面上单点照度、平均照度、照度均匀度、单点亮度、平均亮度、亮度总均匀度、亮度纵向均匀度、眩光限制阈值增量、眩光控制等级以及环境比计算等,计算方法可以归纳为逐点法、公式法和基于灯具光度数据的图表法,见表 10.12。

表 10.12 道路照明计算项目与计算方法

计算项目		计算方法
照度	单点照度	逐点法
		等照度曲线图法
	平均照度	逐点法
		利用系数曲线图法
亮度	单点亮度	逐点法
	平均亮度	逐点法
		亮度产生曲线图法

续表 10.12

计算项目		计算方法
照明均匀度	亮度均匀度	公式法
	照度均匀度	公式法
眩光计算	阈值增量	公式法
	眩光控制等级 G	公式法

2. 照明计算区域及观察者的视点位置

(1)照明计算区域及计算点的选取

在进行道路照明计算时,首先要确定计算区域及其所包含的计算点。道路照明计算区域应是一段位于驾驶员前方 60 m 之外的代表性路段,这里正是驾驶员在行车过程中所重点观察的区域。从纵向上看,该区域的长度应大于一个杆距,同时至少包含同一侧的两个灯具在内;从横向上看,该区域应覆盖无中间带道路的全部行车道或有中间带道路的半幅行车道。

照明计算点应均匀地分布在计算区域内,其纵向间距(D)和横向间距(d)可按式(10.9)和式(10.10)计算确定,即

$$D = \frac{S}{N} \tag{10.9}$$

式中 D——计算点的纵向间距,m;
S——灯具间距,m;
N——纵向计算点的个数(即列数),当 $S \leq 30$ m 时,$N=10$;当 $S>30$ m 时,N 取 S/D ($D \leq 3$ m)的最小整数。

$$d = \frac{W_L}{3} \tag{10.10}$$

式中 d——计算点的横向间距,m;
W_L——车道宽度,m。

道路照明计算区域及计算点的位置如图 10.25 和图 10.26 所示。对于道路交会区及广场等较大区域,一般可将照明计算区域划分成网格,网格宽按车道宽等分,网格长一般为 3~5 m,每个网格的几何中心点就是照明计算点。

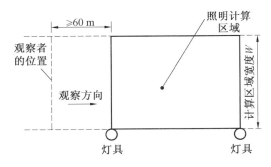

图 10.25 照明计算区域

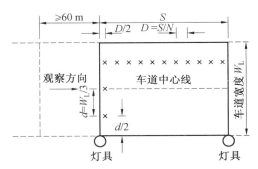

图 10.26 车道上照明计算点的位置

(2) 观察者的视点位置

在进行亮度和眩光计算时,必须明确驾驶员视点相对于照明计算区域最有可能出现的位置,即观察者的视点位置。CIE 推荐,观察者视点高度为 1.5 m。纵向位置为照明计算区域前方 60 m 多一些,多出多少取决于路灯安装间距;但计算眩光限制阀值增量 TI 时例外,此时应该按得出最高 TI 值的纵向观察者视点位置进行计算,即遮光角为 20°的位置。进行纵向均匀度计算时,观察者视点的横向位置位于每一条车道的中心线上;其他类型的计算都认定观察者视点位于近侧路缘 1/4 车行道宽度处(称为标准横向观察者视点位置)。

3. 点光源在任意点上的照明定律

在道路照明设计中,光源可视为点光源,其在任意点上的照明符合余弦定律、光能叠加原理和距离平方反比三个基本定律。

①余弦定律。点光源向各个方向发出的发光强度随着该方向与表面法线夹角的余弦而变化,即

$$I_\gamma = I_0 \cos \gamma \tag{10.11}$$

式中 I_0——光源的发光强度,cd;

I_γ——与表面法线成 γ 角(垂直角)方向的发光强度,cd。

②光能叠加原理。若一个表面受到几个光源同时照射,该表面接收到的光通量等于各个光源射到该表面的光通量之和,即

$$F = F_1 + F_2 + \cdots + F_n \tag{10.12}$$

若该表面面积为 A,则表面上的照度(E)为

$$E = \frac{F_1}{A} + \frac{F_2}{A} + \cdots + \frac{F_n}{A} = E_1 + E_2 + \cdots + E_n = \sum_{i=1}^{N} E_i \tag{10.13}$$

③点光源的距离平方反比定律。点光源在一个表面上产生的照度与光源至该表面距离(d)的平方成反比,即

$$E = \frac{I}{d^2} \tag{10.14}$$

4. 路面上单点照度和平均照度的计算——逐点法

根据上述三个基本定律,一个灯具在任意点 P 上(图 10.27)的水平照度为

$$E_p = \frac{I(c,\gamma)}{H^2} \cos^3 \gamma \tag{10.15}$$

式中 E_p——任意一点 P 的水平照度,lx;

$I(c,\gamma)$——灯具指向 c、γ 角所确定的方向上的光强,cd,可由等光强曲线查出;

γ——垂直角(或高度角);

c——水平角(或方位角);

H——灯具安装高度,m。

n 个灯具在任意点 P 上的总照度为

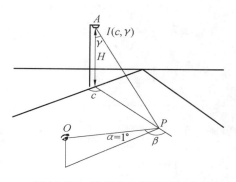

图 10.27 任意点 P 的水平照度

$$E_p = \sum_{i=1}^{n} E_{p_i} \tag{10.16}$$

针对选取的照明计算点,利用公式(10.16)计算出各计算点上的照度值,最后取其算术平均值作为路面平均照度,计算公式为

$$E_{av} = \frac{\sum_{i=1}^{n} E_i}{n} \tag{10.17}$$

式中　　E_{av}——路面平均照度,lx;
　　　　E_i——第 i 个计算点上的照度,lx;
　　　　n——计算点的总数量,个。

5. 路面上单点亮度和平均亮度的计算——逐点法

一个灯具在任意点 P 上的亮度

$$L_p = qE = q(\beta,\gamma)E(c,\gamma) = \frac{q(\beta,\gamma)I(c,\gamma)}{H^2}\cos^3\gamma = r(\beta,\gamma)\frac{I(c,\gamma)}{H^2} \tag{10.18}$$

式中　　L_p——任意一点 P 的亮度,cd;
　　　　q——亮度系数,是表示路面反光性能的一个系数,其值为路面上某点的亮度和该点的水平照度之比(即 $q = L/E$)。它除了和路面材料有关外,还取决于观察者和光源相对于路面所考察的那一点的位置,即 $q = q(\beta,\gamma)$,其中 β 为光的入射平面和观察平面之间的角度,γ 为入射光线的垂直角(或高度角),如图10.28 所示;
　　　　$r(\beta,\gamma)$——简化亮度系数,其值为 $q(\beta,\gamma)\cos^3\gamma$,可查简化亮度系数表确定。

数个灯具在任意点 P 的总亮度为

$$L_p = \sum_{i=1}^{n} L_{p_i} \tag{10.19}$$

路面平均亮度计算公式为

$$L_{av} = \frac{\sum_{i=1}^{n} L_i}{n} \tag{10.20}$$

式中　　L_{av}——路面平均亮度,cd/m²;
　　　　L_i——第 i 个计算点上的亮度值,cd/m²;
　　　　n——计算点的总数量,个。

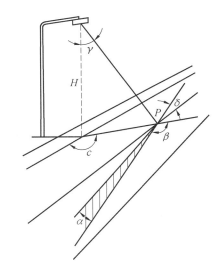

图 10.28　确定路面亮度系数时的角度

6. 路面上单点照度的计算——等照度曲线图法

等照度曲线图是一种专供用户逐点计算路面照度的曲线图。该图采用直角坐标系,其坐标横轴为以灯具安装高度(H)的倍数来表示的道路横向距离,且将道路横向分成车行道侧和人行道侧两部分;纵轴则为以灯具安装高度的倍数来表示的道路纵向距离;图中

的曲线即为等照度曲线。等照度曲线图有相对等照度曲线图和绝对等照度曲线图两种。

（1）相对等照度曲线图（relative isolux diagram）

某灯具的相对等照度曲线如图10.29所示，它是以最大照度的百分比来描述照度分布的，通常包括最大照度的90％、80％、70％、60％、50％、40％、30％、25％、20％、15％、12.5％、10％、6.25％、5％、2％和1％的等照度曲线，同时还给出了最大照度的绝对值和位置。最大照度的绝对值可表示为

$$E_{max} = \frac{K_z F}{H^2} \quad (10.21)$$

式中　E_{max}——最大照度，lx；
　　　K_z——灯具常数，可在相对等照度曲线中查出；
　　　F——灯具中光源的光通量，lm。

（2）绝对等照度曲线图（absolute isolux diagram）

某灯具的绝对等照度曲线如图10.30所示，它直接给出了照度值的分布。但这种等照度曲线通常是对一定的灯具安装高度和1 000 lm的光通量计算得到的。因此，当实际的灯具安装高度和光源光通量和等照度曲线所采用的灯具安装高度和光源光通量不一致时，应进行照度修正。首先依据等照度曲线图上给出的灯具安装高度修正系数进行高度修正，然后再进行光源光通量修正。目前，绝对等照度曲线已较少使用。

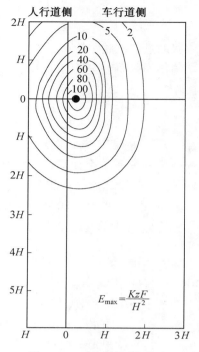

图10.29　相对等照度曲线

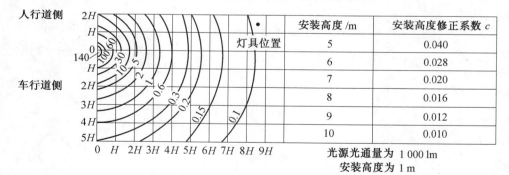

安装高度/m	安装高度修正系数 c
5	0.040
6	0.028
7	0.020
8	0.016
9	0.012
10	0.010

光源光通量为1 000 lm
安装高度为1 m

图10.30　绝对等照度曲线

（3）等照度曲线图的使用方法

使用等照度曲线图计算单点照度时，通常有两种做法：

①方法一。在同一张等照度曲线图上标出计算点相对于各个灯具的位置，读出各个灯具（一般是计算点周围3～4个灯具）对计算点照度的贡献，然后求和，最后再换算成照度绝对值。

②方法二。将等照度曲线图复印在透明纸上制成透明覆盖图，然后将它叠加在与其

比例相同的道路平面图上。令覆盖图的原点和第一个灯具的位置重合,读出第一个灯具在计算点上产生的照度,依次类推可分别读出计算点周围 3~4 个灯具在该计算点上分别产生的照度,如图 10.31 所示,再求和并换算成照度绝对值。

换算成照度绝对值时应注意实际使用的等照度曲线图是哪一种形式。若是相对等照度曲线图则需乘以最大照度值,若是绝对等照度曲线图则应进行灯具安装高度和光源光通量修正。

7. 路面平均照度的计算——利用系数曲线图法

计算直线路段上的平均照度最容易、最迅速的方法是采用灯具光测试报告中给出的利用系数曲线图(utilization factor diagram),查出利用系数,即可按下式计算平均照度,即

$$E_{av} = \frac{F \cdot U \cdot MF \cdot N}{S \cdot W} \quad (10.22)$$

式中 F——光源的光通量,lm;

U——利用系数,根据道路的宽度和灯具的安装高度、悬挑和仰角,由灯具的利用系数曲线图查出;

MF——维护系数;

N——与灯具排列有关的数值,单侧排列及双侧交错排列时 $N=1$,双侧对称排列时 $N=2$;

S——路灯的安装间距,m;

W——道路宽度,m。

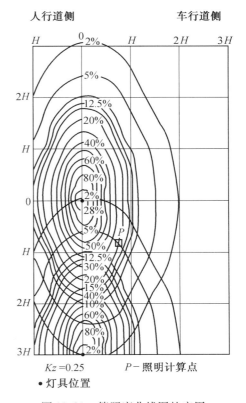

图 10.31 等照度曲线图的应用

利用系数是到达路面上的光通量与光源发射的总光通量的比值。利用系数不但和灯具本身的光学性能有关,还与路面的宽窄及灯具安装的几何条件有关。为了体现悬挑长度的影响,往往通过灯具光中心在路面上的垂直投影点作一条与路轴平行的直线,将路面分成车行道侧和人行道侧两部分,并分别给出这两侧的利用系数。为了体现路宽(W)和安装高度(H)的影响,通常给出了与不同的 W/H 值相对应的利用系数值。为了体现灯具仰角的影响,把灯具的仰角作为参变量,分别给出在其他条件不变的情况下不同仰角所对应的利用系数值。在上述各种条件下的利用系数值计算出来以后,就可以把结果标在直角坐标图上,坐标横轴为以灯具安装高度的倍数表示的道路横向距离,坐标纵轴为相应的利用系数值,然后连接成光滑曲线,即为利用系数曲线,如图 10.32 所示。

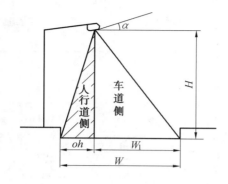
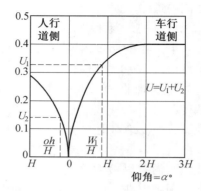

图 10.32 利用系数曲线图

8. 路面平均亮度的计算——亮度产生曲线图法

计算路面上的平均亮度也可采用亮度产生曲线图法,此时路面平均亮度的计算公式为

$$L_{av} = \eta_L \cdot q_0 \cdot \frac{F}{S \cdot W} \quad (10.23)$$

式中 η_L——灯具的亮度产生系数,根据道路的几何尺寸、灯具安装条件及观察者位置,由该灯具的亮度产生曲线图查出;

q_0——路面平均亮度系数,cd/(m²·lx)。

亮度产生曲线图(luminance yield factor diagram)的坐标横轴是以灯具安装高度(H)的倍数来表示的横向距离(同样分车行道侧和人行道侧两部分),坐标纵轴是亮度产生系数,如图 10.33 所示。由于路面上的亮度不但和灯具的光强分布、路面的反光性能有关,而且同观察者所在的位置也有关,因此,需根据观察者所处的不同位置分别给出亮度产生曲线。通常规定了相对于灯具排列的三种观察者位置(如图 10.34 所示):观察者位置 A 在左侧与灯具排列线的横向距离为 $1H$,观察者位置 B 在灯具排列线上,观察者位置 C 在右侧与灯具排列线的横向距离为 $1H$。三个观察者位置所对应的亮度产生曲线就是图 10.33 中的曲线 A、曲线 B 和曲线 C。

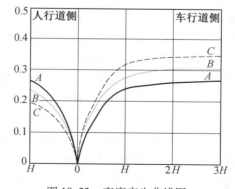

图 10.33 亮度产生曲线图

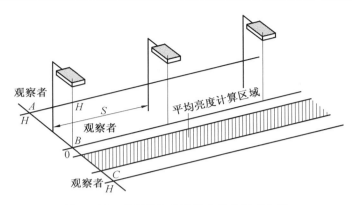

图 10.34　亮度产生曲线图中的观察者位置

9. 照明均匀度计算

(1)亮度均匀度计算

亮度总均匀度可由公式(10.2)计算,亮度纵向均匀度可由公式(10.3)计算。在计算亮度纵向均匀度时,首先在每条车道中心线上找出最大亮度值和最小亮度值,计算出每条车道的纵向均匀度,然后将所有车道进行比较,从中找出最小值作为整个路面的亮度纵向均匀度。

(2)照度均匀度计算

照度均匀度可按公式(10.7)计算,式中 $E_{\min}$ 可在计算得出的规则布置的计算点的照度值中选取,E_{av} 可根据公式(10.17)或公式(10.22)计算。

【例 10.1】　应用相对等照度曲线法计算平均照度如图 10.35 所示,某十字形交叉口,相交道路宽度均为 15 m,在四角对称布置 4 个路灯,灯具安装高度为 10 m、仰角为 0°,光源光通量为 22 500 lm,相对等照度曲线如图 10.29 所示,试计算交叉口中心点的照度(维护系数取 0.65)。

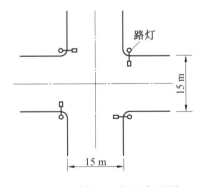

图 10.35　例 10.1 灯具布置图

解　4 盏路灯的位置相对于交叉口中心对称,可取 1 盏路灯计算,然后乘以 4 倍。

路中心点相对于任意一盏路灯的纵、横坐标为

$$x = (15/2)/10 = 0.75H$$
$$y = (15/2)/10 = 0.75H$$

由图 10.29 可知,自原点(0,0)分别量取 0.75H 作平行坐标轴的直线交于一点,查该交点处的相对照度值,结果为 38%。则一盏灯的照度

$$E_{L1} = E_{\max} \times 38\%$$

由图 10.29,$E_{\max}/\text{lx} = 0.187 \times \dfrac{22\ 500}{10^2} = 42.1$

考虑维护系数的影响,则交叉口中心点的照度为

$$E_{总}/\text{lx} = 4E_{L1} \times K = 4 \times 0.38 \times 42.1 \times 0.65 = 64$$

【例 10.2】 应用利用系数曲线法计算平均照度。

如图 10.36 所示,某一段道路采用单侧布灯方式,路面宽度为 7 m,灯具安装高度为 8 m,灯具安装间距为 35 m,悬挑长为 0.5 m,照明器的仰角为 0°,光源光通量为 5 600 lm,灯具的利用系数曲线如图 10.37 所示,试计算该段道路的路面平均照度。若照明器的仰角设为 10°,则此时的路面平均亮度又为多少?(暂不考虑维护系数,即 MF 取 1)

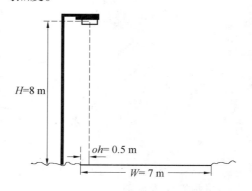

图 10.36 例 10.2 灯具布置图

解 道路横向从灯具左侧(人行道侧)的 0.5 m 延伸至灯具右侧(车行道侧)的 6.5 m(7−0.5 = 6.5),这分别等价于 $0.06H$ 和 $0.81H$。查图 10.37(a)中的利用系数曲线可知,人行道侧和车行道的利用系数分别为 0.055 和 0.32,此时,灯具的利用系数 U 为 0.375(0.055+0.32 = 0.375)。

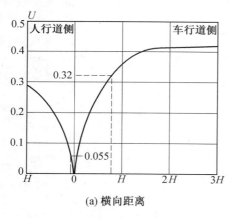
(a) 横向距离

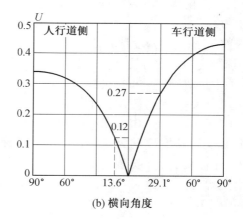
(b) 横向角度

图 10.37 例 10.2 利用系数曲线图

由公式(10.22)可计算得到路面的平均照度为

$$E_{av}/\text{lx} = \frac{F \cdot U \cdot \text{MF} \cdot N}{S \cdot W} = \frac{5\,600 \times 0.375 \times 1 \times 1}{35 \times 7} = 8.6$$

当照明器的仰角调整为 10°时,道路左侧边缘的横向角度为

$$-\left(\arctan\frac{0.5}{8} + 10°\right) = -13.6°$$

道路右侧边缘的横向角度为

$$\arctan\frac{6.5}{8} - 10° = 29.1°$$

查图 10.37(b)中的利用系数曲线可知,人行道侧和车行道侧的利用系数分别为 0.12 和 0.27,总的利用系数 U 为 0.39,此时路面平均照度为

$$E_{av}/\text{lx} = \frac{5\,600 \times 0.39 \times 1 \times 1}{35 \times 7} = 8.9$$

【例 10.3】 应用亮度产生曲线图法计算平均亮度道路几何条件及灯具的布置同例 10.2,路面的平均亮度系数 q_0 为 $0.075\ \mathrm{cd/(m^2 \cdot lx^{-1})}$,亮度产生曲线如图 10.38 所示,观察者位于距道路右侧边缘 1.75 m 处,试计算该视点处的路面平均亮度。

解 同例 10.2,道路左侧边缘和右侧边缘距灯具的横向距离仍为 $0.06H$ 和 $0.81H$。本题中观察者距灯具的横向距离为 $4.75\ \mathrm{m}(7 - 1.75 - 0.5 = 4.75)$,这相当于 $0.59H$。

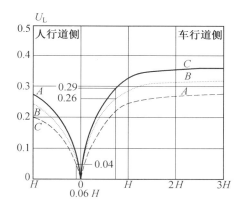

图 10.38 例 10.3 亮度产生曲线图

由于亮度产生曲线图给出了 A(人行道侧 1H 处)、B(灯具排列线处,即 0H 处)、C(车行道侧 1H 处)三个观察位置的亮度产生曲线,因此,对新的观察位置需要通过内插来确定其亮度产生系数。此题中,观察者位置介于观察者 B 和 C 之间。

查图 10.38 可知,对于观察者位置 C,其亮度产生系数 η_L^C 为

$$\eta_L^C = 0.04 + 0.29 = 0.33$$

同理,对于观察者位置 B,其亮度产生系数 η_L^B 为

$$\eta_L^B = 0.04 + 0.26 = 0.30$$

根据线性内插原理,本题中观察者位置处的亮度产生系数 η_L 为

$$\eta_L = 0.30 + 0.59(0.33 - 0.30) = 0.32$$

由公式(10.23)可计算得到该视点处的路面平均亮度为

$$L_{av}/(\mathrm{cd \cdot m^{-2}}) = \eta_L \cdot q_0 \cdot \frac{F}{S \cdot W} = 0.32 \times 0.075 \times \frac{5\ 600}{35 \times 7} = 0.54$$

10.6 道路照明控制与节能

10.6.1 道路照明控制

1. 照明控制方式

道路照明控制是指按照道路使用者的照明需求和客观环境的变化(如不同季节下天色的亮暗变化)等,对道路照明进行开关灯和亮度调节的控制行为,其目的是最大限度地满足道路使用者的照明需求并节省能源消耗。进行道路照明控制时需要考虑的因素包括时间、天气和交通流量等。对于城市道路而言,道路照明开灯时的天然光照度水平宜为 30 lx,次干路和支路宜为 20 lx。

道路照明控制方式一般可分为手动控制、自动控制和远程控制 3 种方式。

①手动控制。手动控制是最简单的控制方式,即对相应的道路照明线路实施手动开关控制,其优点是:投资少、控制简单、可靠性高。缺点是:在需要开关灯时,必须要求控制人员到位。

②自动控制。传统的对路灯进行自动控制的方式有时钟控制与光电池控制两种方式。时钟控制主要是根据道路所在位置的纬度、所处的季节,所确定的天黑和天亮时间,通过时钟控制器来控制路灯的开与关。光电池控制主要是根据所要控制的道路的照度水平来实现开关控制。道路照明宜采用光控和时控相结合的控制方式。

③远程控制。远程控制是功能更全面、系统更复杂的照明控制方式,可分为开关型和智能型两类。开关型远程控制方式已得到广泛应用,是通过集中遥控线路控制高压开关的分合、通断专用照明变压器,从而实现对道路照明的分区或分片控制。

针对目前我国各地正积极推广应用的道路照明"三遥"系统(即遥控、遥信和遥测),为了保证在通信线路发生故障或监控中心瘫痪时不至于造成大面积长时间灭灯,集中遥控系统的运动终端宜具有在通信中断的情况下自动开关路灯的控制功能和手动控制功能。

2. 照明控制电路

道路照明的控制电路应接线简单,故障时转换方便,当控制器件损坏时可手动控制。

①光电控制电路。光电控制电路如图 10.39 所示,其中,光电控制器是主控器件,定时钟即可防止光电控制器的错误操作,也可在光电控制器损坏时临时作为主控器件。另外,时钟将严格保证白天不会向照明线路送电,必要时还可兼做半夜灯控制。

②路灯控制仪电路。路灯控制仪电路如图 10.40 所示,其中,路灯控制仪是主控器件。

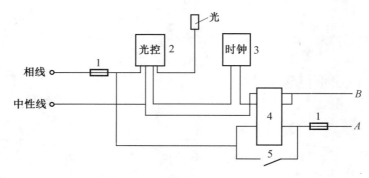

图 10.39 光电控制电路

1—熔断器;2—G－1 型高精度光电控制器;3—SDK－2 型定时钟;4—交流接触器;5—手控开关

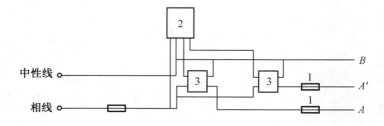

图 10.40 路灯控制仪电路

1—熔断器;2—路灯控制仪;3—交流接触器

3. 照明控制电器

(1) 控制电器的基本要求

①抗电磁干扰与抗电源电压波动的能力强;

②控制全年路灯夜间的开灯总小时数在 4 000 h 左右;

③调试简便,功能完善,严禁在天亮后及黄昏前将路灯照明开启。

(2) 控制电器的主要技术数据

控制电器的主要技术数据一般包括可调光范围、控制容量、工作电源及最小控制时段等。近年来,一种微机路灯控制仪得到了较广泛的应用。只要将使用地的经度、纬度输入,并将启用的年、月、日、时、分输入,即可得到随季节而变化的开灯与关灯时刻表,而且还可根据天气阴暗变化进行光电修正,使用方便而且节电效果显著。微机路灯控制仪内有供交流电源失电时的不间断电源,能维持 72 h。可同时使用全夜灯、半夜灯两个运行方式或只应用一种运行方式。北京市路灯管理处全部采用了微机路灯控制仪,其外形如图 10.41 所示。

(3) 路灯的控制接线

路灯的控制接线有并联控制接线、串联控制接线、单电源控制与半夜灯控制接线等方式。

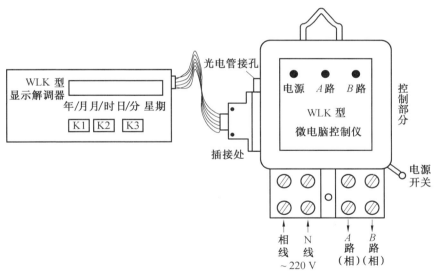

图 10.41 WLK 型路灯控制仪外形图

①并联控制接线。并联控制接线方式如图 10.42 所示,其优点是:任何一个供电电源发生故障时都不会影响其他区段,线路控制的负荷小,开关时有足够的工作电压且启闭同时性好。该种接线方式已在大、中城市得到了广泛应用。

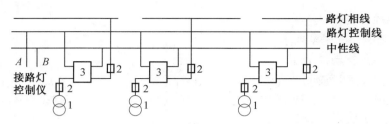

图 10.42　并联控制接线

1—路灯变压器；2—熔断器；3—开关

②串联控制接线。串联控制接线又称末端顶或串顶接线,如图 10.43 所示。其主要缺点是任何一个供电电源发生故障,其后面的路灯均失去控制,灭灯范围大。在相同条件下,每个采用串联控制接线的电源点的供电范围只是采用并联控制接线的 50%。

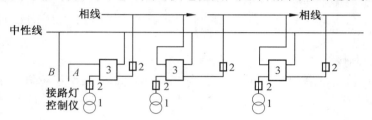

图 10.43　串联控制接线

1—路灯变压器；2—熔断器；3—开关

③单电源控制与半夜灯控制接线。单电源控制接线宜采用路灯控制仪或开灯照度大于 5 lx 的光电控制器,适用于工厂、校区的道路照明。在变电所用作路灯高压、断路器启闭的是单电源控制,其接线如图 10.44 所示,可实施全夜灯或半夜灯开关控制。

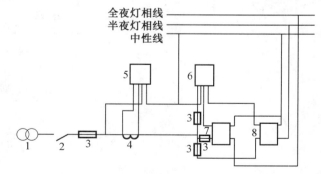

图 10.44　单电源控制接线

1—变压器；2—刀开关；3—熔断器；4—电流互感器；5—电能表；
6—路灯控制仪；7—全夜灯开关；8—半夜灯开关

10.6.2　道路照明节能

1. 道路照明节能标准

城市机动车交通道路照明应以照明功率密度(LPD)作为道路照明节能标准。照明功率密度不应大于表 10.13 的规定值。

表 10.13　机动车交通道路节能标准

道路级别	车道数/条	照明功率密度值 （LPD）/（W·m^{-2}）	对应的照度值/lx
快速路 主干路	≥6	1.05	30
	<6	1.25	
	≥6	0.70	20
	<6	0.85	
次干路	≥4	0.70	15
	<4	0.85	
	≥4	0.45	10
	<4	0.55	
支路	≥2	0.55	10
	<2	0.60	
	≥2	0.45	8
	<2	0.50	

2. 道路照明节能措施

可从以下几个方面实现道路照明的节能。

（1）合理选取照明标准

节能不是靠降低照明水平来实现的，应在确保照明标准的前提下考虑节能。因此，首先应根据被照明场所的要求和特点合理选定照明标准值。

（2）优化照明设计方案

照明设计是实现节能的核心环节，必须给予高度重视。进行照明设计时，应提出多种符合照明标准要求的设计方案，进行综合技术经济分析比较，从中选出技术先进、经济合理又节约能源的最佳方案。

（3）选择节能型照明器材

①光源及镇流器的性能标准应符合国家现行有关能效标准规定的节能评价值要求；

②在满足灯具相关标准以及光强分布和眩光限制要求的前提下，常规道路照明灯具效率不得低于70%，泛光灯效率不得低于65%；

③气体放电灯线路的功率因数不应小于0.85。

（4）深夜降低路面亮度（照度）

除居住区和少数有特殊要求的道路外，在深夜时宜选择下列措施降低路面亮度或照度：

①采用双光源灯具时，深夜关闭一只光源；

②采用能在深夜自动降低光源功率的装置；

③关闭不超过半数的灯具，但不得关闭沿道路纵向相邻的两盏路灯。

(5)选择合理的照明控制方式并制定科学的维护计划

应选择合理的照明控制方式,并应采用可靠度高和一致性好的控制设备。应制定科学的维护计划,定期进行灯具清扫、光源更换及其他设施的维护。

10.7 隧道照明

10.7.1 隧道存在的视觉问题

1. 进入隧道前的视觉问题

白天从隧道外驶进隧道时,由于隧道内外的亮度差别极大,所以从隧道外部看照明很不充分的隧道入口时,只会看到一个黑洞(长隧道)或一个黑框(短隧道)。为了消除这种黑洞或黑框现象,必须在隧道入口使路面的亮度达到必要的水平。

2. 进入隧道后立即出现的视觉问题

由于人眼视觉上的滞后性作用,当人从较明亮的外部环境进入到一个较暗的区域后,要经过一段时间才能看清暗区内的情况,这种现象被称为滞后现象。由于这种视觉适应滞后的影响,使驾驶员进入隧道后,立即产生视觉上的盲区。这种现象对行车来说,其危险程度是不言而喻的。

3. 隧道内部存在的视觉问题

无论是白天还是黑夜,隧道内的道路环境及对行车视觉产生的影响都不同于一般道路。主要原因是隧道内汽车行驶排出的废气几乎无法消散,在隧道内形成较大的烟雾。烟雾除了吸收汽车前灯发出的光线外,还使光线的传播发生散射现象,从而降低能见度。

4. 隧道出口处的视觉问题

白天汽车穿过较长的隧道接近出口时,由于外部亮度极高,出口看上去是个亮洞,出现极强的眩光。夜间与白天正好相反,隧道出口看到的不是亮洞而是黑洞,这样就不容易看出外部道路的线形及路上的障碍物。

10.7.2 隧道照明区段

隧道照明区段包括接近段、入口段、过渡段、中间段和出口段五类路段,照明地点及设施包括入口段照明、过渡段照明、中间段照明、出口段照明、洞外道路照明以及洞口接近段减光设施。单向交通隧道照明区段构成如图10.45所示,双向交通隧道照明区段构成如图10.46所示。

①接近段(access zone)。隧道入口外一个停车视距长度段。

②入口段(threshold zone)。进入隧道的第一照明段,是使驾驶员视觉适应由洞外高亮度环境向洞内低亮度环境过渡设置的照明段。

③过渡段(transition zone)。隧道入口段与中间段之间的照明段,是使驾驶员视觉适应由隧道入口段的高亮度向洞内低亮度过渡设置的照明段。

④中间段(interior zone)。沿行车方向连接入口段或过渡段的照明段,是为驾驶员行车提供最低亮度要求设置的照明段。

⑤出口段(exit zone)。隧道内靠近隧道行车出口的照明段,是使驾驶员视觉适应由

洞内低亮度向洞外高亮度过渡设置的照明段。

入口段、过渡段、出口段照明应由基本照明和加强照明组成，基本照明应与中间段照明一致。基本照明是为了保障行车安全沿隧道全长提供基本亮度的措施，加强照明是解决驾驶员白昼驶入、驶出隧道时适应洞内外亮度反差的措施。

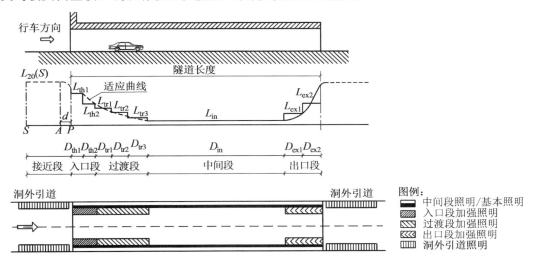

图 10.45 单向交通隧道照明区段构成

P—洞口；S—接近段起点；A—适应点；d—适应距离；$L_{20}(S)$—洞外亮度；L_{th1}、L_{th2}—入口段亮度；L_{tr1}、L_{tr2}、L_{tr3}—过渡段亮度；L_{in}—中间段亮度；L_{ex1}、L_{ex2}—出口段亮度；D_{th1}、D_{th2}—入口段 TH_1、TH_2 分段长度；D_{tr1}、D_{tr2}、D_{tr3}—过渡段 TR_1、TR_2、TR_3 分段长度；D_{in}—中间段长度；D_{ex1}、D_{ex2}—出口段 EX_1、EX_2 分段长度

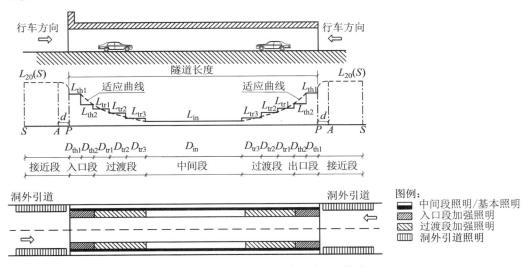

图 10.46 双向交通隧道照明区段构成

10.7.3 隧道照明原则

根据隧道的特殊环境及行车视觉的要求,隧道照明应遵循以下原则。

1. 洞口外可采取遮光措施

在隧道外路段进行遮光处理,使接近隧道入口时的天然光逐渐减弱,在隧道的出口处,也应尽量降低洞口外的亮度

可采用百叶天棚的方法降低洞口的亮度。此外,在洞口处两侧植树也是比较经济的措施,越靠近洞口处植树越密,树冠也要大一些,最好使之遮住天然光,可采用削竹式洞门形式,并进行坡面绿化。洞口采用端墙形式时,墙面可采用暗色调。经硬化处理的隧道洞口边仰坡,可进行暗化处理。另外,洞口外至少一个照明停车视距长度的路面可采用黑色路面。

2. 入口段和过渡段照明原则

入口段和过渡段照明的主要作用是满足驾驶员视觉从高亮度向低亮度过渡时的视觉适应性需求,其亮度应由洞外的高亮度阶梯状递减至中间段的低亮度。因此,入口段和过渡段应分别划分出 2~3 个亮度递减区间。入口段和过渡段的总长度,主要取决于洞内外的亮度之差,同时还与设计速度、交通量大小等因素有关。国外在考虑视觉适应距离时,给定的适应时间是 3~10 s,用设计速度乘以适应时间,即可得出视觉适应距离,也就是入口段和过渡段长度之和。

3. 中间段照明原则

隧道中间段的照明应能保证停车视距,照明水平与隧道的通风条件、行车速度,以及单位时间内汽车通过量等因素有关。

4. 出口段照明原则

对于较长的隧道,应对出口段的照明作适当处理,以减少驾驶员白天驶出隧道后的强烈眩光感和晚上驶出隧道后的黑洞现象。CIE 推荐白天隧道出口段的亮度应线性增加,在隧道出口前的 20 m 范围内,隧道内的亮度应由中间段亮度变化到 5 倍中间段亮度。

5. 夜间照明原则

夜间应关闭隧道入口段、过渡段和出口段的加强照明灯具。长度较短且设有自发灯诱导设施和定向反光轮廓标的公路隧道,夜间可关闭全部灯具,道路上设有照明时,其路段上的隧道夜间照明亮度应与道路亮度水平一致。隧道夜间照明的上述要求,可通过夜间照明调光设计来实现。

6. 隧道内的应急照明

供电故障对行驶于隧道内的驾驶员来说是非常危险的,因此在较长的隧道上应建立紧急照明系统。当正常照明因故障熄灭后,应急照明电源应能够自动投入使用,由于应急供电系统的容量一般较小,因此应急照明的亮度达到正常照明的 1/10 以上即可,一般不应小于 0.2 cd/m^2。

10.7.4 隧道照明计算

1. 入口段照明计算

入口段宜划分为 TH_1、TH_2 两个照明段,与之相对应的亮度为:

$$L_{th1} = K \times L_{20}(S) \tag{10.24}$$
$$L_{th2} = 0.5 \times K \times L_{20}(S) \tag{10.25}$$

式中　L_{th1}——入口段 TH_1 的亮度,cd/m^2；

　　　L_{th2}——入口段 TH_2 的亮度,cd/m^2；

　　　K——入口段亮度折减系数,见表 10.14；

　　　$L_{20}(S)$——洞外亮度,cd/m^2。

表 10.14　入口段亮度折减系数 K

设计小时交通量 N /(veh·h^{-1}·ln)		设计速度 v_t /(km·h^{-1})				
单向交通	双向交通	120	100	80	60	20~40
≥1 200	≥650	0.070	0.045	0.035	0.022	0.012
≤350	≤180	0.050	0.035	0.025	0.015	0.010

入口段 TH_1、TH_2 的长度,按下式计算：

$$D_{th1} = D_{th2} = \frac{1}{2}\left(1.154 D_s - \frac{h-1.5}{\tan 10°}\right) \tag{10.26}$$

式中　D_{th1}——入口段 TH_1 的长度,m；

　　　D_{th2}——入口段 TH_2 的长度,m；

　　　D_s——照明停车视距,m；

　　　h——隧道的净空高度,m。

2. 过渡段照明计算

过渡段宜按渐变递减原则划分为 TR_1、TR_2、TR_3 三个照明段,与之对应的亮度为：

$$L_{tr1} = 0.15 \times L_{th1} \tag{10.27}$$
$$L_{tr2} = 0.05 \times L_{th1} \tag{10.28}$$
$$L_{tr3} = 0.02 \times L_{th1} \tag{10.29}$$

式中　L_{tr1}——过渡段 TR_1 的亮度,cd/m^2；

　　　L_{tr2}——过渡段 TR_2 的亮度,cd/m^2；

　　　L_{tr3}——过渡段 TR_3 的亮度,cd/m^2。

过渡段 TR_1、TR_2、TR_3 的长度,按下式计算：

$$D_{tr1} = \frac{D_{th1}+D_{th2}}{3} + \frac{v_t}{1.8} \tag{10.30}$$

$$D_{tr2} = \frac{2v_t}{1.8} \tag{10.31}$$

$$D_{tr3} = \frac{3v_t}{1.8} \tag{10.32}$$

式中　D_{tr1}——过渡段 TR_1 的长度,m；

　　　D_{tr2}——过渡段 TR_2 的长度,m；

　　　D_{tr3}——过渡段 TR_3 的长度,m；

v_t——设计速度,km/h。

3. 中间段照明标准

中间段的亮度(L_{in})要求,见表10.15。

表10.15 中间段亮度表 L_{in} cd/m²

设计速度 v_t /(km·h⁻¹)	单向交通		
	$N \geq 1\ 200$ veh/(h·ln)	350 veh/(h·ln) $< N <$ 1 200 veh/(h·ln)	$N \leq 350$ veh/(h·ln)
	双向交通		
	$N \geq 650$ veh/(h·ln)	180 veh/(h·ln) $< N <$ 650 veh/(h·ln)	$N \leq 180$ veh/(h·ln)
120	10.0	6.0	4.5
100	6.5	4.5	3.0
80	3.5	2.5	1.5
60	2.0	1.5	1.0
20~40	1.0	1.0	1.0

4. 出口段照明计算

出口段宜划分为 EX_1、EX_2 两个照明段,每段长度宜取 30 m,对应的亮度为:

$$L_{ex1} = 3 \times L_{in} \quad (10.33)$$
$$L_{ex2} = 5 \times L_{in} \quad (10.34)$$

式中 L_{ex1}——出口段 EX_1 的亮度,cd/m²;

       L_{ex2}——出口段 EX_2 的亮度,cd/m²;

       L_{in}——中间段的亮度,cd/m²。

10.7.5 隧道照明灯具布设

隧道照明的灯具布置方式主要有中线布置、中线侧偏布置、两侧交错布置、两侧对称布置等,如图10.47所示。照明灯具的布置形式影响照明系统的效率,中线布置、中线侧偏布置比两侧布置的效率高,两侧交错布置比两侧对称布置效率高。

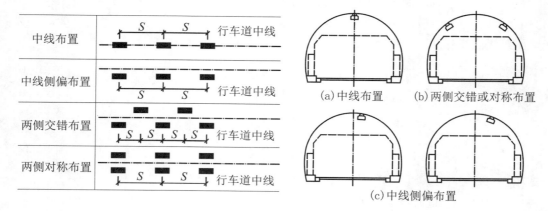

图10.47 隧道照明灯具布置形式示意图

思 考 题

1. 衡量道路照明水平的主要技术指标有哪些？这些指标的含义是什么？
2. 我国公路与城市道路照明标准主要有哪些区别？
3. 道路照明系统常用光源有哪些？在进行光源选择时，主要需考虑哪些因素？
4. 灯具的布置方式有哪几种？各种布置方式的特点及适用条件是什么？
5. 试述照明设计的内容和步骤。
6. 隧道内存在哪些视觉问题，其照明设计的原则是什么？

计 算 题

1. 如下图 10.48 所示，某道路采用双侧交错布灯，灯的安装高度 $H = 6$ m，灯距 $S = 25$ m，悬挑长度 $oh = 1$ m，道路宽度 $W = 10$ m。所采用的灯具的等照度曲线如图 10.29 所示，光源为 200 W 高压荧光汞灯，其光通量为 5 500 lm。试计算 A 点处的照度（维护系数 K 取 0.70）。

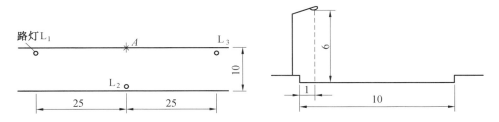

图 10.48 题 1 图（单位：m）

第11章 城市道路无障碍设施

城市中的道路、公共建筑及居住建筑等,从规划到设计,基本上是以健全成年人的形体尺度、人体活动空间参数和行动特性作为依据的,残疾人、老年人和儿童在使用这些设施时会有不同程度的不便。特别是对于残疾人,有些设施甚至不适合使用,造成了无法通行的障碍,这会给残疾人生活和交流带来诸多不便,这些障碍实质上是剥夺了残疾人平等参与社会生活的权利。随着社会文明程度的提高,以人为本理念逐步渗入到城市公用设施及民用建筑的建设中,提出了建设无障碍物质环境的理念,这意味着向用户提供一种可能,使其能够不受约束地持续使用空间,其建设涉及城市道路、各种公用建筑和住宅。本章介绍城市道路无障碍设施的内容与设计方法,设计对象包括人行道、人行横道、人行天桥与地道、公交车站及桥梁与隧道等,设计内容主要包括缘石坡道、盲道、音响交通信号等。

11.1 无障碍环境概述

11.1.1 无障碍物质环境的内容

所谓无障碍物质环境是指使正常人、病人、孩子、青年人、老年人、残疾人等没有任何不方便和障碍,能够共同自由地生活与活动的物质设施空间。

为了能建设全面可接近的环境,了解不同残疾群体的可接近性要求是非常重要的。无障碍环境建设主要针对下列四类主要的残疾人:

① 矫形类。非救助与救助的残疾人,如轮椅使用者;
② 感官类。视、听有障碍者;
③ 认知类。精神、发育、学习有障碍者;
④ 综合类。以上类别的组合。

无障碍环境主要考虑行动损伤、视觉损伤和听力损伤的残疾人的需求,对不同的残疾类型有不同的特点和要求,主要内容见表11.1。

11.1.2 无障碍环境研究的内容

许多发展中国家在无障碍环境建设中,还没有分配必要的专业人员、土地及经济资源来支持该领域的研究和开发工作。对于无障碍环境建设的内容与方法,应加强地区之间的横向研究与地区内部的经验交流,针对不同国情与地区条件应有所区别。对农村地区,无障碍通行环境问题的研究也是非常重要和亟待进行的。规划人员要通过残疾人及其组织,对用户经验和反馈信息进行研究。同时,也必须考虑到地区文化和经济状况的不同。具体研究内容可从以下几个方面考虑:

① 产生障碍环境的原因;

② 无障碍环境的历史、现状及发展前景;
③ 残疾人、老年人及儿童行动特征;
④ 残疾人的类型;
⑤ 城市道路无障碍设施的实施范围;
⑥ 建筑物无障碍设施的实施范围;
⑦ 规范的制订、执行及进一步的修改和完善;
⑧ 法律保障体系的建立。

表 11.1 不同类型残疾者的无障碍环境

残疾者类型		无障碍环境内容
肢体残疾者	独立乘轮椅者	门、走道、坡道尺寸及行动的空间均以轮椅通行要求为准则
		上下楼应有适当的升降设备
		按轮椅乘用者的需要设计残疾人专用卫生间设备及有关设施
		地面平整,尽可能不选用长绒地毯和有较大裂缝的设施
		可通行的路线和可使用的设施应有明显标志
	拄拐杖者	地面平坦、坚固、不滑、不积水、无缝及大孔洞
		尽量避免使用旋转门及弹簧门
		台阶、坡道、楼梯平缓,设有适宜的双向扶手
		卫生间设备安装安全抓杆
		利用电梯解决垂直交通
		各项设施安装要考虑残疾人的行动特点和安全需要
		通行空间要满足拄双拐杖者所需的宽度
	上肢残疾者	设施选择应有利于减缓操作节奏
		采用肘式开关、长柄扶手、大号按键,以简化操作
	偏瘫患者	楼梯安装双侧扶手并连贯始终
		抓杆设在肢体优势一侧,或双向设置
		地面平整、不滑
视力残疾者	盲人	简化行动路线,布局平直
		人行空间内无意外变动及突出物
		强化听觉、嗅觉和触觉信息环境,如扶手、盲文标志、音响信号等
		电气开关及插座有安全措施,且易辨别,不得采用拉线开关
		已习惯的环境不轻易变动
	低视力或弱视者	加大标志图形,加强光照、有效利用色彩反差,强化视觉信息,其余可参考盲人的环境设计对策
听力残疾者		强化视觉、嗅觉和触觉信息环境
		采用相应的助听设施,增强他们对环境的感知

11.1.3 无障碍环境宏观规划和设计原则

应考虑包括一定范围的残疾人的需要，不应因某人有某种形式或程度的残疾而被剥夺其参与和利用建设环境的权利，或不能与他人平等参与社会活动。为达到这个目标，必须遵循以下基本指导原则：

① 应能到达建设环境的所有地方。
② 应能进入建设环境内的所有地方。
③ 应能使用建设环境内的所有设施。
④ 应在到达、进入、使用建设环境所有设施时，并不感到是被怜悯的对象。

无障碍环境宏观规划和设计的要求包括以下几点：

① 可接近性。建设环境应设计成为对所有人，包括残疾人和老年人，都可以接近。
② 易接近性。残疾人在没有助手的情况下可以毫无阻碍地接近、出入、通过并使用一个区域以及其中的设施。
③ 可到达性。建设环境应采取有关措施，使所有的人，包括那些残疾人和老年人，到达尽可能多的地方和建筑物。
④ 可用性。建设环境应设计成为使所有的人，都能使用和享受。
⑤ 安全性。建设环境应设计成为使所有的人，能到处走动而不致影响生命安全和健康。
⑥ 可工作性。工作的建设环境应设计成为允许人们，包括残疾人，全面参与并贡献其劳动力的场所。

11.2 城市道路无障碍实施范围

城市道路与桥梁无障碍设施实施的范围包括城市市区和卫星城的道路、广场以及经济开发区和旅游景点道路等；设计部位包括人行道、人行横道、人行天桥与地道、公交车站及桥梁与隧道等；设计内容主要有人行道中的盲道、坡道、缘石坡道，人行横道的音响及安全岛，人行天桥与地道中的盲道、坡道或升降平台、扶手、标志等。但是，在进行新建和改建道路的无障碍设计时，应依据不同地区的条件、道路的性质、人流的状况、公交的运行以及居住区分布等因素，建设盲道和过街坡道或升降平台，避免在城市道路范围内全部进行无障碍设施建设。例如，在人行道外侧有绿化带立缘石或有固定的围墙、栅栏的地带，视力残疾者借助盲杖能够顺利行进，可以不设置盲道；在非居住区及非主要的商业、文化、交通等建筑地段，也可不设置盲道和过街坡道。一般在城市规划或城市道路交通系统规划中，需要制定道路无障碍设施的范围与内容，以作为实施依据。人行道路的无障碍设施与设计要求应符合表 11.2 的规定。

表 11.2 人行道路无障碍设施与设计要求

设施类别	设 计 要 求
缘石坡道	人行道在交叉路口、街坊路口、单位入口、广场入口、人行横道及桥梁、隧道、立体交叉等路口应设缘石坡道
坡道与梯道	城市主要道路、建筑物和居住区的人行天桥和人行地道,应设轮椅坡道和安全梯道;在坡道和梯道两侧应设扶手。城市中心地区可设垂直升降梯取代轮椅坡道
盲道	城市中心区道路、广场、步行街、商业街、桥梁、隧道、立体交叉及主要建筑物地段的人行地道应设盲道,人行天桥、人行地道、人行横道及主要公交车站应设提示盲道
标志	在城市广场、步行街、商业街、人行天桥、人行地道等无障碍设施的位置,应设国际通用无障碍标志,城市主要地段的道路和建筑物宜设盲文位置图

11.3 城市道路无障碍设计

11.3.1 乘轮椅者活动尺寸

方便残疾人使用和通行的道路设施设计以手摇三轮车为主要出行工具,并考虑使用轮椅者、挂拐杖者、视力残疾者的不同要求,我国轮椅参数见表 11.3。

表 11.3 我国轮椅参数   mm

标准轮椅尺寸		原地旋转所需空间			移动所需空间	
长度	宽度	90°	180°	360°	直行	90°转弯
1 040~1 100	650	1 350×1 350	1 400×1 700	1 700×1 700	≥900	1 700×1 400

11.3.2 缘石坡道

缘石坡道设计应符合下列规定:
① 人行道的各种路口必须设缘石坡道;
② 缘石坡道应设在人行道的范围内,并应与人行横道相对应;
③ 缘石坡道的坡面应平整,且不应光滑;
④ 缘石坡道下口最多高出车行道地面 20 mm。

缘石坡道可分为单面坡缘石坡道和三面坡缘石坡道两类(图 11.1),单面坡缘石坡道可采用正方形、长方形或扇形,坡度不应陡于 1:20;三面坡缘石坡道的正面坡道宽度不应小于 1.2 m,正面及侧面的坡度不应陡于 1:12。图 11.2 为交叉口处坡道位置示意图,注意坡道要与人行横道相对应。

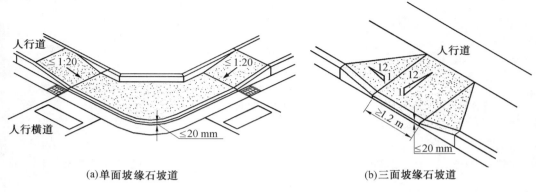

图 11.1 缘石坡道示意图

11.3.3 盲道

盲道包括行进盲道和提示盲道两种,行进盲道表面呈长条形(图11.3(a)),用于指引视残疾者通过脚感继续向前行走;提示盲道表面呈圆点形(图11.3(b)),设置在行进盲道的起点、终点及拐弯处,告知视残者要拐弯或抵达盲道起终点。人行道设置的盲道位置和走向,应方便视残者安全行走和顺利到达无障碍设施的位置。

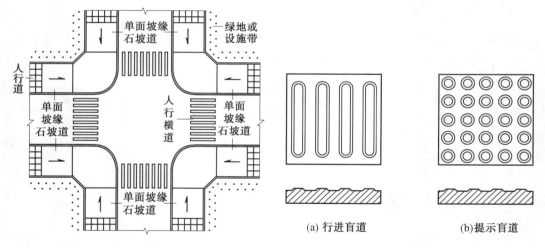

图 11.2 设于交叉口转角处人行横道的单面坡缘石坡道

图 11.3 盲道的形式

1. 行进盲道

行进盲道宜与人行道走向一致,布置在人行道上无障碍、无空间伤害、行人较少的地方,其设置应连续,避开井盖铺设,中途不得有电线杆、拉线、树木等障碍物。行进盲道的宽度宜为 0.3~0.6 m,可根据人行道宽度选择低限或高限;触感材料规格要符合有关规定;其铺设位置要符合下列规定:

① 人行道外侧有围墙、花台、绿篱等设施时,行进盲道应设置在距其 0.25~0.5 m 处;
② 人行道内侧有树池时,行进盲道可设置在距树池 0.25~0.5 m 处;
③ 人行道无树池时,行进盲道距离立缘石应不少于 0.5 m。

2. 提示盲道

提示盲道的宽度宜为 0.3~0.6 m，触感材料规格要符合有关规定，提示盲道的设置应符合下列规定：

① 行进盲道的起点、终点处(图 11.4)和转弯处(图 11.5)应设提示盲道，其长度应大于行进盲道的宽度；

② 人行道中有台阶、坡道等障碍物时，在相距其 0.25~0.5 m 处，应设提示盲道，如图 11.6 所示；

③ 距人行横道入口、广场入口、地下铁道入口等 0.25~0.5 m 处应设提示盲道，提示盲道长度与各入口的宽度应相对应，如图 11.7 所示。

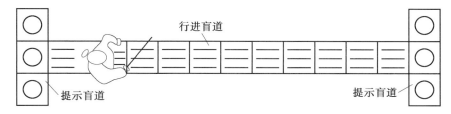

图 11.4　行进盲道起终点的提示盲道

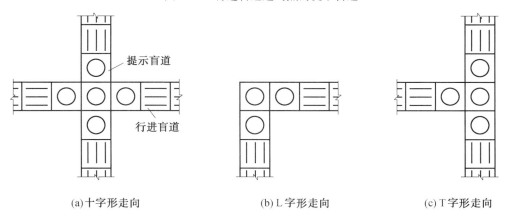

(a)十字形走向　　　　(b)L 字形走向　　　　(c)T 字形走向

图 11.5　行进盲道交叉处的提示盲道

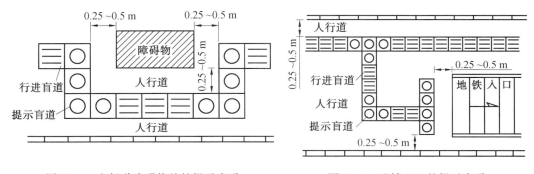

图 11.6　人行道障碍物处的提示盲道　　　　图 11.7　地铁入口的提示盲道

11.3.4 公交车站

城市主要道路和居住区的公交车站,应设提示盲道和盲文站牌。盲文站牌的位置、高度、形式与内容,应方便视力残疾者使用。对于沿人行道的公交车站,提示盲道应符合下列规定(图11.8):

① 在候车站牌一侧应设提示盲道,其长度宜为4~6 m;
② 提示盲道的宽度应为0.3~0.6 m;
③ 提示盲道距路边应为0.25~0.5 m;
④ 人行道中有行进盲道时,应与公交车站的提示盲道相连接。

若公交车站设置在分隔带上,由人行道通往公交车站处,需设宽度不小于1.50 m、坡度不大于1∶12的缘石坡道;站台上提示盲道的设置要求与沿人行道的公交车站处的提示盲道相同。

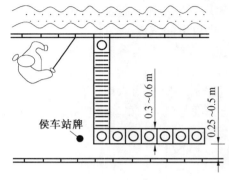

图11.8 公交车站提示盲道

11.3.5 人行天桥与地道

城市中心、商业区、居住区及公共建筑设置的人行天桥与人行地道,应设坡道和提示盲道;当设坡道有困难时可设垂直升降梯。坡道应适合乘轮椅者通行,梯道应适合挂拐杖者及老年人通行。在坡道和梯道两侧应设扶手。

(1)坡道

人行地道的坡道入口平台与人行道地面有高差时,应采用坡道连接。坡道设计应符合下列规定:

① 坡度不应大于1∶12,有困难的地段坡度不得大于1∶8(需要协助推动轮椅行进);
② 弧线形坡道的坡度,应以弧线内缘的坡度进行计算;
③ 坡道的高度每升高1.50 m时,应设深度不小于2 m的中间平台;
④ 坡道的坡面应平整且不光滑。

(2)梯道

人行天桥、人行地道的梯道设计应符合下列规定:

① 梯道宽度不应小于3.5 m,中间平台深度不应小于2 m;
② 在梯道中间部位设自行车坡道;
③ 踏步的高度不应大于0.15 m,宽度不应小于0.3 m;
④ 踏面应平整且不光滑,前缘不应有突出部分。

(3)盲道

人行道中有行进盲道时,应与人行天桥、人行地道及地铁入口的提示盲道相连接。距坡道与梯道0.25~0.5 m处应设提示盲道,其宽度应为0.3~0.6 m,长度应与坡道、梯道的宽度相对应(图11.7、图11.9)。人行天桥下面的三角空间区,在2 m高度以下应安装防护栅栏,并应在结构边缘外设宽为0.3~0.6 m的提示盲道(图11.10)。

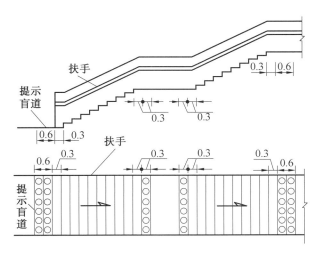

图 11.9 梯道中的提示盲道(单位:m)

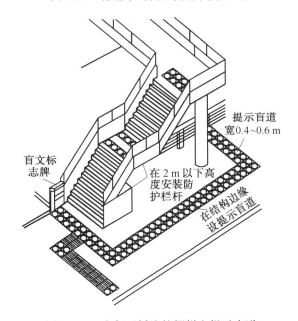

图 11.10 人行天桥防护栅栏和提示盲道

(4)扶手

人行天桥和坡道两侧应在栏杆或墙壁上安装扶手,其设计应符合下列规定:

① 扶手高应为 0.9 m,设上、下两层扶手时,下层扶手高应为 0.7 m;
② 扶手应保持连贯,在起点和终点应延伸 0.4 m;
③ 扶手截面直径尺寸宜为 45～50 mm,扶手托架的高度、扶手与墙面的距离宜为 45～50 mm;
④ 在扶手起点水平段应安装盲文标志牌;
⑤ 扶手下方为落空栏杆时,应设高度不小于 0.1 m 的安全挡台。

此外,人行地道的坡道和梯道入口两侧的护墙低于 0.85 m 时,在墙顶应安装护栏或扶手。

11.3.6 桥梁、隧道与立体交叉

(1)桥梁与隧道

桥梁、隧道的无障碍设计应符合下列规定：

① 桥梁、隧道的人行道应与道路的人行道衔接，当地面有高差时，应设轮椅坡道，其坡度不应大于1∶20；

② 桥梁、隧道入口处的人行道应设缘石坡道，且与人行横道相对应；

③ 桥梁、隧道的人行道应设盲道。

(2)立体交叉

立体交叉人行道的缘石坡道、人行横道及盲道的位置应相互对应和衔接，图11.11、图11.12给出了两个例子。

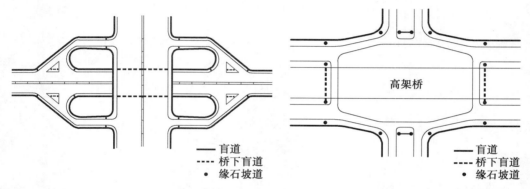

图11.11　互通式立体交叉中的盲道与缘石坡道　　图11.12　分离式立体交叉中的盲道与缘石坡道

立体交叉桥孔的人行道设计应符合下列规定：

① 桥孔内人行道的地面与桥孔外人行道的地面有高差时，应设轮椅坡道且其坡度不应大于1∶20；

② 桥孔外的人行道口应设缘石直坡道，且与人行横道相对应；

③ 桥孔内的人行道应设盲道，并应与桥孔外的盲道相连接。

11.3.7 音响交通信号

对于视力残疾者和部分老年人，由于视力的问题，在通行时，原有的可视信号可能起不到应有的作用，或者根本就看不到，因此必须采用音响提示装置或信号来完成导向，以便能顺利通过或疏散。具体要求如下：

① 在城市人行交通繁忙的路口和主要商业街，应设音响交通信号；

② 在必要的位置设置报警器(可触摸、可听)和报警程序；

③ 计算残疾人过街所需要的绿灯时间时，其步行速度取0.5 m/s；

④ 必要时应在报警系统上安装高强度信号灯或音响装置。

思 考 题

1. 什么是无障碍物质环境?
2. 无障碍物质环境的主要内容有哪些?
3. 试述城市道路无障碍实施的范围、设施内容与设计要求是什么?
4. 提示盲道设置在哪些位置?设置时需要注意哪些问题?
5. 人行天桥与地道无障碍设计主要包括哪些内容?

第12章 道路绿化及景观

道路绿化与景观设计属于景观设计学及园林艺术的范畴,是一个庞大、复杂的综合学科,融合了社会行为、人文艺术、园林艺术、建筑学、当代科技、心理学、地理与自然科学等众多学科的理论,并且相互交叉渗透,对实现道路建设可持续发展、保护生态环境、创建绿色交通、延续历史文脉、弘扬民族文化等均有重要意义。

12.1 道路绿化

12.1.1 概述

1. 道路绿化及其功能

道路绿化是指在道路路域范围内利用植物构造出的一个具有光、形、色、体等可被人感知的,具有一定社会文化内涵及审美价值的,并能满足道路交通功能要求的空间景物。

道路绿化通过减弱建筑物对道路的压抑感、美化街景、丰富道路线形、减少道路开挖对环境的负面影响等作用,改善了道路景观;通过吸尘防噪净化空气、防止水土流失、防晒遮阴等作用,改善了道路环境;通过视线诱导、防眩遮光、引导车流、防风、防雪、防火等作用,提高了道路交通安全。

2. 道路绿化的分类

从较大区域范围来看,道路绿化可分为公路绿化(rural highway greening)和城市道路绿化(urban street greening)两大类。其中,公路绿化又可进一步划分为一般公路绿化和高速公路绿化。

根据绿化走向和布设方式的不同,道路绿化又可分为带状绿化(banded greening)和集中绿化(centralized greening)两类。带状绿化是指沿道路纵向布置的绿化形式,主要有行道树绿化带、分车绿带、路侧绿带等。集中绿化是指较集中的区域性绿化,主要有交通岛绿化、广场绿化、停车场绿化及立体交叉绿化等。部分道路绿化的名称及其在道路上的设置地点,如图12.1所示。

3. 道路绿化原则

(1)城市道路绿化原则

城市道路绿化是指城市道路路侧或中间分隔带、交叉口、广场、停车场以及道路用地范围内边角空地等处的绿化,应根据城市性质、道路功能、自然条件、城市环境等合理地进行设计,并遵循以下设计原则:

①应选择能适应当地自然条件和城市复杂环境的乡土树种,要选择树干笔直、树形美观、夏日遮阳、耐修剪、能抵抗病虫害和抵抗风灾及有害气体等的树种。

②应处理好与道路照明、交通设施、地上杆线、地下管线等的关系,并保证树木有必要

的立地条件与生长空间。

③应以乔木为主,乔木、灌木、地被植物相结合,不得裸露土壤。

④应符合行车视距和行车净空的要求。

⑤植物种植应适地、适树,并符合植物间伴生的生态习性。

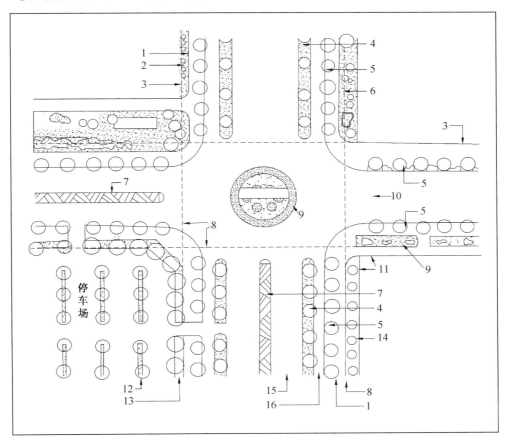

图 12.1　道路绿化示意图

1—人行道;2—路侧绿带;3—道路红线;4—两侧分车绿带;5—行道树绿带;6—路侧绿带与道路红线外侧绿地结合带;7—中间分车绿带;8—道路红线;9—中心岛绿地;10—行车道;11—建筑线;12—停车间隔带绿化;13—停车场周边绿地;14—道路红线外侧绿地;15—机动车道;16—非机动车道

⑥修建道路时,宜保留有价值的原有树木,对古树名木应予以保护。

⑦道路绿地应符合排水要求并与城市排水系统相结合,防止绿地内积水和水土流失。

⑧道路绿化应远期与近期相结合。

(2)公路绿化设计原则

在公路用地范围内应大力进行绿化,美化路容,保护环境,积累木材资源,设计时应注意以下原则:

①在公路路肩上不得种树,在交叉范围内和弯道内侧植树时应满足视距要求,粗细树枝均不得伸入公路建筑限界内。

②公路两侧边坡、分隔带、弃土堆等,必须根据道路等级与景观要求,因地制宜地种植

乔木、灌木、花卉、草皮和绿篱。

③公路行道树只能在边坡以外种植,护坡道上只宜栽种灌木。种植的树种,宜按路段变化。

④应结合当地地形、景观及建筑美学等要求,合理规划、设计公路服务区等服务设施的绿化。

⑤应慎重选择种植土和肥料,确保绿化成活率。

4. 道路绿化要求

①应结合交通安全、环境保护、美化与景观等要求,选择绿化种植位置、种植形式、种植规模,并选择适当树种、草皮和花卉(美国福罗里达州给出的在不同道路及周边环境下绿化植物的选取建议如图12.2所示,可供我国参考)。

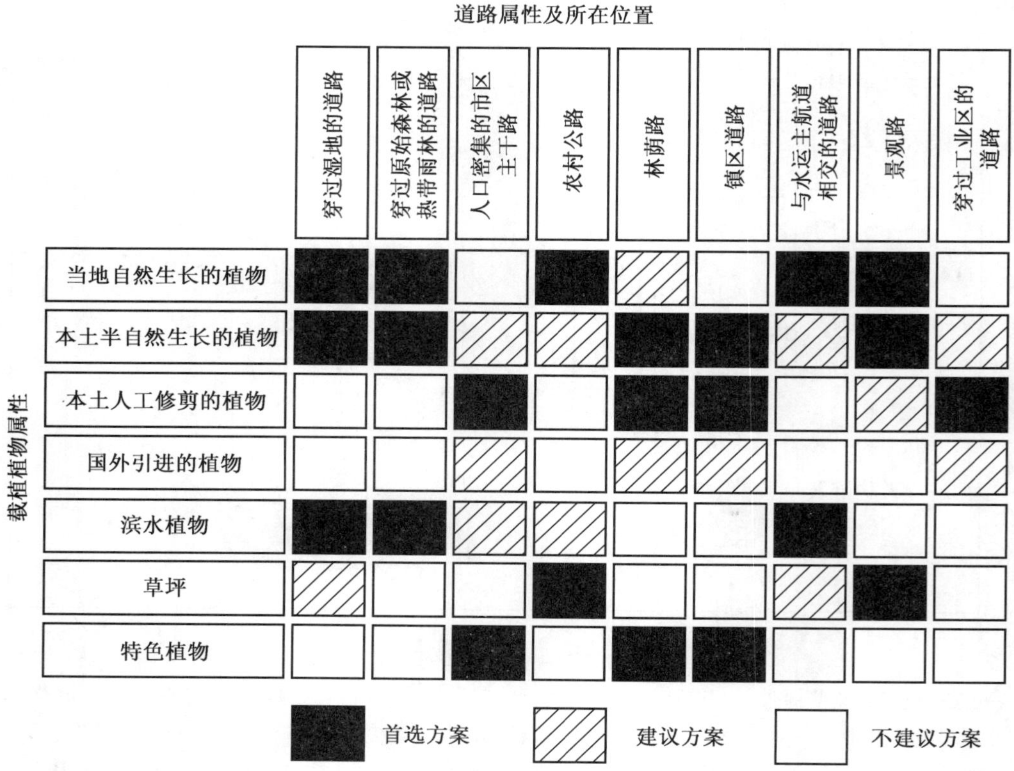

图12.2 道路环境及其适宜的绿化植物

②道路绿化设计应综合考虑沿街建筑性质、环境、日照、通风等因素,分段种植;在同一路段内的树种、形态、高矮与色彩不宜变化过大,并做到整齐规则、和谐一致;绿化布置应乔木与灌木、落叶与常绿、树木与花卉草皮相结合,色彩和谐、层次鲜明、四季景色不同。

③绿化宽度宜为红线宽度的15%~30%,对游览性道路、滨河路及有美化要求的道路可提高绿化比例;植树的分隔带最小宽度为1.5 m,较宽的分隔带可考虑树木、草皮、花卉等的综合布置;当人流、车流较多或两侧有大型建筑物时,应采用既隔离又通透的开放式种植。

④郊区道路应根据各路段地势、土壤等分段种植,避免种植方式单调;在通往风景区

的游览胜地及有美化要求的重要路段要加强绿化,反映城市特色;在填方或挖方路段可在路堤或路堑边坡上种植草皮,在不影响视线地段可种植灌木。

⑤在道路平面、纵断面及横断面设计时应注意保护古树名木;对现有树木、树林等应注意保留,以改善沿路环境,并将沿线风景点组织到视线内。

⑥环形交叉口交通岛的绿化应在保证视距的前提下进行诱导视线种植,并与城市景观结合,体现城市特点。

⑦根据互通式立体交叉各组成部分的不同功能进行绿化设计;沿变速车道及匝道应种植诱导视线的树木,并保证视距;此外应充分利用匝道范围内平缓的坡面布置草坪,点缀有观赏价值的常绿树、灌木、花卉等。

⑧广场绿化应根据广场的性质、规模及功能进行设计;结合交通导流设施,可采用封闭式种植;对于休憩绿地可采用开敞式种植,并可相应布置建筑小品、座椅、水池和林荫小路。

⑨停车场绿化应有利于汽车集散、人车分隔、保障安全、不影响夜间照明,并应考虑改善环境,为车辆遮阳;绿化布置可利用双排背对车位的尾距间隔种植乔木,树木分枝高度应满足车辆净高的要求;此外,还应充分利用边角空地布置绿化;风景区停车场应充分利用原有自然树木遮阳,因地制宜布置车位。

5. 道路绿化设计时的交通安全要求

(1)道路绿化设计应满足侧向净区的要求

道路侧向净区(clear zone)是指起始于外侧行车道边缘的路侧横向区域,如图 12.3 所示。当驾驶员因失误而驶出路外时,该区域可提供空间使之有机会纠正错误并驶回行车道或减轻在净区内发生故事时的严重程度。路侧净区的宽度取决于道路设计速度以及远景年的交通量。在路侧净区内进行绿化时,不宜种植粗大树木。根据佛罗里达州交通运输部门的规定,路侧净区内在地面 150 mm 以上处任何植物的树干直径均不应超过 100 mm。

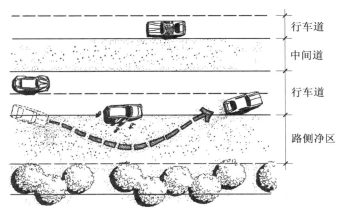

图 12.3 路侧净区的绿化布置

(2)道路绿化设计应满足行车视距的要求

满足行车视距(sight distance)要求是保障道路交通安全的重要基础条件之一。道路上容易产生视距不良的地点包括小半径平曲线内侧、竖曲线的顶部或底部、交叉口处的视距三角区等。因此,我国规定在弯道内侧及交叉口视距三角形范围内,不得种植高于最外侧机动车车道中线处路面标高 1 m 以上的树木,如图 12.4 和图 12.5 所示。佛罗里达州交通运输部门对此规定的清晰视距窗如图 12.6 所示。

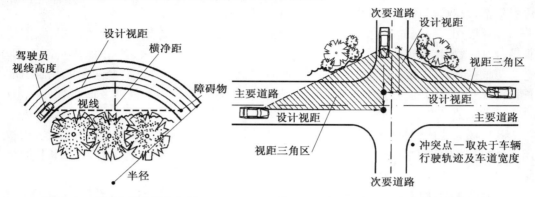

图 12.4　弯道内侧的绿化布置　　　　图 12.5　交叉口视距三角区的绿化布置

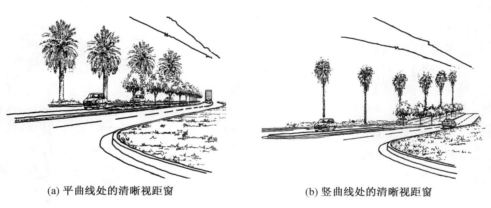

(a) 平曲线处的清晰视距窗　　　　(b) 竖曲线处的清晰视距窗

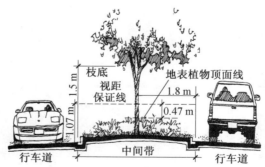

(c) 中央分隔带上的绿化布置

图 12.6　清晰视距窗

(3)道路绿化设计应满足道路限界及标志识别的要求

分隔带与路侧带上行道树的枝叶不得侵入道路限界,如图 12.7 所示。为了保证判读、识别交通标志、广告牌等,道路绿化还应满足标志的识别视距要求,如图 12.8 和图 12.9 所示。

第 12 章 道路绿化及景观

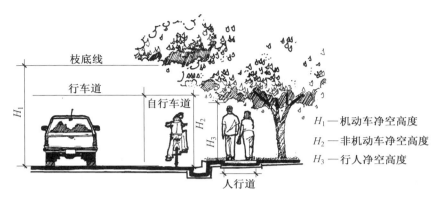

图 12.7 建筑限界要求

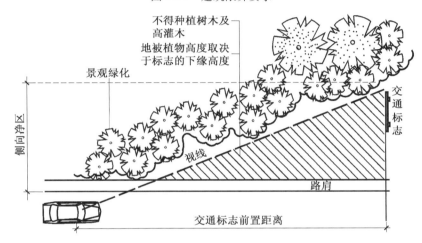

图 12.8 交通标志的视距区域

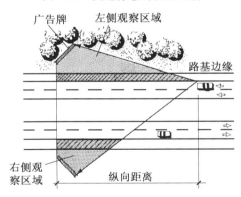

图 12.9 广告牌的可视区域

6. 绿化宽度及其与其他设施的间距

为保证树木成活,便于采光和方便管理,绿化带应具有一定的宽度。不同绿化种植条件下绿化带宽度的规定见表 12.1。在道路路域范围内,经常同时设有道路绿化、电力与电信电缆、给排水管线、路灯杆柱、交通标志牌等多种设施。为保证能充分发挥各种设施的功能并不产生相互干扰,道路绿化与其他设施间应满足一定的平面或竖向间距要求,如

图 12.10 所示,有关规定可见表 12.2~12.4。

表 12.1 绿化带净宽度

绿化种植	绿化带净宽度/m	绿化种植	绿化带净宽度/m
灌木丛	0.8~1.5	双行乔木错列	2.5~4.0
单行乔木	1.5~2.0	草皮与花丛	0.8~1.5
双行乔木平列	5.0		

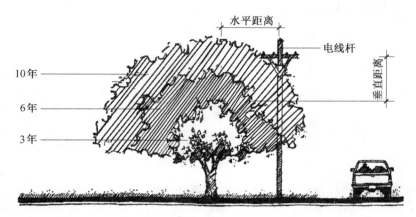

图 12.10 绿化树木与道路设施的间距

表 12.2 道路绿化与架空电力线的最小垂直距离

电压/kV	1~10	35~110	154~220	330
最小垂直距离/m	1.5	3.0	3.5	4.5

表 12.3 道路绿化树木与地下管线的间距　　　　　　　　　　　　　　m

树木中心与地下管线外缘最小水平距离			树木根茎中心至地下管线外缘最小水平距离		
管线名称	距乔木中心最小水平距离	距灌木中心最小水平距离	管线名称	距乔木根茎中心最小水平距离	距灌木根茎中心最小水平距离
电力电缆	0.70	—	电力电缆	1.00	1.00
电信电缆	0.75	0.75	直埋电信电缆	1.00	1.00
给水管道	1.50	—	管道电信电缆	1.50	1.00
雨水管道	1.50~2.00	—	给水管道	1.50	1.00
煤气管道	1.20	1.20	雨水管道	1.50	1.00
热力管道	1.50	1.50	污水管道	1.50	1.00

表12.4　道路绿化树木与其他设施最小水平距离

设施名称	低于2 m的围墙	挡土墙	路灯杆柱	电力、电信杆柱	消防龙头	测量水准点
至乔木中心的距离/m	1.0	1.0	2.0	1.5	1.5	2.0
至灌木中心的距离/m	—	—	—	—	2.0	2.0

7. 道路绿地布置形式

(1) 按美学特征分类

根据美学特征,可将道路绿地布置形式划分为自然式、规则式和混合式三类。

① 自然式。自然式是指连续而自然的绿化景观组合,利用植物层次、色彩及其与地形、地物的有机配合,形成变化较多的景观轮廓。图 12.11 即为自然式绿地布局,总的构图以圆形为主。北端设置半圆形花架,与管理房共同构成一个建筑整体,花架附近入口处设有集散广场,以疏散人流。开花乔木、栾树为广场上的遮阴树,中心广场上设有两个造型不同的圆形花坛。两个广场之间的草坪上,点植着常绿树和各种花木。几个入口通道外缘有圆形花坛和树坛作景点。绿地以成行的洋槐为边界,同时又是人行小路的遮阴树。

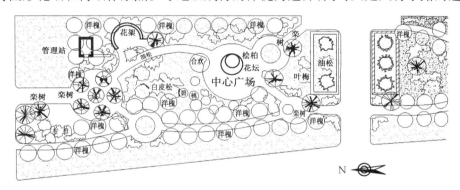

图 12.11　自然式道路绿地布局

② 规则式。规则式道路绿地布局利用各类植物的高低组合,形成段落、层次、色彩鲜明的绿化景观效果,并突显规则式街道的主轮廓。它注重景观效果的装饰性、线形的连续性,强调景观的动态组织和有序变化。图 12.12 为朝阳门立交规则式绿地布局示例,绿地广场上建有各种形式的树坛和花坛,绿地北部设置花架和象征长城的花墙。

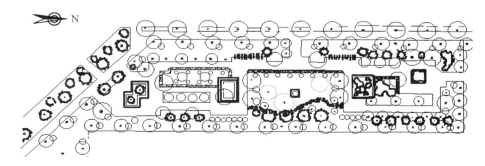

图 12.12　规则式道路绿地布局

③混合式。混合式道路绿地布局采用自然式与规则式相结合的设计手法,在综合考虑物质、精神和环境等因素的基础上,创造出一个开放、宁静的室外道路交通空间,给人以轻松、回归自然的感觉。它更多地注重个性发挥,而不刻意强调绿化景观的连续性。在城市景观中,混合式的绿化方法更多地适用于城市绿化中变化较丰富的区域。

(2)按功能及栽植形式分类

根据功能及栽植形式,可将道路绿地的布置形式划分为简易式、密林式、田园式、花园式、自然式、防护式和滨河式等类型。

①简易式。简易式是指沿道路两侧各种一行乔木或灌木,形成"一条路、两行树"的绿化格局,是道路绿化中最简单的形式。

②密林式。密林式是指沿道路两侧种植浓茂的树林,形成一个宽度在50 m以上的绿化带。绿化以乔木加杂灌木、常绿树和地被为主。行车过程中,道路两侧的其他景物不易被看到。道路经由丘陵、河湖时,可采用自然式种植,使绿化更好地适应地形条件。当采用成行、成排等整齐种植方式时,可将地形整平,使绿化景观更庄重。图 12.13 为密林式道路绿地布局。

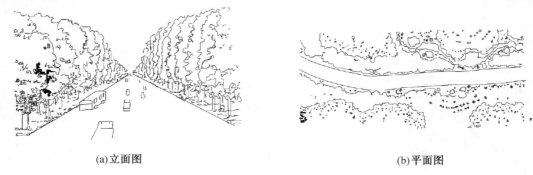

(a)立面图　　　　　　　　　　　　　　(b)平面图

图 12.13　密林式道路绿地布局

③田园式。田园式是指沿道路两侧种草或种植高度在视线以下的树木,使道路及其周边空间全部敞开。在郊区绿化可直接与农田、菜田相连,在城市边缘绿化也可与苗圃、果园相邻,从而使道路绿化具有浓厚的自然和乡土气息。行车中,可欣赏田园风光或极目远望,可看见远山、白云、海面、湖泊,视线极好。图 12.14 为田园式道路绿地布局。

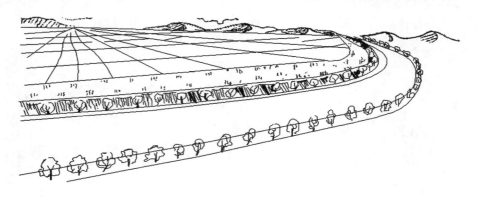

图 12.14　田园式道路绿地布局

④花园式。花园式是指在商业区、闹市区等用地紧张、人口稠密的街道旁,利用一些空地布置孤立乔木或绿荫广场,如图 12.15 所示。

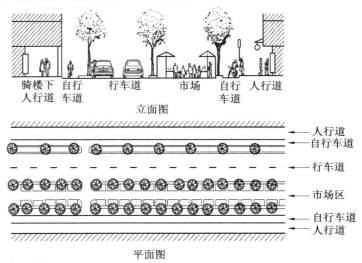

图 12.15　商业街花园式绿地布局

⑤自然式。自然式是指沿道路在一定宽度内布置有节奏变化的、高低错落的、疏密结合的自然树丛,从而创造出一种生动活泼的绿化景观环境。这种形式能很好地与附近景物配合,增强了道路的空间变化,但夏季遮阴效果不如整齐式的行道树。

⑥防护式。防护式一般用于市区,作为工业区或居住区的隔离林带,多数以防噪、防尘或防空气污染的林带与街道绿化配合设置。为实现隔离、环保作用,需要有一定的用地,最小宽度为 15～18 m。

⑦滨河式。道路的一面邻水,空间开阔,环境优美,是市民休息游憩的良好场所,此时可采用滨河式道路绿化。在水面不十分宽阔、对岸又无风景处,绿地可布置得较为简单,树木种植成行,岸边设护栏,树间安放座椅,供游人休息。如水面开阔、沿岸风景较好时,可在沿水边宽阔的绿地上布置游人步道、草坪、花坛、座椅等设施。游人步道应尽量靠近水边,或设置小型广场和邻水平台,满足人们的亲水感和观景要求。

12.1.2　道路带状绿化

1. 绿化带在道路横断面上的布置

对于城市道路,绿化带在道路横断面上的布置形式主要有一板两带式、二板三带式、三板四带式及四板五带式,如图 12.16 所示。对于公路,绿化带在横断面上的布置形式主要有路堤式、路堑式及路肩式。

(1)一板两带式

一板两带式,即 1 条车行道 2 条绿带。适用于路幅较窄,车流量不大的次干道和居住区道路,是最常见的一种形式。其优点是:简单整齐、用地经济、管理方便。其缺点是:绿化遮阴效果差。

(2)二板三带式

二板三带式,即车行道中间以 1 条绿带隔开分成单向行驶的 2 条车行道,道路两侧各

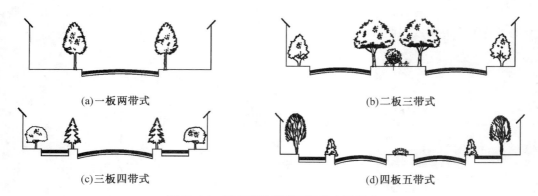

图 12.16 城市道路横断面绿带布置形式

设 1 条行道树绿带。适用于机动车多,夜间交通量大而非机动车少的道路。其优点是:有利于绿化布置,道路景观好。在城市中心地区人流量较大的道路,行人从中间绿带穿行时易造成交通事故。

（3）三板四带式

三板四带式即利用两条分隔带把车行道分成 3 条,中间为机动车道,两侧为非机动车道,连同车道两侧的行道树绿带共有 4 条绿带。适用于路辐较宽,机动车、非机动车流量大的主要交通干道。其优点是:分隔带对行人过街可起安全岛作用,较好地处理了照明灯杆与绿化的矛盾,夏季遮阴、吸尘、减噪效果好,便于实施分期绿化。其缺点是:占地较大,投资高。

（4）四板五带式

四板五带式利用 3 条分隔带将车道分为 4 条,加上两侧绿带共计有 5 条绿带,适用于大城市的交通干道。

（5）路堤、路堑及路肩式

当公路为路堤或路堑时,均可沿填方和挖方边坡布置绿带。为避免树木根系破坏路基,路面宽度在 9 m 以下时,树木不宜种在路肩上,应种植在边沟以外,距外缘 0.5 m 为宜。路面宽度在 9 m 以上时,可在路肩上植树,距边沟内缘不小于 0.5 m。

2. 人行道绿带

（1）布设要求与要点

人行道绿带种植应以行道树为主,并宜与乔木、灌木、地被植物相结合,形成连续的绿带。在行人多的路段,行道树绿带不能连续种植时,行道树之间宜采用透气性路面铺装。行道树树干中心至路缘石外侧最小距离宜为 0.75 m。在道路交叉口视距三角形范围内,行道树绿带应采用通透式配置。

植高树时,枝下高度应大于 2.5 m,并保证道牙侧的车道线有足够的空间,满足载重货车、大客车、公共汽车等大型车辆行驶及停放高度要求。植树带原则上设置在铺装步道与车道之间。但如行人较多,为了交通安全或为防止行人随意进入植树带,应设栏柱、防护网、花格栏墙等,以保证绿化的效果及必要的日照。人行道绿带最小净宽不应小于 1 m,最小长度在 15 m 以上。栽植方式可采用连续性或分段性栽植,从使用角度分析,连续性效果最好。在人行横道、立交步道台阶、地下人行过道、公共汽车站、邮筒等地点不应设置植树带。路灯、交通标志、电杆等道路附属设备可放在植树带内。

(2)行道树株距

为了保证驾驶员的视线不被绿化遮挡,能够看到人行道上的行人与建筑,人行道绿化带上的种植必须保持一定的间距。日本曾提出了以下的计算株距方法(图 12.17)可供参考。

$$S = \frac{d}{\sin \alpha}$$

式中　S——行道树株距;

　　　d——行道树树冠直径;

　　　α——前进方向的视角,一般采用 60°。

当 $\alpha = 30°$ 时,行道树株距为树冠直径的两倍,即

$$S = \frac{d}{\sin \alpha} = \frac{d}{0.5} = 2d$$

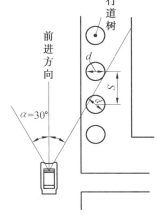

图 12.17　行道树株距计算示意图

(3)防噪及减尘效果

只种植一排荫浓大树的行道树,树冠形成后,就会对沿街二、三层建筑物产生减噪作用。汽车噪声穿过 12 m 宽的叶层后可减少 12 dB 左右,如图 12.18(a)所示。采用宽 18 m 的三排行道树时,降噪声效果明显提高,噪声可减少 16 dB 左右,如图 12.18(b)所示。当采用宽 36 m 的多排行道树时,降噪效果达到最佳,比自然衰减量多 10～15 dB,如图12.18(c)所示。绿篱隔离带的降噪效果也十分明显,一行乔木、一行高 2.7 m 的绿篱,可减少噪声8.5 dB,如图 12.18(d)所示。

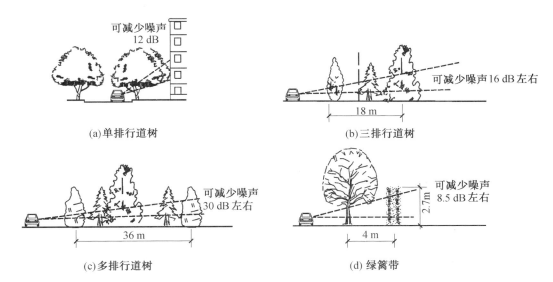

图 12.18　行道树的防噪效果

绿化带宽 4 m,种植一行乔木与一行灌木时,减尘率可达 50% 以上。当绿地宽度增至 6 m,种植两行乔木、两行灌木时,减尘率可达 80% 以上。种植了常绿乔木、灌木、绿篱和

草地的 5 m 绿化带,减尘率可达 90% 以上。

(4) 人行道树池

道路绿化时,在人行道上包括广场、交通岛上有时必须留出一些土地面,这些土地面用缘石隔开并进行绿化种植,称为树池。

当人行道较狭窄、人流量较大时,用暴露泥土的方形、长方形或圆形的树池绿化,可不占用较大的交通面积。树池的最小尺寸不小于 1.25 m×1.25 m;或长方形的宽与长之比为 1:2;或圆形的直径大于或等于 1.5 m。为了使水流入池内,避免尘土起扬或践踏,可不做池边,而在池内铺一层卵石或粗砂。

树池面积较小,为了汇集降在人行道上的雨水,一般情况下人行道铺装顶面应与树池缘石顶同高。一般树池布设在靠近车道一侧,而且步道有 1% ~2% 的横坡,可使雨水能流入树池。人行道比较狭窄和人流拥挤的地方,可在树池上加盖。树池上的盖又称保护盖,可起到防止树池内土地被踏实,保持松散状态,便于根部呼吸、透水,有利于树木生长。树池盖有钢筋混凝土预制盖和铸铁盖两种。

3. 分车带绿带

分车带绿带主要包括中间分车带绿带和路侧分车带绿带两大类。

(1) 布设要求

分车带绿带应满足以下布设要求:

①植物配置应形式简洁、树形整齐、排列一致,乔木树干中心至机动车道路缘石外侧距离不宜小于 0.75 m。

②中间分车绿带应阻挡相向行驶车辆的眩光,在距相邻机动车道路面高度 0.6 ~1.5 m 的范围内,配置植物的树冠应常年枝叶茂密,其株距不得大于冠幅的 5 倍。

③两侧分车绿带宽度大于或等于 1.5 m 时,应以种植乔木为主,并宜与灌木、地被植物相结合;两侧乔木树冠不宜在机动车道上方搭接;两侧分车绿带宽度小于 1.5 m 时,应以种植灌木为主,并应与地被植物相结合。

④路侧绿带宽度大于 8 m 时,可设计成开放式绿地,用地面积不得小于该路段总面积的 70%。

⑤邻江、河、湖、海等水体的路侧绿地,应结合水面岸线地形设计成滨水绿带,并应在道路和水面之间留出透景线。

(2) 布置形式

宽度在 1.0 m 以下的中间分车带一般情况下不能进行绿化,1.0 ~3.0 m 的中间分车带可种植一些低树、草皮之类的绿化物,并起到遮光、控制行人横穿马路、行车诱导等作用。宽度在 3.0 ~8.0 m 之间的中间带具有种植高树的可能性,可起到阻拦效果并创造出优美的景色。当中间带宽度达到 8 m 以上时,可种植乔木、灌木、绿篱,或按林荫路、园林设计。中间分车带的绿化布置形式如图 12.19 所示。

路侧分车带宽度小于 1.5 m 时,只能种植地被植物、草坪或绿篱。当宽度达到 1.5 m 时,可种植单行乔木、单行灌木,或乔木与灌木间植。宽度大于 1.5 m 的路侧分车带,可种植双行乔木,或乔木、灌木与绿篱的组合。路侧分车带绿带的布置形式如图 12.20 所示。

(3) 绿带上的人行横道及停靠站

①人行横道布置。位于快车道与慢车道之间的分车绿带,当行人横穿道路时必然横

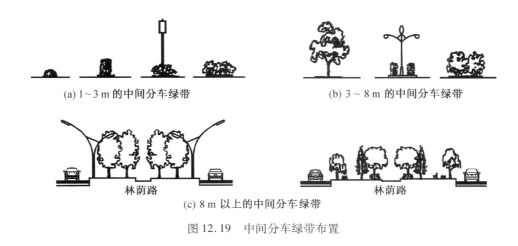

图 12.19　中间分车绿带布置

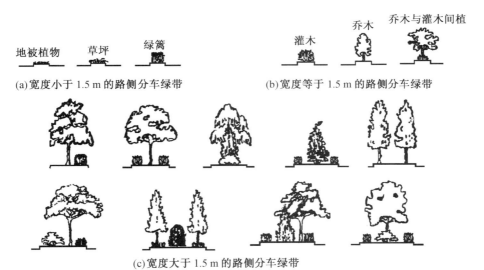

图 12.20　路侧分车绿带布置

穿分车绿带,此时应根据人行横道线在分车绿带上的不同位置,采用相应的设计方法,既要满足行人横穿马路的要求,又不致影响分车绿带的整齐美观。

当人行横道在绿带顶端通过时,可不进行绿化,只在横道线的位置上铺装混凝土方砖即可。当人行横道线在靠近绿带顶端通过时,可在绿带顶端留有一小块绿地,种植低矮植物或花卉、草地。当人行横道在分车带绿带中间某处通过时,在该处不能种植绿篱和灌木,常绿乔木若分枝点低也不宜栽种,可种植落叶乔木。

②公交停靠站布置。公共交通的中途停靠站经常会设置在分车带绿带上。平均每一条大型公共汽车或无轨电车线路要留出 30 m 长的停靠站,若一个车站上有三条线路的车辆停靠,车站就要有 90 m 长。因此,分车带绿带上汽车停靠站处理是否得当,对分车带绿带的面貌会有很大的影响。在停靠站上尽可能以种植乔木为主,以便夏季为乘客提供树荫。至于能否种植绿篱或灌木,要根据分车带绿带的宽度来决定。一般宽度在 5 m 以上的分车带绿带,在不影响乘客候车的情况下,可种植少量绿篱和灌木,并设矮栏杆保护树

木。

12.1.3 道路集中式绿化

1. 交通岛绿化

导流岛、环岛等交通岛的绿化主要是辅助交通设施显示街道的空间界限,起到分界线的作用,并与周围建筑群互相配合,美化市容市貌。

交通岛周边的植物配置应增强导向作用,并保持各路口之间行车视线的通透。绿地应配置地被植物,草花相嵌构成简单图案,少配置小乔木或常绿灌木。在不妨碍视线的情况下,可栽种树木。低树高出路面不应大于 0.9 m,高树枝下净高应大于 2.5 m,使树冠下有开阔空间,用以保证视线良好。一般不布置供行人休息用的小游园。

2. 广场绿化

纪念性广场植物以常绿树为主,并创造出庄严肃穆的气氛,种植方式采用成片种植,使环境的整体效果更加突出,主题更加鲜明。

对于人流集中的集会广场,种植设计要简洁,要注意植物对人流的引导,保证通透的视线,方便举行大型活动,入口处的植物应色彩鲜明,避免视觉上过于拥塞。休息娱乐广场植物材料可以相对丰富,由此创造出相对安静的空间;广场中多植落叶乔木,起遮阴作用;多植彩叶植物和花灌木,丰富广场的色彩,创造安静、活泼的气氛。交通广场的种植应方便人流集散,以低矮植物为主;由于广场中人流大多处于运输中或短暂停留,所以种植设计要考虑群体效果,布置形式可应用大色块。商业广场绿化设计往往比较简单,而且为了配合五彩缤纷的商业环境,往往以彩叶植物为主,使植物与环境协调。小型休息广场由于面积小,所以在选择植物时应以一种为主,布置形式要简单,本着少而精的原则,创造简洁优美的景观。

3. 停车场绿化

地面停车场可采用周边式绿化方式,即沿停车场四周种植大乔木、花灌木、草坪、绿篱等,进出口及停车区域全部铺装。使用频率较小的停车场可采用嵌草铺装的形式,在停车部位铺砌水泥或石材特制的嵌草砖,使停车与绿化兼得,是目前较为理想的绿化手段。周边式绿化停车场具有视野开阔、进出方便、看护便利、绿化集中、便于管理等优点,但也存在着夏季无树木遮阴、太阳暴晒、对车有灼伤等缺点。

建在地上建筑物下面的地下停车场,其绿化属于建筑绿化范畴。对于有些地下停车场,若地上为广场,则该停车场绿化属于广场绿化范畴,不能种植乔木,可种植低矮灌木或地被植物,但应处理好排水问题。部分临时停车可在路边设凹入式的"停车港",其绿化形式比较简单,只需要在其周围种植树木,使汽车在树荫下不致被太阳暴晒即可,如图 12.21 所示。

停车场种植的庇荫乔木可选择行道树种,其树木枝下高度应符合停车位净高度的规定:小型汽车为 2.5 m,中型汽车为 3.5 m,载货汽车为 4.5 m。停车场绿化布置中的有关尺寸规定,如图 12.22 所示。

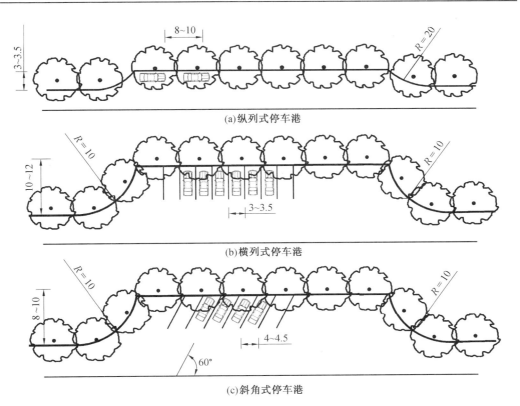

图 12.21　停车港绿化(单位:m)

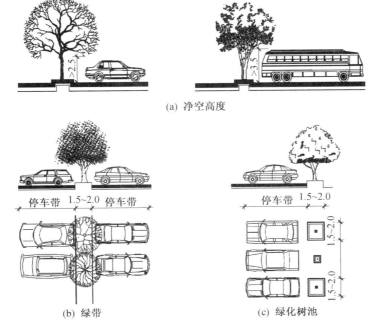

图 12.22　停车场绿化布置参考尺寸(单位:m)

4. 立体交叉绿化

(1) 规划及设计原则

立体交叉是整个道路系统的主要组成部分之一，因而其绿化要服从于整个道路的总体规划要求，与整个道路的绿化相协调。在植物选择与色彩搭配上，要与整条道路的绿化景观形成一个整体，做到不突兀、不杂乱。

在一些特大城市的环路或快速路上，立交桥可能多达十几座、数十座，这些立交桥如同环线上的一颗颗明珠共同组成环线景观。每一座立交桥的造型基本上各不相同，作为其重要的组成部分——绿地，则更需突出各自特色，以丰富、和谐、恰当的绿地形象去装点灰色的桥体，同时，通过绿地的布置，亦可增加每座立交桥的可识别性。中、小城市立交桥比较少，有的仅在高速公路出入口处有一两座立交桥，为树立城市形象，吸引高速公路上过客的目光，则更需要对立交桥进行重点规划设计，增强视觉冲击力，给来宾或过客留下深刻印象，突出城市特色。

立体交叉绿地的观赏与其他绿地有所不同，因为大多数的观赏都是人的视线、视角处于一个快速变化的过程。所以，在进行立体交叉绿地的规划设计时一定要考虑到其观赏特性，使之在视线迅速变化之中形成一个整体的画面。

(2) 绿化功能栽植

立体交叉绿化的功能栽植主要有指标栽植、缓冲栽植、诱导栽植、禁止栽植、过渡栽植等方式。指标栽植是指用来为驾驶员指示位置的栽植，宜采用高大的乔木，设在环圈式匝道和三角地带内，乔木不宜过多，二、三株足矣；缓冲栽植一般采用灌木栽植，多设在主线和匝道相交处用来缩小视野，间接引导驾驶员降低车速或在车辆因分流不及而失控时缓和冲击，减轻事故损失；诱导栽植多采用小乔木，设在变速车道及匝道平曲线外侧，用来为驾驶员预告匝道线形的变化，引导驾驶员的视线；禁止栽植设在互通式立体交叉的各合流处，为了保证驾驶员的视线通畅，安全合流，不能栽植树木，但可以种植高度在 0.8 m 以下的花丛和地被植物；过渡栽植一般设在地道洞口外，由于地道内外两端光线明暗急剧变化，为防止光线变化干扰驾驶员视觉，在地道洞口外栽植高大乔木予以过渡；各种功能栽植的设置地点，如图 12.23 所示。

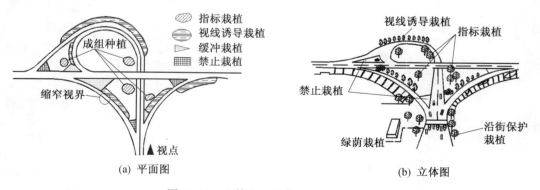

图 12.23 立体交叉绿化功能栽植示意图

(3) 互通式立体交叉绿化形式

主线与匝道之间合围而成的绿岛区，是互通式立体交叉中面积较大的绿化地段，也是容易创造出景观特色的区域。其绿化形式一般有规则式、自然式、图案式、街心花园式及垂直绿化式等形式。

①规则式。规则式主要以等距栽植的乔木、灌木为主,配置一些宿根花卉、乔木,形成比较规则的构图形式。这种布局形式整齐有序、次序井然,具有较强的引导性和指导性,有一种重复的韵律美,是我国立交桥绿化中最早采用的一种布局方式。

②自然式。自然式立交绿地以自然布置植物为主要种植形式,并由此创造出优美的自然风光。它注重植物的姿态美、群体美、色彩美,突出植物的季相特点。这种形式多用于高速公路立交桥绿化中,尤其是在立交桥出口距离城市较远,位于一片田野之中而周围又没有建筑陪衬时,可使立交桥的绿化与田野自然景观相协调。

③图案式。图案式绿化布局多用于城市立体交叉。布局以平面构成为主,用植物材料或硬质材料组合成具体或抽象的图案,体现出较强的图案效果。因城市互通式立体交叉周边多为具有时代气息的城市建筑,因而采用图案式绿化布局可使立体交叉的绿化更好地适应城市面貌,并体现时代特色。

④街心花园式。街心花园式一般用于绿岛面积较大的立体交叉。在不影响交通的前提下,在绿地中布置活动广场、游戏设施,设置园路、花坛、座椅等,为立交周围的居民提供服务。但这种布局方式只适用于城市绿岛面积大且交通量较小的立交绿化中。行人穿越道路进入绿地势必会影响交通,并产生安全隐患,所以这种布局形式应用较少。

⑤垂直绿化式。立交桥的垂直立面多,可供垂直绿化面积大,所以应多采用攀缘植物,以桥体为依托,将植物引向纵深发展,把绿地向垂直方向延伸。同时,通过绿色植物的覆盖,也可遮挡色彩较单一的立交桥桥体。

12.1.4 公路绿化

1. 概述

(1) 公路绿化功能与特点

公路绿化的功能包括以下几个方面:利于路基的稳定,防止雨水冲刷;保护路面,调节温度和湿度;利于诱导机动车辆安全行驶;防止公路环境污染,降低行车噪声;丰富公路两侧景观,有利于驾驶员、乘客及沿线居民的身心健康;扩大国土绿化面积,改善生态平衡。

公路绿化的特点是:具有很强的季节性、地域性和群众性,高等级公路的绿化具有点、线、面综合性和多功能性,另外可利用自然条件使自然景观与人工造景和谐统一。

(2) 公路绿化要求

平原区公路绿化应配合农田水利建设,栽植单行或多行防护林带,以减轻或消除风、沙、雪、水等对公路的危害。山区公路应发展具有防护效能的绿化工程,如防护林带、草皮护坡等,用以含蓄水分、滞缓地表径流、减轻水土流失、防冲刷、防坍固坡。草原区公路应在线路两侧栽植防风、防雪的防护林带,以阻挡风、雪对公路的侵害。风沙危害区公路应栽植耐干旱、根系发达、固沙能力强的植物品种,以营造公路防风、固沙林带为主。盐碱区公路应选择抗盐碱、耐水湿的乔木、灌木品种,配栽成多行的绿化带,以降低地下水位、改善土壤结构。通过名胜、古迹、风景疗养区及主要港口、机场等地的公路,应以美化为主,营造风景林带。

高速公路绿化时,两侧土路肩、边坡以种植人工草为主,中间分隔带应种植不同颜色的灌木、花卉和草皮,不宜栽植乔木。一级公路绿化应以乔木为主,可配植一些灌木和花草。其中,平原路段应以人工造景为主;山区路段应以自然景观与人工造景相结合的方式绿化,并尽可能利用自然景观;位于城市郊区的路段,有中央分隔带或分道行驶隔离带的,可栽植绿篱和花草,绿篱的高度以 60～120 cm 为宜,在平曲线处可适当高些,起防眩作用。二级公路绿化应尽量采用乔木与灌木相结合的方式进行,避免单一品种长距离栽植,并充分体现当地特色。三、四级公路车速较慢,可采用行列对称式的栽植方式绿化。

在平面交叉、立体交叉以及隧道进出口等地,应根据地形条件进行绿化,并符合下列要求:

①平面交叉处应按设计要求留出规定的视距,在视距影响范围以内,不应种植乔木,可栽植常绿灌木、绿篱和花草;

②小半径平面曲线外侧宜栽植成行的乔木,以诱导汽车行驶,增加安全感;

③立体交叉分割出来的环岛,宜铺植开阔的草坪,其上点缀一些灌木和花卉;

④隧道进出口两侧 30～50 m 以内,宜栽植高大乔木遮阴,以适应驾驶员视觉对隧道内外光线的变化,保障车辆安全行驶。

(3)公路绿化树种选择

公路绿化在选择树种时,应遵循以下几个原则:

①适地适树。根据绿化路段的土壤、温度、光照、地形、地势等实际情况,选择与当地自然条件相适应或基本适应的树木及花草,达到"地"和"树"的统一。

②耐干旱瘠薄。公路两侧土质条件大部分肥力低、含水量差、底墒不足,为保证绿化成活率,应选择具有耐干旱瘠薄的树木,如刺槐、臭椿、黑松、侧柏、落叶松、青桐、构树、沙棘、杜梨等。

③抗性强。公路上来往车辆、行人络绎不绝,路面油料及机动车尾气挥发出有毒气体等都直接影响着树木的成活。为保证公路的绿化效果,应选择具有抗毒气、灰尘及污染的树木,如柳树、苦楝、白榆、水曲柳、白蜡、女贞、紫穗槐等。

④观赏性强。旅游路线及城市出入口路段及固定美化点等,应选择具有观赏价值的树木,如银杏、火炬树、广玉兰、紫薇、丁香、月季、紫花刺槐、白皮松、桧柏等。

2. 公路绿化功能栽植

公路绿化功能栽植主要有指示栽植、视线诱导栽植、遮光栽植、缓冲栽植、明暗适应栽植、遮蔽栽植等形式。

(1)指示栽植

指示栽植就是为通行者指示行驶位置、路线进出口位置的栽植。在每个出入口都尽可能改变主树种,使之具有当地色彩,又能收到地区指示的效果,如图 12.24(a)所示。

(2)视线诱导栽植

视线诱导栽植是一种用于预告路线线形变化、引导驾驶员视线的栽植,它对安全行驶是非常有利的,如图 12.24(b)所示。

(3)遮光栽植

遮光栽植主要用于遮挡来自对面或侧道汽车灯的光线,起到防眩作用。遮光树的高度应根据驾驶员眼睛的高度而定,一般汽车需要 1.5 m,大型汽车需要 2.0 m。高速公路上遮光栽植的植树间隔和树冠直径应符合表 12.5 中的规定。

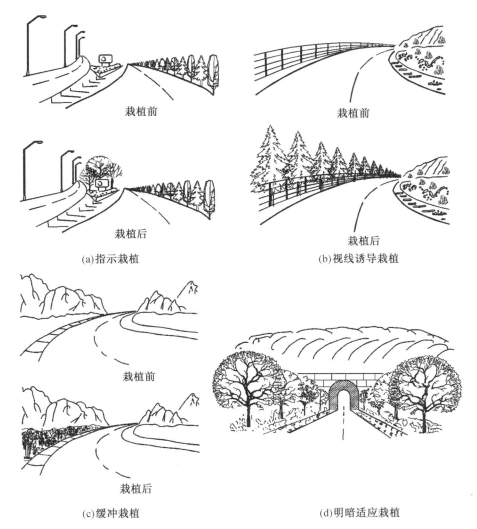

图 12.24 公路绿化功能栽植示意图

表 12.5 遮光栽植的植树间隔与树冠直径

植树间隔 D/cm	200	300	400	500	600
树冠直径 $2r$/cm	40	60	80	100	120

(4) 缓冲栽植

缓冲栽植是在汽车肇事时为了缓和冲击、减轻事故严重程度而设置的一种栽植方法。当失事车辆撞到有弹性的、枝条强劲有力的或又宽又厚的灌木时，尽管树被撞倒，车体和驾驶员都可免遭巨大损伤，如图 12.24(c) 所示。

(5) 明暗适应栽植

明暗适应栽植是一种为缓和光线明暗急剧变化而设置的栽植。例如，在隧道入口处栽植高大树木，可使侧方光线形成明暗参差的阴影，从而使亮度逐渐变化，如图 12.24(d) 所示。

(6) 遮蔽栽植

对于居高临下容易产生不安全感的路段以及容易吸引驾驶员视线、转移其注意力的地点,都需要利用树木来遮掩,从而改善驾驶员的行车心理、增强安全感。有不美观的建筑物、垃圾堆积地等,也可利用植树绿化加以遮挡,从而改善道路景观,协调环境。

3. 各等级公路的绿化要求

(1) 高速公路绿化

高速公路的中央分隔带经常设有浅灰色的混凝土或梁柱式护栏,绿化设计要在这一区域内形成一条比护栏高的绿带,可由绿篱、花灌木和小乔木组成。花灌木和小乔木的间距可采用 10 m,冠幅不能太大,以免影响交通。修剪整齐的绿篱可与平整的路面相协调,而等距种植的花灌木则给人以强烈的节奏感。

两侧绿化也是高速公路绿化中的重要组成部分,具体包括路肩绿化、填方或挖方边坡绿化等。高速公路采用封闭式管理,不像普通公路那样需要为行人提供绿荫。因此,路肩绿化应多选用一些低矮成球状的树种,以不遮挡视线。边坡可采用两种处理形式:装饰性处理和自然化处理。装饰性处理是指利用植物和一些硬质材料在边坡绿化的同时,进行图案美化,车如行驶在画廊之中。自然化处理是指在修建公路时对边坡进行修整,使边坡与自然地形衔接,尽量不破坏自然地形、地貌和植被,在进行绿化时,多采用本土植物自然式栽植,以便使它恢复成与周边一样的植被。

(2) 一级公路绿化

一级公路的平原区路段,当两侧设有植树平台或有植树用地时,应以人工造景绿化为主,可采用不同树种、不同高度、不同冠形分段或分组进行栽植,株间距离为 8~10 m。山区路段,应以自然景观与人工造景相结合的方式进行绿化。对于中央分隔带或分道行驶隔离带,要把绿化重点放在隔离带上,路两侧的绿化则作为陪衬。

(3) 其他等级公路绿化

二级公路应采用乔木和灌木株间混交进行绿化,路段过长时,根据路两侧的环境,也可采用植一段乔木、再植一段灌木的方式,以避免单调。二级公路的绿化方式如图 12.25 所示。

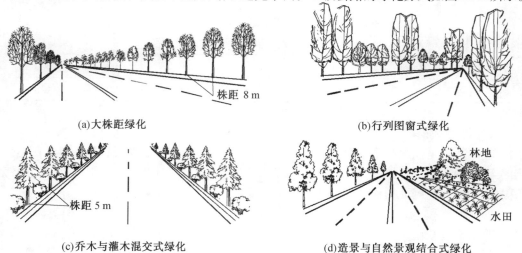

图 12.25 二级公路绿化示意图

由于三、四级公路标准较低,且为混合交通,可以按行列对称式进行栽植,也可采取上乔下灌或一侧乔木一侧灌木的方式栽植,株间距为 6～8 m,如图 12.26 所示。

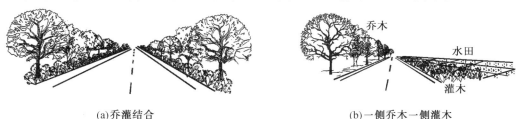

(a)乔灌结合　　　　　　　　　　(b)一侧乔木一侧灌木

图 12.26　三、四级公路绿化示意图

4. 不同路段的绿化要求

直线路段方向性明确有力,因而非常引人注目。在设计和进行绿化时,按一定间隔种植若干长度的行道树,会表现出整齐的美感。如果把两种以上的树木交互进行栽植,可使之形成韵律的美感。如果把乔木和灌木反复排列,或者是把圆树冠的阔叶树和尖顶的针叶树交替排列,变化树木的空间树条,则可使之产生强烈的韵律。但应注意,无论是采用不同树种的变化,或高低的变化,还是树冠形状的变化,都不宜过多地反复使用,以免发生混乱,失去规律性。一般绿化栽植的路段,其变化范围应不超过 10 km。

为使车辆行驶在弯道处有良好的行车视距,一般在弯道外侧栽植乔木,以增强其对行车的诱导性。尤其是在山区公路,弯道外侧栽植有高大的乔木,将更有利于行车安全。弯道内侧在不影响行车视距的前提下,只宜栽植低矮的灌木、花卉及草皮,以保证行车安全。

公路凸型竖曲线顶部宜种植低树,在稍低一点的地方种植高树,这样可从远处越过峰顶看见后面高树的顶端,使方向更明确,起到诱导线形作用。凹型竖曲线底部不宜植树,由底部往上逐渐栽植低树,在往上植高树。竖曲线路段的栽植形式如图 12.27 所示。

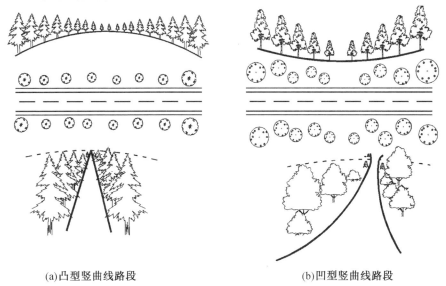

(a)凸型竖曲线路段　　　　　　　　(b)凹型竖曲线路段

图 12.27　竖曲线路段的绿化栽植

在桥梁及涵洞两端进行绿化栽植时,应注意与桥梁及涵洞保持一定的距离,以避免因树根的伸张影响桥涵工程建筑的稳固。一般在桥涵两端 5 m 的距离之内不栽植树木,桥梁两端有引道的,应栽植常绿树木及花卉,以增加桥梁的艺术美。

隧道洞口的周围要充分利用野生的花草进行覆盖,并通过人工辅助措施,使洞口的花草生长得优美旺盛。隧道两端的路段如为弯曲的线形,则应栽植乔木,以增强视线的诱导作用,同时还应注意在洞口栽植使驾驶员能尽快适应明暗变化的行道树。

12.1.5 绿化种植与栽植

1. 绿化种植

(1)植物种类选择

应选择适合当地生长环境,具有抵抗灰尘、风害和病虫害能力,成活容易,生长迅速的植物。春季发芽要早,秋季落叶要晚,树干下部和根茎部分不易发生萌蘖、耐修剪、树龄长,有发育良好而庞大的根系。主干道宜选用树皮清洁、枝叶浓密、树冠庞大、整齐均匀、形态雄伟美观、花色艳丽、花味芳香、叶色丰富而变化的树种,除交通量较小的次要道路外果树一般不宜用作行道树。

(2)植物生命周期与绿化设计年限

与非生命物质不同,绿化植物尤其是树木在种植后会逐年向上、向外发展,即存在一个成长和生命周期问题。在道路绿化设计时应考虑到植物的这一特征,对达到生命周期(或称之为"设计年限")的树木、灌木等进行移植或重新安置。不同种类的植物其设计年限是不同的,比如,夹竹桃一般为 12 年,而棕榈树一般为 20 年以上。由于不同品种绿化植物的设计年限不同,因而,很难界定一个统计的道路绿化设计年限。尽管如此,在道路绿化养护过程中,还是可以根据以下几个方面来评估绿化种植的效果并提出养护方案。这些原则是:种植的绿化植物是否展示出了其应具有的特征,植物是否健康,病树或大型灌木是否危及了机动车和行人交通,植物是否过大从而影响了视距或进入了道路限界,植物是否侵入了邻近区域,植物的成长是否与道路设施产生冲突。

(3)种植土壤与土层厚度

种植土壤的酸碱度要适宜,土壤中废弃物的污染程度不能影响植物的正常生长,必要时可进行土壤改良。栽植土层厚度应符合表 12.6 的规定,且无大面积不透水层。

表 12.6 栽植土层厚度

植物类型	栽植土层厚度/cm	必要时设置排水层厚度/cm
草坪植物	>30	20
小灌木	>45	30
大灌木	>60	40
浅根乔木	>90	40
深根乔木	>150	40

(4)树木密度与朝向

树木种植的理想密度通常为成年树冠的宽度或稍小一些,但短期因树木尚未长成、枝叶稀疏,不易取得较理想的绿化功效。如要求短期即能达到绿化效果,必须使近期施工的树木密度达到成年树冠宽度(即理想密度)的1/2、1/3或1/4。若用两种或多种树木配植,可把生长快的树种配植为第一、二次间伐或移植,这样经过若干年的一、二次间伐或移植就可获得较平衡的绿化效果。对于绿篱树,应保证必要的行距和株距,见表12.7。

表12.7 绿篱树的行距和株距

绿篱高度	栽植类型	行数	株距与行距/m		绿篱计算宽度/m
			株距	行距	
2 m以上	高大的灌木	1	0.50~0.80	—	1.20
		2	0.60~1.00	0.50~0.70	1.70~1.90
1~2 m	中等大小的灌木	1	0.40~0.60	—	1.00
		2	0.50~0.70	0.40~0.60	1.40~1.60
1 m以下	矮小的灌木	1	0.25~0.35	—	0.80
		2	0.25~0.35	0.25~0.30	1.10

注:由于树种、树龄、生长环境、生长用地面积的差异,在具体设计时必须因地制宜、灵活掌握。一般情况下,南方树木生长快,可以适当疏些,而北方宜适当密些。

街道北侧、东侧、西南的人行道及其邻街建筑物,都会受到灼热的阳光照射,必须选择树冠庞大、浓荫的高大乔木,但应注意综合考虑降温、采光、通风等要求。街道南侧和西侧的绿化受建筑物高度的影响较大,在较矮的1~2层情况下与北侧、东侧的树种相同;如果建筑层数高于3层时,可选择生长较矮、枝叶稀疏的乔木,并与北、东侧形成不对称布置。北方城市冬季对获得阳光的要求比夏季对绿荫的要求更为突出,宜采用不对称的布置形式。夏季受日晒较严重的一侧,用落叶类树荫浓密的大、中乔木,日晒较少的一侧少用或不用大乔木,可用枝叶较稀疏或落叶较早的乔木,适当多用灌木、花卉和草地来美化环境。街道狭窄、两侧建筑物高大时,宜用线条柔和及枝叶稀疏的树种、灌木、花卉及草地等。

2. 道路绿化栽植

(1)道路绿化功能栽植

道路绿化功能栽植是指通过绿化栽植来达到某种功能效果,如遮蔽、装饰、遮阴、防噪声、防风、防火、防雪、地面的植被覆盖等。但道路绿化功能并不是唯一的要求,不论采取何种形式都应考虑多方面的效果,如功能栽植也应考虑到视觉效果,并成为街道艺术的一个方面。根据功能的不同,道路绿化栽植可分为遮蔽栽植、遮阴栽植、装饰栽植、地被栽植和其他功能栽植。

①遮蔽栽植。遮蔽栽植是指为把视线上某一方向加以遮挡以看不见其面貌而进行的栽植方式。如街道某一处景观不好,需要遮挡;城市的挡墙或其他构造物影响道路景观,可种植一些树木或攀绿植物加以遮挡。种植攀绿植物的方式,又可叫作拟态栽植。

②遮阴栽植。遮阴栽植是功能栽植的一种主要方式。我国许多地区夏天炎热,道路上温度较高,遮阴栽植十分必要。不少城市道路两侧建筑多被绿化遮挡也多是出于遮阴栽植的缘故。不管出于何种原因,遮阴树的种植对改善道路环境,特别是夏天降温效果是显著的。通常依靠树冠遮蔽日光照射达到避暑效果的树,可以叫作绿荫树。日光由于树冠内叶片的遮断,日照量变得很小,透过叶片的日照量一般为10%~30%。

③装饰栽植。装饰栽植可以用在建筑用地周围或道路绿化带、分隔带两侧作局部的

间隔与装饰之用。其功能是标志界限、防止行人穿过、遮挡视线、调节通风或局部日照。

④地被栽植。地被是指具有面上扩张能力,能覆盖地面的植物。地被栽植就是使用地被植物覆盖地表面,具有防尘、防土、防雨水冲刷等功能,在北方还有防冰冻的作用。一些大面积的地被栽植可以防止泥泞,对小气候也有缓和作用。

⑤其他功能栽植。其他功能栽植主要指防音栽植。为了减低道路上行车噪声,在道路尤其是高速道路两旁可以栽种绿化植物,衰减噪声。一般可从道路中心线 3~15 m 处作植树带边缘,宽度为 3~15 m,树种最好是常绿的高树。郊区道路还可根据不同地区的地形及气候特点进行防风、防雪栽植。

(2)道路绿化景观栽植

道路绿化景观栽植是指从绿化的景观角度来考虑种植形式,即从道路环境的美学观点出发,从树种、树形、种植方式等方面来研究绿化与道路、建筑协调的整体效果,使绿化成为道路环境中有机组成的一部分。景观栽植可分为整体式栽植、自然风景式栽植、自由式栽植、群落式栽植 4 种形式,其中前 3 种形式对道路绿化有较高的实用价值。

①整体式栽植。整体式栽植历史悠久,一般通过其平面形态就可看到它的组成情况。整体栽植的主要手法有设定轴线和对称栽植法、直线栽植法和花样栽植法等。

设定轴线和对称栽植法是指首先设定从视线起点到终点的轴线,然后各种设计要素都在轴线两边按秩序有方向地排列,从而形成对称式的景观效果。轴线除主轴以外还有与之平行的侧轴、直角相交的垂直轴线、放射轴线等,各轴交点构成观赏中心,一般可以设置喷水池、雕塑、整形树等。传统的街道中心多采用这种处理手法。

直线栽植法是指沿直线方向进行的线性栽植。直线具有明确的方向性,因此引人注目。长直线上整齐排列的栽植,如按一定间距排列成几行就会产生整齐的美感。假若有两种树种相互间种,这种间种的交替变化就能形成优美的韵律变化。

花样栽植是指将绿地构成装饰的花样图形。花样栽植可将经过修剪的黄杨或花草等种植物绘在各种图案的绿带上。

②自然风景式栽植。自然风景式栽植模拟自然景色,以随意栽植、寄生栽植、群植、零散栽植和背景栽植等手法,创造景观,比较适用于路边休息场所、街心和路边公园。自然风景式栽植形式自由,以立体形态为重点。

③自由式栽植。自由式栽植既不像整体式那么有规则,也不像自然风景式那样没有规则,是一种与现代艺术相适应的栽植形式。

④群落式栽植。群落式栽植又叫作生态栽植,是运用生态学观点进行栽植的手法,将一群绿化植物组成生物共同体,适用于面上绿化,特别是大面积绿化,道路上应用不多。

3. 绿化丛植配置

树丛是绿化的主景,通常由 2~10 株乔木组成,若加入灌木,总数可达 15 株。树丛的组合要考虑群体美,每一株个体也要在群体中表现其个体美。树丛与树群不同,树群只要求群体树冠部分和外线部分的美,而树丛则要求其单株仍然有其独立的个性美。

两株组合的绿化丛植既要有通相又要有殊相,首先求同,然后求异。同一树种的两棵树最好在姿态、动势、大小上有差异,才能生动活泼。"两株一丛,必一俯一仰,一欹一直,一平头一锐头,一高一下。"两株树丛的栽植距离不能与两树树冠直径的 1/2 相等,须靠近,其距离要比小树的树冠小得多才能成为一个整体。

三株组合的绿化丛植最好采用同一树种的三株树,除外形很相近外切忌采用三个不同的树种。树的大小和姿态要有对比,忌三株在同一直线上栽植、等边三角形栽植和等距栽植。最大与最小者要靠近,中等的一株要远离,两组在动势上相呼应。如果树种有差异,则最大和最小的采用同一树种,中间的采用另一树种。

四株组合时最好采用同一树种,最多可应用两个树种。树种完全相同时,体形、姿态、大小、距离、高矮要有差异,可分成两组或3∶1组合。当采用3∶1组合时,按树木大小编号,①、③、④号为一组,②号可独立稍远离;或①、②、④号成一组,③号独立稍远离,最大的一株必须在三株的小组内。三株的小组中要有疏密变化,其中①、③号靠近,④号稍远。四株也可组成一个不等边三角形或不等角四边形。四株组合,如图12.28所示。

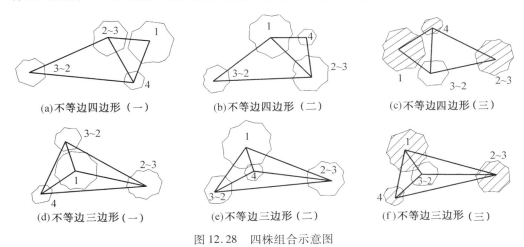

图 12.28 四株组合示意图

五株组合对树种的要求与四株组合相似,最理想的分组为3∶2,即分成三株及两株两组。如按树木大小编号,三株一组应为①、②、④,两株的为③、⑤;或①、③、④一组,②、⑤一组;或①、③、⑤成组,②、④成组。丛植的主体必须在三株那组中。另一种五株组合为4∶1,其中单株的树木不应是最大的也不应是最小的,最好是②或③号树型,两组的距离也不能太远。当五株组合由两个树种构成时,最好一个树种为三株,另一个树种为两株。

六株可采用2∶4两组,只有当乔灌木配合栽植时可采用3∶3两组,如图12.29所示。七株树丛的理想分组为5∶2和4∶3,树种不要超过三种。八株树丛理想的分组为5∶3和2∶6,树种不宜超过四种。九株树丛理想分组为3∶6、5∶4或2∶7,树种最多不宜超过四种。十五株以上的树丛,树种最好不要超过五种,外形相似的树种可以多些。

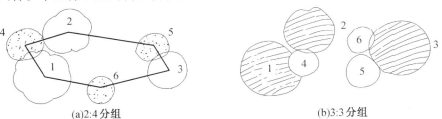

(a)2∶4分组　　　　　　　　　　　　(b)3∶3分组
1,2,3—白蜡;4,5—丁香;6—三桠绣球　　1,2,3—大白皮松;4,5,6—榆叶梅

图 12.29 六株组合示意图

12.2 道路景观

12.2.1 概述

1. 道路景观及其构成

（1）道路景观的概念

道路景观（road landscape）是指用路者在道路上以一定的速度运动时，视野中的道路及环境四维空间形象。如果用路者的速度为零，视野中看到的则是道路与环境的三维空间形象。道路景观也包含路外人视觉中对道路及其环境配合的宏观印象。

（2）道路景观的分类

①按空间范围分类

道路景观按空间范围分类，可分为内部景观和外部景观两大类。内部景观是指道路用地范围内的景观环境，又可细分为景点式景观和系列景观。外部景观是指道路用地范围外的景观环境，主要是景点式景观。

②按景观客体的构成要素分类

道路景观按景观客体的构成要素分类，可分为自然景观、人文景观和社会景观三类。

自然景观由山、水、动植物和云、雨、风、雪、光、气等气象景观组成。人文景观包括各种建筑、街道、构筑物、小品、雕塑等人工设施以及历史文物古迹，各种与景物相联系的艺术作品，各种人造的堆山、堆石、凿洞、挖地、人工瀑布、跌水和绿化等。社会景观是以社会和人文为主要内容的景观，如社会习俗、风土人情、街市面貌、民族气氛等，都是形成城市或区域特色的因素。

③按景观主体的活动方式分类

道路景观按景观主体的活动方式分类，可分为动态景观和静态景观两类。动态景观是指景观主体处于高速行驶时的生理感受、心理感受及视觉欣赏特征等，静态景观是指景观主体处于静止或慢行时感受到的景观环境。

（3）道路景观构成

道路景观构成要素主要包括道路结构及设施要素、道路环境要素两个方面。其中道路结构及设施要素又可划分为建筑用地空间要素、人行空间要素和行车道空间要素，道路环境要素又可分为主景要素和配景要素。道路景观的要素构成如图12.30所示。

2. 道路景观研究方法

道路景观研究方法主要采用透视图法。根据道路使用者立地点位置、视线高度、视线方向来绘制的透视图，称静态透视图；如果采用计算机处理并将画面加密，再经过拍摄使其成为连续画面，就是动态透视图。设计图纸与设计文件经过这样的处理就可以令人形象地看到在道路上行驶时的景观环境。道路透视图的种类有概略透视图、精密透视图、普通透视图、驾驶员透视图、路旁透视图、鸟瞰图、道路线形透视图、道路与环境协调透视图及人工构造物透视图等。

概略透视图的成图过程是，先正确绘制出道路中心线，然后概略计算横断面上的其余特征点，并形成透视图。概略透视图可用来检测某一路段线形的总体顺适程度，如图

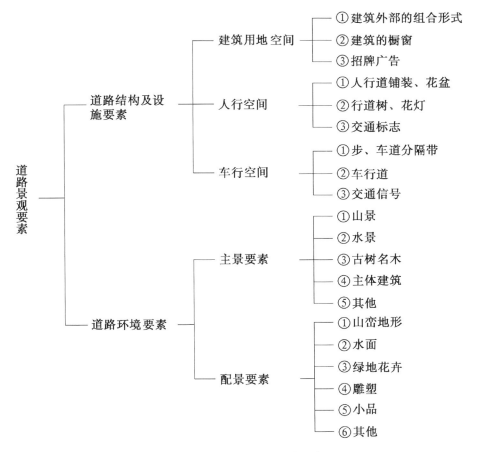

图 12.30　道路景观构成要素

12.31(a)所示。

　　精密透视图是指图中各物点的坐标都是经过计算后绘制的,如图12.31(b)所示。该透视图费时费工,除研究超高过渡段或其他过渡段的特殊需要外,一般不要轻易使用。

　　介于概略透视图和精密透视图两者之间的透视图就是普通透视图,如图12.31(c)所示,可用来绘制线形透视图、局部透视图和全景透视图。

　　从驾驶员的视觉出发,将立地点取在行车道上,视点放在驾驶员的视线方向所绘制的透视图,就是驾驶员透视图,如图12.31(d)所示。驾驶员透视图可用来研究线形在驾驶员视野中的视觉环境。

　　从路外来观察道路景观,用以研究路外人对线形配合、路线与环境协调印象的透视图,就是路旁透视图,如图12.31(e)所示。

　　鸟瞰图将视点放在空中,可以从高处看到道路与环境的关系,了解较大范围的路线情况,如图12.31(f)所示。

　　道路线形透视图用来检查立体线形是否顺适、路线是否具有可识性,一般仅对平纵配合有疑问的路段进行绘测。对于道路与环境协调透视图,一般先绘制线形透视图,然后再绘制有全景的道路景观透视图,用以检查道路与线形、道路与绿化、道路与建筑等的配合问题。为研究桥梁及人工构造物,从用路者或路外人印象等视线方向绘制的,用来检查构

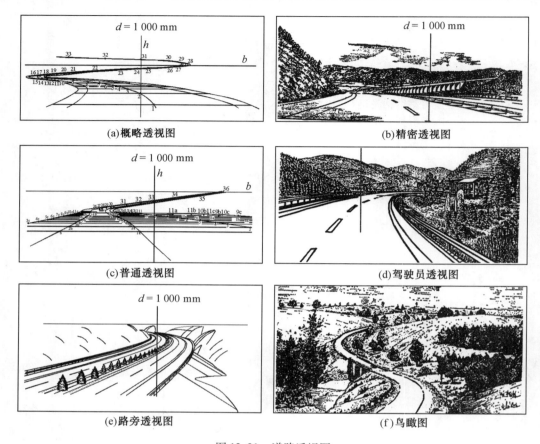

图 12.31 道路透视图

造物与风景、构造物与道路协调关系的全景透视图,称之为人工构造物透视图。

12.2.2 道路线形景观

1. 道路线形的类型

道路中心线是一条三维空间曲线,因此可称之为三维线形。若将时间因素考虑进来,又可称之为四维线形。在传统的道路线形设计中,经常先将三维线形转化为平面线形和纵断面线形两个二维线形,分别进行设计,然后通过平纵线形组合形成立体线形。

(1)二维线形

二维线形是指道路中心线的平面线形和纵断面线形。平面线形的基本要素是直线、圆曲线和缓和曲线。由上述三种基本线形可进而组合成基本型曲线、卵型曲线、C 型曲线、凸型曲线和复合型曲线,均属于平面线形的范畴。纵断面线形一般包括直上坡段、直下坡段、凸型竖曲线、凹型竖曲线和复合型竖曲线。

(2)三维线形

三维线形就是由平面线形和纵断面线形组合而成的道路中心线空间曲线,主要包括直-直组合曲线、直-曲组合曲线及曲-曲组合曲线等各种立体线形。

(3)四维线形

四维线形即引入驾驶员行驶特性后,由时间和三维线形要素构成的动态视觉线形。

2. 线形组合的类型与特点

就三维线形而言,线形组合的基本形式包括:平面直线与直坡段的组合(组合形式Ⅰ),平面直线与凹型竖曲线的组合(组合形式Ⅱ$_s$),平面直线与凸型曲线的组合(组合形式Ⅱ$_c$),平面曲线与直坡段的组合(组合形式Ⅲ),平面曲线与凹型竖曲线的组合(组合形式Ⅳ$_s$)和平面曲线与凸型竖曲线的组合(组合形式Ⅳ$_c$),上述六种线形组合的示意图如图12.32所示。

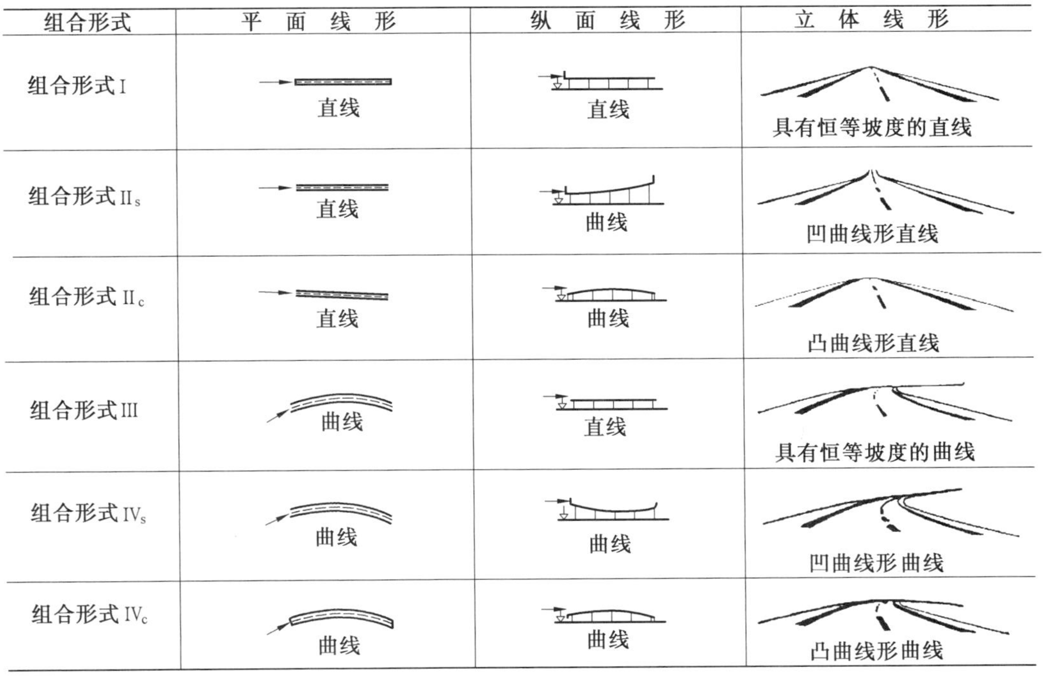

组合形式	平 面 线 形	纵 面 线 形	立 体 线 形
组合形式Ⅰ	直线	直线	具有恒等坡度的直线
组合形式Ⅱ$_s$	直线	曲线	凹曲线形直线
组合形式Ⅱ$_c$	直线	曲线	凸曲线形直线
组合形式Ⅲ	曲线	直线	具有恒等坡度的曲线
组合形式Ⅳ$_s$	曲线	曲线	凹曲线形曲线
组合形式Ⅳ$_c$	曲线	曲线	凸曲线形曲线

图12.32 线形组合示意图

(1)组合形式Ⅰ

组合形式Ⅰ是平原区的主要线形,线形比较单调,景观缺乏变化,若直线过长易诱导驾驶员超速行驶。

(2)组合形式Ⅱ$_s$

相对于组合形式Ⅰ,这种组合形式视觉效果得到了一定改善,可以弥补平面直线段的单调性与生硬性。在凹型竖曲线上行驶时,驾驶员可以获得运动感与路线的动态印象。但这种动态上的愉快感往往也会造成驾驶员超速行驶,故两端纵坡不宜过陡。为了保证视觉上的平顺性,一般半径要比标准规定值大3~4倍。此外,从行车要求出发,各类竖曲线最小长度也不应少于3 s行驶时间。如在两个Ⅱ$_s$之间插入直线段,则线形有局部浮起的印象从而影响平顺性。为了改善这种情况,宜将两凹型竖曲线做成半径相差3~5倍的复合曲线,以保证视觉上和行车上的平顺性。

(3)组合形式Ⅱ$_c$

这种线形的好坏取决于前方视线情况,如前方线形不能确认,则驾驶者就会降低车速,线形连续性也会因前方视线受阻而中断,道路景观深度也相应受到影响。因此,凸型竖曲线半径应考虑行车平顺性、行车视距与安全等方面要求,采用大于技术标准规定的极限值。

(4) 组合形式Ⅲ

这种线形纵面上没有大的起伏,只要平面曲线半径大小选择适当就会获得良好的视觉效果。在这种线形上行驶可以在前方看到路侧景观,这种变化使用路者感到新鲜,如配合不好或在两种组合形式Ⅲ中插入组合形式Ⅰ(产生断背曲线)均会破坏线形的平顺性。后者一般应将两个平面线做成复合型曲线或同一曲线,使线形得到改善。

(5) 组合形式$Ⅳ_s$

这种线形的关键是平面、纵断面曲线要素的大小配合要适当,平衡性要好,就可以得到最平顺、流畅的视觉效果。

(6) 组合形式$Ⅳ_c$

这种线形只要线形要素配合适当,就能得到平顺的视觉效果,并具有良好的视觉诱导功能。

3. 线形组合设计要点

(1) 组合设计原则

①线形设计必须注重平、纵面的合理组合,不仅应满足汽车运动学和力学要求,而且应充分考虑驾驶员视觉和心理方面的要求;

②应使线形在视觉上能自然地诱导驾驶员的视线,并保持视觉的连续性;

③平、纵面线形的技术指标应大小均衡,使线形在视觉上、心理上保持协调;

④合成坡度应组合得当,以利于路面排水和行车安全。

(2) 组合设计要求

①平曲线宜与竖曲线相呼应;

②合成坡度的控制应与线形组合设计相结合,有条件时最大合成坡度不宜大于8%、最小合成坡度不小于0.5%;

③平、纵面线形组合设计应注意线形与自然环境和景观的配合与协调;

④平曲线缓而长、竖曲线坡度差小于1%时,可不要求平竖曲线一一对应,平曲线中可包含多个竖曲线或竖曲线略长于平曲线;

⑤竖曲线半径宜采用平曲线半径的10~20倍以上,随着平曲线半径的增大,竖曲线的放大倍数也宜增大。

(3) 应避免的组合

①小半径的平曲线起、讫点不得设在或接近凸型竖曲线的顶部或凹型竖曲线的底部;

②凸型竖曲线的顶部或凹型竖曲线的底部,不得同反向平曲线的拐点重合;

③纵面线形应避免出现驼峰、暗凹、跳跃、断背、长直线或折曲等使驾驶员视觉中断的线形;

④直线段内不得插入短的竖曲线;

⑤小半径竖曲线不宜与缓和曲线相互重叠;

⑥避免在长直线上设置坡陡或曲线长度短、半径小的凹型竖曲线;

⑦应避免急弯与陡坡重合;

⑧应避免驾驶员能在行驶视野内看到两个或两个以上的平曲线或竖曲线。

12.2.3 道路环境景观

1. 道路与环境的协调

道路环境景观的核心问题是道路与环境的协调,规划设计时应注意以下要点。

(1) 路线布设应与环境景观相协调

选线时注意巧妙地利用周围景物,以克服行车的单调感。公路周围的景物和艺术建筑、孤山、湖泊、突出建筑物等,对驾驶员可以起到调节视线、减少疲劳、克服单调的作用。但是,如果配合不当,往往路侧的繁华景物反而会分散驾驶员的注意力,引起交通事故。因此,布线时应将这些景物尽可能地置于公路主视线方向的锥形视野范围之内,如置于长直线前方的弯道外侧、T形交叉的端头等。

(2) 尽可能减少对景观的破坏

道路布设应尽可能少地破坏公路周围的地貌、地形、天然林木、建筑物等。在一般情况下应避免高填深挖,设计出与地形和环境相适应的、顺应地面的优美线形。对于高等级公路,必要时还可采用隧道、挡土墙和高架桥等办法来减轻筑路对环境的损害。

(3) 注意与道路两侧的水域相协调

靠近水域的公路,应注意保留沿岸的绿化,使其与水域有适当的空间,并注意通过细致处理,使在公路上能眺望到一定的水域景观。当进行改河筑路时,不应把老河段废掉,而应根据自然水域平衡的原理,把老河道连同沿岸的灌木作为沟渠保留,并设涵管来保证必要的水流贯通。公路旁有弯曲溪流时,应注意景观图像效果。路线可借助于适当的曲线来适应这样的景观,同时应注意保持现有的植物生长情况。

(4) 注意与道路两侧的森林相协调

公路通过森林区,应进行生态学和经济学检验,并应符合森林保护和养护的要求,一般应尽量避免直穿。当必须穿过时,应优先选用以曲线为主体的线形。若用直线切割并贯穿森林,使视线一眼望穿森林,将产生不好的空间造型,原则上应予避免。公路穿过森林,其标高应接近地面,尽量避免高路堤或深路堑,以减少森林损失。

(5) 注意与道路两侧建筑物相协调

道路旁的建筑物是城市道路空间最重要的组合元素,它的性质、体量、形式、轮廓线以及它的外表材料和色彩,直接影响道路空间的形象和气氛。路旁建筑物是构成景观的重要感受物。不同建筑布局方式可形成不同的街道景观,而高大建筑物(典型标志物)常是景观焦点。观察者处于运动状态时,对标志性建筑物的感受会随距离的变动而变化,因此典型景物的处理应同时考虑不同距离的感受。在可能的情况下,应将建筑物鳞次栉比地连接起来,这对提高道路空间景观质量具有重要意义。建筑物对道路空间设计的影响,与其尺寸绝对大小关系较少,关键要看它本身的性质与所处空间的关系。所以应避免任何先入为主的想法,更不能生搬硬套,以致与空间环境格格不入。路旁建筑设计,要注意其在群体中的地位,注意建筑间的相互关联性,以服从整体的统一,切忌孤立地表现自我。

(6) 注意与道路两侧的地形相协调

平地常以线或面的形式展现,形成平缓、广阔的景观。但地形起伏很小,缺乏三度空间,容易使景观平淡、无焦点和发散。若要在这里创造出令人向往的具有丰富变化的景观条件,就必须考虑如下几点:

①将用地周围及其内部有可能成为风景或景观的元素（如建筑、街道、小品、绿化、水体以及车流等）安排得具有"图"性，即把这些景观元素之间所形成的空间及相互关系图案化；

②利用建筑物自身和绿化等的高低变化，地面适当下沉或提高，采用挖坑、筑台、架空道路或利用植物的围合，获得丰富的景观内涵；

③大胆运用色彩，并借助于光景效果，加强空间的变化；

④由于不受地形支配，因而易于突出重要景点的景物，并利用它控制整个地区，形成主宰。因此，常需要借助于高大的建筑物或眺望塔台，以获得整体的或较大范围的概貌，这些高大建筑物既是景又是观景点，要十分重视；

⑤自然或人工的山石、水体是平地中不可多得的景观元素，应尽量利用，以此可打破单调局面，形成有分有合、曲折多变的城市景观。

山地由于地形高差变化，无论在使用上、视觉景观上都会明显有别于平地。设计中应重视地形条件变化，并把它们组织到城市道路景观的构图中去，可创造出既经济实用，又丰富怡人的景色。

山、坡地的道路景观特性，与平地比较，一般有以下不同：地形富于变化，空间任何一点都具有三维量度的变化；平地呈安定性，而坡地则多富于流动性；坡地上的坡向（如南向坡、北向坡等）可反映出强烈的方向性，锥形山丘有较强的放射性，而凹形山丘或谷地则有较强的向心性；在坡地上各点向外眺望，比平地能获得更为开阔的视野；从外部观赏坡地上的群体，展示面大，也易于显示各种场景。

按大自然地形来布置建筑和道路，可以用最少的人工开发来体现城市的自然品质，形成道路盘山而行、曲折蜿蜒，道路两侧建筑物高低错落、鳞次栉比等景象，对城市道路空间、建筑景观的创造大有裨益。

2. 道路与环境协调示例

路线为直线的街景示例、路线为曲线的街景示例、带有凹型竖曲线的街景、带有凸型竖曲线的街景、以水面为边界的街景、以山为对景的街景、具有绿化边坡的道路景观以及以桥梁为对景的道路景观，如图 12.33 所示，仅供参考。

(a)路线为直线的街景

(b)路线为曲线的街景

(c) 带有凹型竖曲线的街景

(d) 带有凸型竖曲线的街景

(e) 以水面为边界的街景

(f) 以山为对景的街景

(g) 具有绿化边坡的道路景观

(h) 以桥梁为对景的道路的景观

图 12.33　道路与环境协调示例

思 考 题

1. 按美学特征分类，道路绿地布置形式有哪几种？
2. 什么是道路功能栽植和道路景观栽植？分别是如何分类的？
3. 绿化带在道路横断面上的布置形式有哪几种？特点和适用条件是什么？
4. 公路绿化的功能和绿化特点是什么？其功能栽植有哪几种形式？
5. 道路景观是如何分类的？构成要素包括哪些？
6. 道路透视图的种类有哪些？各自的特点和适用条件是什么？
7. 从道路景观而言，道路线形的组合形式有哪些？各自的特点和景观效果如何？
8. 道路与环境相协调的要点是什么？

附录 交通工程设施名词中英文对照

A

安全挡台 safety guard
安全岛 safety island（refuge safety）
暗视野 scotopic vision

B

白炽灯 incandescent lamp
百米桩 hundred-meter pile
半钢性护栏 semi-rigid barrier
半高杆照明 semi-high lamp-post lighting
避险车道 escape ramp
标线 markings
标志边框 sign border
标志基座 sign foundation
标志立柱 sign support
标柱 column
波形梁护栏 corrugated beam barrier
步行距离 walking distance

C

彩度 chroma
敞开式汽车库 open garage
车道 lane
车行道 traveled way
车行道分界线 lane line
车间供油站 workshop oil-providing station
车站停车场 station parking area
城市噪声 urban noise
出口匝道 exit ramp
储气井 gas storage well
垂直面照度 vertical illuminance

D

大气环境质量标准 environmental quality standards
单坡型护栏 single slope barrier
（厂矿道路）挡车堆 automobile blocker piles（car stopper piles）
挡土墙 retaining wall
导向岛 directional island
导向岛绿地 directional island green space
导向箭头 direction arrow
道口铺面 crossing paving
道口限界架 crossing limit frame
道路绿带 road green belt
道路绿地 road green space
道路绿地率 rate of green space
道路绿化 road greening
道路限界架 road limit frame
道路限界桩 road limit pile
道路照明 road lighting
道路照明灯具 road lighting luminaire
道路中心线 roadway centerline
灯具 lighting device
灯具安装高度 installation height of lighting device
灯具间距 luminaire spacing
灯具距高比 ratio of distance height
灯具效率 luminaire efficiency
等光强曲线 equivalent intensity curve
等亮度曲线 equivalent brightness curve

等照度曲线 equivalent illuminance curve
低压卤钨等 low pressure halogen lamp
低压钠(蒸气)灯 low pressure sodium vapor lamp
地脚螺栓 anchor bolt
地下汽车库 underground garage
电光源 point light source
电子不停车收费 electronic toll collection
渡口 ferry
端部 end(terminal)
短途旅客 short distance passenger

F

发车位 departure parking stall
法向照度 normal illuminance
反光标线 retroreflective markings
反光标志 reflective sign
反光路钮 reflector button
反坡安全线 adverse slope safety line
反射器 reflector
反射体 reflector
反射型高压汞(蒸气)灯 reflex high pressure mercury vapor lamp
反射性能 reflecting performance
反射眩光 reflect daze
(厂矿道路)防滑堆 antiskid heap
防沙设施 sand prevention facilities
防眩设施 anti-glaze device
防雪设施 snow prevention facilities
防雪栅 snow fence
放电灯 discharge lamp
分车绿带 vehicle separate green belt
分隔带 dividing belt
分隔岛 dividing island
分流合流诱导标 dividing and merging induction sign
分区一般照明 localized general lighting
服务设施 service facilities

辅助标志 auxiliary sign
辅助人工照明 assistant artificial lighting
复式汽车库 compound garage

G

刚性护栏 rigid barrier
钢结构桥梁 steel bridge
钢筋混凝土 F 型护栏 F-shaped reinforced concrete barrier
高层汽车库 high-rise garage
高杆照明 high lamp-post lighting
高强度气体放电灯 high intensity discharge lamp
高压汞(蒸气)灯 high pressure mercury vapor lamp
高压钠(蒸气)灯 high pressure sodium vapor lamp
隔离墙 separating wall
隔离设施 traffic separation devices
隔离栅 fencing
隔声屏障 noise screening
公交(车辆)停靠站 bus stop
功能栽植 function planting
汞(蒸气)灯 mercury vapor lamp
观察角 observation angle
光 light
光束角 beam angle
光通量 luminous flux
光中心 light center
广播通信设施 communications facilities on broadcasting

H

涵洞 culvert
横断面 transverse profile
横向标线 transverse markings
候车用房 station hall

护栏 barrier
护栏标准段 standard section of barrier
护栏端头 barrier terminal
护栏构件 barrier components
护栏过渡段 transition section of barrier
护栏渐变段 gradual change section of barrier
护栏立柱 guardrail column
护栏栅 protection fence
护路林 road protection forest
护墙 enclosure wall
护柱 guard post
环境 environment
环境保护 environmental protection
环境保护法 environmental protection law
环境保护方针 environmental protection policy
环境标准 environment standards
环境工程学 environmental engineering
环境科学 environmental science
环境影响评价 environmental impact assessment
环境噪声 environment noise
环境噪声标准 environment noise standards
缓冲地带 buffer zone
缓冲设施 impact attenuator
汇流鼻 nose of merging areas
混光照明 light mixing illumination
混合照明 mixed lighting
混凝土保护层 concrete cover
混凝土护栏 concrete barrier
混凝土墙式护栏 vertical concrete barrier
活动护栏 active barrier

J

机械式立体汽车库 mechanical stereo garage
机械式汽车库 mechanical garage
机械停车设备 mechanical parking facilities
积雪标杆 snow pole
积雪量 snow volume
计算净区宽度 calculated clear zone width
加减速车道 acceleration and deceleration lanes
加气岛 gas filling island
加气机 gas filling machine
加气站 gas station
加油岛 petrol filling island
加油加气站 oil-gas station
加油油气回收系统 gas and oil recycle system
加油站 petrol station
加油站房 petrol station room
间接光通量 indirect luminous flux
监控中心 monitor center
减速标线 speed reduction markings
减速丘 speed hump
交通安全设施 traffic safety facilities
交通标志 traffic sign
交通岛 traffic island
交通岛绿地 traffic island green space
交通管理 traffic management
交通管理设施 traffic management facilities
交通监控设施 traffic monitoring facilities
交通建筑 traffic architecture(traffic building)
交通信号灯 traffic signal lamp
交通信号设施 traffic signal facilities
交通性广场 traffic square
交通噪声 traffic noise
交通噪声指数 traffic noise index
街道绿化 street greening
金属梁柱式护栏 metal beam railing
金属网状栏杆 metal mesh fences
紧急电话 emergency telephone
禁令标志 regulatory sign
警告标志 warning sign
净区 clear recovery zone
救援电话 emergency call
局部照明 local lighting

K

开放式绿地 green open space
可变信息标志 changeable message sign
可见度 visibility
客运管理用房 passenger management room

L

拉断阀 stretch breaking valve
缆索护栏 cable barrier
累计停车数 cumulative parking number
里程碑 landmark
立体交叉绿岛 interchange green island
立柱 column
利用系数 utilization coefficient
连接件 connecting devices
梁柱式护栏 beam barriers
两层式机械汽车库 two storey mechanical garage
亮度 luminance
亮度对比 brightness contrast
卤钨灯 halogen lamp
路侧护栏 roadside barrier
路侧绿带 roadside green belt
路侧障碍物 roadside obstacles
路面标线 pavement marking
路缘石 curb
轮廓标 delineator
轮椅坡道 wheelchair ramp
轮椅通道 wheelchair channel
绿篱 hedge

M

埋地液化石油气罐 buried liquefied petroleum gas(LPG) tank
埋地油罐 underground oil tank
盲道 blind way (blind road)
盲文地图 braille map
盲文站牌 braille bus stop board
锚筋 anchor rod
密闭卸油点 closed oil unloading
面光源 surface light source
明步楼梯 no guardrail stair
明度(相关色) brightness
明视觉 photopic vision

N

钠(蒸气)灯 sodium vapor lamp
霓虹灯 neon lamp
逆反射材料 retroreflective material

P

排水沟 gutter
排水孔 drainage hole
排水系统 drainage system
平均亮度 average brightness
平均照度 average illuminance
坡道式汽车库 ramp garage

Q

砌石边沟 masonry ditch
浅碟形边沟 shallow v-shaped ditch
桥墩 bridge pier
桥梁 bridge
桥面板 bridge deck
桥台 bridge abutment
渠化标线 channelization markings
渠化岛 channelization island

R

人行地道 pedestrian subway (pedestrian un-

derpass)
人行横道 pedestrian crossing (pedestrian crosswalk)
人行横道指示标志 pedestrian crossing guide sign
人行天桥 pedestrian overcrossing (pedestrian overpass)
人行通道 pedestrian tunnel (pavement)
日发车量 daily departure volume
柔性护栏 flexible barrier
入口平台 entrance platform
入射角 incident angle

S

(知觉)色、颜色 color
色度性能 photometric characteristic
色调、色相 color tone
伸缩缝 expansion joint
升降悬吊式灯具 lifting suspensory lighting
声屏障 sound barrier
实体安全岛 physical refuge island
视角 sight angle (vision angle)
视觉 vision
视力、视觉警敏度 eyesight (visual sensitivity)
视线诱导标 sight-line induction sign
视野 vision field
收费广场 toll plaza
收费设施 charge facilities
首末站 original and terminal station
售票房 ticket office
竖直循环式机械汽车库 vertical circular mechanical garage
数据传输设施 facilities on data transmission
水平面照度 horizontal illuminance
隧道 tunnel
隧道洞口 tunnel portal
隧道控制 tunnel control

索端锚具 cable anchor

T

逃生通道 escape route
特大悬索桥 super large suspension bridge
提示盲道 prompt blind way (suggestion blind way)
填方高度 ill height
停车场 parking space (area)
停车供应 parking supply
停车密度 parking density
停车目的 parking purpose
停车时间 parking time
停车位 parking space
停车位标线 parking space marking
停车需求 parking demand
停放车指数 parking index
停放周转率 turnover ratio of parking
通道控制 channel control
通透式配置 permeability configuration
突起路标 raised pavement marker
图像传输设施 facilities on image transmission
土基 subgrade
土路肩 soft shoulder
托架 bracket

W

外侧车行道 outer lane
弯道反光镜 curve road reflector
无障碍电梯 barrier-free elevator
无障碍入口 barrier-free entrance

X

行包装卸廊 luggage handling (loading and unloading) porch

行车视距 sight distance
行道树绿带 street tree green belt
行进盲道 marching blind way
吸顶灯具 ceiling light
氙气 xenon
限制速度标志 speed limit sign
线光源 line light source
线形诱导标 alignment induction sign
消能设施 energy dissipation devices
小型石油库 small petroleum depot
卸油油气回收系统 gas and oil unloading recycle system
信号灯 traffic signal
信息采集子系统 information acquirement subsystem
信息提供子系统 information providing subsystem
修车库 repairing garage
悬臂式交通标志 cantilevered sign
悬吊式灯具 suspensory light
悬空类交通标志 overhead sign
眩光 glare

Y

压缩天然气加气站 congress gas filling station
延停车数 delayed parking number
沿线设施 facilities along the highway line
养护管理 maintenance management
业务电话 business phone
液化石油气加气站 liquefied petroleum gas filling station
一般照明 general lighting
易燃油品、沸溢性油品 tinder
荧光灯 fluorescent lamp
荧光高压汞（蒸气）灯 fluorescent high pressure mercury vapor lamp
硬路肩 paved shoulder

预告标志 advance sign
预拱度 camber
预加力 prestressing force
预制件 precast element
园林景观路 landscape road
缘石坡道 curb stone ramp
运送器 delivery device

Z

匝道 ramp
匝道控制 ramp control
噪声 noise
噪声剂量计 noise dose meter
噪声控制 noise control
噪声控制的技术措施 technical measures of noise control
噪声污染 noise pollution
噪声污染级 noise pollution level
噪声物理量 physical quantity of noise
噪声主观评价 subjective assessment of noise
站场 station (or station yard)
站房 station building
站距 station distance
站前广场 station square
站台 platform
照度 illumination
照度 illumination
照明灯杆 lighting pole
遮光角 cut off angle
振动标线 raised pavement markers
正常照明 normal lighting
直接光通量 direct luminous
直接眩光 direct daze
指令电话 paging telephone
指路标志 guide sign
指示标志 indication sign
制动床 arrester bed
中间带 median

中间端部 middle anchoring device
中间平台 middle platform
中间柱 middle pillar
中途停靠站 midway stop
中心岛 central island
中心岛绿地 central island green space
中央分隔带 central dividing strip, median
中央分隔带护栏 median barrier
中央分隔带护栏端头 median barrier terminal
中央分隔带开口 median opening
中央分隔带开口护栏 median opening barrier
主干线传输 main trunk transfer
主线控制 mainline control

专用车道 exclusive lane
装饰绿地 decoration green space
自行车道 bikeway
综合管道 complex pipes
综合控制 comprehensive control
总光通量 total luminous flex
纵向非有效构件 vertical non-effective component
最大照度 maximum illuminnace
最高聚集人数 maximum assembling passenger
最小照度 minimum illuminance
左右转弯专用车道 left or right turning lane

参考文献

[1] ALLEN B, LARRY L, CARLOS B, et al. Transportation glossary[R]. Washington DC: AASHTO, 2009.

[2] SUSAN M, KIRK S, CARLOS B, et al. Roadside design guide[R]. Washington DC: AASHTO, 2011.

[3] MICHAEL P, MIKE H, CARLOS B, et al. Structural supports for highway signs, luminaires, and traffic signals[R]. Washington DC: AASHTO, 2013.

[4] THOMAS R, DEAN C, LARRY K, et al. A policy on geometric design of highways and streets[R]. Washington DC: AASHTO, 2001.

[5] BRYAN N, JACK L, LARRY K, et al. A policy on geometric design of highways and streets[R]. Washington DC: AASHTO, 2004.

[6] Federal Highway Administration. Manual on uniform traffic control devices for streets and highways[R]. Washington DC: FHWA, 2000.

[7] 中华人民共和国交通运输部. 公路工程技术标准(英文版): JTG B01—2014(E)[S]. 北京: 人民交通出版社, 2014.

[8] 中华人民共和国交通运输部. 公路交通安全设施设计规范: JTG D81—2017[S]. 北京: 人民交通出版社, 2017.

[9] 中华人民共和国交通运输部. 公路交通安全设施设计细则: JTG/T D81—2017[S]. 北京: 人民交通出版社, 2017.

[10] 中华人民共和国交通运输部. 公路路线设计规范: JTG D20—2017[S]. 北京: 人民交通出版社, 2017.

[11] 中华人民共和国交通运输部. 高速公路交通工程及沿线设施设计通用规范: JTG D80—2006[S]. 北京: 人民交通出版社, 2006.

[12] 中华人民共和国交通运输部. 公路养护技术规范: JTG H10—2009[S]. 北京: 人民交通出版社, 2009.

[13] 中华人民共和国国家质量监督检验检疫总局, 中国国家标准化管理委员会. 道路交通标志和标线: 第2部分 道路交通标志: GB 5768.2—2017[S]. 北京: 中国标准出版社, 2017.

[14] 中华人民共和国国家质量监督检验检疫总局, 中国国家标准化管理委员会. 道路交通标志和标线: 第3部分 道路交通标线: GB 5768.3—2017[S]. 北京: 中国标准出版社, 2017.

[15] 中华人民共和国城乡和住房建设部, 中华人民共和国国家质量监督检验检疫总局. 汽车库、修车库、停车场设计防火规范: GB 50067—2014[S]. 北京: 中国计划出版社, 2014.

[16] 中华人民共和国城乡和住房建设部. 车库建筑设计规范: JGJ 100—2015[S]. 北京: 中国建筑工业出版社, 2015.

[17] 中华人民共和国城乡和住房建设部. 城市道路照明设计标准:CJJ 45—2015[S]. 北京:中国建筑工业出版社,2015.

[18] 中华人民共和国城乡和住房建设部. 城市道路照明工程施工及验收规程:CJJ 89—2012[S]. 北京:中国建筑工业出版社,2012.

[19] 杨志伟,林晓辉. 高速公路机电系统集成与维护[M]. 北京:人民交通出版社,2014.

[20] 徐建闽. 智能交通系统[M]. 北京:人民交通出版社,2014.

[21] 丁柏群. 交通工程设施设计[M]. 北京:人民交通出版社,2017.

[22] 杨林,姜保军. 交通供配电与照明技术[M]. 北京:人民交通出版社,2014.

[23] 中华人民共和国城乡和住房建设部,中华人民共和国国家质量监督检验检疫总局. 20kV及以下变电所设计规范:GB 50053—2013[S]. 北京:中国计划出版社,2013.

[24] 中华人民共和国城乡和住房建设部,中华人民共和国国家质量监督检验检疫总局. 低压配电设计规范:GB 50054—2011[S]. 北京:中国计划出版社,2011.

[25] 中华人民共和国城乡和住房建设部,中华人民共和国国家质量监督检验检疫总局. 66kV及以下架空电力线路设计规范:GB 50061—2010[S]. 北京:中国计划出版社,2010.

[26] 中华人民共和国城乡和住房建设部,中华人民共和国国家质量监督检验检疫总局. 供配电系统设计规范:GB 50052—2009[S]. 北京:中国计划出版社,2009.